가장 잘 정리된 영어패턴 속전속결!
최초의 패턴영어 필사!

기본패턴영어 필사로 단숨에 영어말하기

영어회화 비법노트

CHRIS SUH

MENTORS

기본패턴영어 필사로 단숨에 영어말하기
영어회화 비법노트

2025년 04월 21일 인쇄
2025년 04월 28일 발행

지은이	Chris Suh
발행인	Chris Suh
발행처	**MENTORS**
	경기도 성남시 분당구 황새울로 335번길 10 598
	TEL 031-604-0025 FAX 031-696-5221
	mentors.co.kr
	blog.naver.com/mentorsbook
	*Play 스토어 및 App 스토어에서 '멘토스북' 검색해 어플다운받기!
등록일자	2005년 7월 27일
등록번호	제2009-000027호
ISBN	979-11-94467-68-7
가격	29,600원(MP3 무료다운로드)

잘못 인쇄된 책은 교환해 드립니다.
이 책에 게재된 내용의 일부 또는 전체를 무단으로 복제 및 발췌하는 것을 금합니다.

머리말

✅ 언제까지 듣기만 할건가!

허구헌날 영어회화책과 씨름하고 귀를 대문짝만하게 열고 예문과 다이알로그 MP3파일을 들어도 돌아서면 다 잊어버리고 말을 하려면 꿀벙어리가 되는게 우리 모두의 공통된 경험일 것이다. 물론 많은 표현을 많이 들으면 영어의 귀가 뚫리고 말이 조금씩 트이게 되지만 영어회화책에 들어있는 예문과 다이알로그가 기껏해야 얼마나 되랴…. 가끔씩 사서 더 가끔씩 쳐다보는 한 두 권의 책으로 귀가 뚫리고 말이 트이기를 기대한다는 것은 어불성설일 것이다.

✅ 기초패턴에 단어만 바꿔봐!

가장 빨리 가장 효율적으로 「영어회화 첫걸음떼기」를 하는 방법은 영어회화에 자주 쓰이는 「패턴」들을 이해하고 이를 토대로 직접 다양한 영어회화문장을 만들어보는 것이다. 영어가 모국어인 네이티브들은 못느끼겠지만 그들이 구사하는 영어의 상당부분은 일정한 패턴을 갖고 있다. 외국어로 영어를 배우는 우리는 역으로 이 자주 쓰이는 패턴들을 이해하고 여기에 단어들을 바꿔가면서 여러 다양한 문장을 만들어보는 연습을 해본다면 해도해도 안되는 영어회화의 말문이 터지는 것을 경험할 수 있을 것이다. 영어가 능숙하지 않은 초중급의 사람들은 자연 네이티브와 대화시 머리 속에서 다음 할 말을 영작하게 마련이고 따라서 이렇게 패턴영작을 수없이 연습해두면 실전영어에 강한 사람이 될 수 있을 것이다. 한마디로 말해서 영어패턴에 단어만 바꿔보면 영어로 말을 할 수 있게 된다는 말이다.

✅ 기본패턴필사로 영어첫걸음떼기!

이책 <기본패턴영어필사로 단숨에 영어말하기: 영어회화비법노트!>는 해도해도 안된다고 푸념하며 포기 직전에 있는 사람들이 단기간에 영어를 직접 말할 수 있도록 기획되었다. 엄선된 영어회화패턴 242개는 Level 1, 2, 3의 난이도 별로 나뉘어져 있어 왕초보도 계단을 하나하나 올라가듯 단계적으로 영어회화에 친숙하도록 꾸며져있다. 오른쪽 페이지에서는 왼쪽페이지에서 달달 외운 7개 문장과 다이알로그 하나를 직접 필사해보는 공간을 마련하였다. 매번 눈으로 읽고만 지나는 습성에서 벗어나 외운 문장을 잊혀지기 전에 바로바로 생각을 거슬러 올라가면서 되새김하여 영어문장을 써보면 학습효과가 배가 될 것이다. 즉, Level 01부터 시작해 패턴들에 단어와 숙어를 붙이면서 직접 영어문장을 만들어보면 '영어문장 만들기가 얼마나 쉬운지' 자각하게 될 수 있을 것이다. 스스로가 대견스러워지면서 영어회화에 자신감이 붙게 되는 건 시간문제이다. 또한 마지막에는 Level 01, 02, 03에서 학습한 패턴들을 암기용으로 총정리하였다. 한번 정독으로 독파한 사람이라면 다시 본문을 다 뒤져볼 필요없이 언제 어디서든 이 부분만 갖고 다니면서 복습할 수 있도록 꾸며져 있다. (멘토스 홈피나 어플에서 암기용 패턴 PDF 파일을 다운로드 받을 수 있다.)

✅ 영어회화 만년초보 탈출하기

지금까지 계속 보기만 그리고 듣기만 하던 영어학습에서 벗어나 이제는 직접 영어회화문장을 써보는 훈련을 해봐야 할 때이다. 영어학습열의는 최고지만 실력은 최하위라는 불명예를 이젠 벗어나야 되지 않을까? 비록 초간단 문장일지라도 직접 영어문장을 만들어보고 써볼 수 있다는데서 큰 자신감을 얻고서 지긋지긋한 영어회화 만년초보에서 멋지게 탈출해보자.

특징 및 구성

✅ **특징 및 구성**

|특징|

1. 영어회화패턴 242
영어회화에서 가장 많이 쓰이는 패턴 242개를 난이도별로 모았다.

2. 핵심포인트
실제 쓰이는 패턴공식을 정리하였다. 뒤에 명사가 오는지 to+V가 오는지 아니면 S+V의 절이 오는지까지 알아야 나중에 진짜 활용할 수가 있다.

3. Let's Talk!
앞의 핵심포인트의 내용을 알기 쉽게 풀어쓴 설명. 정독한 후에 밑에 수록된 현장감있고 생동감 넘치는 다이알로그를 통해 패턴의 의미와 쓰임새 등을 정확히 이해하도록 한다.

4. 기본문장 달달 외우기
가장 핵심적인 부분. 지금까지 영어를 듣기만 하는 수동적인 자세에서 벗어나 학습한 패턴을 토대로 내가 직접 우리말을 영어로 옮겨보는 곳이다. 실제 네이티브 앞에서 대화한다고 가상하면서 영작해본다.

5. One More Step
추가적으로 유익한 정보 혹은 앞서 설명했지만 중요하다고 생각한 내용은 다시 모아 정리하였다.

|구성|

▶ **Level 01 기본패턴으로 영어말해보기! 001-067**
가장「기초적인 영어회화패턴」들. 좀 유치할 정도의 패턴도 있지만 체념이 밥먹어주랴…. 왕초보들이 말문 터트리기에 아주 적합한 곳.

▶ **Level 02 필수패턴으로 영어회화 기반다지기! 068-167**
생기초는 벗어난「영어회화 기본패턴」들. 다 아는 표현들이지만 직접 말해보지 못한 경우가 많은 경우로 왕초보가 초보딱지를 뗄 수 있는 절호의 기회.

▶ **Level 03 응용패턴으로 드디어 왕초보 탈출하기! 168-242**
앞서 배운 기본, 필수패턴들을 토대로 한「응용패턴」들. 왕초보에게는 좀 어려워 보이는 것도 있지만 그래서 당장 직접 쓰기는 쉽지 않겠지만 알아두면 영어회화내공이 단단히 쌓일 수 있는 귀중한 공간.

▶ **암기용 패턴 총정리**
아무리 좋은 책도 한번 보고 잊어버리면 말짱 도루묵. 이 부분은 Level 01, 02, 03에서 배운 영어회화패턴들을 총집합해 나중에 복습하거나 아니면 하시라도 갖고 다니면서 학습한 내용을 되새김하여 영어회화실력을 쑥쑥 늘릴 수 있다. *이 부분은 멘토스 홈피나 어플에서 PDF파일을 다운받아 볼 수 있다.

이책의 효율적인 이용법

Pattern 001 이거 …해

This is great
이거 대단해, 이거 멋지다

패턴 넘버링과 여기서 배우게 되는 영어패턴의 우리말. 대표적인 영어패턴문장과 우리말 해석, 그리고 좀 더 자세하게 핵심포인트를 도식화하여 한눈에 들어오게 하였다.

핵심포인트
This is+명사[형용사] ▶ 이거 …
This is not[isn't]+명사[형용사

This is~ 다음에 형용사나 명사 혹은 부사구를 붙여서 어떤 상태면 This is really great처럼 This is really[too]~ 로, 부정을 This isn't~ 형태를 사용하면 된다. 특히 This is+사람의 경우는 자신을 밝힐 때 쓰는 것으로 해석은 '이 쪽은,' '이 사람은,' '이 분은

패턴의 의미와 사용법, 그리고 특징, 유사한 표현 등을 우리말로 자세히 그리고 친절하게 설명하였다.

Let's Talk

A: We're going to get married this fall. 이번 가을에 결혼할
B: Oh my God! This is so exciting! 정말! 무척 멋지다!

A: This is my lovely wife Susie. 여긴 사랑스런 내 아내 수지야.
B: Nice to meet you. 반가워요.

A: John. This is for you. 존이, 이거 받아.
B: What is it? 뭔데?

패턴을 이용한 다이알로그 3개를 눈으로 보고 귀로 들으면서 패턴이 어떻게 쓰이는지 감각을 익히는 공간이다.

기본문장 달달 외우기

1 이건 정말 말도 안돼. This is unbelievable[ridicu
2 이게 훨씬 나아. This is much better.
3 이건 정말 내게 중요해. This is really important to
4 이건 공평치 않아. This isn't fair.
5 이건 내가 낼게. This is my treat.
6 이건 무척 재미있다. This is so much fun.
7 이거 네거야. This is for you.

패턴을 이용해서 만드는 대표적인 문장 7개를 엄선하여 우리말을 먼저 주고 이를 영어로 옮겨보는 훈련을 한다.

One More Step

This is+사람의 경우로 This is Meg은 "얘는[이 분은] 맥이요"라는 뜻이 된다.
A: Could I speak to Meg, please? 맥 좀 바꿔 주세요
B: This is Meg. 전데요.

패턴과 관련된 추가적인 정보들을 깔끔하게 정리하여 더 많은 영어지식을 쌓도록 하였다.

▶ 한 번 써보면 평생 잊혀지지 않는 영어패턴

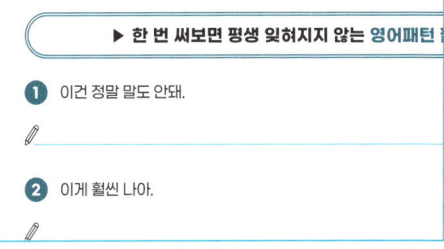

1 이건 정말 말도 안돼.

2 이게 훨씬 나아.

왼쪽페이지에서 만들어본 문장을 잊어버리기 전에 우리말을 보면서 영어로 직접 문장을 써보는 필사훈련. 모르면 왼쪽페이지를 보고 다시 외운 뒤 써봐도 된다.

다이알로그 필사도전!

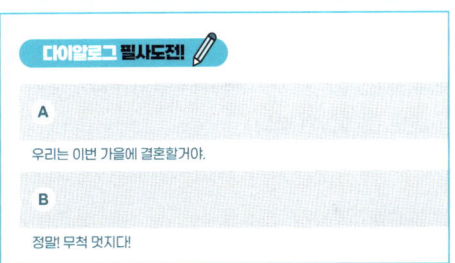

A
우리는 이번 가을에 결혼할거야.

B
정말! 무척 멋지다!

이번에는 왼쪽페이지에서 배운 3개의 다이알로그 중에서 하나를 영어로 써보는 공간이다.

CONTENTS

Level 01
기본패턴으로 영어말해보기!
001-067

Pattern 001 이거 …해 ─ 018
This is great 대단해

Pattern 002 그거 …해 ─ 020
That's a good idea 좋은 생각이야

Pattern 003 그거 …해 ─ 022
It's very kind of you 정말 친절하네요

Pattern 004 그거 …해? ─ 024
Is it okay? 괜찮아?

Pattern 005 넌 …해[야] ─ 026
You are so cute 너 정말 귀엽다

Pattern 006 넌 …해? ─ 028
Are you available tonight? 오늘 저녁 시간돼?

Pattern 007 너(넌) …하고 있어 ─ 030
You're doing great 잘하고 있어

Pattern 008 너(넌) …로 보여 ─ 032
You look great 너 멋져보여

Pattern 009 …인 것 같아 ─ 034
It sounds good to me 난 좋아

Pattern 010 난 …야 ─ 036
I'm a stranger here too 나도 여기 처음이에요

Pattern 011 나(난) …해 ─ 038
I'm happy with that 그거에 만족해

Pattern 012 (기분, 상태) 나(난) …해 ─ 040
I feel much better now 이제 기분이 더 나아

Pattern 013 걘 …해 ─ 042
She's amazing 걘 대단해

Pattern 014 나(난) …가 있어 ─ 044
I have a headache 머리가 아파

Pattern 015 나(난) …가 없어 ─ 046
I don't have a plan 계획이 없어

Pattern 016 나(난) …가 있어 ─ 048
I've got a date 데이트가 있어

Pattern 017 나(난) …받았어[샀어] ─ 050
I got a letter from her 걔한테서 편지를 받았어

Pattern 018 …하게 됐어, …해졌어 ─ 052
I got fat this year 올해 살쪘어

Pattern 019 (너) …하구나, …해 ─ 054
You have a good memory 기억력이 좋네

Pattern 020 너(넌) …가 있어? ─ 056
Do you have a room for tonight? 오늘 밤 방 있어요?

Pattern 021 나(난) …을 할 수 있어 ─ 058
I can do it 할 수 있어

Pattern 022 너(넌) …해도 돼[안돼] ─ 060
You can call me any time 아무 때나 전화해

Pattern 023 내가 …을 해줄까?(제안), 내가 …해도 괜찮아?(부탁) ─ 062
Can I talk to you for a sec? 잠시 얘기할 수 있어?

Pattern 024 너 …해줄래? ─ 064

Can you do this for me? 이거 날 위해 해줄래?

Pattern 025 …할게, …할거야 — 066
I'll do my best 최선을 다할게

Pattern 026 (넌) …하게 될거야 — 068
You will be in trouble 넌 곤란해질거야

Pattern 027 너 …해줄래? — 070
Will you help me? 도와줄래?

Pattern 028 …해줄래(요)? — 072
Would you do me a favor? 부탁 들어줄래요?

Pattern 029 (우리) …하자 — 074
Shall we go now? 이제 갈까요?

Pattern 030 (난) …해야 돼 — 076
I have to ask you something 뭐 좀 물어봐야겠어

Pattern 031 난 …해야 돼 — 078
I must go now 이제 가야 돼

Pattern 032 너(넌) …하는게 나아(좋아) — 080
You should take a rest 넌 좀 쉬어야 돼

Pattern 033 넌 …해야 돼 — 082
You have to go there right now
넌 지금 당장 거기 가야 돼

Pattern 034 …일거야, …하겠구나 — 084
You must be tired 피곤하겠구나

Pattern 035 그게 …일지도 몰라 — 086
That might be true 사실일 수도 있어

Pattern 036 …해도 될까요? — 088
May I help you? 뭘 도와드릴까요?

Pattern 037 …하곤 했었어 — 090
I used to jog every day 매일 조깅하곤 했어

Pattern 038 …가 필요해, …해야겠어 — 092
I need to talk to you 너랑 얘기 좀 해야 돼

Pattern 039 난 …하지 않아 — 094
I don't feel well 기분이 좋지 않아

Pattern 040 너는 …해? — 096

Do you accept credit card? 신용카드 받아요?

Pattern 041 나(난) …했어(…을 들었어) — 098
I heard that too 나도 들었어

Pattern 042 나(난) …갔었어 — 100
I went to a party last night 지난 밤에 파티갔었어

Pattern 043 난 …하고 있어 — 102
I'm working on it 그 일 하고 있어

Pattern 044 걔가 …하고 있어 — 104
She's talking on the phone 걘 전화받고 있어

Pattern 045 (나) …에 가는 중야, 갈거야 — 106
I'm going to Japan 나 일본가

Pattern 046 …할거야 — 108
I'm going to miss you 네가 그리울거야

Pattern 047 …일거야 — 110
It's going to be okay 괜찮을거야

Pattern 048 난 …하고 있어 — 112
I'm having fun 재미있어

Pattern 049 …하자 — 114
Let's keep in touch 연락하고 지내자

Pattern 050 내가 …할게 — 116
Let me check 내가 확인해볼게

Pattern 051 …해 — 118
Keep the change 잔돈은 가지세요

Pattern 052 …해 — 120
Make yourself at home 편안히계세요

Pattern 053 …해 — 122
Be sure to come back by 7 o'clock 7시까지 돌아와라

Pattern 054 …하지마 — 124
Don't do that! 그러지마!

Pattern 055 …해라 — 128
Go straight 2 blocks 2블럭 곧장 가

Pattern 056 …해라! — 130
Get out of here! 여기서 꺼져!, 그러지마!

Pattern 057 ···해 — 132
Take it easy 진정해, 침착해

Pattern 058 잘 ···해 — 134
Have a nice weekend! 주말 잘 보내!

Pattern 059 ···보자, 잘 가 — 136
See you soon 곧 보자

Pattern 060 ···해서 고마워 — 138
Thank you for coming 와줘서 고마워

Pattern 061 실례지만···, ···해서 미안해 — 140
Excuse me for being late 늦어서 미안해

Pattern 062 잘~ — 142
Good for you! 잘됐다!

Pattern 063 ···가 아니야 — 144
No problem 문제없어, 괜찮아

Pattern 064 뭐~ 있어? — 146
Any questions? 뭐 질문있어요?

Pattern 065 여기 ···있어 — 148
Here are your tickets 여기 티켓 받아

Pattern 066 ···가 있어 — 150
There's a phone call for you 전화왔어

Pattern 067 정말 ···해! — 152
What a small world! 세상 참 좁네!

Level 02
필수패턴으로 영어회화 기반다지기!
068-167

Pattern 068 ···하고 싶어 — 156
I'd like to check out now 지금 체크아웃할게요

Pattern 069 ···할래 — 158
I want to ask you something 뭐 좀 물어볼게요

Pattern 070 네가 ···해줘 — 160
I'd like you to come to my party
네가 파티에 오면 좋겠어

Pattern 071 ···할래? — 162
Would you like to go to a movie? 영화보러갈래?

Pattern 072 ···하고 싶어?, ···할래? — 164
Do you want to come along? 같이 갈래?

Pattern 073 (내가) ···해줄까?, 할까? — 166
Do you want me to quit? 그만두라고요?

Pattern 074 ···해서 기뻐 — 168
I'm glad you like it 맘에 든다니 기뻐

Pattern 075 난 ···가 걱정돼 — 170
I'm worried about you 네가 걱정돼

Pattern 076 ···을 알고 있어 — 172
I'm aware of that 그거 알고 있어

Pattern 077 ···해서 미안해 — 174
I'm sorry to hear that 유감이야

Pattern 078 ···아닌 것 같아, 안됐지만 ···인 것 같아 — 176
I'm afraid you're wrong 네가 틀린 것 같아

Pattern 079 ···가 확실해, 확실히 ···해 — 178
I'm sure of that 그거 확실해

Pattern 080 ···을 잘 모르겠어 — 180
I'm not sure what you mean
네가 무슨 말하는지 모르겠어

Pattern 081 정말 ···야? — 182
Are you sure you're okay? 너 정말 괜찮은거야?

| Pattern 082 | …할 준비됐어? | 184 |

Are you ready to go? 갈 준비됐어?

| Pattern 083 | …이동 중이야(가는 중이야) | 186 |

I'm on my way 나 가는 중이야

| Pattern 084 | 혹시 …있어? | 188 |

Do you have any plans for tonight? 오늘 밤 뭐 계획있어?

| Pattern 085 | …하는 것이 어려워 | 190 |

It's hard to believe 믿겨지지 않아

| Pattern 086 | …해도 돼? | 192 |

Is it okay to come in? 들어가도 돼?

| Pattern 087 | …일까? | 194 |

Is it possible that she's coming back? 걔가 돌아올까?

| Pattern 088 | …가 처음이야? | 196 |

Is this your first purchase of a headphone? 헤드폰을 사는게 이번이 처음이야?

| Pattern 089 | …해야 할 때야 | 198 |

It's time to say good-bye 헤어질 시간야

| Pattern 090 | …하도록 해 | 200 |

You'd better do it right now 지금 당장 그거 해라

| Pattern 091 | …하지 마라 | 202 |

You shouldn't go there 거기에 가면 안돼

| Pattern 092 | …하지 않아도 돼 | 204 |

You don't have to do that 그럴 필요 없어

| Pattern 093 | …을 해야 돼? | 206 |

Do you have to work tonight? 오늘 밤 일해야 돼?

| Pattern 094 | (내가) …해야 돼? | 208 |

Do I have to make a reservation? 예약해야 돼요?

| Pattern 095 | …해야 돼? | 210 |

Do you need to go now? 이제 가야 돼?

| Pattern 096 | …을 알고 있어 | 212 |

I know what I'm doing 내가 알고 하는 일이야

| Pattern 097 | …을 모르겠어 | 214 |

I don't know what you're talking about 네가 무슨 말 하는지 모르겠어

| Pattern 098 | …을 알아? | 216 |

Do you know any good restaurants? 좋은 식당 뭐 아는 곳 있어?

| Pattern 099 | …을 알아? | 218 |

Do you know what I'm saying? 내가 하는 말 알겠어?

| Pattern 100 | …인 것 같아 | 220 |

I think it's a good idea 좋은 생각같아

| Pattern 101 | …인 것 같아 | 222 |

I guess you're right 네 말이 맞는 것 같아

| Pattern 102 | …가 아닌 것 같아 | 224 |

I don't think she can do it 걔가 그걸 못할 것 같아

| Pattern 103 | …인 것 같아? | 226 |

Do you think she likes me? 걔가 날 좋아하는 것 같아?

| Pattern 104 | …가 좋아, …하는게 좋아 | 228 |

I like to play golf 골프치는 걸 좋아해

| Pattern 105 | …를 좋아해? | 230 |

Do you like singing? 노래부르는 것 좋아해?

| Pattern 106 | …하기를 바래 | 232 |

I hope you get well soon 네가 좋아지기를 바래

| Pattern 107 | …하는데 …가 걸려 | 234 |

It takes 5 minutes to get there 거기 가는데 5분 걸려

| Pattern 108 | …한 것 같아, …처럼 보여 | 236 |

It seems that we got lost 우리가 길을 잃은 것 같아

| Pattern 109 | …한 것 같아, …처럼 보여 | 238 |

It looks like it's going to rain 비가 올 것 같아

| Pattern 110 | …하는 것 같아 | 240 |

It's like you don't believe me 날 안 믿는 것 같아

| Pattern 111 | …한 것 같아 | 242 |

I feel like it's my fault 내 잘못 같아

| Pattern 112 | …하고 싶어 | 244 |

I feel like having a drink 술한잔 하고 싶어

| Pattern 113 | …하면 안될까?, …해도 괜찮을까? | 246 |

Do you mind picking me up tomorrow? 내일 나

좀 태워줄 수 있어?

Pattern 114 상관없어 —— 248
It doesn't matter to me 난 상관없어

Pattern 115 …가 …하는 것을 돕다 — 250
Can you help me get dressed? 옷 입는 거 도와줄래?

Pattern 116 …할게, …하도록 할게 — 252
I'll try to be more careful 더 조심하도록 할게

Pattern 117 …알려줘 —— 254
Please let me know what you think
네 생각이 어떤지 알려줘

Pattern 118 …을 알려줄게 —— 256
I'll let you know when I find it 그걸 찾게 되면 알려줄게

Pattern 119 내가 …할게 —— 258
Let me show you around 내가 구경시켜줄게

Pattern 120 …할까 생각중야 —— 260
I'm thinking of going on vacation 휴가갈 생각야

Pattern 121 …될거야 —— 262
That'll be a big help 큰 도움이 될거야

Pattern 122 …안했어 —— 264
I didn't do it 내가 안그랬어

Pattern 123 (넌) …하지 않았어 —— 266
You didn't love me 넌 날 사랑하지 않았어

Pattern 124 …했어? —— 268
Did you enjoy your trip? 여행 즐거웠어?

Pattern 125 …가 즐거웠어 —— 270
I really enjoyed it 정말 즐거웠어

Pattern 126 …했어, …해봤어, …해 — 272
She has worked here for 3 years
걘 3년간 여기서 일했어

Pattern 127 …에 가본 적 있어, …에 갔다 왔어
—— 274
I have been to a beauty salon 미장원에 갔었어

Pattern 128 …한 적이 없어 —— 276
I have never heard of such a thing
그런 거 들어보지 못했어

Pattern 129 …한 적이 있어? —— 278
Have you seen my camera? 내 카메라 봤어?

Pattern 130 …라고 들었어 —— 280
I heard you were going to get married
너 결혼한다며

Pattern 131 …하는게 어때? —— 282
Why don't you come with me? 나하고 함께 가자

Pattern 132 …은 어때? —— 284
How about we go to the movies tonight?
오늘 밤에 영화보러 갈래?

Pattern 133 어째서 …하는거야? —— 286
How come you're late? 어째서 늦었어?

Pattern 134 왜 …하지 않았어? —— 288
Why didn't you tell me? 왜 내게 말 안했어?

Pattern 135 왜 …해? —— 290
Why are you so angry? 왜 그렇게 화나있어?

Pattern 136 …가 뭐야? —— 292
What's the problem? 문제가 뭐야?

Pattern 137 …가 어때? —— 294
What's the weather like in Korea?
한국의 날씨는 어때?

Pattern 138 …가 무슨 일이야? —— 296
What's wrong with you? 너 왜 그래?

Pattern 139 너 뭐를 …하는거야?, 뭐가 …하는거야? —— 298
What're you talking about? 무슨 말이야?

Pattern 140 너 뭐를 …할거야? —— 300
What're you going to do? 어떻게 할거야?

Pattern 141 뭐를 …하니 —— 302
What do you do? 뭐하니?, 무슨 일해?

Pattern 142 …에 대해 어떻게 생각해? – 304
What do you think of that? 그거 어때?

Pattern 143 …가 무슨 말이야? —— 306
What do you mean you quit? 그만둔다니 그게 무슨 말야?

Pattern 144 뭘 …하고 싶은거야? —— 308
What do you want to do? 뭘 하고 싶어?

Pattern 145 …가 어떻게 된거야? —— 310
What happened to her? 걔 어떻게 된거야?

Pattern 146 어떤 ~을 …할거야? —— 312
What kind of car are you going to buy?
무슨 종류의 차를 살거야?

Pattern 147 뭘 …한거야 —— 314
What did you say to her? 걔한테 뭐라고 했어?

Pattern 148 뭘 …해줄까요? —— 316
What can I do for you? 뭘 도와드릴까요?

Pattern 149 …가 어때? —— 318
How's your family? 가족은 잘 지내?

Pattern 150 어떻게 …해? —— 320
How do you like the steak? 고기 어떻게 해드릴까요?

Pattern 151 어떻게 준비할까요?, …하는 것은 어때? —— 322
How would you like to get together? 만나는게 어때?

Pattern 152 어떻게 …할 수가 있어? —— 324
How can you say that? 어떻게 그렇게 말할 수 있어?

Pattern 153 몇 명(개)를 …? —— 326
How many kids are you going to have?
애는 몇이나 가질려고?

Pattern 154 얼마나 많이…? —— 328
How much is it? 얼마야?

Pattern 155 얼마나 빨리~ 해? —— 330
How soon do you need it? 얼마나 빨리 필요해?

Pattern 156 언제 …야? —— 332
When's the wedding? 결혼식이 언제야?

Pattern 157 언제 …할거야? —— 334
When are you coming back? 언제 돌아와?

Pattern 158 언제 …해? —— 336
When do you want to go? 언제 가고 싶어?

Pattern 159 …가 어디에 있어? —— 338
Where's everybody? 다들 어디 있어?

Pattern 160 어디에서 …해? —— 340
Where're you going? 너 어디가?

Pattern 161 어디서 …해? —— 342
Where do you want to go? 어디 가고 싶어?

Pattern 162 어디서 …할까? —— 344
Where can I meet you? 어디서 만날까?

Pattern 163 …가 누구야?, 누가 …해? — 346
Who's next? 다음 사람?

Pattern 164 누가 …하는거야? —— 348
Who wants to go first? 누가 먼저 가고 싶어?

Pattern 165 누구를 …해? —— 350
Who do you work for? 어디서 일해?

Pattern 166 어느 것이 …해? —— 352
Which do you like better? 어느 것을 더 좋아해?

Pattern 167 어떤 ~가 …해? —— 354
Which train goes to New York?
뉴욕행 기차가 어느 거죠?

Level 02
응용패턴으로 드디어 왕초보 탈출하기!
168-242

Pattern 168 ···인지 아닌지 알아보다 — 358
Let me check the schedule 스케줄 확인해볼게

Pattern 169 ···하는데 시간이 얼마나 걸려? — 360
How long does it take to get there?
거기까지 가는데 얼마걸려?

Pattern 170 ···했어야 했는데 — 362
I should have told you 네게 말했어야 하는데

Pattern 171 ···한 줄 알았어 — 364
I thought you were a good kisser
네가 키스 잘 하는 줄 알았어

Pattern 172 ···라고 했잖아 — 366
You told me Jane was pregnant 제인이 임신했다며

Pattern 173 ~가 ···라고 말했어 — 368
She said she didn't love him
걔는 그 남자를 사랑하지 않았다고 말했어

Pattern 174 ···라고 말했잖아 — 370
I told you to get out of here 나가라고 했잖아

Pattern 175 ···에서 봤어[읽었어] — 372
I saw on the internet that oil prices will rise
기름값이 오를거라고 인터넷에서 봤어

Pattern 176 난 ···해 — 374
I felt so embarrassed about it 무척 당황스러웠어

Pattern 177 ···말해[알려]줄래? — 376
Can you tell me why you like her?
네가 왜 걜 좋아하는 지 말해줄래?

Pattern 178 ···을 확인해볼게 — 378
Let me make sure I understand
내가 이해했는지 확인해볼게

Pattern 179 ···하지 않을 수 없어 — 380
I can't help but think of you 널 생각하지 않을 수 없어

Pattern 180 ···을 몹시 하고 싶어 — 382
I can't wait to sleep with him 걔하고 정말 자고 싶어

Pattern 181 계속해서 ···하다 — 384
Why do you keep saying that?
왜 자꾸 그렇게 말하는 거야?

Pattern 182 어려워 말고 ···해 — 386
Feel free to come over to my place
내 집에 마음 편히 들러

Pattern 183 ···하는 것을 명심해 — 388
Don't forget to get me a present
내게 선물 사주는거 잊지마

Pattern 184 ···하는 것을 잊었어 — 390
I forgot to tell you about the party
파티 얘기하는거 깜박했어

Pattern 185 ···두고 왔어 — 392
I left the key in the room 방에 열쇠를 두고 왔어

Pattern 186 ~에게 ···을 갖다[사]주다 — 394
Can I get you something? 뭐 좀 갖다줄까?

Pattern 187 ~에게 ···을 주다 — 396
I'll give you a call 내가 전화할게

Pattern 188 ···하게 만들다, ···하게 하다 — 398
She really makes me angry 걘 정말 날 화나게 해

Pattern 189 왜 ···하는거야? — 400
What makes you think so? 왜 그렇게 생각하는거야?

Pattern 190 ~에게 ···을 시키다 — 402
I'll have him call you back
걔보고 너한테 전화하라고 할게

Pattern 191 (누군가에 의해) ~가 ···했다 404
I had my hair cut 나 이발했어

Pattern 192 ~가 ···하는 것을 보다/느끼다/듣다 — 406
I saw her kissing you 걔가 네게 키스하는거 봤어

Pattern 193 ···하지 않을게 — 408
I won't let it happen again 다신 그러지 않을게

Pattern 194 내 말은 말야~ — 410
I mean, what about you? 내 말은 넌 어떠냐고?

Pattern 195 ···란 말야? — 412

You mean like this? 이렇게 말야?

Pattern 196 …란 말야? — 414

Are you saying that you're not happy?
네가 행복하지 않다는 거야?

Pattern 197 …을 생각해본 적이 있어? — 416

Have you ever thought about having children?
애를 낳을 생각해봤어?

Pattern 198 …라면 좋을텐데 — 418

I wish he was my husband
걔가 내 남편이면 좋을텐데

Pattern 199 …한지 …가 됐어 — 420

It has been 5 years since we were married
우리가 결혼하지 5년이 지났어

Pattern 200 …하지 않아? — 422

Isn't it amazing? 멋지지 않아?

Pattern 201 그렇지?, 그렇지 않아? — 424

You don't love her, do you?
넌 걜 사랑하지 않아, 그지?

Pattern 202 몹시 …하고 싶어 — 426

I'm looking forward to seeing you soon
곧 보기를 바래

Pattern 203 …하기로 결정했어 — 428

I've decided to break up with him
걔랑 헤어지기로 결심했어

Pattern 204 …할 의도는 아니었어 — 430

I didn't mean to do that 그럴려고 그런 게 아니었어

Pattern 205 …할 여력이 없어 — 432

I can't afford to buy this 이걸 살 여력이 안돼

Pattern 206 …한 걸 몰랐어 — 434

I didn't know you were fired 네가 잘린 걸 몰랐어

Pattern 207 …라고 안했어 — 436

I didn't say you were stupid
네가 멍청하다고 말하지 않았어

Pattern 208 그래서 …해 — 438

That's why we're here
바로 그래서 우리가 여기에 있는거야

Pattern 209 그건 …하는게 아니야 — 440

That's not what I want 내가 원하는 건 그게 아니야

Pattern 210 이게 …하는거야 — 442

This is just what I wanted 이게 바로 내가 원했던 거야

Pattern 211 여기가 …하는거야 — 444

This is where I live 여기가 내가 사는 곳이야

Pattern 212 그러고 싶지만… — 446

I wish I could, but I can't do it
그러고 싶지만 그럴 수 없어

Pattern 213 미안하지만… — 448

I'm sorry, but I can't help you
미안하지만 도와줄 수가 없어

Pattern 214 …할 가능성이 있어 — 450

There's a chance he can get better
걔가 나아질 가능성이 있어

Pattern 215 …하면 후회하게 될거야 — 452

You'll be sorry if you're late again
또 늦으면 후회하게 될거야

Pattern 216 중요한 점은 …이라는거야 — 454

The point is you're paying too much
요점은 네가 너무 많은 돈을 지불한다는 거야

Pattern 217 내가 말하려는 건 …이야 — 456

What I'm trying to say is he's rich
내가 말하고자 하는 건 걔가 부자라는 거야

Pattern 218 내가 필요한 건 …뿐이야 — 458

All I need is you 내가 필요한 건 너뿐이야

Pattern 219 무엇(누가)이 …인지 몰라 — 460

I have no idea what you just said
네가 말한게 무슨 말인지 모르겠어

Pattern 220 …을 알아? — 462

Do you have any idea what she said?
걔가 한 말이 뭔지 알아들었어?

Pattern 221 차라리 …할래 — 464

I'd rather take a subway 차라리 전철을 탈래

Pattern 222 …만큼 …해 — 466

I'm coming as quickly as I can 최대한 빨리 갈게

Pattern 233 …만큼 …해 — 468

She's not as good as you 걘 너만 못해

Pattern 223 …보다 더 나은 — 470

She's doing it better than me 걔가 나보다 잘해

Pattern 224 가장 …한 — 472
You're the most wonderful girl 넌 최고로 멋진 여자야

Pattern 225 …가 더 좋아 — 474
I prefer to be alone 혼자 있는게 더 좋아

Pattern 226 …하게 하지마, ~가 …하지 못하게 해 — 476
Don't let me drive 나 운전시키지마

Pattern 227 …을 끝냈어 — 478
I'm done with it 난 그거 끝냈어

Pattern 229 …해도 상관없어 — 480
I don't care if you go home 네가 집에 가도 상관없어

Pattern 230 …가 믿기지 않아 — 482
It's hard to believe that he's dead
걔가 죽었다는 게 믿어지지 않아

Pattern 231 …라는게 말이 돼 — 484
I can't believe you did that
네가 그랬다는 게 믿기지 않아

Pattern 232 …라는게 믿겨져? — 486
Can you believe she was a stripper?
걔가 스트리퍼였다는 게 믿겨져?

Pattern 232 …한게 있어 — 488
There's something you should know
네가 알아야 될게 있어

Pattern 234 혹 …한게 있어? — 490
Is there anything I can help you with?
내가 뭐 도와줄 일 있어?

Pattern 235 …일까, …할까 — 492
I wonder what's going on 무슨 일인지 모르겠어

Pattern 236 …하러 왔어 — 494
I'm here to pick up Jane 제인 데리러 왔어요

Pattern 237 …하면 안돼 — 496
You're not allowed to smoke here
여기서 담배피면 안돼

Pattern 238 …하면 …할게 — 498
I'll come here at 12 if that's okay
괜찮다면 12시에 올게

Pattern 239 …라면 …할텐데 — 500
If I were you, I would not go 너라면 난 가지 않을 텐데

Pattern 240 …하러 가자 — 502
Let's go get some ice cream 아이스크림 먹으러 가자

Pattern 241 …하는게 어때? — 504
What do you say we take a break? 좀 쉬는 게 어때?

Pattern 242 …할 수가 없어, …할 방법이 없어 — 506
There's no way I can do that 그렇게 하는 건 불가능해

Supplements — 509

암기용 패턴총정리·

*멘토스 홈피나 어플에서 암기용 패턴총정리 PDF 파일을 다운로드 받을 수 있다.

Pattern English

LEVEL 01

기본패턴으로
영어말해보기!

001~067

Best Way to Improve Your
English Speaking Skills!

Pattern 001 이거 …해

This is great
이거 대단해, 이거 멋지다

✓ 핵심포인트

This is+명사[형용사] ▶ 이거 …해
This is not[isn't]+명사[형용사] ▶ 이거 …하지 않아

This is~ 다음에 형용사나 명사 혹은 부사구를 붙여서 어떤 상태나 상황을 말하며 강조를 하려면 This is really great처럼 This is really[too]~ 로, 부정을 할 때는 This isn't good처럼 This isn't~ 형태를 사용하면 된다. 특히 This is+사람의 경우는 사람을 소개할 때나 전화에서 자신을 밝힐 때 쓰는 것으로 해석은 '이 쪽은,' '이 사람은,' '이 분은'이라고 하면 된다.

Let's Talk

A: **We're going to get married this fall.** 이번 가을에 결혼할거야.
B: **Oh my God! This is so exciting!** 정말! 무척 멋지다!

A: **This is my lovely wife Susie.** 여긴 사랑스런 내 아내 수지야.
B: **Nice to meet you.** 반가워요.

A: **John. This is for you.** 조이, 이거 받아.
B: **What is it?** 뭔데?

기본문장 달달 외우기

1	이건 정말 말도 안돼.	**This is unbelievable[ridiculous].**
2	이게 훨씬 나아.	**This is much better.**
3	이건 정말 내게 중요해.	**This is really important to me.**
4	이건 공평치 않아.	**This isn't fair.**
5	이건 내가 낼게.	**This is my treat.**
6	이건 무척 재미있다.	**This is so much fun.**
7	이거 네거야.	**This is for you.**

✓ One More Step

This is+사람의 경우로 This is Meg은 "얘는[이 분은] 맥이야" 라고 그리고 This is speaking은 "전데요"라는 뜻이 된다.

A: **Could I speak to Meg, please?** 맥 좀 바꿔 주세요?
B: **This is Meg.** 전데요.

> ▶ 한 번 써보면 평생 잊혀지지 않는 **영어패턴 필사!** ◀

1 이건 정말 말도 안돼.

✎ _____

2 이게 훨씬 나아.

✎ _____

3 이건 정말 내게 중요해.

✎ _____

4 이건 공평치 않아.

✎ _____

5 이건 내가 낼게.

✎ _____

6 이건 무척 재미있다.

✎ _____

7 이거 네거야.

✎ _____

다이알로그 필사도전! ✎

A

우리는 이번 가을에 결혼할거야.

B

정말! 무척 멋지다!

Level 01 기본패턴으로 영어 말해보기!

Pattern 002 그거 …해

That's a good idea
그거 좋은 생각이야

✓ **핵심포인트**   That's+N[형용사] ▶ …해
That's not+N[형용사] ▶ …하지 않아

이번에는 주어가 That~인 경우로 This~와는 달리 뒤의 be동사와 축약되어서 That's~의 형태로 사용된다. That's~ 다음에는 That's a good idea(좋은 생각이야), That's right(맞아), That's it(바로 그거야, 그렇게 된거야)처럼 명사, 형용사가 주로 많이 오는데 That's for sure(그 말이 맞아, 확실해)처럼 전치사구가 오기도 한다. 강조하려면 That's really[very]~, 부정하려면 That's not~ 을 사용하면 된다.

Let's Talk

A: **You mean you're not going to college?** 네 말은 대학교에 안 가겠다는거냐?
B: **That's right.** 맞아요.

A: **We're so sorry.** 정말 미안해요.
B: **That's all right.** 괜찮아요.

A: **I only have a hundred-dollar bill.** 100달러 지폐밖에 없는데요.
B: **That's okay, I have change.** 괜찮아요. 거스름돈이 있어요.

 기본문장 달달 외우기

1 괜찮아.   **That's** all right[okay].
2 정말 도움이 돼.   **That's** very helpful.
3 그건 사실이 아니야.   **That's** not true.
4 정말 안됐어.   **That's** too bad.
5 그거 이상해.   **That's** weird.
6 그건 내가 좋아하는거야. **That's** my favorite.
7 그게 다야.   **That's** all.

✓ One More Step

That's~ 다음에 명사[형용사]가 아니라 전치사[부사]~의 형태가 오는 경우도 있다.

That's for sure. 확실해.
That's out of the question. 말도 안돼.

> ▶ 한 번 써보면 평생 잊혀지지 않는 영어패턴 필사! ◀

1 괜찮아.

✎ _____

2 정말 도움이 돼.

✎ _____

3 그건 사실이 아니야.

✎ _____

4 정말 안됐어.

✎ _____

5 그거 이상해.

✎ _____

6 그건 내가 좋아하는거야.

✎ _____

7 그게 다야.

✎ _____

다이알로그 필사도전!

A

네 말은 대학교에 안 가겠다는거냐?

B

맞아요.

Level 01 기본패턴으로 영어 말해보기!

Pattern 003 그거 …해

It's very kind of you
정말 친절하시네요

✓ **핵심포인트** It's+N[형용사] ▶ …해   It's+부사[전치사+N] ▶ …야

It's~ 다음에도 명사나 형용사가 올뿐만아니라 혹은 부사나 전치사 등을 넣어 다양한 문장을 만드는데 It's up to you(네게 달려있어), It's on me(내가 낼게), It's out of date(구식이야), It's across the street(길 건너편에 있어) 등이 대표표현. 또한 It's~ 형태는 시간을 말하거나 (It's 7 o'clock~), 날씨를 말할 때(It's cloudy, It's rainy)도 사용되는 것으로 유명하다.

Let's Talk

A: **I'm sorry I'm late again.** 미안하지만 또 늦었네.
B: **Oh, it's okay.** 어, 괜찮아.

A: **What should I wear to the party tonight?** 오늘밤 파티에 뭘 입고 가는게 좋을까?
B: **It's up to you.** 그거야 네 맘이지.

A: **Sorry. It's my fault.** 미안해요. 내 탓이에요.
B: **No, it isn't. It's mine.** 아녜요. 내 잘못인 걸요.

기본문장 달달 외우기

1	난 괜찮아.	**It's all right with me.**
2	그건 너무 비싸.	**It's too expensive.**
3	그거 정말 재밌다.	**It's so funny.**
4	네 차례야.	**It's your turn.**
5	그건 네 잘못이 아냐.	**It's not your fault.**
6	나도 그래.	**It's the same with me.**
7	그건 좀 복잡해.	**It's so complicated.**

✓ **One More Step**

It's 다음에 명사[형용사]가 아니라 전치사[부사]~의 형태가 오는 경우.

It's up in the air. 아직 미정이야.   **It's on the house.** 가게가 쏩니다.
It's out of date. 구식이야.   **It's across from the supermarket.** 수퍼건너편에 있어.

22

> ▶ 한 번 써보면 평생 잊혀지지 않는 영어패턴 필사! ◀

1 난 괜찮아.
✎ _____

2 그건 너무 비싸.
✎ _____

3 그거 정말 재밌다.
✎ _____

4 네 차례야.
✎ _____

5 그건 네 잘못이 아냐.
✎ _____

6 나도 그래.
✎ _____

7 그건 좀 복잡해.
✎ _____

다이알로그 필사도전!

A
미안하지만 또 늦었네.

B
어, 괜찮아.

Level 01 기본패턴으로 영어 말해보기! 23

Pattern 004 그거 …해?

Is it okay?
그거 괜찮아?

✓ **핵심포인트**　Is it+N[형용사]? ▶ …해?
　　　　　　　　Is that(this)+N[형용사]? ▶ …해?

It is~ 형태를 의문문으로 물어보는 경우로 아울러 Is this[that]+N[형용사]?의 경우도 함께 연습해본다. Is it okay?(괜찮아?)로부터 시작해서 공짜냐고 물어보려면 Is it free?, 좋냐고 물어보려면 Is it good?, 그게 네 노트북이냐고 물어보려면 Is it your notebook? 그리고 정말 그럴까라고 하려면 Is that so?라고 하면 된다. Is this[that]+전치사~?로 된 문장으로는 Is this for sale?(이거 세일하는거예요?), Is this for New York?(이거 뉴욕가는거예요?) 등이 있다.

Let's Talk

A: Excuse me, I think I'm lost. Is this West Street?
　저기, 길을 잃어서요. 여기가 웨스트 가인가요?
B: Yes, it is. Where do you want to go? 네, 맞아요. 어디로 가시려구요?

A: Is that an Armani suit? 아르마니 옷이야?
B: Don't be ridiculous. 말도 안되는 말 하지마.

A: I heard Peter was married. Is it true? 피터가 결혼했다며. 정말야?
B: Yes, I heard that it's true. 그래, 나도 그렇게 들었어.

기본문장 달달 외우기

1	그곳이 여기서 멀어요?	**Is it** far from here?
2	이게 정말 꼭 필요해?	**Is this** really necessary?
3	이거 네거야?	**Is this** yours?
4	이 자리 임자있어요?	**Is this** seat taken?
5	저게 가능해?	**Is that** possible?
6	그게 비싸?	**Is it** expensive?
7	분명히 알겠어?	**Is that** clear?

✓ One More Step

Is it[this, that]+전치사~? 형태의 구문도 많이 쓰인다.

Is this for real? 이거 실화야?　　　Is this for Boston? 이거 보스톤가는거예요?

▶ 한 번 써보면 평생 잊혀지지 않는 영어패턴 필사! ◀

1 그곳이 여기서 멀어요?

✎ _____

2 이게 정말 꼭 필요해?

✎ _____

3 이거 네거야?

✎ _____

4 이 자리 임자있어요?

✎ _____

5 저게 가능해?

✎ _____

6 그게 비싸?

✎ _____

7 분명히 알겠어?

✎ _____

다이알로그 필사도전!

A

피터가 결혼했다며. 정말야?

B

그래, 나도 그렇게 들었어.

Pattern 005 넌 …해[야]

You are so cute
너 참 귀엽다

✓ **핵심포인트**　You are+N[형용사] ▶ 넌 …해[야]

상대방의 상태, 신분을 말할 때 혹은 칭찬하거나 비난, 반대할 때 두루두루 쓰는 구문. You're+형용사[명사]의 형태로 사용하면 된다. You're+N를 강조하려면 You're such a+N라 한다. 아주 많이 쓰이는 You're welcome은 상대방이 감사하다고 할 때 답하는 전형적인 표현으로 "뭘요," "별 말씀을요"라는 의미이다. 또한 You're~ 다음에 명사[형용사]가 오지 않는 경우인 You're in trouble(너 큰일났다), You're to blame(네가 비난받아야 해)도 함께 알아둔다.

 Let's Talk

A: **Don't be so hard on yourself.** 너무 자책하지마.
B: **You're right.** 네 말이 맞아.

A: **If you need any help, you know where I am.**
혹 도움이 필요하면 내가 어디 있는지 알지.
B: **You're such a good friend to me.** 넌 내게 참 고마운 친구야.

A: **You're always so generous.** 넌 항상 마음씨가 아주 좋아.
B: **I'm glad you think so.** 그렇게 생각해줘서 고마워.

 기본문장 **달달** 외우기

1	너 운좋다.	**You're lucky.**
2	넌 해고야.	**You're fired.**
3	넌 나의 가장 친한 친구야.	**You're my best friend.**
4	네가 최고야.	**You're the best.**
5	넌 정말 좋은 친구야.	**You're a really nice guy.**
6	당신은 정말 친절하시군요.	**You're such a kind person.**
7	넌 정말 요리를 잘해.	**You're such a good cook.**

✓ **One More Step**

1　You're welcome. 뭘요, 별 말씀을. *상대방이 감사하다고 하는거에 대한 전형적인 답변.
2　You're+전치사[부사]의 구문
　　You're in deep shit. 너 큰일났다.

> ▶ 한 번 써보면 평생 잊혀지지 않는 영어패턴 필사! ◀

1 너 운좋다.

_____

2 넌 해고야.

_____

3 넌 나의 가장 친한 친구야.

_____

4 네가 최고야.

_____

5 넌 정말 좋은 친구야.

_____

6 당신은 정말 친절하시군요.

_____

7 넌 정말 요리를 잘해.

_____

다이얼로그 필사도전!

A

혹 도움이 필요하면 내가 어디 있는지 알지.

B

넌 내게 참 고마운 친구야.

Pattern 006 넌 …해?

Are you available tonight?
오늘 저녁에 시간돼?

✓ **핵심포인트**　Are you+N[형용사]? ▶ 넌 …해?

반대로 상대방의 신분, 상태를 물어보는 구문으로 Are you+형용사[명사]~? 형태로 사용한다. 위 문장은 "오늘 저녁 시간돼?"라는 뜻으로 시간약속을 정할 때 사용하는 표현. 또한 상대방이 괜찮은지 물어보는 표현인 Are you all right?도 이 유형인데 are을 생략하고 You all right? 이라 하기도 한다. 하지만 그냥 All right?은 문장 끝에서 자기가 한 말을 확인시킬 때 쓰는 말로 Go get some food, all right?(가서 음식 좀 사와, 알았어?)에서처럼 "알았어?"라는 의미이다.

🗨 Let's Talk

A: **Hi Jim! Are you ready for breakfast?** 짐, 아침먹을 준비됐어?
B: **Yep.** 응.

A: **Are you all right?** 괜찮겠어?
B: **Yeah, I'm fine, I'm fine.** 어, 괜찮아.

A: **Are you serious?** 정말야?
B: **Sure. I mean it.** 그럼. 정말이야.

📋 기본문장 **달달** 외우기

1	너 괜찮아?	**Are you okay[all right]?**
2	너 정말야?	**Are you serious?**
3	너 결혼했어?	**Are you married?**
4	너 다했어?	**Are you finished[done]?**
5	너 갈 준비됐어?	**Are you ready to go?**
6	너 그거 확실해?	**Are you sure about that?**
7	네가 제인친구야?	**Are you a friend of Jane?**

✓ One More Step

(Are) You all right? vs All right?

Are you all right?은 are을 생략하고 You all right?이라고 쓰이기도 하는데 이는 상대방이 괜찮은지 물어보는 표현. 하지만 All right?은 자기가 한 말을 확인시킬 때 쓰는 말로 "알았어?"에 해당되는 말이다.

You look tired. You all right? 너 피곤해 보여. 괜찮아?
Go get some food, all right? 가서 음식 좀 사와, 알았어?

▶ 한 번 써보면 평생 잊혀지지 않는 영어패턴 필사! ◀

1 너 괜찮아?

✎ _____

2 너 정말야?

✎ _____

3 너 결혼했어?

✎ _____

4 너 다했어?

✎ _____

5 너 갈 준비됐어?

✎ _____

6 너 그거 확실해?

✎ _____

7 네가 제인친구야?

✎ _____

다이알로그 필사도전! ✎

A
정말야?

B
그럼. 정말이야.

Pattern 007 너(넌) …하고 있어

You're doing great
넌 잘하고 있어

✓ 핵심포인트 You're+~ing ▶ 너(넌) …하고 있어
Are you+~ing? ▶ 너(넌) …해?

You're doing great(잘하고 있어)는 You're+~ing 형태로 You're~ 다음에 동사가 온다는 점이 앞서 배운 You're+형용사[명사]와 다르다. ~ing 자리에 다양한 동사를 써보며 문장을 만들면 된다. 또한 Are you+~ing? 형태의 의문문도 회화에서 자주 쓰이니 함께 만들어 보기로 한다. 상점에서 점원이 많이 쓰는 Are you being helped?(누가 도와드리고 있나요?), 상대방의 의견에 동의할 때 쓰는 You're telling me(누가 아니래, 정말 그래) 또한 이 유형에 속한다.

Let's Talk

A: **I'm sorry but I have to break up with you.** 미안하지만 너랑 헤어져야겠어.
B: **You're kidding me.** 농담마.

A: **Are you coming to the party tonight?** 오늘밤 파티에 올거야?
B: **I can't. I have an appointment.** 안돼. 선약이 있어.

A: **Are you looking for anything in particular?** 특별히 찾으시는 것이라도 있으세요?
B: **Yeah, I want to find an umbrella.** 네, 우산을 찾는데요.

기본문장 달달 외우기

1 농담마. **You're kidding me.**
2 너 실수하고 있는거야. **You're making a mistake.**
3 넌 말이 너무 많아. **You're talking too much.**
4 너 때문에 놀랬잖아. **You're scaring me.**
5 넌 늘상 불평야. **You are always complaining.**
6 너 우리랑 같이 갈래? **Are you coming with us?**
7 너 아직도 컴퓨터 게임하니? **Are you still playing computer games?**

✓ One More Step

1 Are you being helped? 누가 도와드리고 있나요?
    상점에서 쓰는 표현으로 둘러보는 손님에게 누가 다른 종업원이 봐드리고 있냐고 물어보는 말.
2 You're telling me! 누가 아니래!, 정말야!
    상대방의 말에 전적으로 동의할 때 사용하는 말로 「누가 아니래!」, 「정말 그래!」 정도의 의미.

> ▶ 한 번 써보면 평생 잊혀지지 않는 영어패턴 필사! ◀

1 농담마.

✎ _____

2 너 실수하고 있는거야.

✎ _____

3 넌 말이 너무 많아.

✎ _____

4 너 때문에 놀랬잖아.

✎ _____

5 넌 늘상 불평야.

✎ _____

6 너 우리랑 같이 갈래?

✎ _____

7 너 아직도 컴퓨터 게임하니?

✎ _____

다이알로그 필사도젼!

A
오늘밤 파티에 올거야?

B
안돼. 선약이 있어.

Level 01 기본패턴으로 영어 말해보기!

Pattern 008 너(넌) …로 보여

You look great
너 멋져 보인다

✓ **핵심포인트**   You look[seem]+형용사 ▶ 너(넌)…하게 보여
You seem to+V ▶ 너(넌) …것 같아, …로 보여

You're~ 외에 상대방의 상태를 언급하는 표현으로 You look[seem, sound] 다음에 형용사[과거분사] 등을 붙여 쓰면 된다. 위 예문인 You look great는 상대방을 만났을 때 "너 멋져 보인다"라고 말할 때 쓰는 표현으로 You look good이라고도 한다. 또한 seem의 경우 He seems to hate you(걔는 널 싫어하는 것 같아)에서처럼 뒤에 to+V가 와서 '…하는 것 같아'라는 의미로 사용되니 잘 알아두기로 한다.

Let's Talk

A: Look at you, you look great. 얘 봐라, 너 멋져 보인다.
B: Do I? Thank you, so do you. 그래? 고마워, 너도 그래.

A: How was your date? 데이트 상대 어땠어?
B: She seemed really very fun. 걔 정말 재미있는 애 같았어.

A: You don't seem okay. What happened? 너 안 좋아 보여. 왜 그래?
B: I broke up with Roger. 로저랑 헤어졌어.

 기본문장 **달달** 외우기

1 너 행복해 보여.   **You look happy.**
2 너 창백해 보여.   **You look pale.**
3 넌 네 나이에 비해 어려 보여. **You look young for your age.**
4 너 피곤해보여.   **You look tired.**
5 네 목소리가 이상하게 들려. **You sound strange.**
6 너 좀 초조해보여.   **You seem a little nervous.**
7 너 안 좋아 보여.   **You don't seem okay.**

✓ **One More Step**

remain+형용사 여전히 …이다, keep+형용사 늘…하다
   He still remains very popular. 그 남자는 여전히 유명해.
   I don't like to keep busy. 계속해서 바쁜 건 싫어.

▶ 한 번 써보면 평생 잊혀지지 않는 **영어패턴 필사!** ◀

1 너 행복해 보여.

✎ _____

2 너 창백해 보여.

✎ _____

3 넌 네 나이에 비해 어려 보여.

✎ _____

4 너 피곤해보여.

✎ _____

5 네 목소리가 이상하게 들려.

✎ _____

6 너 좀 초조해보여.

✎ _____

7 너 안 좋아 보여.

✎ _____

다이알로그 필사도전! ✎

A

너 안 좋아 보여. 왜 그래?

B

로저랑 헤어졌어.

Pattern 009 …인 것 같아

It sounds good to me
난 좋아

✓ **핵심포인트** (It) Sounds+형용사 ▶ …인 것 같아
(It) Sounds like+N ▶ …인 것 같아

sound는 (It) Sounds+형용사 혹은 (It) Sounds like+N의 형태로 '…인 것 같아'라는 의미로 많이 쓰인다. 거의 굳어진 표현들이 많아 외워두면 좋다. It 대신 That을 쓰기도 한다. 또한 sound는 seem, look처럼 like와 어울려 seem like, look like, sound like~라는 표현들을 만들어 내는데 Your wife seems like a nice woman(네 와이프 좋은 여자 같더라), It looks like a gift to you(네 선물 같은데), That sounds like a good idea (좋은 생각같아) 등이 그 예이다.

 Let's Talk

A: **Maybe we could get together later?** 혹 나중에 만날 수 있을까요?
B: **That sounds good.** 좋죠.

A: **How about a drink after work?** 퇴근 후 술 한잔 어때?
B: **That sounds perfect.** 좋구 말구.

A: **Let's split the bill.** 각자 내자.
B: **That sounds like a good idea.** 좋은 생각이야.

 기본문장 **달달** 외우기

1 난 좋아.   **It sounds good to me.**
2 익숙한 것처럼 들려.   **It sounds familiar.**
3 그건 협박처럼 들리는데. **That sounds like a threat.**
4 그거 아주 좋지.   **That sounds great.**
5 재미있겠는데.   **Sounds interesting.**
6 좋아.   **Sounds like a plan.**
7 좋아.   **Sounds fine.**

▶ 한 번 써보면 평생 잊혀지지 않는 영어패턴 필사! ◀

1 난 좋아.

✏️ _____

2 익숙한 것처럼 들려.

✏️ _____

3 그건 협박처럼 들리는데.

✏️ _____

4 그거 아주 좋지.

✏️ _____

5 재미있겠는데.

✏️ _____

6 좋아.

✏️ _____

7 좋아.

✏️ _____

다이알로그 필사도전! ✏️

A

퇴근 후 술 한잔 어때?

B

좋구 말구.

Level 01 기본패턴으로 영어 말해보기!

Pattern 010 난 …야

I'm a stranger here too
저도 여기는 초행길인데요

✓ **핵심포인트**   I'm+N[형용사] ▶ 난 …야[해]
I'm not+N[형용사] ▶ 난 …아니야[하지 않아]

"초행길이어서 길을 모른다"라는 뜻. 이처럼 나의 정보나 처한 상황 등을 상대방에게 전달하는 방법으로 I'm+형용사[명사] 형태를 쓴다. "늦었다"는 I'm late, "미안하다"는 I'm sorry, 그리고 "행복하다"면 I'm happy 등 왕초보표현들을 만들어내는 구문. 한편 I'm~ 다음에 전치사가 오는 표현들로는 I'm on a diet now(다이어트 하는 중야), I'm on business(출장중야), I'm off(오늘 비번야), I'm on my way(가는 중야), I'm with you(네 편이야, 너랑 같은 생각야) 등이 있다.

Let's Talk

A: **Kevin, what are you doing on Saturday night?** 케빈, 토요일 밤에 뭐해?
B: **I'm not sure, why?** 잘 모르겠는데, 왜?

A: **I'm serious, she's in a really bad mood.** 정말야, 걔 기분이 꽤나 안 좋은 것 같아.
B: **I'll try to avoid her.** 피해 다녀야지.

A: **I heard you farted in front of your girlfriend.** 여친 앞에서 방귀뀌었다며.
B: **That's true. I was so embarrassed.** 맞아. 정말 당황했어.

 기본문장 **달달** 외우기

1 난 정말야.   **I'm** serious.
2 난 정말 피곤해.   **I'm** so tired.
3 난 길을 잃었어.   **I'm** lost.
4 난 걱정돼.   **I'm** worried.
5 난 혼란스러워.   **I'm** confused.
6 난 당황했어.   **I'm** embarrassed.
7 난 잘 모르겠어.   **I'm not** sure.

> ▶ 한 번 써보면 평생 잊혀지지 않는 영어패턴 필사! ◀

1 난 정말이야.

✎ _____

2 난 정말 피곤해.

✎ _____

3 난 길을 잃었어.

✎ _____

4 난 걱정돼.

✎ _____

5 난 혼란스러워.

✎ _____

6 난 당황했어.

✎ _____

7 난 잘 모르겠어.

✎ _____

다이알로그 필사도전! ✎

A
정말야, 걔 기분이 꽤나 안 좋은 것 같아.

B
피해 다녀야지.

Pattern 011 나(난) …해

I'm happy with that
난 그거에 만족해

✓ 핵심포인트
I'm+형용사+전치사~ ▶ 나(난) …해
I'm not+형용사+전치사~ ▶ 나(난) …하지 않아

I'm+형용사[pp]+전치사~ 의 형태로 나의 감정,상태를 나타내는 표현. 앞의 패턴은 I'm happy 였지만 여기서는 왜, 무엇 때문에 happy한 것 까지도 말하는 구문. be worried about(걱정하다), be mad at(화나다), be sorry about(미안해하다), be happy with(만족하다), be sick of(짜증나다), be proud of(자랑스러워하다), be good[poor] at(능숙하다[서툴다]) 등의 표현들이 회화에서 많이 쓰인다.

Let's Talk

A: She's really good at singing. 쟤는 진짜 노래를 잘해.
B: Yeah, yeah, excellent. 그래 맞아, 아주 잘하지.

A: I'm sorry about the accident. 그 사고 안됐어.
B: That's OK. No damage. 괜찮아. 손해본 건 없어.

A: I got the highest score in the class! 내가 우리 반에서 제일 좋은 점수를 받았어!
B: Way to go! I'm so proud of you. 잘했구나! 네가 정말 자랑스러워.

기본문장 달달 외우기

1	너한테 화가 나.	**I'm mad at** you./ **I'm angry with** you.
2	난 이게 지겨워.	**I'm sick of** this.
3	그거 미안해.	**I'm sorry about** that.
4	네가 자랑스러워.	**I'm proud of** you.
5	네가 걱정돼.	**I'm worried about** you.
6	난 이거에 능숙하지 못해.	**I'm not good at** this.
7	내 일에 만족을 못하겠어.	**I'm not happy with** my job.

✓ One More Step

I'm happy for you. 네가 잘 돼서 나도 기뻐. 상대방의 기쁨에 나도 기쁘다고 함께 좋아할 때 쓰는 표현.
A: You know what? I got a job in New York. 저 말이야. 뉴욕에서 일자릴 구했어.
B: That is great. I'm so happy for you. 잘 됐네. 네가 잘 돼서 나도 기뻐.

> ▶ 한 번 써보면 평생 잊혀지지 않는 영어패턴 필사! ◀

1 너한테 화가 나.

✎ _____

2 난 이게 지겨워.

✎ _____

3 그거 미안해.

✎ _____

4 네가 자랑스러워.

✎ _____

5 네가 걱정돼.

✎ _____

6 난 이거에 능숙하지 못해.

✎ _____

7 내 일에 만족을 못하겠어.

✎ _____

다이알로그 필사도전! ✎

A

그 사고 안됐어.

B

괜찮아. 손해본 건 없어.

Pattern 012 (기분, 상태) 나(난) …해

I feel much better now
이제 기분이 더 나아졌어

✓ **핵심포인트**　I feel+형용사 ▶ (상태나 기분이) 나(난) …해
　　　　　　　　I feel like+N ▶ 나(난) …인 것같아

"기분이 더 나아졌어"라는 말로 I feel~ 다음에 형용사를 붙여서 나의 현재 신체나 감정의 상태가 어떤한 지를 말하는 표현방식. 주어를 You로 해서 You feel better?처럼 상대방의 상태를 물어볼 수도 있다. 또한 feel like+N는 '…인 것 같아'라는 의미. 좀 어렵지만 feel like 다음에 S+V가 이어져도 같은 의미이다.

 Let's Talk

A: **I feel** really sick today. 오늘 무척 아파요.
B: What are your symptoms? 증상이 어떤데요?

A: It's too hot here. **I feel** dizzy. 여기 너무 더워. 어지러워.
B: Let's go inside for a while. 잠시 들어가 있자.

A: **You feel** better now? 이제 좀 기분이 나아졌어?
B: Yeah, much. 응, 많이.

 기본문장 **달달** 외우기

1 기분이 안좋아.　　　　　　I feel bad.
2 몸이 아파.　　　　　　　　I feel sick.
3 피곤해.　　　　　　　　　I feel tired.
4 기분이 나아졌어.　　　　　I feel better.
5 (네게) 미안해.　　　　　　I feel sorry (for you).
6 지금 내 인생이 너무 우울해.　I feel so unhappy about my life right now.
7 내가 바보가 된 것 같아.　　I feel like an idiot.

✓ **One More Step**

I feel like+N[S+V] …인[한] 것 같아
I feel like an idiot. 내가 바보가 된 것 같아.
I feel like I'm totally lost. 완전히 길을 잃은 것 같아.

> ▶ 한 번 써보면 평생 잊혀지지 않는 영어패턴 필사! ◀

1 기분이 안좋아.

✎ _____

2 몸이 아파.

✎ _____

3 피곤해.

✎ _____

4 기분이 나아졌어.

✎ _____

5 (네게) 미안해.

✎ _____

6 지금 내 인생이 너무 우울해.

✎ _____

7 내가 바보가 된 것 같아.

✎ _____

다이알로그 필사도전! ✎

A

오늘 무척 아파요.

B

증상이 어떤데요?

Pattern 013 걘 …해

She's amazing!
걘 대단해!

✓ **핵심포인트** (S)He is+N[형용사] ▶ 걘 …야[해]
(S)He is a+N ▶ 걘 …하는 사람야

이번에는 제 3자의 상태나 신분을 말하는 것으로 He[She] is~, They are~의 형태로 쓰면 된다. 우리말로는 "걘 …해," "걘 …야"의 의미. She's amazing은 "걔 진짜 멋져"라는 말. 배운 김에 하나 더 배워보자면 영어에서는 She learns fast보다는 She's a fast learner를 쓴다는 점을 눈여겨둔다. 동사(learn)중심이 아니라 명사(learner)중심으로 표현한다는 것이다. 다른 예로는 She's a good cook, She's a good kisser, She's a good driver 등이 있다.

 Let's Talk

A: What does she do? 쟤는 뭐하는 애야?
B: She's a waitress. 웨이트리스야.

A: Who do you want to speak to? 어느 분을 바꿔드릴까요?
B: I'd like to speak with Melissa, if she is available.
멜리사 있으면 통화하고 싶은데요.

A: Why do you like your boyfriend so much? 왜 네 남친을 그렇게 좋아해?
B: He's very cute. 무척 귀여워서.

 기본문장 *달달* 외우기

1 쟤는 내 애인야.   **She's** my girlfriend.
2 걘 멋져.   **She's** gorgeous.
3 걘 지금 무척 불행해.   **She's** very unhappy right now.
4 걘 내게 화났어.   **He's** upset with me.
5 걘 결혼한다는거에 들떠있어.   **She's** excited about getting married.
6 걔네들은 정말 멍청해.   **They are** so stupid.
7 걔네[그것]들은 너무 달라.   **They are** so different.

> ▶ 한 번 써보면 평생 잊혀지지 않는 **영어패턴 필사!** ◀

1 쟤는 내 애인야.

✎ _____

2 걘 멋져.

✎ _____

3 걘 지금 무척 불행해.

✎ _____

4 걘 내게 화났어.

✎ _____

5 걘 결혼한다는거에 들떠있어.

✎ _____

6 걔네들은 정말 멍청해.

✎ _____

7 걔네[그것]들은 너무 달라.

✎ _____

다이알로그 필사도전! ✎

A

어느 분을 바꿔드릴까요?

B

멜리사 있으면 통화하고 싶은데요.

Pattern 014 나(난) …가 있어

I have a headache
머리가 아파

✓ **핵심포인트**
I have+N ▶ …가 있어, …을 먹어
I had+N ▶ …가 있었어, …을 했어

I have~는 '…를 갖고 있다'라고 직역되지만 우리말로는 '…가 있어'라고 해야 자연스러운 구문. have 다음에 병명 등이 올 때는 '…가 아프다,' 음식명사가 올 때는 '…을 먹는다'라는 뜻이 된다. 그래서 I have a headache는 "머리가 아파"라는 의미. 과거형태로 I had+N하면 '…가 있었어,' '…을 했어,' 그리고 We have+N하면 '(우리가) …해'라는 의미가 된다.

Let's Talk

A: **I have** a date. 나 데이트있어.
B: You have a date? With who? 너 데이트 있다고? 누구랑?

A: **I have** a problem. 문제가 있어.
B: Really? What happened? 그래? 무슨 일인데?

A: What brings you here today? 오늘은 무슨 일로 오셨어요?
B: **I have** a pain in my neck. 목이 아파서요.

기본문장 *달달* 외우기

1 질문이 하나 있는데요.   **I have** a question for you.
2 감기 걸렸어(have+질병).   **I have** a cold.
3 난 여자친구가 있어.   **I have** a girlfriend.
4 내게 좋은 생각이 있어.   **I have** a good idea.
5 약속이 있어.   **I have** an appointment.
6 내일 아침 일찍 수업이 있어.   **I have** an early class tomorrow.
7 지난밤에 데이트했어.   **I had** a date last night.

✓ One More Step

1 I had~ …가 있었어, …을 했어
   I had a date last night. 지난 밤에 데이트했어.   I had lunch with her. 걔랑 점심먹었어.
2 We have~ (우리가) …해
   We have a lot of work to do. 할 일이 많아.

> ▶ 한 번 써보면 평생 잊혀지지 않는 **영어패턴 필사!** ◀

1 질문이 하나 있는데요.

✎ _____

2 감기 걸렸어(have+질병).

✎ _____

3 난 여자친구가 있어.

✎ _____

4 내게 좋은 생각이 있어.

✎ _____

5 약속이 있어.

✎ _____

6 내일 아침 일찍 수업이 있어.

✎ _____

7 지난밤에 데이트했어.

✎ _____

다이알로그 필사도전! ✎

A

오늘은 무슨 일로 오셨어요?

B

목이 아파서요.

Level 01 기본패턴으로 영어 말해보기!

Pattern 015 나(난) …가 없어

I don't have a plan
난 아무 계획 없어

✓ **핵심포인트**
I don't have (any)+N ▶ …가 (전혀) 없어
I have no+N/I have nothing to+V ▶ …가 없어, …할게 없어

I don't have~는 반대로 '…가 없어'라고 말을 할 때 사용한다. 강조를 하려면 I don't have any~를 쓰면 되고, I have no idea처럼 I have no+N의 형태로 부정해도 된다. 또한 I have nothing to do this weekend(이번 주말에 할 일이 없어)처럼 I have nothing to+V로 하면 '…할게 없다'라는 부정표현의 하나가 된다.

Let's Talk

A: **What're you going to do next?** 이젠 뭐할거야?
B: **I don't have any plans for now.** 지금으로선 아무 계획이 없어.

A: **Who would you marry?** 어떤 사람과 결혼할거야?
B: **I don't know, I don't have anyone right now.**
   몰라, 지금 만나는 사람도 없는 걸.

A: **E-mail me to let me know how you're doing.**
   어떻게 지내는지 궁금하니까 이메일보내.
B: **I will. But I don't have your e-mail address.**
   그럴게. 그런데 이메일 주소를 모르는데.

 기본문장 **달달** 외우기

1	계획이 없어.	**I don't have a plan.**
2	선택의 여지가 없어.	**I don't have a choice.**
3	(이런거 할) 시간이 없어.	**I don't have time (for this).**
4	형제가 아무도 없어.	**I don't have any brothers.**
5	돈[현금]이 하나도 없어.	**I don't have any money[cash].**
6	아무런 질문도 없어.	**I don't have any questions.**
7	할 말이 없네.	**I have nothing to say.**

✓ **One More Step**

I have no+N/ I have nothing to~ …가 없어
I have no time to go there. 거기 갈 시간이 없어.
I have nothing to do this weekend. 이번 주말에 할 일이 없어.

▶ 한 번 써보면 평생 잊혀지지 않는 **영어패턴 필사!** ◀

1 계획이 없어.

✎ _____

2 선택의 여지가 없어.

✎ _____

3 (이런거 할) 시간이 없어.

✎ _____

4 형제가 아무도 없어.

✎ _____

5 돈[현금]이 하나도 없어.

✎ _____

6 아무런 질문도 없어.

✎ _____

7 할 말이 없네.

✎ _____

다이알로그 필사도전! ✎

A

이젠 뭐할거야?

B

지금으로선 아무 계획이 없어.

Pattern 016 나(난) …가 있어

I've got a date
난 데이트가 있어

핵심포인트
I've got+N ▶ 나(난) …가 있어
You've got+N ▶ 네게 …가 있어

have got은 have와 같은 의미의 구어체 표현. 이때 have는 축약되거나(I've) 혹은 생략되기도 하여 I got~으로 쓰이기도 한다. 따라서 I've got to~ 역시 I have to~와 동일한 의미. 또한 You've got a meeting at three(3시에 회의 있어요)처럼 You've got+N~하게 되면 '네게 …가 있다'라는 의미. You've got nothing to lose(손해볼 게 없어) 또한 같은 유형의 구문.

Let's Talk

A: **I've got** some news. It's about us. 뉴스가 좀 있는데 우리들이야기야.
B: Oh? You and me? 그래? 너하고 나하고?

A: (over intercom) Hi honey, **I've got** a cab waiting. 자기야, 차잡아놨어.
B: I'll be right down. 바로 내려 갈게.

A: You look stressed out. What's wrong? 스트레스 때문에 지친 것 같아. 무슨 일이야?
B: **I've got** so much to do and I have to go now.
해야 할 일이 너무 많아서 지금 가야 돼.

기본문장 달달 외우기

1 네게 줄게 있어.　　　　　　**I've got** something for you.
2 난 할 일이 많아.　　　　　　**I've got** so much to do.
3 오늘 저녁 줄리와 데이트가 있어.　**I've got** a date with Julie this evening.
4 눈에 뭐가 들어갔어.　　　　　**I've got** something in my eye.
5 질문이 있어.　　　　　　　　**I've got** a question.
6 이제 새로운 계획이 있어.　　　**I've got** a new plan now.
7 우린 문제가 있어.　　　　　　**We've got** a problem.

One More Step

You've got~ 네게 …가 있어
You've got this. 넌 이걸 할 수 있어.
You've got email. 이멜왔어.　　　You've got some nerve. 좀 뻔뻔하시네요.

> ▶ 한 번 써보면 평생 잊혀지지 않는 영어패턴 필사! ◀

1 네게 줄게 있어.

✎ _____

2 난 할 일이 많아.

✎ _____

3 오늘 저녁 줄리와 데이트가 있어.

✎ _____

4 눈에 뭐가 들어갔어.

✎ _____

5 질문이 있어.

✎ _____

6 이제 새로운 계획이 있어.

✎ _____

7 우린 문제가 있어.

✎ _____

다이알로그 필사도전! ✎

A

스트레스 때문에 지친 것 같아. 무슨 일이야?

B

해야 할 일이 너무 많아서 지금 가야 돼.

Pattern 017 나(난) …받았어, 샀어

I got email from her
개한테서 이메일을 받았어

✓ **핵심포인트**
I got+N ▶ 내가 …을 가져오다, …을 사다
I got+장소명사 ▶ 내가 …도착하다, 가다

get은 get+N의 형태로 얻다, 받다 등의 의미로 쓰인다. get something from~은 '…을 …에서 샀다[받다]'로 I got a letter from her하면 "걔한테서 편지를 받았어"이고, get here[there]는 '여기에 오다,' '거기에 가다'라는 뜻. 한편 native들이 많이 쓰는 I got it은 "알았어," 반대로 I don't get it은 "모르겠어" 그리고 I'll get it[that]은 "(전화벨 또는 노크시) 내가 받을게[열게]," You got it은 "맞았어," "알았어," You got it[that]?은 "알겠어?," "알아들었어?"란 뜻.

Let's Talk

A: **I got** a new BMW for my beautiful wife. 예쁜 와이프줄려고 새로 BMW 뽑았어.
B: You think you're so big. 넌 네가 그렇게 잘난 줄 아는구만.

A: **I got** something for you. It's a ring. 네게 줄 게 있어. 반지야.
B: Oh, David, this is so beautiful. I love it! 어, 데이빗, 너무 아름다워. 넘 좋아!

A: Here's something for you. **I got** it on sale. 이거 너 줄려고. 세일 때 샀어.
B: You're very kind. 정말 다정도 해라.

기본문장 달달 외우기

1 새로 취직했어.   **I got** a new job.
2 승진했어.   **I got** a promotion.
3 퇴근 후에 집에 갔어.   **I got** home after work.
4 그곳에 제 시간에 도착했어.   **I got** there on time.
5 독감 걸렸어.   **I got** the flu.
6 세일 때 산거야.   **I got** it on sale.
7 걔가 준거야.   **I got** it from her.

✓ One More Step

1 I got it. 알았어.(=I understand) I don't get it. 모르겠어.
    A: You know what I mean? 내 말 무슨 말인지 알지? B: Okay, I got it. 응, 알았어.
2 I'll get it[that]. (전화벨이 울릴 때 혹은 누가 노크할 때) 내가 받을게[열게].
    A: Pizza delivery! (문을 두드리며) 피자요! B: I'll get it! I will get that! 내가 나갈게, 내가!
3 You got it. 맞았어., 알았어. You got it[that]? 알겠어?, 알아들었어?

> ▶ 한 번 써보면 평생 잊혀지지 않는 영어패턴 필사! ◀

1 새로 취직했어.

✏️ _____

2 승진했어.

✏️ _____

3 퇴근 후에 집에 갔어.

✏️ _____

4 그곳에 제 시간에 도착했어.

✏️ _____

5 독감 걸렸어.

✏️ _____

6 세일 때 산거야.

✏️ _____

7 걔가 준거야.

✏️ _____

다이알로그 필사도전! ✏️

A

이거 너 줄려고. 세일 때 샀어.

B

정말 다정도 해라.

Pattern 018 …하게 됐어, …해졌어

I got fat this year
올해 살이 쪘어

✓ **핵심포인트**   get+형용사 ▶ …해지다
be getting+비교급 ▶ 점점 …해지다

"올해 살쪘어"라는 뜻으로 만능동사 get이 be[become]의 자리를 대신하는 경우. get+형용사 하면 '…해지다,'…하게 되다'라는 의미. 특히 get+pp의 경우는 be+pp가 변화된 상태를 정적으로(be married) 말하는 반면 get+pp는 변화하는 과정을 동적으로(get married) 표현한다. 또한 be getting+비교급은 '점점 …해지다'라는 뜻의 get+형용사의 강조구문. 대표표현으로 It's getting better(점점 나아지고 있어), It's getting worse(점점 나빠지고 있어) 등이 있다.

 Let's Talk

A: You want to **get married**? 결혼하고 싶어?
B: Someday. 언젠가는.

A: If you **get lost**, just give me a call. 혹시 길을 잃어버리면 전화주세요.
B: Hopefully I won't need to do that. 그럴 일이 없었으면 좋겠네요.

A: How did you find such a beautiful girlfriend? 어떻게 그런 예쁜 여친을 찾았어?
B: I **got lucky**. 운이 좋았어.

 기본문장 **달달** 외우기

1	우리 크리스마스 준비하자.	Let's **get ready** for Christmas.
2	우린 결혼할거야.	We're going to **get married**.
3	화내지마!	Don't **get upset**!
4	내게 화내지마!	Don't **get angry** with me!
5	유명인들을 보면 사람들은 흥분해.	They **get excited** when they see famous people.
6	난 운이 좋았어.	I **got lucky**.
7	엄마가 오늘 아침 아프셨어.	My mom **got sick** this morning.

✓ **One More Step**

be getting +비교급 점점 …해지다
get+형용사의 강조구문으로 상태의 변화에 초점을 맞춘 표현이다.
It's getting darker. 점점 어두워지고 있어. It's getting colder. 점점 추워지고 있어.
Things are getting better. 사정이 점점 좋아지고 있어.

> ▶ 한 번 써보면 평생 잊혀지지 않는 영어패턴 필사! ◀

1 우리 크리스마스 준비하자.

✎ _____

2 우린 결혼할거야.

✎ _____

3 화내지마!

✎ _____

4 내게 화내지마!

✎ _____

5 유명인들을 보면 사람들은 흥분해.

✎ _____

6 난 운이 좋았어.

✎ _____

7 엄마가 오늘 아침 아프셨어.

✎ _____

다이알로그 필사도전! ✎

A

어떻게 그런 예쁜 여친을 찾았어?

B

운이 좋았어.

Pattern 019 (너) …하구나, …해

You have a good memory
너 기억력이 좋구나

✓ **핵심포인트** You have+N ▶ 너 …하구나, 너 …이구나
if you have+N ▶ 네가 …하다면

"너 기억력이 좋구나"라는 뜻으로 You have+N의 형태는 상대방의 상태를 말한다. '너 …하구나,' '…이구나'라는 뜻. You have a choice하면 "네게 선택권이 있어," You have a large family하면 "너 대가족이구나"라는 말이다. 또한 if have+N하면 '네가 …하다면'라는 뜻으로 if you have time는 "시간이 되면," if you have any questions는 "질문 있으면," 그리고 If you have any problems는 "문제가 생기면"이라는 뜻으로 꼭 암기해두도록 한다.

 Let's Talk

A: You have all my sympathy. 참 안됐습니다.
B: You shouldn't feel sad for me. 나 때문에 슬퍼하지마.

A: I don't care about my work. 내 일은 신경 안 써.
B: You have a bad attitude. 자세가 안 좋구만.

A: Do you promise to pay me back? 돈 갚는다고 약속하는거지?
B: You have my word. 약속할게.

 기본문장 **달달 외우기**

1 너 집이 좋구나.   **You have a nice home.**
2 전화 잘못거셨어요.   **You have the wrong number.**
3 네 말이 맞아.   **You have a point.**
4 참 안되셨습니다.   **You have all my sympathy.**
5 새 메시지가 두 개 와 있어요. **You have two new messages.**
6 넌 몰라.   **You have no idea.**
7 내 약속할게.   **You have my word.**

✓ **One More Step**

if have+명사 네가 …하다면
You can go there if you have time. 시간 있으면 가도 돼.
Feel free to ask if you have any questions. 질문 있으면 언제든지 해.
If you have any problems, give me a call. 문제가 생기면, 나한테 전화해.

> ▶ 한 번 써보면 평생 잊혀지지 않는 **영어패턴 필사!** ◀

1 너 집이 좋구나.

✏️ _____

2 전화 잘못거셨어요.

✏️ _____

3 네 말이 맞아.

✏️ _____

4 참 안되셨습니다.

✏️ _____

5 새 메시지가 두 개 와 있어요.

✏️ _____

6 넌 몰라.

✏️ _____

7 내 약속할게.

✏️ _____

다이알로그 필사도전! ✏️

A

참 안됐습니다.

B

나 때문에 슬퍼하지마.

Pattern 020 너(넌) …가 있어?

Do you have a room for tonight?
오늘 묵을 방이 있나요?

✓ **핵심포인트** Do you have+N? ▶ 너 …가 있어?
Do you have any+N? ▶ 혹 너 …있어?

"오늘 묵을 방이 있냐?"는 문장. Do you have+N? 형태로 '…이 있냐?'고 물어보는 패턴이다. 상대방이 갖고 있는지 여부가 불확실할 땐 Do you have any+N?(혹 …가 있어?)라고 물어보면 된다. 참고로 이 유형에 속하는 Do you have time?과 Do you have the time?은 비록 한 끝 차이지만 뜻은 전혀 다르다. Do you have time?은 얘기나 혹은 작업(?)하려고 "시간있냐"는 것이고 반면 Do you have the time?하면 " 시간이 몇 시냐"고 물어보는 문장이다.

Let's Talk

A: **Do you have a minute?** 시간 좀 있어?
B: **Well yeah, sure, what's up?** 어, 그럼, 뭔데?

A: **Do you have a problem with me?** 내게 뭐 불만있어?
B: **Do I? Not at all!** 내가? 전혀 안그래!

A: **Do you have any hobbies?** 뭐 취미 있어요?
B: **I'm fond of reading novels.** 소설 읽는 걸 좋아해요.

기본문장 달달 외우기

1 너 시간 좀 있어?   **Do you have a minute?**
2 너 애들은 있어?   **Do you have kids?**
3 (그게) 뭐 문제라도 있어?   **Do you have a problem (with that)?**
4 뭐 좋은 생각있어?   **Do you have any idea?**
5 오늘밤 뭐 계획있어?   **Do you have any plans for tonight?**
6 우리에게 무슨 질문이라도 있어? **Do you have any questions for us?**
7 뭐 신고할게 있습니까?   **Do you have anything to declare?**

✓ **One More Step**

Do you have anything to declare? 뭐 신고할게 있습니까?
동사 declare는 선포하다라는 뜻이지만 세관에 고가의 물건을 반입할 때 신고하다라는 뜻으로도 많이 쓰인다. 없을 때는 No, I don't 혹은 I have nothing to declare라고 하면 된다. 반대로 신고할 물건이 있을 때는 Yes, I have some items to declare라고 하면 된다. 참고로 세관은 customs라고 한다.

> ▶ 한 번 써보면 평생 잊혀지지 않는 영어패턴 필사! ◀

1 너 시간 좀 있어?

✎ _____

2 너 애들은 있어?

✎ _____

3 (그게) 뭐 문제라도 있어?

✎ _____

4 뭐 좋은 생각있어?

✎ _____

5 오늘밤 뭐 계획있어?

✎ _____

6 우리에게 무슨 질문이라도 있어?

✎ _____

7 뭐 신고할게 있습니까?

✎ _____

다이알로그 필사도전! ✎

A

뭐 취미 있어요?

B

소설 읽는 걸 좋아해요.

Level 01 기본패턴으로 영어 말해보기! 57

Pattern 021 나(난) …을 할 수 있어

I can do it
내가 할 수 있어

✓ 핵심포인트
I can[can't]+V ▶ 난 …할 수 있[없]어
I will[won't] be able to+V ▶ …할 수 있[없]을거야

내가 …을 할 수 있거나 없을 때는 I can[can't]+V의 구문을 활용한다. 주의할 점은 can과 can't의 발음인데 can은 [큰]으로 약하게 그리고 can't은 [캔트]로 강하게 발음된다. 관용표현으로 I can't say(잘 몰라), I can't believe it(말도 안돼) 그리고 I can't complain(잘 지내고 있어) 등이 있다. 한편 can은 미래형이 없어 can 대신 be able to(…할 수 있다)라는 숙어를 이용해서 will be able to+V라고 하면 된다.

Let's Talk

A: **The key's stuck in the lock.** 키가 열쇠구멍에 박혔어.
B: **I can fix it. Hold on.** 내가 고칠 수 있어. 기다려.

A: **I can't believe it!** 말도 안돼!
B: **Is there something interesting in the paper?** 신문에 뭐 재미난게 있어?

A: **I'm sorry. I can't talk long.** 미안. 길게 얘긴 못해.
B: **I'll give you a call later when you have more time.**
그럼 나중에 네가 시간될 때 다시 걸게.

 기본문장 **달달** 외우기

1 알겠어, 알고 있어.   I can see that.
2 혼자 (처리)할 수 있어.   I can handle it by myself.
3 더 이상 못 참겠어.   I can't take it anymore.
4 네 말이 잘 안 들려.   I can't hear you very well.
5 더 이상은 이렇게 못해.   I can't do this anymore.
6 한 시까지 거기에 못 가.   I can't get there by one o'clock.
7 걘 다음 번에 더 잘 할 수 있을거야. She will be able to do better next time.

✓ One More Step

will be able to+V …할 수 있을거야
I can의 미래형이 없어 미래의 능력을 말하고자 할 때는 can 대신 be able to(…할 수 있다)라는 숙어를 이용해서 will be able to+V라고 하면 된다.
He might be able to come this weekend. 그는 이번 주말에 올지도 몰라.

> ▶ 한 번 써보면 평생 잊혀지지 않는 영어패턴 필사! ◀

1 알겠어, 알고 있어.

✎ _____

2 혼자 (처리)할 수 있어.

✎ _____

3 더 이상 못 참겠어.

✎ _____

4 네 말이 잘 안 들려.

✎ _____

5 더 이상은 이렇게 못해.

✎ _____

6 한 시까지 거기에 못 가.

✎ _____

7 걘 다음 번에 더 잘 할 수 있을거야.

✎ _____

다이알로그 필사도전!

A

미안. 길게 얘긴 못해.

B

그럼 나중에 네가 시간될 때 다시 걸게.

Level 01 기본패턴으로 영어 말해보기!

Pattern 022 너(넌) …해도 돼[안돼]

You can call me any time
아무 때나 내게 전화해도 돼

✓ **핵심포인트** You can+V ▶ 너(넌) …해도 돼
You can't+V ▶ 너(넌) …하면 안돼, …하지마

이번엔 주어를 바꿔 You can+V~ 형태로 쓰면 상대방에게 뭔가 허가하거나 허락할 때 쓰는 것으로 '…해도 된다'라는 의미이다. 위의 You can call me any time은 "언제라도 전화하라"고 하는 말. 반대로 You can't+V~는 금지의 뜻으로 '…하지 마라,' '…하면 안 된다'라는 뜻이다.

Let's Talk

A: What's your first name? 이름이 뭐예요?
B: It's Rebecca, but you can call me Becky. 레베카인데 벡키라고 부르세요.

A: Sorry, I'm seeing a girl. 미안해, 다른 애 만나고 있어.
B: What! You can't do this to me! 뭐라고! 내게 이러면 안되지!

A: How can I get in touch with him? 그 사람에게 연락할 수 있는 방법이 없을까요?
B: You can leave me your name, and I'll tell him you called.
성함을 말씀해주시면 전화왔었다고 전해드리죠.

기본문장 *달달* 외우기

1 날 샘이라고 불러.   **You can call me Sam.**
2 넌 뭐든 할 수 있어.   **You can do anything.**
3 내게 믿고 맡겨.   **You can count on me.**
4 날 믿어봐.   **You can trust me.**
5 네가 먼저 가.   **You can go first.**
6 그러면 안되지(그렇게 하면 안돼). **You can't do that.**
7 내게 이러면 안되지., 이러지마.   **You can't do this to me.**

✓ One More Step

You can't miss it. (길을) 쉽게 찾을 수 있을거예요.
길을 몰라 물어보는 사람에게 원하는 목적지를 알려주고 쉽게 찾을 수 있을 거라고 말할 때 쓰는 전형적인 표현.
A: Excuse me, can you tell me where the department store is? 실례지만 백화점이 어딘가요?
B: Go straight for two blocks. You can't miss it. 2블록 곧장 가요. 쉽게 찾을거예요.

> ▶ 한 번 써보면 평생 잊혀지지 않는 영어패턴 필사! ◀

1 날 샘이라고 불러.

✎ _____

2 넌 뭐든 할 수 있어.

✎ _____

3 내게 믿고 맡겨.

✎ _____

4 날 믿어봐.

✎ _____

5 네가 먼저 가.

✎ _____

6 그러면 안되지(그렇게 하면 안돼).

✎ _____

7 내게 이러면 안되지., 이러지마.

✎ _____

다이알로그 필사도전! ✎

A

이름이 뭐예요?

B

레베카인데 벡키라고 부르세요.

Level 01 기본패턴으로 영어 말해보기!

Pattern 023 내가 …을 해줄까?(제안), 내가 …해도 괜찮아?(부탁)

Can I talk to you for a sec?
잠깐 얘기할 수 있을까?

✓ **핵심포인트** Can I+V? ▶ 내가 …을 해줄까?, 내가 …해도 괜찮아?
Can we+V? ▶ 우리 …할까?

얘기꺼낼 때 가장 많이 쓰이는 것 중의 하나인 Can I talk to you for a sec?은 "잠깐 얘기해도 될까?"라는 뜻. Can I+V~? 패턴은 Can I get you something?처럼 '내가 …을 해줄까?'라고 상대방에게 제안하거나 혹은 Can I ask you a question?처럼 '…해도 괜찮을까?'라고 상대방에게 허가를 미리 구할 때 사용한다. 그 중에서도 동사를 have를 쓴 Can I have~?는 '…가 있어요?'라는 의미이고, Can we+V ~?하면 '우리 …할까?'라는 뜻의 구문.

Let's Talk

A: **Jimmy, can I talk to you for a sec?** 지미, 잠깐 이야기해도 될까?
B: **Yeah, what is it?** 그래, 뭔데?

A: **Can I get you something?** 뭐 필요한 게 있으신가요?
B: **No, thank you. I'm being helped now.** 괜찮아요. 다른 사람이 봐주고 있거든요.

A: **Can I ask you something?** 뭐 좀 물어봐도 돼?
B: **Sure. Go ahead.** 그래. 해봐.

기본문장 *달달* 외우기

1	뭐 필요한게 있어?	**Can I get you something?**
2	질문 하나 해도 돼?	**Can I ask you a question?**
3	뭐 좀 물어봐도 돼?	**Can I ask you something?**
4	부탁하나 해도 될까요?	**Can I ask you a favor?**
5	핸드폰 좀 빌려줄래?	**Can I borrow your cell phone?**
6	이거 비행기에 갖고 가도 돼나요?	**Can I bring this on the plane?**
7	지하철노선도 있어요?	**Can I have a subway map?**

✓ **One More Step**

1 Can we+동사~? 우리 …할까?
  Brandi, can we talk for a minute? 브랜디, 잠깐 시간 좀 내줄래요?

2 Can I have~? …가 있어요?
  Can I have a refund? 반품할 수 있어요?

▶ 한 번 써보면 평생 잊혀지지 않는 영어패턴 필사! ◀

1 뭐 필요한게 있어?

✎ _____

2 질문 하나 해도 돼?

✎ _____

3 뭐 좀 물어봐도 돼?

✎ _____

4 부탁하나 해도 될까요?

✎ _____

5 핸드폰 좀 빌려줄래?

✎ _____

6 이거 비행기에 갖고 가도 돼나요?

✎ _____

7 지하철노선도 있어요?

✎ _____

다이알로그 필사도전!

A

뭐 필요한 게 있으신가요?

B

괜찮아요. 다른 사람이 봐주고 있거든요.

Level 01 기본패턴으로 영어 말해보기!

Pattern 024 너 …해줄래?

Can you do this for me?
날 위해 이거 해줄 수 있어?

⊘ **핵심포인트**   Can[Could] you+V? ▶ …을 해줄래?
Can we+V? ▶ 우리 …할까?

"이것 좀 해줄래?"라고 상대방에 부탁하는 Can you+V~? 구문. 좀 더 정중하게 표현하려면 please를 붙이거나 아니면 can의 과거형인 could를 써서 Could you+V~?라고 하면 된다. 물론 이때 could는 무늬만 과거형일 뿐 의미는 현재이다. 전화바꿔주면서 잠깐 기다리라고 할 때 쓰는 Could[Can] you hold the line?가 이 유형에 속한다.

Let's Talk

A: **Can you** give me a discount for paying cash? 현금으로 계산하면 할인해주나요?
B: **Let me talk to my boss.** 사장님께 얘기해 보죠.

A: **I might be late. Can you wait?** 늦을 것 같아. 기다려줄래?
B: **Sure. Take your time.** 물론. 서두르지 말고.

A: **Look, can you do something for me?** 저기, 날 위해 뭐 좀 해줄테야?
B: **Sure, what?** 그래, 뭔데?

기본문장 *달달* 외우기

1 나 도와줄래? — **Can you help me?**
2 깎아줄래요? — **Can you give me a discount?**
3 오늘밤에 전화해줄래? — **Can you give me a call tonight?**
4 일요일에 만날래? — **Can you meet me on Sunday?**
5 기회한번 더 줄래요? — **Can you give me another chance?**
6 이번 금요일 파티에 올래? — **Can you come to the party this Friday?**
7 날 위해 이것 좀 해줄래? — **Could you do it for me?**

⊘ **One More Step**

Could[Can] you hold the line? (전화) 잠깐 기다릴래요?
A: Could you just hold the line for a second? 잠깐 기다리시겠어요?
B: Sure. 그러죠.

> ▶ 한 번 써보면 평생 잊혀지지 않는 영어패턴 필사! ◀

1 나 도와줄래?

✎ _____

2 깎아줄래요?

✎ _____

3 오늘밤에 전화해줄래?

✎ _____

4 일요일에 만날래?

✎ _____

5 기회한번 더 줄래요?

✎ _____

6 이번 금요일 파티에 올래?

✎ _____

7 날 위해 이것 좀 해줄래?

✎ _____

다이알로그 필사도전!

A

늦을 것 같아. 기다려줄래?

B

물론. 서두르지 말고.

Pattern 025 난 …할게, 난 …할거야

I'll do my best
난 최선을 다할거야

✓ 핵심포인트
I'll+V ▶ 난 …할게, 난 …할거야
I won't+V ▶ 난 …하지 않을게

will은 동사의 내용에 미래에 일어난다는 의미를 부여하는 것으로 '내가 …을 할 것이다," …을 하겠다'라는 뜻. I'll~ 다음에 다양한 동사를 넣어 사용하면 되는데 특히 I'll be+부사 형태로 굳어진 표현들인 I'll be right there(곧 갈게), I'll be back(곧 돌아올게) 등의 빈출표현은 잘 기억해두기로 한다. 부정형태인 I will not은 I won't으로 축약되는데 발음이 [wount]. 잘못 발음하면 상대방이 I want로 착각할 수도 있으니 조심해야 한다.

Let's Talk

A: **See you soon.** 또 봐.
B: **Okay. I'll call you.** 알았어. 전화할게.

A: **I'll pick you up at eight.** 8시에 데리러 갈게.
B: **Don't be late.** 늦지마.

A: **If you have any questions, give me a call.** 질문이 혹 있으면 나한테 전화해.
B: **I'll do that.** 그럴게.

기본문장 달달 외우기

1 내가 그것에 대해 생각해볼게.   **I will think about it.**
2 난 이걸로 할게.   **I will take this one.**
3 내가 널 거기에 데려갈게.   **I will take you there.**
4 내가 널 태워다 줄게.   **I'll give you a ride.**
5 (식당에서) 같은 걸로 주세요.   **I'll have the same.**
6 내가 사무실을 구경시켜줄게.   **I will show you around the office.**
7 난 아무에게도 말하지 않을게.   **I won't tell anyone.**

✓ One More Step

will의 부정형태인 will not은 줄여 won't로 쓰는데, 발음은 [wount]임을 다시 확인한다.
I won't let it happen again. 다시는 그런 일 없도록 할게.
It won't be easy. 쉽지 않을거야.
I won't tell anyone. 아무에게도 말하지 않을게.

> ▶ 한 번 써보면 평생 잊혀지지 않는 영어패턴 필사! ◀

1 내가 그것에 대해 생각해볼게.
✎ _____

2 난 이걸로 할게.
✎ _____

3 내가 널 거기에 데려갈게.
✎ _____

4 내가 널 태워다 줄게.
✎ _____

5 (식당에서) 같은 걸로 주세요.
✎ _____

6 6. 내가 사무실을 구경시켜줄게.
✎ _____

7 난 아무에게도 말하지 않을게.
✎ _____

다이알로그 필사도전! ✎

A
8시에 데리러 갈게.

B
늦지마.

Pattern 026 (넌) …하게 될거야

You will be in trouble
넌 곤경에 처하게 될거야

핵심포인트
You'll+V ▶ 넌 …하게 될거야
You will never[You won't]+V ▶ 넌 …하지 않을거야

'넌 …하게 될거야'라고 상대방의 미래를 예측하는 표현법. You will be~ 혹은 You will+V~ 형태로 사용하면 된다. 위의 You'll be in trouble하면 "넌 난처하게 될거야"라는 말. 반면 부정으로 '…하지 않게 될거야'라고 하려면 You will never~ 혹은 You won't~ 라고 하면 된다. You'll see(두고 봐, 두고 보면 알아), Good luck, you'll need it(행운을 빌어, 네가 필요할거야) 등이 You will+V의 대표적 표현이다.

Let's Talk

A: I bet you will find a new boyfriend soon.
곧 틀림없이 새로운 남친을 만나게 될거야.

B: I hope so, but I can't forget my ex. 나도 그러길 바라는데 옛 남친를 잊을 수가 없어.

A: Welcome aboard. I'm sure you'll like working here.
함께 하게 된걸 환영해. 여기 일 맘에 들거야.

B: I think it'll be great. 아주 좋을 것 같아.

A: You'll have a good job interview. Cheer up. 면접을 잘 볼거야. 기운내.
B: Thanks. I'll do my best. 고마워. 최선을 다할게.

기본문장 달달 외우기

1 넌 그걸 알게 될거야.   **You will get to know that.**
2 넌 익숙해 질거야.   **You'll get used to it.**
3 그렇게 하면 곤란해질거야.   **You will get in trouble if you do that.**
4 더 좋은 직업을 갖게 될거야.   **You'll get a better job.**
5 돈을 많이 벌거야.   **You'll make a lot of money.**
6 이걸 후회하지 않게 될거야.   **You won't regret this.**
7 날 다시는 못보게 될거야.   **You will never see me again.**

One More Step

You'll+V 관용표현들
You'll see. 두고 봐, 두고 보면 알아.   You'll pay for that. 어디 두고보자, 대가를 치러야 될거야.
You'll be get promoted. 넌 승진하게 될거야.

> ▶ 한 번 써보면 평생 잊혀지지 않는 영어패턴 필사! ◀

1 넌 그걸 알게 될거야.

2 넌 익숙해 질거야.

3 그렇게 하면 곤란해질거야.

4 더 좋은 직업을 갖게 될거야.

5 돈을 많이 벌거야.

6 이걸 후회하지 않게 될거야.

7 날 다시는 못보게 될거야.

A

면접을 잘 볼거야. 기운내.

B

고마워. 최선을 다할게.

Pattern 027 너 …해줄래?

Will you help me?
나 도와줄래?

✓ 핵심포인트 Will you (please)+V? ▶ 너 …해줄래?

Will you~?의 형태로 상대방에게 무엇을 제안하거나, '…을 해달라'고 요청을 하는 말로 좀 더 정중하게 말하려면 Will you please+동사?라고 하면 된다. 주어자리에 you 대신 다른 주어가 오는 표현으로 대표적인 것은 Will that be all?(다 고르셨나요?, 더 필요한 건 없으시고요?)이 있다. 한편 Will you calm down?(좀 진정해라), Will you stop!(그만 하지 않을래!)처럼 경우에 따라서 명령조로 억양을 내려서 발음하게 되면 '…좀 해라," …하지 않을래?'라는 의미가 된다.

Let's Talk

A: **Will you** get us better gifts? 우리에게 좀 더 좋은 선물을 줘라.
B: Fine! I'll get you something good! 알았어! 좋은거 사줄게!

A: **Will you** dance with me? 저랑 춤추실래요?
B: Well, maybe later. 어, 좀 있다가.

A: **Will you** be coming to my party tonight? 오늘밤 내 파티에 올래?
B: Only if you give me a lift there. 거기까지 차로 태워다주면.

 기본문장 **달달** 외우기

1 커피 좀 더 들래요?   **Will you** have more coffee?
2 잠깐 이것 좀 들고 있어줘.   **Will you** hold this for a sec?
3 잠깐 좀 이리와볼래?   **Will you** come in here a moment?
4 그게 한 시까지는 준비될까?   **Will it** be ready by one o'clock?
5 나하고 결혼해주겠니?   **Will you** marry me?
6 참석할 수 있어?   **Will you** be able to attend?
7 내일 오후에 여기 올거야?   **Will you** be here tomorrow afternoon?

✓ One More Step

Will you stop fighting? 그만 싸워라.
경우에 따라서 명령조로 억양을 내려서 발음하게 되면 …좀 해라, …하지 않을래?라는 의미가 된다.
Will you shut up? 그만 좀 입다물래?
Will you turn the TV off! 그만 TV 좀 끌래?

> ▶ 한 번 써보면 평생 잊혀지지 않는 영어패턴 필사! ◀

1 커피 좀 더 들래요?

✏️ _____

2 잠깐 이것 좀 들고 있어줘.

✏️ _____

3 잠깐 좀 이리와볼래?

✏️ _____

4 그게 한 시까지는 준비될까?

✏️ _____

5 나하고 결혼해주겠니?

✏️ _____

6 참석할 수 있어?

✏️ _____

7 내일 오후에 여기 올거야?

✏️ _____

다이알로그 필사도전! ✏️

A

오늘밤 내 파티에 올래?

B

거기까지 차로 태워다주면.

Level 01 기본패턴으로 영어 말해보기! 71

Pattern 028 …해줄래(요)?

Would you do me a favor?
나를 도와줄래요?

✓ **핵심포인트**   Would you (please)+V? ▶ …해줄래요?

앞의 Will you+V~?와 같이 요청, 제안의 표현이지만 will보다 더 부드러운 느낌을 준다. 예로 Will you do me a favor?(도와줄래요?)보다는 Would you do me a favor?(도와주실래요?)가 더 정중하다. 그래도 부족하다면 Would you~ 다음에 please를 넣어 Would you please+V~?라 하면 된다. Will you~가 억양에 따라 거의 명령에 가까운 뜻이 되듯 Would you~ 또한 Would you stop doing that?(그만 좀 안 할래?)에서 보듯 강한 요청의 문장이 되기도 한다.

Let's Talk

A: Would you get me a Diet Coke? 다이어트 콜라 좀 갖다줄래요?
B: Okay. I'll be right back. 예. 바로 갖다올게요.

A: Give me a call at 37945450 as soon as you can.
37945450로 가능한 한 빨리 전화줘요.
B: Would you speak more slowly, please? 조금 천천히 말씀해주시겠어요?

A: Would you care for dessert? 디저트를 드시겠어요?
B: No, but I'd love some coffee. 아뇨, 그냥 커피만 좀 주세요.

 기본문장 **달달** 외우기

1 나랑 데이트할래요?   **Would you go out with me?**
2 좀 이리로 와볼래요?   **Would you come over here please?**
3 좀 천천히 말씀해주시겠어요? **Would you speak more slowly, please?**
4 나하고 연락하고 지낼래요?   **Would you keep in touch with me?**
5 좋은 식당 추천해줄래요?   **Would you recommend a good restaurant?**
6 돈 좀 빌려줄래요?   **Would you lend me some money?**
7 TV소리 좀 줄여줄래요?   **Would you turn the TV down?**

✓ **One More Step**

Would you stop doing that? 그만 좀 안 할래?
Will you ~?와 마찬가지로, Would you~? 또한 억양을 바꾸면 명령에 가까운 요청의 문장이 된다.
Would you all relax? It's not that big a deal. 모두 긴장 풀어라. 뭐 큰일 아니잖아.

▶ 한 번 써보면 평생 잊혀지지 않는 영어패턴 필사! ◀

1 나랑 데이트할래요?

✎ _____

2 좀 이리로 와볼래요?

✎ _____

3 좀 천천히 말씀해주시겠어요?

✎ _____

4 나하고 연락하고 지낼래요?

✎ _____

5 좋은 식당 추천해줄래요?

✎ _____

6 돈 좀 빌려줄래요?

✎ _____

7 TV소리 좀 줄여줄래요?

✎ _____

다이알로그 필사도전!

A

디저트를 드시겠어요?

B

아뇨, 그냥 커피만 좀 주세요.

Pattern 029 (우리) …하자

Shall we go now?
우리 이제 갈까?

✓ 핵심포인트
Shall we+V? ▶ (우리) …할래?
Shall I+V? ▶ (내가) …해줄까?

will에게 거의 모든 자리를 빼앗긴 shall은 영화제목으로도 유명한 Shall we dance?처럼 함께 '…하자'(Let's+V)의 의미로 쓰이거나 혹은 Shall I~?의 형태로 상대방에게 '…해줄까요?'라고 제안(Let me~) 할 때 쓰인다. 앞뒤 문맥상 제안하는 내용을 말하지 않고 그냥 Shall we?(이제 할까?)라고 말하기도 한다. 위의 예문인 Shall we go now? 는 "지금 가자"라는 말로 Let's go와 같은 뜻의 문장이다.

Let's Talk

A: **Shall we** get together on Thursday after five? 목요일 5시 이후에 만날래요?
B: **Sounds good to me.** 저는 괜찮아요.

A: **Shall we** take a break now? 지금 잠시 좀 쉴까?
B: **No, let's keep going.** 아니, 계속하자.

A: **Shall we** go on vacation together? 함께 휴가갈까?
B: **I'm not sure. Let's talk about it.** 몰라. 얘기해보자.

기본문장 달달 외우기

1 이번 주말에 골프칠래?   **Shall we play golf this weekend?**
2 점심먹으러 나갈까?   **Shall we go out for lunch?**
3 오늘밤에 영화보러 갈까?   **Shall we go to the movies tonight?**
4 퇴근 후에 뭐 좀 먹을까?   **Shall we eat something after work?**
5 신문 갖다줄까요?   **Shall I get you a newspaper?**
6 널 위해 택시 불러줄까요?   **Shall I call a taxi for you?**
7 내가 당신을 도와줄까요?   **Shall I give you a hand?**

✓ One More Step

Shall we~?와 Shall I~?의 대답
1 Shall we~?의 대답 ==:> Yes, let's.   No, let's not.
2 Shall I~?의 대답 ==:> Sure. 그럼요.   Good idea. 좋은 생각야.   That would be great. 그거 좋지.   No, that's okay. 아니, 괜찮아., Don't worry about it. 괜찮아.

▶ 한 번 써보면 평생 잊혀지지 않는 영어패턴 필사! ◀

1 이번 주말에 골프칠래?

✎ _____

2 점심먹으러 나갈까?

✎ _____

3 오늘밤에 영화보러 갈까?

✎ _____

4 퇴근 후에 뭐 좀 먹을까?

✎ _____

5 신문 갖다줄까요?

✎ _____

6 널 위해 택시 불러줄까요?

✎ _____

7 내가 당신을 도와줄까요?

✎ _____

다이알로그 필사도전!

A
함께 휴가갈까?

B
몰라. 얘기해보자.

Level 01 기본패턴으로 영어 말해보기!

Pattern 030 (난) …해야 돼

I have to ask you something
너에게 뭐 좀 물어봐야 돼

✓ 핵심포인트
I have to+V ▶ (난) …해야 돼 (= I've got to+V)
You've got to+V ▶ 넌 …해야 돼

'…해야 한다'라는 의미. 주어가 3인칭일 때는 He(She) has to, 과거일 때는 had to를 그리고 미래일 때는 will have to라 쓴다. 특히 I have to ask you something(뭐 좀 물어볼게 있어)처럼 I have to~는 의무라기보다는 내가 …을 할 수밖에 없는 처지를 표현할 때가 많다. I've got이 I have와 마찬가지이듯 I've got to+V 역시 I have to+V와 같은 뜻이다. 특히 I've got to~는 I gotta로 들리는데 이는 I've got to => I've gotta => I gotta로 축약되기 때문이다.

🗨 Let's Talk

A: I have to go talk to my dad. 아빠한테 가서 이야기 좀 해야 되겠어.
B: What are you going to say? 무슨 이야기 할 건데?

A: I have to break up with you. 그만 헤어져야겠어.
B: How can you say that? 어떻게 그런 말을 할 수 있는거야?

A: I have to leave right away for the meeting. 회의있어 지금 당장 가봐야겠는데.
B: I'll catch up with you later. 나중에 다시 전화할게.

📋 기본문장 달달 외우기

1. 말할게 좀 있는데.   **I have to tell you something.**
2. 얘기 좀 하자고.   **I have to talk to you.**
3. 내일 회의를 취소해야 되겠어. **I have to cancel tomorrow's meeting.**
4. 내일까지는 이걸 마쳐야 돼.   **I have to finish it by tomorrow.**
5. 걔랑 헤어져야만 했어.   **I had to break up with her.**
6. 할 일이 너무 많아 가야 돼.   **I've got so much to do and I have to go.**
7. 넌 좀 더 신중해야 돼.   **You've got to be more careful.**

✓ One More Step

I've got to ▶ I've gotta go ▶ I gotta go 예문.
I've got to go. I will call you tomorrow. 지금 가야 돼. 내일 전화할게.
I've got so much to do and I think I should be going. 할 일이 너무 많아 가야 될 것같아.
You've got to listen to me. 넌 내말 좀 들어야 돼.

> ▶ 한 번 써보면 평생 잊혀지지 않는 영어패턴 필사! ◀

1 말할게 좀 있는데.

_____

2 얘기 좀 하자고.

_____

3 내일 회의를 취소해야 되겠어.

_____

4 내일까지는 이걸 마쳐야 돼.

_____

5 걔랑 헤어져야만 했어.

_____

6 할 일이 너무 많아 가야 돼.

_____

7 넌 좀 더 신중해야 돼.

_____

다이알로그 필사도전!

A

그만 헤어져야겠어.

B

어떻게 그런 말을 할 수 있는거야?

Pattern 031 난 …해야 돼

I must go now
난 이제 가야 돼

✓ **핵심포인트**
I must+V ▶ 난 …해야 돼(I had to+V ▶ 난 …해야 했어)
I will have to+V ▶ 난 …해야 할거야
You must (not)+V ▶ 넌 …해야 돼(넌 …하면 안돼)

must는 '…해야 한다'라는 의미로 강제성이 강한 조동사. 강제적인 측면에서 should나 ought to보다는 have to에 가깝다. 또한 미래형이나 과거형이 없는 must는 have to를 빌려와 과거형은 had to(…해야만 했다), 미래형은 will have to(…을 해야 할 것이다) 등으로 쓰게 된다. 한편 You must+V하면 '넌 …해야 돼'라는 의미로 상대방에게 충고나 금지할 때 사용하면 된다.

Let's Talk

A: **Do you have time to have dinner?** 저녁 먹을 시간 있어요?
B: **Not really. I think I must be going now.** 실은 안 돼요. 지금 가봐야 될 것 같아요.

A: **You mustn't go in there.** 거기 들어가면 안되는데.
B: **Why not?** 왜 안돼?

A: **You must stop! You're a bad actor.** 그만해! 연기 정말 못하네.
B: **Please give me a break!** 제발 한번 만 기회를 더 줘요!

기본문장 **달달** 외우기

1	나 가야 돼.	**I must be going.**
2	지금 가야 돼.	**I must go now.**
3	그만 헤어져야 돼.	**I must say good bye.**
4	넌 거기에 가야 돼.	**You must go there.**
5	열심히 일해야 해.	**You must work hard.**
6	조금도 시끄럽게 해서는 안돼.	**You must not make any noise.**
7	넌 그렇게 생각하면 안돼.	**You mustn't think like that.**

✓ **One More Step**

I must say~ …라고 말해야겠지
I must say "Well done." 잘했다고 해야겠지요.
That is a popular opinion today I must say. 저건 오늘날 여론이라고 말해야겠지.

> ▶ 한 번 써보면 평생 잊혀지지 않는 영어패턴 필사! ◀

1 나 가야 돼.

✎ _____

2 지금 가야 돼.

✎ _____

3 그만 헤어져야 돼.

✎ _____

4 넌 거기에 가야 돼.

✎ _____

5 열심히 일해야 해.

✎ _____

6 조금도 시끄럽게 해서는 안돼.

✎ _____

7 넌 그렇게 생각하면 안돼.

✎ _____

다이알로그 필사도전!

A

저녁 먹을 시간 있어요?

B

실은 안 돼요. 지금 가봐야 될 것 같아요.

Level 01 기본패턴으로 영어 말해보기!

Pattern 032 너(넌) …하는게 나아(좋아)

You should take a rest
너 좀 쉬어라

✓ **핵심포인트**　You should+V ▶ 넌 …해야지
　　　　　　　　You shouldn't+V ▶ 넌 …하지 않는게 좋겠어

강제성이 가장 강한 must 그리고 역시 강제성이 있으면서 구어체에서 많이 쓰이는 have to와 달리 should와 ought to는 강제성이 상대적으로 약해 '…해야지,' '…해야 하지 않겠어'라는 정도의 의미를 갖는다. 그래서 You should take a rest는 반드시 쉬어야 된다고 말하는 것이 아니라 "쉬는게 좋겠다"라는 뉘앙스를 지닌다. 당연히 이루어져야 하는 의무사항이나 상대방에게 조언할 때 사용하면 된다.

 Let's Talk

A: **You should** get some sleep. 잠 좀 자.
B: Okay. 알았어.

A: I was stuck in traffic. 차가 막혀서 말야.
B: Next time **you should** leave earlier. 다음 번엔 좀 더 일찍 출발하도록 해.

A: Tom and I don't see eye to eye on this project.
　 탐과 난 이 프로젝트에서 의견일치가 안돼.
B: Maybe **you shouldn't** work together. 너희 둘은 함께 일하면 안되겠어.

 기본문장 **달달** 외우기

1　그렇게 하도록 해.　　　　　**You should** do that.
2　네 선생님에게 말해라.　　　**You should** speak to your teacher.
3　전철을 타라.　　　　　　　**You should** take the subway.
4　곧 그것을 해야지.　　　　　**You should** do it at once.
5　거기 가지 않는게 좋겠어.　**You shouldn't** go there.
6　너희들은 함께 일하지 마라.　**You shouldn't** work together.
7　나 지금 가야 돼.　　　　　**I should** go now.

✓ **One More Step**

must vs should 다이알로그.
　A: You should quit smoking. 너 담배 좀 끊어야겠어.
　B: The doctor says I must quit. 의사도 끊어야 된다고 하더라.
　A: Then you should take his advice. 그럼 의사가 하는 말 좀 들어.

> ▶ 한 번 써보면 평생 잊혀지지 않는 **영어패턴 필사!** ◀

1 그렇게 하도록 해.

✎ _____

2 네 선생님에게 말해라.

✎ _____

3 전철을 타라.

✎ _____

4 곧 그것을 해야지.

✎ _____

5 거기 가지 않는게 좋겠어.

✎ _____

6 너희들은 함께 일하지 마라.

✎ _____

7 나 지금 가야 돼.

✎ _____

다이알로그 필사도전! ✎

A _____
차가 막혀서 말야.

B _____
다음 번엔 좀 더 일찍 출발하도록 해.

Pattern 033 넌 …해야 돼

You have to go there right now
넌 지금 바로 거기에 가야 돼

핵심포인트
You have to+V ▶ 넌 …를 해야 돼
You need to+V ▶ 넌 …를 해야 돼

앞서 언급했듯이 should보다 강제성이 강해 must에 버금가는 강제성을 띄지만 must보다 구어체에서 훨씬 많이 쓰이는 표현법. You have to~ 하면 상대방에게 '…를 해야 한다'고 충고하는 패턴. 비슷한 표현으로 You need to+V가 있는데 이는 '…를 해야 돼'라는 의미로 "지금 당장 걔에게 전화해야" 되는 경우라면 You need to call her right now, "연습을 해야 된다"고 강조할 때는 You need to practice라고 하면 된다.

Let's Talk

A: **Can I pay for the parking when I leave?** 나갈 때 주차비를 내면 되나요?
B: **I'm sorry, but you have to pay now.** 죄송합니다만, 지금 내셔야 하거든요.

A: **This is wrong. You have to take it back.** 이건 틀렸어. 취소해야 돼.
B: **I don't know why.** 왜 그래야 되는지 모르겠어.

A: **I'll never get through this.** 난 절대 못해낼거야.
B: **You have to try harder.** 넌 더 열심히 해야 돼.

 기본문장 달달 외우기

1 넌 더 열심히 해야 돼.   **You have to try harder.**
2 넌 조심해야 돼.   **You have to be careful.**
3 넌 적응해야 돼.   **You have to get used to it.**
4 넌 스스로를 돌봐야 돼.   **You have to take care of yourself.**
5 넌 그걸 한번 봐야 돼.   **You have to take a look at it.**
6 넌 매우 신중히 이야기를 들어봐. **You have to listen very carefully.**
7 넌 긍정적으로 생각해야 돼.   **You have to look on the bright side.**

One More Step

You need to~ …를 해야 돼, …을 해
You need to dial 9 first. 9번을 먼저 돌려야 돼.
You need to talk with your teacher. 네 선생님하고 얘기해봐.
You need to do your homework. 넌 지금 당장 숙제해야 돼.

> ▶ 한 번 써보면 평생 잊혀지지 않는 영어패턴 필사! ◀

1 넌 더 열심히 해야 돼.

✎ _____

2 넌 조심해야 돼.

✎ _____

3 넌 적응해야 돼.

✎ _____

4 넌 스스로를 돌봐야 돼.

✎ _____

5 넌 그걸 한번 봐야 돼.

✎ _____

6 넌 매우 신중히 이야기를 들어봐.

✎ _____

7 넌 긍정적으로 생각해야 돼.

✎ _____

다이알로그 필사도전!

A
난 절대 못해낼거야.

B
넌 더 열심히 해야 돼.

Level 01 기본패턴으로 영어 말해보기!

Pattern 034 …일거야, …하겠구나

You must be tired
너 피곤하겠구나

✓ **핵심포인트** must+V ▶ 너(넌) …하겠구나
should+V ▶ 너(넌) …일거야

You[He] must (be)~ 의 형태로 추측을 나타내는 구문을 만든다. 우리말로는 '…하겠구나'의 의미. 마찬가지로 You[He] should (be)~ 또한 어떤 일이 일어나거나 혹은 어떤 사실이 맞을거라는 추측의 의미로 사용된다. 한편 S+can't (be)~는 '…일 리가 없다'는 의미로 That can't be true하면 "그게 사실일 리가 없어," You can't be a lawyer하면 "네가 변호사일 리가 없어"라는 문장이 된다.

 Let's Talk

A: **You must be so happy!** 기분 좋겠구나!
B: **Yes, yes I am,** 그래 맞아.

A: **You must be Christine. I'm Paul.** 크리스틴이죠. 폴입니다.
B: **Hi.** 안녕하세요.

A: **I didn't get the promotion.** 승진에서 떨어졌어.
B: **You must be very upset about that.** 엄청 열받았겠구만.

 기본문장 **달달** 외우기

1 너 피곤하겠구나.   **You must be tired.**
2 무척 자랑스러우시겠어요.   **You must be very proud.**
3 오웬이시죠.   **You must be Owen.**
4 그는 고객과 함께 있을거야.   **He must be with a client.**
5 연결상태가 안좋은가봐.   **There must be a bad connection.**
6 내일 흐릴거야.   **It should be cloudy tomorrow.**
7 농담이겠지.   **You can't be serious.**

✓ **One More Step**

S+ can't be~ …일 리가 없다
That can't be real. 그게 진짜일 리가 없어.
That can't be right. 그게 맞을 리가 없어.
You can't be a manager. You're sixteen. 네가 매니저일 리가 없어. 열여섯 살이잖아.

▶ 한 번 써보면 평생 잊혀지지 않는 영어패턴 필사! ◀

1 너 피곤하겠구나.

2 무척 자랑스러우시겠어요.

3 오웬이시죠.

4 그는 고객과 함께 있을거야.

5 연결상태가 안좋은가봐.

6 내일 흐릴거야.

7 농담이겠지.

다이알로그 필사도전!

A
승진에서 떨어졌어.

B
엄청 열받았겠구만.

Pattern 035 그게 …일지도 몰라

That might be true
그게 사실일지도 몰라

 핵심포인트 may[might]+V ▶ 그게 …일지도 몰라

may라는 조동사의 가장 큰 특징은 가능성(possibility)으로 may[might]+V~하게 되면 아직 잘 모르는 이야기를 할 때 쓰는 표현으로 '…일 수도 있어,' '…할지도 모르겠다'라는 말. That might be true라는 문장이 많이 쓰이는데 이는 "사실일 수도 있다"라고 추측하는 것이다. 물론 여기서 might는 무늬만 과거일 뿐 현재의 의미라는 사실에 주의해야 한다.

Let's Talk

A: **I'm sorry. I think you may be in our seats.**
   죄송하지만 우리 자리에 앉아계시는 것 같은데요.
B: **Umm, no. I don't think so.** 음, 아닐걸요.

A: **I'm not so sure that's a good idea.** 좋은 생각이 아닌 것 같은데.
B: **It may be worth a try.** 그래도 한번 해봄직 할거야.

A: **We may have to alter our plans.** 우리 계획을 수정해야 할지도 모르겠어.
B: **Why would we have to do that?** 왜 그래야 되는거지?

 기본문장 **달달** 외우기

1 가도 돼.   You may go now.
2 걔가 맞을지도 몰라.   She may be right.
3 암일지도 모릅니다.   You may have cancer.
4 걔가 제일 먼저 여기 올지 몰라. He may come here first.
5 사실일 수도 있어.   It might be true.
6 비가 올지 몰라.   It might be raining.
7 걘 남자친구가 있을지 몰라.   She might have a boyfriend.

⊘ One More Step

이렇게 불확실한 부사로는 perhaps, maybe, probably 등이 있다. 가능성의 정도는 probably>maybe>perhaps(50%이하)
Maybe yes, maybe no. 어느 쪽이라고 말해야 할지.
Perhaps I made a mistake. 내가 실수했을지도 몰라.

> ▶ 한 번 써보면 평생 잊혀지지 않는 영어패턴 필사! ◀

1 가도 돼.

✎ _____

2 걔가 맞을지도 몰라.

✎ _____

3 암일지도 모릅니다.

✎ _____

4 걔가 제일 먼저 여기 올지 몰라.

✎ _____

5 사실일 수도 있어.

✎ _____

6 비가 올지 몰라.

✎ _____

7 걘 남자친구가 있을지 몰라.

✎ _____

다이알로그 필사도전! ✎

A

좋은 생각이 아닌 것 같은데.

B

그래도 한번 해봄직 할거야.

Level 01 기본패턴으로 영어 말해보기! 87

Pattern 036 ···해도 될까요?

May I help you?
제가 도와드릴까요?

✓ **핵심포인트**   May I +V? ▶ ···를 해도 될까요?

May I help you?는 특히 상점 등에서 쓰는 전형적인 표현으로 "도와드릴까요?"라는 말. 이처럼 May I~?는 상대방에게 부탁을 하거나 허락을 구하는 용도로 윗사람, 처음 보는 사람 혹은 아는 사이라도 좀 조심스럽게 물어볼 때 사용한다. 특히 May I~?는 전화영어에서 많이 쓰이는데 May I speak to[with] Tony?(토니 씨 계세요?)로부터 May I ask who's calling, please?(누구시죠?), May I leave a message?(메시지 남겨도 될까요?) 등이 있다.

Let's Talk

A: **Umm, Jimmy. May I have a word with you?** 저기, 지미야. 얘기 좀 하자.
B: **Yeah, of course.** 그래 그럼.

A: **May I come in?** 들어가도 돼요?
B: **Uh, yeah, if you want.** 어, 그래 그러고 싶으면.

A: **May I help you?** 제가 도와드릴까요?
B: **Oh, no thanks, we're just here to look around.** 괜찮아요. 그냥 둘러보러 왔어요.

기본문장 달달 외우기

1 들어가도 되겠습니까?   May I come in?
2 한가지 여쭤봐도 될까요?   May I ask you a question?
3 전화[화장실] 좀 써도 되겠습니까?   May I use your phone[bathroom]?
4 입어봐도 될까요?   May I try it on?
5 잠깐 얘기할 수 있을까요?   May I have a word with you?
6 여권[표]을 보여줄래요?   May I see your passport[ticket]?
7 영수증 주실래요?   May I have a receipt?

✓ One More Step

특히 May I~?는 전화영어에서 많이 쓰인다.
May I speak to[with] Chris? 크리스 있어요?
May I ask who's calling, please? 누구시죠?
May I have extension 105? 105번 부탁해요.

> ▶ 한 번 써보면 평생 잊혀지지 않는 영어패턴 필사! ◀

1 들어가도 되겠습니까?

_____

2 한가지 여쭤봐도 될까요?

_____

3 전화[화장실] 좀 써도 되겠습니까?

_____

4 입어봐도 될까요?

_____

5 잠깐 얘기할 수 있을까요?

_____

6 여권[표]을 보여줄래요?

_____

7 영수증 주실래요?

_____

다이알로그 필사도전!

A

제가 도와드릴까요?

B

괜찮아요. 그냥 둘러보러 왔어요.

Level 01 기본패턴으로 영어 말해보기!

Pattern 037 ···하곤 했었어

I used to jog every day
난 매일 조깅을 하곤 했어

✓ 핵심포인트
I used to+V ▶ (규칙적으로) ···하곤 했었어, ···이었어
I would+V ▶ ···하곤 했었어

would가 과거의 불규칙적인 습관을 말하는 반면 used to는 교회를 규칙적으로 다니듯 과거의 규칙적인 습관을 뜻한다. I used to~하게 되면 과거에 '···하곤 했었다,' 혹은 used to+be~ 하면 (과거에) '···이[있었다'라는 상태를 뜻한다. would나 used to 모두 과거사실을 언급하는 것으로 현재는 그렇지 않다는 것을 암시한다. 또한 used to의 과거형은 I didn't used to be like this(난 과거에 이러지 않았어)에서 보듯 didn't used to로 (과거에) '···하지 않았었다'라는 뜻.

Let's Talk

A: **We used to work together.** 우린 함께 일했었죠.
B: **We did?** 우리가요?

A: **Do I know you?** 절 아세요?
B: **You used to be my babysitter.** 제 애기 봐줬잖아요.

A: **I used to go to the park on Sundays.** 일요일마다 공원에 가곤 했어.
B: **Did you have fun there?** 거기서 즐거웠어?

 기본문장 달달 외우기

1 매일 조깅하곤 했었어.　　　　　**I used to jog every day.**
2 우린 항상 함께 놀았었지.　　　　**We used to play together all the time.**
3 침대를 지리곤 했었지.　　　　　 **I used to wet my bed.**
4 대학다닐 때 항상 운동을 했었어.　**I used to exercise when I was in college.**
5 교회에 가곤 했었어.　　　　　　 **I used to go to church.**
6 예전엔 공원에 큰 나무가 있었는데.**There used to be a big tree in the park.**
7 어렸을 때 간혹 바이올린을 켰어.　**I would play the violin when I was young.**

✓ One More Step

used to vs get used to
used to는 그 자체가 조동사로 앞에 be나 get이 붙지 않는다. 따라서 get used to하게 되면 used to하고는 전혀 상관없는 표현으로 ···에 적응하다라는 전혀 다른 뜻.
You'd better get used to it. 거기에 익숙해져야 해.

▶ 한 번 써보면 평생 잊혀지지 않는 영어패턴 필사! ◀

1 매일 조깅하곤 했었어.
___

2 우린 항상 함께 놀았었지.
___

3 침대를 지리곤 했었지.
___

4 대학다닐 때 항상 운동을 했었어.
___

5 교회에 가곤 했었어.
___

6 예전엔 공원에 큰 나무가 있었는데.
___

7 어렸을 때 간혹 바이올린을 켰어.
___

다이알로그 필사도전!

A
일요일마다 공원에 가곤 했어.

B
거기서 즐거웠어?

Pattern 038 …가 필요해, …해야겠어

I need to talk to you
얘기 좀 하자

✓ **핵심포인트** I need+N[to+V] ▶ …가 필요해, …해야겠어
I don't need to+V ▶ …하지 않아도 돼, …할 필요가 없어
(= I don't have to+V)

I need+N[to+V]는 '…가(하는 것이) 필요하다'라는 의미로 I want~ 혹은 I have to+V와 같은 맥락이지만 나의 기호나 기분에 따라 원하는 것이 아니라 내가 처한 사정상 '…가 꼭 필요하다'고 말하는 것으로 자신의 필요가 꼭 이루어져야 한다는 강한 느낌을 주는 표현이다. I need to talk to you는 "너하고 꼭 좀 얘기해야겠다"라는 뜻이다. 부정은 I don't need to+V~로 '…하지 않아도 돼,' '…할 필요가 없어'라는 의미.

 Let's Talk

A: **Hey, I need to talk to you.** 저기, 얘기 좀 하자.
B: **What's the matter?** 무슨 일인데?

A: **I need to ask for some help here.** 이것 좀 도와줘야겠는데.
B: **You name it. What can I do for you?** 말해 봐. 뭘 도와줘야 하지?

A: **I need to borrow some money.** 돈 좀 빌려야겠어.
B: **Oh! Sure! How much?** 어! 그래! 얼마나?

 기본문장 **달달** 외우기

1 네 도움이 필요해.   I need your help.
2 좀 쉬어야겠어.   I need some rest.
3 결정할 시간이 더 필요해.   I need more time to decide.
4 좀 자야겠어.   I need to get some sleep.
5 하루 더 머물러야 돼.   I need to stay another day.
6 사무실로 돌아가야 돼.   I need to get back to the office.
7 시험 볼 필요가 없어.   I don't need to take a test.

✓ **One More Step**

I don't need to~ …하지 않아도 돼, …할 필요가 없어라는 의미.
I don't need to meet her. 걜 만날 필요가 없어.   I don't need to take a rest. 쉴 필요가 없어.
I don't need to. I trust you. 그럴 필요없어., 난 널 믿어.

▶ 한 번 써보면 평생 잊혀지지 않는 **영어패턴 필사!** ◀

1 네 도움이 필요해.

✎ _____

2 좀 쉬어야겠어.

✎ _____

3 결정할 시간이 더 필요해.

✎ _____

4 좀 자야겠어.

✎ _____

5 하루 더 머물러야 돼.

✎ _____

6 사무실로 돌아가야 돼.

✎ _____

7 시험 볼 필요가 없어.

✎ _____

다이알로그 필사도전! ✎

A

이것 좀 도와줘야겠는데.

B

말해 봐. 뭘 도와줘야 하지?

Level 01 기본패턴으로 영어 말해보기! 93

Pattern 039 난 …하지 않아

I don't feel well
난 기분이 좋지 않아

핵심포인트
I don't+V ▶ 난 …하지 않아
I don't remember+~ing ▶ 난 …가 기억나지 않아

I don't+V의 형태는 몰라, 싫어, 안 좋아 등의 부정, 반대를 뜻할 때 사용된다. 어렵지 않지만 실제 대화에서는 그렇게 쉽게 입에서 나오지 않는 것 중의 하나. 부정의견을 말하는 I don't think so, "난 상관하지 않는다"라는 의미의 I don't care, "모른다"고 할 때의 I don't get it, I don't know, I don't understand 등이 유명하다. 특히 I don't remember ~ing는 (과거에) '…을 한 것이 기억이 안 난다'라는 표현으로 잘 기억해두었다가 써보도록 한다.

Let's Talk

A: **When are you coming back?** 언제 돌아와?
B: **I don't know.** 몰라.

A: **What's wrong with you today?** 오늘 안좋은 일 있니?
B: **I don't get it. This stuff is too hard.** 이해가 안돼. 이 일은 너무 어려워.

A: **I think my ex-girlfriend probably has a new boyfriend.**
 옛 여친이 새 남자를 만나는 것 같아.
B: **I don't think so. You just broke up last week!**
 그렇진 않겠지. 헤어진게 바로 지난 주잖아!

기본문장 달달 외우기

1 기억이 안나.　　　　　　　　I don't remember.
2 걔하고 키스한게 기억이 안나.　I don't remember kissing her.
3 말도 안돼!, 뭔가 이상해!　　　I don't believe this!
4 (이게) 마음에 안 들어.　　　　I don't like this.
5 시간이 없어.　　　　　　　　I don't have time.
6 여기 아무 문제도 없어.　　　　I don't see any problems here.
7 그건 잘 모르겠어, 글쎄.　　　 I don't know about that.

One More Step

I don't remember ~ing (과거에) …을 한 것이 기억이 안 난다
I don't remember seeing you on the train. 열차에서 널 본 기억이 안나.

> ▶ 한 번 써보면 평생 잊혀지지 않는 영어패턴 필사! ◀

1 기억이 안나.

✎ _____

2 걔하고 키스한게 기억이 안나.

✎ _____

3 말도 안돼!, 뭔가 이상해!

✎ _____

4 (이게) 마음에 안 들어.

✎ _____

5 시간이 없어.

✎ _____

6 여기 아무 문제도 없어.

✎ _____

7 그건 잘 모르겠어, 글쎄.

✎ _____

다이알로그 필사도전!

A

오늘 안좋은 일 있니?

B

이해가 안돼. 이 일은 너무 어려워.

Level 01 기본패턴으로 영어 말해보기!

Pattern 040 너는 …해?

Do you accept credit card?
신용카드 되나요?

핵심포인트
Do you+V? ▶ 너는 …해?
Does (s)he[Do they]+V? ▶ 걔가[걔네들이] …해?

상점에서 "신용카드 받나?"고 물어보는 문장으로 Do you+V~?의 형태의 구문. 상대방에게 원하는 것을 다양하게 물어볼 수 있는 패턴이다. 물론 제 3자에 대해 물어볼 때는 Does s(he)~?라고 하면 되고 복수인 경우에는 Do they+V?라고 하면 된다. "걔네들이 날 싫어해?"는 Do they hate me?, "걔네들 서로 알아?"는 Do they know about each other?라고 하면 된다.

Let's Talk

A: **Do you** like pasta? 파스타 좋아해?
B: **Of course! It's my favorite.** 그럼! 내가 좋아하는 건데.

A: **Does she** still feel bad? 쟨 아직도 기분이 그래?
B: **Well, apparently she does.** 그래, 그런 것 같아.

A: **Does he** know that you like him? 걔가 네가 자길 좋아한다는 걸 아니?
B: **I don't think so.** 그런 것 같진 않아.

 기본문장 **달달** 외우기

1 그거 알고 있어?   **Do you** know that?
2 걜 알아?   **Do you** know her?
3 좀 먹을래?   **Do you** want some?
4 유령이 있다고 생각해?   **Do you** believe in ghosts?
5 이해하겠어, 마이크?   **Do you** understand, Mike?
6 제인을 정말 좋아해?   **Do you** really like Jane?
7 쟨 아직도 기분이 그래?   **Does she** still feel bad?

✓ One More Step

Do they+동사 ? 걔네들이 …하는거야?
물론 나와 너의 이야기하기도 힘들겠지만 영어실력이 일취월장할 미래를 위해 "걔네들이 …하는거야"라는 3인칭 복수의 표현도 연습해둔다.
Do they know it's Christmas? 걔네들이 크리스마스인 걸 알아?
Do they know about me? 걔네들이 나에 대해 알아?

▶ 한 번 써보면 평생 잊혀지지 않는 영어패턴 필사! ◀

1 그거 알고 있어?

✎ _____

2 걜 알아?

✎ _____

3 좀 먹을래?

✎ _____

4 유령이 있다고 생각해?

✎ _____

5 이해하겠어, 마이크?

✎ _____

6 제인을 정말 좋아해?

✎ _____

7 걘 아직도 기분이 그래?

✎ _____

다이알로그 필사도전! ✎

A

파스타 좋아해?

B

그럼! 내가 좋아하는 건데.

Level 01 기본패턴으로 영어 말해보기!

Pattern 041 나(난) …했어(…을 들었어)

I heard that too
나도 그렇게 들었어

✓ **핵심포인트** I+과거동사 ▶ 내가 …했어

외국인과 대화시 가장 많은 실수 중의 하나가 시제를 무시한다는 것이다. I see her yesterday 처럼 과거를 현재로 말하기 십상이다. 지금부터는 회화에 많이 쓰이는 쉬운 동사들을 중심으로 과거로 표현하는 법을 연습해보자. I heard that too는 "나도 들었어"란 뜻이고 그밖에 I did it!(해냈어!), I knew it!(그럴 줄 알았다니까!), You made it(너 해냈구나), I had a bad day(진짜 재수없는 날이야) 그리고 It was a long day(힘든 하루였어) 등의 관용표현을 알아둔다.

 Let's Talk

A: **Hey Mike! Want some pancakes?** 야 마이크야, 팬케익 좀 먹을래?
B: **You made pancakes?** 네가 팬케익을 만들었어?

A: **I like your necklace.** 네 목걸이 맘에 든다.
B: **I made it myself.** 내가 직접 만든거야.

A: **I'm telling you that he took the money.** 걔가 돈을 가지고 간 것이 틀림없어.
B: **The problem is we have no proof.** 문제는 아무런 증거가 없다는거야.

 기본문장 **달달** 외우기

1 걔를 식당에 데려갔어.   I took her to a restaurant.
2 걔들이 벤을 공원에 데리고 갔어.   They took Ben to the park.
3 맘 바꿨어.   I changed my mind.
4 내가 실수했어.   I made a mistake.
5 네 딸 얘기 들었어.   I heard about your daughter.
6 네가 간밤에 어떤 여자랑 있는 걸 봤어. I saw you with some girl last night.
7 아버지가 이 차를 사주셨어.   My father bought me this car.

✓ **One More Step**

과거형으로 쓰이는 관용표현
You did what? 네가 뭘 했다고?
It was you! 너였구나!
I didn't mean it. 고의로 그런게 아냐.

He didn't show up! 걘 오지 않았어!
That was close. 아슬아슬했어.
It was fun having you. 함께 해서 즐거웠어.

> ▶ 한 번 써보면 평생 잊혀지지 않는 **영어패턴 필사!** ◀

1 걔를 식당에 데려갔어.

✎ _____

2 걔들이 벤을 공원에 데리고 갔어.

✎ _____

3 맘 바꿨어.

✎ _____

4 내가 실수했어.

✎ _____

5 네 딸 얘기 들었어.

✎ _____

6 네가 간밤에 어떤 여자랑 있는 걸 봤어.

✎ _____

7 아버지가 이 차를 사주셨어.

✎ _____

다이알로그 필사도전!

A

걔가 돈을 가지고 간 것이 틀림없어.

B

문제는 아무런 증거가 없다는거야.

Pattern 042 나(난) …에 갔었어

I went to a party last night
나는 지난밤에 파티에 갔었어

✓ **핵심포인트**
I went to+장소 ▶ 난 …에 갔었어
I went (there, back) to+V ▶ 난 …하러 (그곳에, 다시) 갔었어

'내가 …에 갔었다,' '걔는 …에 갔어'라는 과거문장을 많이 쓰게 되는데 이때 역시 I go to~, She goes to~라고 하지 말고 과감하게 I went to+장소~, She went to+장소로 말할 수 있도록 한다. '…하러 갔었다'라고 하려면 주어+went (there, back) to+V 형태로, "저녁 먹으러 갔었어"는 We went to dinner, "거기에 일정을 확인하러 갔었어"는 I went there to check the schedule, 그리고 "그걸 돌려주러 갔었어"는 I went back to return it이라 하면 된다.

Let's Talk

A: What were you doing? 뭐했어?
B: I went to a bar. 바에 갔었어.

A: What did you do on your leave? 휴가 때 뭐했어?
B: I went to Egypt with my dad. 아버지와 이집트에 갔었어.

A: Hey, where's Mom? 야, 엄마 어딨어?
B: She went to pick up Aunt Liddy. 리디 숙모 태우러 가셨어.

기본문장 달달 외우기

1 쇼핑몰에 가서 옷 좀 샀어.   **I went to the mall and bought some clothes.**
2 점심먹으러 중국식당에 갔었어. **I went to a Chinese restaurant for lunch.**
3 대학교에 진학했어.   **I went to college.**
4 주유소에 갔었어.   **I went to the gas station.**
5 우린 메츠 게임 갔었어.   **We went to a Mets game.**
6 걘 화장실에 갔어.   **She went to the bathroom.**
7 공원으로 돌아갔어.   **I went back to the park.**

✓ **One More Step**

주어 went (there, back) to+동사 …하러 갔다의 다양한 표현
I went there to find a better job. 난 거기에 더 좋은 직장을 찾으러 갔었어.
We went to see a movie. 우린 영화보러 갔었어.
I went back to get a refund. 환불받으러 다시 갔었어.

> ▶ 한 번 써보면 평생 잊혀지지 않는 **영어패턴 필사!** ◀

1 쇼핑몰에 가서 옷 좀 샀어.

✎ _____

2 점심먹으러 중국식당에 갔었어.

✎ _____

3 대학교에 진학했어.

✎ _____

4 주유소에 갔었어.

✎ _____

5 우린 메츠 게임 갔었어.

✎ _____

6 걘 화장실에 갔어.

✎ _____

7 공원으로 돌아갔어.

✎ _____

다이알로그 필사도전! ✎

A
휴가 때 뭐했어?

B
아버지와 이집트에 갔었어.

Pattern 043 난 …을 하고 있어

I'm working on it
난 그거 작업하고 있어, 난 그일 하고 있어

✓ 핵심포인트 I'm+~ing ▶ 난 …을 하고 있어, 난 …할거야
I was+~ing ▶ 난 …하고 있었어

현재진행형으로 내가 '지금 …하고 있음'을 말하는 표현. 어떤 상태나 동작이 계속 진행중임을 말하거나 가까운 미래를 표현한다. '난 …하고 있었어'라고 지나간 과거를 말할 때는 S+was[were]+~ing이라고 하면 된다.

Let's Talk

A: **Why do you want to break up with me?** 왜 나랑 헤어지려는거야?
B: **I'm feeling unhappy with you.** 너랑 행복한 것 같지 않아서.

A: **Can I help you with anything?** 뭐 좀 도와드릴까요?
B: **No, thank you, I'm just looking around.** 괜찮아요. 그냥 구경만 하는거예요.

A: **Excuse me, I am looking for a wedding present.** 저, 결혼선물을 살까 하는데요.
B: **Are you looking for anything in particular?**
특별히 찾고 있는 물건은 있으신가요?

 기본문장 **달달** 외우기

1 사진 작업을 하고 있어.   **I'm working on the photograph.**
2 걔 밑에서 일해.   **I'm working for him.**
3 기분이 별로 안좋아.   **I'm not feeling well.**
4 책을 찾고 있어.   **I'm looking for a book.**
5 그냥 둘러보는거예요.   **I'm just looking around.**
6 감기 걸린 것 같아.   **I think I'm catching a cold.**
7 TV를 보고 있었어.   **I was watching TV.**

✓ One More Step

work on+sth/sb …을 작업하다, 처리하다, 다루다, 설득하다
work on은 다음에 이어지는 단어에 따라 다양한 의미로 쓰이는 아주 유용한 표현이다. Work on the coffee를 커피를 마시는거고 work on a patient는 환자를 다루는 것이고 또한 work on the homework는 숙제를 하는 것이다.
A: **When can you finish the project?** 언제 프로젝트를 끝낼 수 있어?
B: **I'm not sure. I'm still working on it.** 잘 모르겠어. 아직 하고 있어.

▶ 한 번 써보면 평생 잊혀지지 않는 **영어패턴 필사!** ◀

1 사진 작업을 하고 있어.

✎ _____

2 걔 밑에서 일해.

✎ _____

3 기분이 별로 안좋아.

✎ _____

4 책을 찾고 있어.

✎ _____

5 그냥 둘러보는거예요.

✎ _____

6 감기 걸린 것 같아.

✎ _____

7 TV를 보고 있었어.

✎ _____

다이알로그 필사도전! ✎

A

저, 결혼선물을 살까 하는데요.

B

특별히 찾고 있는 물건은 있으신가요?

Level 01 기본패턴으로 영어 말해보기!

Pattern 044 걔가 …하고 있어

She's talking on the phone
걔 전화통화중이야

◎ **핵심포인트** (S)He's+~ing ▶ 걔 …하고 있어
They're+~ing ▶ 걔네들은 …하고 있어

She's talking on the phone은 "걔가 지금 전화하고 있어"라는 말로 내가 아니라 상대방이나 제 3자가 뭔가 현재 하고 있는 상황이나 가까운 미래에 할 행동 등을 말하는 패턴이다. 형태는 You/He/She/They+be~ing라 쓰면 된다.

 Let's Talk

A: **Look, don't get so upset at me.** 이봐, 나한테 너무 화내지마.
B: **I'm angry because you're just not listening.**
네가 내 말을 듣지 않으니까 화난거지.

A: **Where's Nicole now?** 지금 니콜이 어디 있어?
B: **She's chatting on the Internet in her room.** 자기방에서 인터넷 채팅하고 있어.

A: **Please stop. I know that you're lying to me.** 그만둬. 거짓말하는거 알아.
B: **I'm sorry, but I can't help myself.** 미안. 나도 어쩔 수 없어.

 기본문장 **달달** 외우기

1 넌 말을 너무 많이 해.   **You're talking too much.**
2 너 나한테 거짓말하고 있어.   **You're lying to me.**
3 너 내 말 안듣고 있지.   **You're not listening.**
4 걔 지금 일하고 있어.   **He's working now.**
5 걔 식탁에서 식사중이야.   **She's eating at the table.**
6 걔 인터넷으로 어떤 사람과 채팅중이야.
   She's chatting to someone on the internet.
7 걔 컴퓨터 게임을 하고 있어.   **He's playing computer games.**

◎ **One More Step**

They're+~ing 구문 표현들
They're expecting some snow this evening. 오늘 저녁에 눈이 좀 내릴거야.
They're all wearing plastic goggles. 걔네는 모두 플라스틱 고글을 쓰고 있어.

▶ 한 번 써보면 평생 잊혀지지 않는 영어패턴 필사! ◀

1 넌 말을 너무 많이 해.

✎ _____

2 너 나한테 거짓말하고 있어.

✎ _____

3 너 내 말 안듣고 있지.

✎ _____

4 걘 지금 일하고 있어.

✎ _____

5 걘 식탁에서 식사중이야.

✎ _____

6 걘 인터넷으로 어떤 사람과 채팅중이야.

✎ _____

7 걘 컴퓨터 게임을 하고 있어.

✎ _____

다이알로그 필사도전! ✎

A

이봐, 나한테 너무 화내지마.

B

네가 내 말을 듣지 않으니까 화난거지.

Level 01 기본패턴으로 영어 말해보기! 105

Pattern 045 (나) …에 가는 중이야, 갈거야

I'm going to Japan
나 일본에 가는 중이야, 나 일본에 갈거야

✓ 핵심포인트
I'm going to+장소 ▶ 나 …로 가고 있어, 나 …로 갈거야
I'm going+~ing ▶ 나 …하러 가, 나 …하러 갈거야

역시 현재진행의 한 형태로 많이 쓰이는 I'm going to+장소구문. 지금 …로 가고 있다거나 혹은 자리를 뜨면서 …에 갔다올게라는 의미도 있다. 또한 가까운 미래를 나타내 "나 …로 갈거야"라는 뜻이 쓰이기도 한다. I'm going to+동사의 형태와 헛갈리지 않도록. 한편 I'm going shopping으로 유명한 I'm going+~ing은 …하러 갈거야라는 의미이다.

Let's Talk

A: **Can you give me a ride home?** 집에 태워다 줄래?
B: **I can, but I'm going to the bank first.** 그럼. 그런데, 난 먼저 은행에 갈거야.

A: **I'm going to a concert tomorrow.** 내일 콘서트 갈거야.
B: **Enjoy the music.** 즐겁게 들어.

A: **I'm going to France for a few weeks.** 몇 주 정도 프랑스에 가 있을려구.
B: **Sounds like fun.** 재미있을 것 같은데.

기본문장 달달 외우기

1. 가게에 갔다올게. I'm going to the store.
2. 지금 화장실 좀 갔다올게. I'm going to the bathroom now.
3. 나 자러간다. I'm going to bed.
4. 몇 주 정도 플로리다에 가 있을려구. I'm going to Florida for a couple weeks.
5. 사업상 일주일간 일본에 갈거야. I'm going to Japan for a week on business.
6. 같은 방향으로 가. I'm going to go in the same direction.
7. 다음 주말에 낚시하러 가. I'm going fishing next weekend.

✓ One More Step

I'm going+ ~ing …하러 가다
I'm going shopping today. 오늘 나 쇼핑하러 간다.
I'm going fishing next weekend. 다음 주말에 낚시하러 가.

> ▶ 한 번 써보면 평생 잊혀지지 않는 영어패턴 필사! ◀

1 가게에 갔다올게.

✎ _____

2 지금 화장실 좀 갔다올게.

✎ _____

3 나 자러간다.

✎ _____

4 몇 주 정도 프랑스에 가 있을려구.

✎ _____

5 사업상 일주일간 일본에 갈거야.

✎ _____

6 같은 방향으로 가.

✎ _____

7 다음 주말에 낚시하러 가.

✎ _____

다이알로그 필사도전! ✎

A
내일 콘서트 갈거야.

B
즐겁게 들어.

Pattern 046 ···할거야

I'm going to miss you
네가 보고 싶을거야

✓ **핵심포인트**　I'm going to+V ▶ ···할거야
　　　　　　　　I'm about to+V ▶ 바로 ···할거야

"(앞으로) 네가 보고 싶을거야"라는 문장으로 미래를 표시하는 패턴. will만큼 회화에서 많이 쓰이는 be going to+V는 가까운 미래에 '···할거야'라는 의미이다. be going to는 조동사는 아니지만 마치 조동사처럼 쓰이는 셈이다. 따라서 be going to+V에서 going은 '가다'라는 의미는 더 이상 없다. 또한 be going to~보다 아주 가까운 미래에 일어날 일을 말할 때는 be about to+V를 사용하면 된다. '바로 ···할거야'라는 의미.

 Let's Talk

A: That secretary is going to drive me up the wall.
　 저 비서가 내 성미를 건드릴거야.
B: Why don't you fire her? 해고해 버리지 그래?

A: I'm really going to miss you. 정말 네가 보고 싶을거야.
B: I'm going to miss you, too. 나도 네가 보고 싶을거야.

A: Alan, where are you? 앨런, 어디야?
B: I am sorry, but I'm going to be a little late. 미안, 좀 늦을 것같아.

 기본문장 **달달** 외우기

1　캐나다로 떠날거야.　　　　　**I'm going to leave for Canada.**
2　미안, 좀 늦을 것 같아.　　　**I'm sorry, but I'm going to be a little late.**
3　영어공부할거야.　　　　　　**I'm going to study English.**
4　좀 쉴거야.　　　　　　　　　**I'm going to take some time off.**
5　우리 오늘밤에 재미있게 놀거다!　**We're going to have fun tonight!**
6　주말에 여기 있을 건가요?　　**Are you going to be here on the weekend?**
7　기름이 바닥이 나려고 하는데.　**We're about to run out of gas.**

✓ **One More Step**

be about to+동사 (아주 가까운 미래) 바로 ···할거야
We're about to take off and see a movie. 바로 나가서 영화보려고.

> ▶ 한 번 써보면 평생 잊혀지지 않는 **영어패턴 필사!** ◀

1 캐나다로 떠날거야.

✎ _____

2 미안, 좀 늦을 것 같아.

✎ _____

3 영어공부할거야.

✎ _____

4 좀 쉴거야.

✎ _____

5 우리 오늘밤에 재미있게 놀거다!

✎ _____

6 주말에 여기 있을 건가요?

✎ _____

7 기름이 바닥이 나려고 하는데.

✎ _____

다이알로그 필사도전!

A

앨런, 어디야?

B

미안하지만 내가 좀 늦을 것같아.

Level 01 기본패턴으로 영어 말해보기! 109

Pattern 047 ···일거야

It's going to be okay
그거 괜찮을거야

✓ **핵심포인트**   It's going to+V ▶ ···일거야
This is going to+V ▶ ···일거야

It~과 be going to~가 합쳐진 It's going to+V의 형태 또한 I'm going to+V 못지 않게 많이 사용된다. '···일거야'라는 의미로 앞으로 상황이 어떻게 될거라고 언급하는 것. It 대신에 This도 많이 쓰이며 특히 It's[This is] going to be+형용사[명사]의 형태로 많이 사용된다.

Let's Talk

A: It looks like it's going to rain. 비가 올 것 같아.
B: Maybe we should postpone the picnic for a few hours.
야유회를 두세시간 연기해야 할 것 같아.

A: Look, Charlie, it's going to be okay. 자, 찰리야, 잘 될거야.
B: That's easy for you to say. 너야 그렇게 말하기 쉽겠지.

A: Don't you think it's going to be weird? 그게 좀 이상할거라고 생각하지 않아?
B: Wh-why? Why would it be weird? 왜? 왜 이상할거라는 거지?

기본문장 달달 외우기

1 잘 돌아갈거야.   **It's going to work.**
2 그렇게 될거야.   **It's going to happen.**
3 내가 돈이 많이 들거야.   **It's going to cost me a lot.**
4 시간이 좀 걸릴거야.   **It's going to take a while.**
5 괜찮을거야.   **It's going to be all right.**
6 이건 힘들거야.   **This is going to be tough[hard].**
7 이건 무척 재미있을거야.   **This is going to be so much fun.**

✓ **One More Step**

Everything's going to be okay. 다 잘 될거야.
It's going to be okay와 유사한 표현으로 okay 대신 all right을 써서 Everything's going to be all right, 혹은 Everything will be fine이라고 해도 된다.
A: Honey, everything's going to be all right. 자기야, 다 잘 될거야.
B: What do you know? 네가 그걸 어떻게 알아?

> ▶ 한 번 써보면 평생 잊혀지지 않는 영어패턴 필사! ◀

1 잘 돌아갈거야.

✎ _____

2 그렇게 될거야.

✎ _____

3 내가 돈이 많이 들거야.

✎ _____

4 시간이 좀 걸릴거야.

✎ _____

5 괜찮을거야.

✎ _____

6 이건 힘들거야.

✎ _____

7 이건 무척 재미있을거야.

✎ _____

다이알로그 필사도전! ✎

A

자, 찰리야, 잘 될거야.

B

너야 그렇게 말하기 쉽겠지.

Pattern 048 난 …하고 있어

I'm having fun
재미있게 보내고 있어

✓ **핵심포인트**　　S+~ing ▶ 관용표현

현재진행형의 형태로 굳어진 표현들이 있다. 짧지만 또 응용은 안되어서 패턴이라고 할 수는 없지만 회화에서 특히 구어체 회화에서 많이 쓰이는 표현들을 정리해본다. 위의 I'm having fun은 have fun이라는 동사구를 현재진행형으로 활용한 경우로 지금 즐거운 시간을 보내고 있다는 말로 "재미있어"라는 뜻.

 Let's Talk

A: **David, how's it going?** 데이빗 어때?
B: **I'm doing okay.** 잘 지내고 있어.

A: **How can I help you?** 뭘 도와드릴까요?
B: **Yeah, we were just looking around.** 저기, 그냥 둘러보는 중이예요.

A: **I'd rather go to a nightclub.** 난 차라리 나이트클럽에 가는게 좋은데.
B: **Now you're talking! I haven't danced in months.**
좋은 생각인걸! 춤 못춘 지가 몇달 됐거든.

 기본문장 **달달** 외우기

1　말해봐, 어서 말해.　　　　**I'm listening.**
2　내가 하는 말 좀 잘 들어봐!　**I'm talking to you!**
3　정말야, 잘 들어.　　　　　**I'm telling you.**
4　누가 아니래.　　　　　　　**You're telling me.**
5　그냥 구경하고 있는거예요.　**I'm just looking.**
6　거짓말 아니야.　　　　　　**I'm not lying.**
7　그래 바로 그거야!, 그렇지!　**Now you're talking!**

✓ **One More Step**

kidding이 들어가는 관용표현
You're kidding! (불신)그럴리가!, (놀람) 정말!, (불확실) 너 농담이지!
You must be kidding! 농담말아!, 웃기지마! Are you kidding (me)? 농담하는거야?, 장난해?
No kidding? 설마!, No kidding! 너 농담해!, 이제야 알았어! No kidding 장난아냐, 맞아, 그래.

> ▶ 한 번 써보면 평생 잊혀지지 않는 영어패턴 필사! ◀

1 말해봐, 어서 말해.

✏️ _____

2 내가 하는 말 좀 잘 들어봐!

✏️ _____

3 정말야, 잘 들어.

✏️ _____

4 누가 아니래.

✏️ _____

5 그냥 구경하고 있는거예요.

✏️ _____

6 거짓말 아니야.

✏️ _____

7 그래 바로 그거야!, 그렇지!

✏️ _____

다이알로그 필사도전! ✏️

A
난 차라리 나이트클럽에 가는게 좋은데.

B
좋은 생각인걸! 춤 못춘 지가 몇달 됐거든.

Level 01 기본패턴으로 영어 말해보기!

Pattern 049 ···하자

Let's keep in touch
연락하고 지내자

✓ **핵심포인트** Let's+V ▶ ···하자(= Why don't you+V?)
Let's not+V ▶ ···하지 말자

Let's+V는 (우리) '···하자'라는 의미로 Why don't you~?와 같은 뜻이다. 부정으로 Let's not~ 하면 '···하지 말자'가 된다. "두고 보자" 혹은 "지켜보자"는 Let's wait and see, "오늘 밤에 외식하자"는 Let's eat out tonight, "각자 부담하자"는 Let's go Dutch라 하면 된다. 특히 Let's get~으로 시작하는 Let's get down to business(자 일 시작하자, 본론으로 들어가자), Let's get started(자 시작하자), Let's get going(가자고) 등을 암기해둔다.

Let's Talk

A: **Let's call it a day.** 퇴근하죠.
B: **Sounds good to me.** 좋은 생각이네.

A: **Let's get down to business.** 자 일을 시작합시다.
B: **Great, let's start.** 좋아. 시작하자구.

A: **Let's go to the coffee shop around the corner.**
모퉁이에 있는 커피숍으로 갑시다.
B: **That's a good idea.** 좋은 생각이에요.

 기본문장 **달달** 외우기

1 연락하고 지내자!   **Let's keep in touch!**
2 언제 한번 만나자.   **Let's get together sometime.**
3 오늘 그만 퇴근하자!   **Let's call it a day!**
4 쉬자.   **Let's take a break.**
5 나중에 이야기하자.   **Let's talk later.**
6 그렇게 하자.   **Let's do that.**
7 그건 생각하지 말자.   **Let's not think about it.**

✓ **One More Step**

Let's get~으로 시작하는 중요표현들
Let's get back to work. 자 일을 다시 시작하자.
Let's get out of here. 자 여기서 나가자.   Let's get together. 우리 만나자고.

▶ 한 번 써보면 평생 잊혀지지 않는 **영어패턴 필사!** ◀

1 연락하고 지내자!

✎ _____

2 언제 한번 만나자.

✎ _____

3 오늘 그만 퇴근하자!

✎ _____

4 쉬자.

✎ _____

5 나중에 이야기하자.

✎ _____

6 그렇게 하자.

✎ _____

7 그건 생각하지 말자.

✎ _____

다이알로그 필사도전! ✎

A

자 일을 시작합시다

B

좋아. 시작하자구

Level 01 기본패턴으로 영어 말해보기!

Pattern 050 내가 …할게

Let me check
내가 확인해볼게

✓ **핵심포인트** Let me+V ▶ 내가 …할게
I'll let you+V ▶ 내가 네게 …해줄게

Let me+V의 형태로 '내가 …을 하도록 허락해달라'라는 뜻. 어떤 행동을 하기에 앞서 상대방에게 자신의 행동을 미리 알려주는 표현법이라고 할 수 있다. '내가 …할게' 정도로 해석하면 된다. 상대방이 뭔가 물어보는 것을 잘 모를 때 "확인해보겠다"는 Let me check, "도움을 주겠다"는 Let me help you이다.

Let's Talk

A: **Let me get my coat.** 코트 가지러 갈게요.
B: **No, I'll get your coat.** 아냐, 내가 가져다줄게.

A: **Let me help you with your grocery bags.** 식료품백 들어줄게요.
B: **Thank you, that's very kind of you.** 고마워요. 정말 친절하시군요.

A: **Is this the subway for City Hall?** 이 전철이 시청가나요?
B: **Yes, it is. When we get there, I will let you know.**
네, 맞아요. 도착하면 제가 알려드리죠

기본문장 달달 외우기

1 그거 한번 볼게.   **Let me** take a look at it.
2 그거 생각 좀 해볼게.   **Let me** think about it.
3 내가 처리할게.   **Let me** take care of it.
4 널 위해 내가 이거 해줄게.   **Let me** do this for you.
5 네 짐 들어줄게.   **Let me** help you with your baggage.
6 내가 왜 그랬는지 설명할게.   **Let me** explain why I did it.
7 이건 분명히 해두자.   **Let me** get this straight.

✓ One More Step

1 Let me (초인종 소리에) 내가 열게라는 뜻으로 I'll get it과 같은 의미.
2 Let me out/in! 내보내줘/들여보내줘!
3 Let it go 그냥 잊어버려(Trying to forget it), 그냥 놔둬.

▶ 한 번 써보면 평생 잊혀지지 않는 영어패턴 필사! ◀

1 그거 한번 볼게.

2 그거 생각 좀 해볼게.

3 내가 처리할게.

4 널 위해 내가 이거 해줄게.

5 네 짐 들어줄게.

6 내가 왜 그랬는지 설명할게.

7 이건 분명히 해두자.

다이알로그 필사도전!

A
식료품백 들어줄게요.

B
고마워요. 정말 친절하시군요.

Pattern 051 …해

Keep the change
잔돈은 가지세요

핵심포인트 동사+~ ▶ …해라

명령문의 가장 기본형은 동사+~. 사실 명령문이라고 하지만 전달하는 내용은 명령만 있는 것은 아니고 충고, 주의, 격려, 부탁 등 문맥에 따라 다양하다. 택시 타고 내릴 때 많이 쓰이는 표현으로 "잔돈은 가지세요"라는 훈훈한 문장인 Keep the change도 같은 맥락. 또한 "기운내"라고 격려할 때 Cheer up!, "진정하라"고 달랠 때 Calm down, "다시 해보라"고 충고할 때 Try again! 등 다양한 표현들이 쓰이고 있다.

Let's Talk

A: **I just found out that I didn't pass my exam.**
방금 내가 시험에 떨어졌다는 걸 알았어.

B: **Cheer up! I heard that students can retake it.** 기운 내! 재시험 볼 수 있대.

A: **Can I see your license please?** 면허증 좀 봅시다.
B: **Please give me a break.** 한번만 봐주세요.

A: **Say hello to everyone in the office for me.** 사무실 사람들에게 모두 안부전해줘.
B: **Don't worry. I will.** 걱정마. 그렇게 할게.

기본문장 **달달** 외우기

1	내게 맡겨.	**Leave** it to me.
2	머리를 쓰라고!	**Use** your head!
3	계속해!	**Keep** going!
4	잘한다!	**Way** to go!
5	좀 봐줘, 그만 좀 해라.	**Give** me a break.
6	그만 좀 얘기해!	**Stop** saying that!
7	부모님께 내 안부 전해줘.	**Say** hello to your parents for me.

One More Step

Watch를 이용한 명령문들
Watch out! 조심해!   Watch your step! 조심해!   Watch your tongue! 말 조심해!
A: Watch out! You almost hit the car! 조심해! 차 칠뻔했잖아!
B: Relax, I'm good driver. 진정하라고, 나 운전잘해.

▶ 한 번 써보면 평생 잊혀지지 않는 영어패턴 필사! ◀

1 내게 맡겨.

✎ _____

2 머리를 쓰라고!

✎ _____

3 계속해!

✎ _____

4 잘한다!

✎ _____

5 좀 봐줘, 그만 좀 해라.

✎ _____

6 그만 좀 얘기해!

✎ _____

7 부모님께 내 안부 전해줘.

✎ _____

다이알로그 필사도전!

A
사무실 사람들에게 모두 안부전해줘.

B
걱정마. 그렇게 할게.

Pattern 052 ···해

Make yourself at home
집처럼 편히 있어

✓ **핵심포인트**　동사+oneself ▶ ···해라

동사+oneself~형의 명령문 형태가 있다. Help yourself, Make yourself at home, Enjoy yourself, Suit yourself 등 그리 다양하지는 않지만 사용빈도가 높으니 이번 기회에 다 외워둔다. 특히 Help yourself는 단독으로도 쓰이지만 마음대로 먹으라는 대상을 뒤에 to+N로 넣어줄 수도 있다. 예로 "케익 마음껏 들라"고 하려면 Help yourself to the cake, "냉장고에 있는거 아무거나 들어"는 Help yourself to whatever's in the fridge라고 하면 된다.

Let's Talk

A: **Is this coffee for people in the office?** 이 커피, 사무실 사람들 마시라고 있는 겁니까?
B: **Yes, help yourself.** 네, 갖다 드세요.

A: **Wow! This is a great place.** 야! 집이 아주 멋지네요.
B: **Thank you. Just make yourself comfortable.** 고마워요. 그냥 편히 하세요.

A: **What should I do?** 내가 어떻게 해야 하지?
B: **Make yourself a drink and relax.** 술 한 잔 따라 마시면서 편히 쉬라구.

기본문장 *달달* 외우기

1	냉장고에 있는거 맘대로 갖다 들어요.	**Please help yourself to anything in the fridge.**
2	집처럼 편히 계세요.	**Make yourself at home.**
3	편히 계세요.	**Make yourself comfortable.**
4	술한잔 따라 마시며 편히 쉬어.	**Make yourself a drink and relax.**
5	재미있게 보내세요.	**Enjoy yourself.**
6	마음대로 해.	**Suit yourself.**
7	행동거지 조심해.	**Behave yourself.**

✓ **One More Step**

Help yourself 활용법 : help yourself 단독, 혹은 help yourself to+음식 형태로 쓴다.
Help yourself to some cookies. 쿠기 좀 들어.
Help yourself to anything in the fridge. 냉장고에 있는거 뭐든지 들어.

> ▶ 한 번 써보면 평생 잊혀지지 않는 영어패턴 필사! ◀

1 냉장고에 있는거 맘대로 갖다 들어요.

✎ _____

2 집처럼 편히 계세요.

✎ _____

3 편히 계세요.

✎ _____

4 술한잔 따라 마시며 편히 쉬어.

✎ _____

5 재미있게 보내세요.

✎ _____

6 마음대로 해.

✎ _____

7 행동거지 조심해.

✎ _____

다이알로그 필사도전!

A

내가 어떻게 해야 하지?

B

술 한 잔 따라 마시면서 편히 쉬라구.

Pattern 053 ···해

Be sure to come back by 7 o'clock
7시까지는 반드시 돌아오도록 해

✓ 핵심포인트   Be+형용사[명사] ▶ ···해라

"7시까지는 반드시 돌아오라"고 지시하는 문장으로 동사가 일반동사가 아닌 Be동사가 쓰인 경우이다. Be 다음에 형용사(Be careful)이나 명사(Be a man)를 붙여서 만들면 되는데 그 중 대표적인 것 중의 하나가 Be sure to+V이다. 상대방에게 '반드시 ···해라'라고 당부할 때 사용하는 표현. Be로 시작하는 그밖의 명령문으로는 Be quiet(조용히 해), Be safe(조심해) 등이 있다. 조금 어렵지만 Be my guest는 "그럼요"라는 의미로 상대방의 요청에 흔쾌히 허락할 때 쓰는 표현.

 Let's Talk

A: **Hurry up! We'll be late.** 빨리 좀 가! 이러다 늦겠다.
B: **Be quiet. I don't want to be stopped by the police.**
조용히 해. 경찰한테 걸리기 싫단 말야.

A: **Whoa! You saw my teacher's breast!** 와! 너 내 선생님 가슴봤다구!
B: **I'll tell you about it later. Be cool.** 나중에 이야기해줄게. 진정하라고.

A: **Some days I just feel like giving up.** 어떤 때는 그냥 내가 포기하고 싶을 때가 있어.
B: **Be strong. Things will get better soon.** 강해져야지. 곧 더 나아질거야.

 기본문장 **달달** 외우기

1 점잖게 굴어.   **Be nice.**
2 솔직해 봐.   **Be honest.**
3 착하게 굴어!   **Be a good boy!**
4 내 들러리가 되어줘.   **Be my best man.**
5 7시 40분까지 여기에 와. **Be here** at 7:40.
6 그거 조심해.   **Be careful** with it.
7 반드시 그렇게 해.   **Be sure to** do that.

✓ One More Step

Be my guest. 그럼요.
상대방의 요청(May I use your toilet?)에 흔쾌히 허락할 때 쓰는 표현.
A: Do you mind if I take a look around here? 내가 여기 좀 둘러봐도 괜찮겠니?
B: Not at all, be my guest. 그럼, 물론이지.

> ▶ 한 번 써보면 평생 잊혀지지 않는 영어패턴 필사! ◀

1 점잖게 굴어.

✎ _____

2 솔직해 봐.

✎ _____

3 착하게 굴어!

✎ _____

4 내 들러리가 되어줘.

✎ _____

5 7시 40분까지 여기에 와.

✎ _____

6 그거 조심해.

✎ _____

7 반드시 그렇게 해.

✎ _____

다이알로그 필사도전!

A
어떤 때는 그냥 내가 포기하고 싶을 때가 있어.

B
강해져야지. 곧 더 나아질거야.

Pattern 054 …하지마

Don't do that!
그렇게 하지마!

✓ 핵심포인트 Don't+V ▶ …하지마
Never+V ▶ 절대로 …하지마

상대방에게 뭔가를 금지하거나 신신당부하는 것으로 Don't+일반동사 혹은 Don't be+형용사[명사] 형태로 쓴다. 위로하며 던지는 Don't worry, 바보 같은 말이나 엉뚱한 짓을 하는 친구에게 하는 Don't be silly[ridiculous], 그리고 애들처럼 굴지 말라고 할 때의 Don't be such a baby 등이 있다. 또한 Never+V~도 같은 의미로 '절대로 …하지 마라'라는 뜻. Never mind는 "걱정마," 그리고 Never give up은 "절대 포기하지마"라는 뜻이다.

Let's Talk

A: **Don't** forget to drop me a line. 잊지 말고 꼭 연락해.
B: I'll make sure that I keep in touch. 내가 꼭 연락할게

A: **Don't** be sorry. 미안해 하지 말라구
B: But I screwed up big time. 하지만 큰 실수를 했는 걸요.

A: What can I do to make it up to you? 어떻게 하면 이 실수를 만회할 수 있을까요?
B: Nothing, just **don't** do it again. 아무것도 필요없어, 다시 그러지 않기만 하면 돼.

기본문장 달달 외우기

1 그건 걱정마.   **Don't** worry about it.
2 한마디도 하지마.   **Don't** say a word.
3 내게 다신 이러지마.   **Don't** do this to me again.
4 초조해하지마.   **Don't** be nervous.
5 미안해하지마.   **Don't** be sorry.
6 너무 자책하지마.   **Don't** be so hard on yourself.
7 겁먹지마.   **Don't** be scared.

✓ One More Step

1 Don't forget to+동사 …하는 것을 명심해라
  Please don't forget to make a backup of those files. 그 파일의 복사본을 꼭 만들어 놓아.
2 Never+동사! …하지마라
  Never stop. 멈추지마.   Never say never! 절대 안된다는 말은 하지마!

> ▶ 한 번 써보면 평생 잊혀지지 않는 영어패턴 필사! ◀

1 그건 걱정마.

✎ _____

2 한마디도 하지마.

✎ _____

3 내게 다신 이러지마.

✎ _____

4 초조해하지마.

✎ _____

5 미안해하지마.

✎ _____

6 너무 자책하지마.

✎ _____

7 겁먹지마.

✎ _____

다이알로그 필사도전! ✎

A

잊지 말고 꼭 연락해.

B

내가 꼭 연락할게

I'm going vs I'm coming

I'm going은 내가 그만 가겠다(I'm leaving) 혹은 모임 등에 참석하겠다(I will join)는 의미로 "난 가"라는 뜻이고 I'm coming은 난 온다가 아니라 "갈게"라는 뜻이다. 무조건 go는 「가다」, come은 「오다」라고 외운 우리들로서는 이상할 수밖에 없다. 우리말의 「오다」, 「가다」와는 달리, 영어의 come과 go는 「말을 하는 사람」(speaker)과 그 이야기를 「듣는 사람」(listener)을 기준으로 한 「이동방향」에 따른 구분을 하기 때문이다. 좀 더 자세히 살펴보면, 말을 하거나 듣는 사람이 있는 곳으로(moving to the place where the speaker or listener is) 이동하는 경우에는 come을 쓰고 그 외의 장소로(moving from where one is to another place) 움직이는 경우에는 go를 쓰는 것이다. 그래서 누가 부를 때는 I'm going이 아니라 I'm coming으로 해야 된다.

결국 I'm going은 내가 지금 있는 곳으로부터 여기도 아니고 상대방이 있는 곳도 아닌 제3의 장소로 이동한다는 의미이고, I'm coming은 내가 지금 있는 장소로부터 상대방이 있는 곳(where the other person is)으로 이동한다는 의미이다.

예를 들자면 몸이 안좋아 오늘 회사 못 간다고 말하는 경우에, 만약에 내가 말을 하는 상대방이 회사와 관련이 없는 경우에는 "I feel terrible today, so I can't go to work"라고 하지만 내가 말하는 상대방이 회사에 있는 사람인 경우에는 "I feel terrible today, so I can't come to work"라고 해야 되는 것이다. 한편 come과 go처럼 대화를 하는 사람들이 있는 장소를 중심으로 그 용례가 구분되는 동사들이 있는데, 다른 대상을 「이동시킬」때 쓰는 bring과 take가 바로 그것이다. come과 go가 그렇듯이, 말을 하거나 듣는 사람이 있는 곳으로 대상을 이동시킬 때에는 bring을, 그 외의 장소로 이동시킬 때에는 take를 쓰면 된다.

A : **Are you going to the Halloween Party?** 할로윈파티에 갈거야?

B : **Yeah, I'm going. I'm sure it will be a lot of fun.** 어, 갈거야. 무척 재미있을거야.

A : **Wendy, are you okay?** 웬디, 괜찮아?

B : **Yeah, I'm fine.** 어, 괜찮아.

A : **You want to talk? I mean I can come over.**
　　얘기하고 싶어, 내 말은 내가 그리로 갈까?

B : **No! Really, no, please, please, that's okay.** 아냐, 정말, 제발, 괜찮다고.

A : **All right, all right, I'm coming over, and I'm bringing Chinese food.**
　　좋아, 알았어. 내가 갈게, 중국음식가지고 말야.

B : **Oh, yeah, I'm not, I'm not hungry.** 어, 그래, 난 배 안고픈데.

A : **It's for me.** 나 먹을려고.

Don't+V 형태의 표현들

- **Don't let me down 기대를 저버리지 마**
  A : **Don't let me down.** 실망시키지 마
  B : **Don't worry. I'll get it done for you.** 걱정마. 널 위해서 해낼테니까.

- **Don't give me that! 그런 말 마!, 정말 시치미떼기야!**
  A : **I can't work with that guy.** 그 사람이랑 같이 일 못하겠어.
  B : **Don't give me that shit.** 그 따위 소리 하지 말라구.

- **Don't give it a second thought 걱정하지 마**
  A : **Don't give it a second thought. I'm always glad to help.**
    걱정하지 말아요. 언제나 기꺼이 도와드리죠.
  B : **Thanks so much.** 정말 고맙습니다.

- **Don't let it bother you 그거 때문에 신경쓰지마**
  A : **Don't let it bother you.** 그딴 일로 신경쓸 필요없어.
  B : **It's easier said than done.** 말이야 쉽지. Don't work too hard 너무 무리하지 말구

  A : **I've got to go now. Don't work too hard.** 가야 돼. 너무 무리하지 말고.
  B : **No, I won't. I'll see you next time you come over.**
    어, 그럴게. 담에 올 때 보자고.

- **Don't waste your time 시간낭비하지마, 시간낭비야**
  A : **I have to double check this.** 이거 다시 한번 확인해봐야겠어.
  B : **Don't waste time. We've got a lot of work to do.**
    시간낭비마. 해야 할 일이 많아.

- **Don't let it happen again 다신 그러지 마**
  A : **I'm so sorry. I forgot to call you last night.**
  정말 미안해. 지난 밤에 전화하는 걸 잊었어.
  B : **Don't let it happen again! I was worried.** 다신 그러지 마! 걱정했잖아.

- **Don't get me wrong 오해하지마**
  A : **Do you really hate my shoes?** 내 신발이 그렇게 마음에 안 들어?
  B : **Don't get me wrong. I think they're OK.** 오해하지마. 괜찮은 것 같아.

Pattern 055 …해라

Go straight 2 blocks
2블럭 계속 가세요

 핵심포인트　Go~ ▶ …해
　　　　　　　Turn~ ▶ …해

명령문 중에서도 생기본동사로 시작되는 회화문장들이 있다. 가장 먼저 Go로 시작하는 명령문 형태의 표현들을 살펴보자. 특히 go는 방향을 알려줄 때 쓰는 Turn right[left] at~의 turn과 더불어 길을 안내하는데 많이 사용된다. 위 문장은 "곧장 2블럭 가라"는 말. 그밖에 상대방에 "어서 해보라"고 할 때의 Go ahead, "계속하라"고 할 때의 Go on, 그리고 "꺼지라"고 할 때의 Go away 등이 대표적인 표현들이다.

Let's Talk

A: My God, he's really cute! 야, 쟤 정말 귀엽다!
B: Go for it! 한 번 해봐!

A: Could you tell me how I get to the subway? 지하철로 가려면 어떻게 가야 하나요?
B: Go straight ahead until you see the sign.
지하철 표지판이 나올 때까지 앞으로 쭈욱 가세요.

A: How do I get there? 거기 어떻게 가죠?
B: Go down this street and turn to the left. It's left.
이 길따라 가서 좌회전해요. 왼편에 있어요.

 기본문장 달달 외우기

1	한번 해봐!	**Go** for it!
2	이제 집에 가.	**Go** home now.
3	네 방으로 가./ 위층으로 가.	**Go** to your room. / **Go** upstairs.
4	길따라 쭉 가세요.	**Go** straight along the street.
5	이 길가다 첫번째에서 왼쪽으로 도세요.	**Go** down the street and take your first left.
6	에스컬레이터타고 내려가면 바로예요.	**Go** down the escalator and you're there.
7	교차로[담코너]에서 우회전해요.	**Turn** right at the intersection[next corner].

▶ 한 번 써보면 평생 잊혀지지 않는 영어패턴 필사! ◀

1 한번 해봐!

✎ _____

2 이제 집에 가.

✎ _____

3 네 방으로 가. / 위층으로 가.

✎ _____

4 길따라 쭉 가세요.

✎ _____

5 이 길가다 첫번째에서 왼쪽으로 도세요.

✎ _____

6 에스컬레이터타고 내려가면 바로예요.

✎ _____

7 교차로[담코너]에서 우회전해요.

✎ _____

다이알로그 필사도전! ✎

A

지하철로 가려면 어떻게 가야 하나요?

B

지하철 표지판이 나올 때까지 앞으로 쭈욱 가세요.

Level 01 기본패턴으로 영어 말해보기! 129

Pattern 056 ···해라!

Get out of here!
꺼져!, 말도 안되는 소리 하지마!

✓ 핵심포인트   Get ~ ▶ ···해

이번에는 Get으로 시작하는 명령문 형태. 만능동사답게 많은 다양한 회화문장을 만들어낸다. 진짜 "나가라"고 할 때나 혹은 말도 안되는 소리를 하는 상대방에 "웃기지말라"고 하는 Get out of here!, 그냥 "꺼져 버리라"고 하는 Get out[lost]!, "기운내"라는 Get your act together, 그리고 "정신차리라"는 Get real!과 Get a life! 등이 대표적이다. 또한 자동차나 버스 등을 타고 내리는 것을 말할 때 Get in[out]/Get on[off] 이 자주 사용된다는 점도 알아두자.

Let's Talk

A: **I want you to leave! Get out of here!** 그만 가봐! 꺼지라고!
B: **No!!** 싫어!!

A: **Get out of my face!** 꺼져!
B: **What did I do wrong?** 내가 뭘 잘못했는데?

A: **I need a decision from you. Get back to me.** 너의 결정이 필요해. 나중에 연락해.
B: **I'll call you tomorrow morning.** 내일 아침 연락할게.

기본문장 *달달* 외우기

1 (내 앞에서) 꺼져.   **Get out of my face./ Get away from me.**
2 옷 입어.   **Get dressed.**
3 거기로 들어가.   **Get in there.**
4 나 좀 내버려둬.   **Get off my back./ Get your hands off me.**
5 나중에 연락해.   **Get back to me.**
6 3번째 정거장에서 내려.   **Get off at the third stop.**
7 다음 버스를 타세요.   **Get on the next bus.**

✓ One More Step

Get me Rick과 Give me Rick의 차이점.
Get[Give] me Rick (전화)릭 좀 바꿔줘. *Get me Rick은 대면으로 보게 데려오라는 뜻으로도 쓰인다.

> ▶ 한 번 써보면 평생 잊혀지지 않는 **영어패턴 필사!** ◀

1 (내 앞에서) 꺼져.

✎ _____

2 옷 입어.

✎ _____

3 거기로 들어가.

✎ _____

4 나 좀 내버려둬.

✎ _____

5 나중에 연락해.

✎ _____

6 3번째 정거장에서 내려.

✎ _____

7 다음 버스를 타세요.

✎ _____

다이알로그 필사도전!

A

너의 결정이 필요해. 나중에 연락해.

B

내일 아침 연락할게.

Pattern 057 …해

Take it easy
진정해, 잘 가

✓ 핵심포인트   Take+N~ ▶ …해

Take의 경우에는 Take+N의 형태로 많이 쓰인다. 역시 다양한 많은 표현을 만들어낸다. 헤어지면서 하는 인사말인 Take care, "진정하라"고 할 때의 Take it easy 등이 대표적이다. 또한 몇 번 버스나 무슨 선의 전철을 타라고 할 때 Take+버스[전철]로도 쓰인다는 점도 알아두자. Take somebody to somewhere의 경우 '…을 …로 데려가라'는 의미로 Take her to the hospital하면 "걜 병원에 데려가라"는 뜻이 된다.

Let's Talk

A: **Take** my word for it, he's the best in the business. 진짜야. 그 사람 업계에서 최고야.
B: Maybe I'll give him a try. 기회나 한번 줘보지.

A: I don't think I can get through the night. 밤을 무사히 보낼 수 없을 것 같아.
B: Just **take** it easy and try to relax. 걱정하지 말고 긴장을 풀어봐.

A: I've got to go. **Take** care. 나 가야 돼. 조심해.
B: OK, see you later, nice meeting you. 그래, 나중에 봐. 만나서 반가웠어.

기본문장 달달 외우기

1 (이것 좀) 봐봐.   **Take** a look (at this).
2 천천히 해.   **Take** your time.
3 진짜야, 내 말 들어.   **Take** my word for it.
4 너 조심해.   **Take** care of yourself.
5 전철을 타.   **Take** the subway.
6 하루 쉬어.   **Take** a day off.
7 이걸로 골라.   **Take** this.

✓ One More Step

Take somebody to somewhere …을 …로 데려가라
Take her to her room. 걜 개방으로 데려가.
Take Jane with you. 제인 데려가.
Take me to lunch someday soon. 조만 간에 점심 사.

> ▶ 한 번 써보면 평생 잊혀지지 않는 **영어패턴 필사!** ◀

1 (이것 좀) 봐봐.

✎ _____

2 천천히 해.

✎ _____

3 진짜야, 내 말 들어.

✎ _____

4 너 조심해.

✎ _____

5 전철을 타.

✎ _____

6 하루 쉬어.

✎ _____

7 이걸로 골라.

✎ _____

다이알로그 필사도전! ✎

A

나 가야 돼. 조심해.

B

그래, 나중에 봐. 만나서 반가웠어.

Pattern 058 잘 …해

Have a nice weekend!
주말 잘 보내!

 핵심포인트   Have+N~ ▶ …해
Have+음식~ ▶ …을 먹어

Have+N로는 주로 Have a nice(good)+N의 형태로, 헤어지면서 하는 인사말로 많이 쓰인다. 그 유명한 Have a nice[good] day!, Have a good night!, 자리에 앉으라고 할 때 Have a seat 등이 대표적이다. Have~ 다음에 음식명사가 오면 '…을 먹어'라는 의미가 된다. 그래서 Have a drink하면 "한잔 해"라는 의미가 된다.

Let's Talk

A: **Have a nice weekend!** 주말 잘 보내!
B: Okay, I'll see you on Monday. 응, 월요일에 보자.

A: I'm going to Canada during my vacation. 휴가때 캐나다에 갈려고.
B: **Have a nice trip!** 여행 잘하고!

A: Here's thirty dollars, and keep the change. 여기 30달러예요. 거스름돈은 가져요.
B: Thanks a lot. **Have a nice stay in New York.** 감사해요. 뉴욕에서 즐겁게 보내세요.

 기본문장 **달달** 외우기

1	즐거운 여행 되세요!	**Have a nice trip!**
2	비행기 여행이 즐거우시길!	**Have a nice[good] flight!**
3	직장에서 즐거운 하루 보내요.	**Have a nice day at work.**
4	뉴욕에 계시는 동안 즐거운 시간되세요.	**Have a nice stay in New York.**
5	재미있게 보내!	**Have fun!**
6	데이트 잘해.	**Have a good date.**
7	멋진 신혼여행보내.	**Have a great honeymoon.**

One More Step

Have+음식 …을 먹어
Have some snacks. 간식 좀 먹어.
Have a piece of cake. 케익 한 조각 먹어.

> ▶ 한 번 써보면 평생 잊혀지지 않는 **영어패턴 필사!** ◀

1 즐거운 여행 되세요!

✏️ _____

2 비행기 여행이 즐거우시길!

✏️ _____

3 직장에서 즐거운 하루 보내요.

✏️ _____

4 뉴욕에 계시는 동안 즐거운 시간되세요.

✏️ _____

5 재미있게 보내!

✏️ _____

6 데이트 잘해.

✏️ _____

7 멋진 신혼여행보내.

✏️ _____

다이얼로그 필사도전! ✏️

A

휴가때 캐나다에 갈려고.

B

여행 잘하고!

Level 01 기본패턴으로 영어 말해보기! 135

Pattern 059 …보자, 잘 가

See you soon
곧 보자

✓ 핵심포인트   (I'll) See you~ ▶ …보자, 잘 가

비록 동사가 먼저 나와 명령문처럼 보이지만 See you~ 의 경우는 앞에 I'll이 생략된 표현이다. 예를 들어 See you again의 경우 I'll see you again의 축약된 표현인 것이다. 그냥 See you만해도 완벽한 인사표현이며 그 뒤에 구체적으로 시간을 다양하게 넣어서 See you tomorrow, See you next weekend[week], See you this Friday라고 말하면 된다.

Let's Talk

A: **I've got to go now.** 이제 가야 돼.
B: **Okay. See you later.** 그래. 나중에 보자.

A: **Bye for now!** 이제 안녕!
B: **See you later. Don't forget to e-mail me.** 나중에 봐. 잊지말고 메일 보내고.

A: **Let's get together at 9 o'clock in my office.**
   9시에 내 사무실에서 만납시다.
B: **That'll be fine. See you then.** 그게 좋겠군요. 그때 봐요.

 기본문장 **달달** 외우기

1	잘 가.	See you.
2	다음에 보자.	See you later.
3	그때 봐.	See you then.
4	또 보자.	See you around.
5	7시에 보자.	See you at 7.
6	내일 아침에 봐.	See you in the morning.
7	사무실에서 다시 보자.	See you back at the office.

✓ One More Step

그 밖의 헤어질 때 하는 인사표현들
I got to run. Catch up later. 나 빨리 가야 돼. 나중에 보자고.
Sorry, I got a date. Talk to you later. 미안 나 데이트 있어. 나중에 얘기해.

▶ 한 번 써보면 평생 잊혀지지 않는 영어패턴 필사! ◀

1 잘 가.

✎ _____

2 다음에 보자.

✎ _____

3 그때 봐.

✎ _____

4 또 보자.

✎ _____

5 7시에 보자.

✎ _____

6 내일 아침에 봐.

✎ _____

7 사무실에서 다시 보자.

✎ _____

다이알로그 필사도전! ✎

A

9시에 내 사무실에서 만납시다.

B

그게 좋겠군요. 그때 봐요.

Pattern 060 ···해서 고마워

Thank you for coming
와줘서 고마워

✓ 핵심포인트
Thank you for+N[~ing] ▶ ···에[해서] 고마워
Thanks for+N[~ing] ▶ ···에[해서] 고마워

Thank you for 이하에 명사나 혹은 ~ing 형태를 넣어 고마운 마음을 표현하면 된다. 물론 그냥 간단히 Thank you very(so) much, Thanks a lot이라 해도 된다. 한편 상대방의 제의를 거절하면서 "고맙지만 괜찮아요"는 No, thank you라 한다. I really appreciate it(정말 고마워요), That's (so) sweet(고마워라) 그리고 It's very kind of you to say so(그렇게 말해줘서 고마워) 등도 또한 감사표현들이다.

Let's Talk

A: **Thank you for** the ride. 태워다줘서 고마워요.
B: You're welcome, I was going this way anyway.
천만에요. 어차피 이 길로 가는 걸요.

A: **Thank you for** the gift you sent on my birthday. 내 생일에 보내준 선물 고마워.
B: Oh, it was my pleasure. I hope you liked it. 뭘 그런 걸 가지고. 맘에 들었길 바래.

A: Can I help you with anything? 뭐 좀 도와드릴까요?
B: No, **thank you**, I'm just looking around. 괜찮아요. 그냥 구경만 하는거예요.

 기본문장 달달 외우기

1 태워다줘서 고마워.   **Thank you for** the ride.
2 시간내줘서 고마워.   **Thank you for** your time.
3 네가 도와줘서 고마워.   **Thank you for** your help.
4 그렇게 해줘서 고마워요.   **Thank you for** that.
5 그렇게 말해줘서 고마워.   **Thank you for** saying that.
6 내게 이 일을 줘서 고마워요.   **Thank you for** giving me this job.
7 지난 밤에 저녁 고마워.   **Thanks for** dinner last night.

> ▶ 한 번 써보면 평생 잊혀지지 않는 **영어패턴 필사!** ◀

1 태워다줘서 고마워.

✎ _____

2 시간내줘서 고마워.

✎ _____

3 네가 도와줘서 고마워.

✎ _____

4 그렇게 해줘서 고마워요.

✎ _____

5 그렇게 말해줘서 고마워.

✎ _____

6 내게 이 일을 줘서 고마워요.

✎ _____

7 지난 밤에 저녁 고마워.

✎ _____

다이알로그 **필사도전!** ✎

A

내 생일에 보내준 선물 고마워.

B

뭘 그런 걸 가지고. 맘에 들었길 바래.

Level 01 기본패턴으로 영어 말해보기!

Pattern 061 실례지만…, …해서 미안해

Excuse me for being late
늦어서 미안해

✓ 핵심포인트
excuse me for+~ing ▶ …해서 미안하다
Would[Could] you excuse me[us]~?
▶ 자리 좀 비켜줄래요?, 잠시 실례해요

Excuse me는 상대방의 주의를 끌거나 사소한 실례를 범했을 때 하는 표현. 위 예문처럼 excuse me for ~ing는 sorry처럼 미안하다고 할 때 쓰는 패턴이다. 반면 Please excuse me[us]는 자리를 뜨면서 양해를 구하거나 잠깐 자리를 비켜달라고 할 때 사용된다. 또한 단독으로 Excuse me?라고 하면 상대방의 말을 잘 못 들었을 때 하는 말로 "다시 한번 말해 줄래요?", "뭐라고?"라는 뜻으로 이때는 I'm sorry?, Come again?과 같은 의미이다.

Let's Talk

A: **Excuse me, I seem to have lost my way.** 실례합니다, 제가 길을 잃은 것 같아요.
B: **Where are you trying to go?** 어디를 가려고 하는데요?

A: **Excuse me, where's the bathroom?** 죄송하지만 화장실이 어디 있나요?
B: **It's just down the hall to your left.** 복도를 내려가다 보면 왼편에 있어요.

A: **Could you excuse us? I need to talk to your husband.**
잠시 실례해요. 댁 남편과 얘기 해야 돼요.
B: **What's the matter?** 무슨 문제인데요?

기본문장 달달 외우기

1 실례지만, 길을 잃은 것 같아요. **Excuse me, I seem to have lost my way.**
2 실례지만 다른 전화가 와 있어요. **Excuse me, there's a call on another line.**
3 미안하지만 뭐라고 말했어? **Excuse me, what did you say?**
4 너무 이기적이어서 미안해. **Excuse me for being so selfish.**
5 늦어서 미안해. **Please excuse me for being late.**
6 자리 좀 비켜줄래요? **Could you excuse us for a second?**
7 잠시 실례해도 될까요? **Would you please excuse me for a moment?**

✓ One More Step

Excuse me? 다시 한번 말해 줄래요?, 뭐라고?(= I'm sorry?, Come again?)
비슷한 표현으로 Say it once more(한번 더 얘기해줘), Would you speak more slowly please?(좀 천천히 말해 줄래요?), I didn't catch what you just said(방금 말한 거 못들었는데요), I didn't quite get that(무슨 말인지 전혀 모르겠네요) 등이 있다.

> ▶ 한 번 써보면 평생 잊혀지지 않는 영어패턴 필사! ◀

1 실례지만, 길을 잃은 것 같아요.
✎ _____

2 실례지만 다른 전화가 와 있어요.
✎ _____

3 미안하지만 뭐라고 말했어?
✎ _____

4 너무 이기적이어서 미안해.
✎ _____

5 늦어서 미안해.
✎ _____

6 자리 좀 비켜줄래요?
✎ _____

7 잠시 실례해도 될까요?
✎ _____

다이알로그 필사도전!

A
죄송하지만 화장실이 어디 있나요?

B
복도를 내려가다 보면 왼편에 있어요.

Pattern 062 잘~

Good for you!
잘됐네!

✓ 핵심포인트
Good~ ▶ 잘…
Happy+기념일! ▶ …을 축하해!

Good으로 시작하는 표현들로는 Good morning[afternoon, evening, night]이 대표적이며 상대방에게 행운을 빌어줄 때 Good luck, 그리고 상대방이 좋은 아이디어를 내놓았을 때 동의의 의미로 쓰이는 Good idea 등이 있다. 또한 Good heavens!처럼 감탄사를 만들기도 한다. 비슷한 표현으로 Happy+기념일!이 있고, 또한 축하한다고 할 때는 Congratulations! 혹은 Congratulations on+축하해줄 일(your graduation, your wedding)!을 쓰면 된다.

Let's Talk

A: I've got a job interview next Monday. 다음 주 월요일에 취업면접이 있어.
B: Good luck, you'll need it. 행운을 빌어, 행운이 필요할거야.

A: Good luck on your date. 데이트 잘 되기를 바랄게.
B: Oh thanks! 어 고마워!

A: You know what? I just got promoted. 저 말야, 나 승진했어.
B: Good for you! You deserve it. 잘됐네! 넌 자격이 있어.

기본문장 달달 외우기

1	잘됐네!	Good for you!
2	잘했어!	Good job!
3	여자 친구 찾는데 행운이 있기를!	Good luck finding a girlfriend!
4	그거 잘 되기를!	Good luck with that!
5	만나서 반가워!	Good to see you!
6	기념일 축하해!	Happy anniversary!
7	추석 즐겁게 보내!	Happy Chusok!

✓ One More Step

Congratulations on~ ! …을 축하해
Congratulations on your graduation! 졸업 축하해!
Congratulations on passing your exam! 시험 합격을 축하해!
Congratulations on your wedding! 결혼 축하해!

> ▶ 한 번 써보면 평생 잊혀지지 않는 영어패턴 필사! ◀

1 잘됐네!

✎ _____

2 잘했어!

✎ _____

3 여자 친구 찾는데 행운이 있기를!

✎ _____

4 그거 잘 되기를!

✎ _____

5 만나서 반가워!

✎ _____

6 기념일 축하해!

✎ _____

7 추석 즐겁게 보내!

✎ _____

다이알로그 필사도전! ✎

A

저 말야, 나 승진했어.

B

잘됐네! 넌 자격이 있어.

Pattern 063 …가 아니야

No problem
문제없어, 괜찮아

✓ **핵심포인트** No+N~ ▶ …아니야
Not+형용사[부사] ▶ …가 아니야

No 혹은 Not으로 시작하는 간편한 표현들도 많이 있다. No 다음에는 명사를 그리고 Not 다음에는 형용사[부사]를 쓴다는 점이 다르다. "말도 안된다"고 거절하는 No way, "아직은 아니"라고 말하는 Not yet, "지금은 아냐"라는 Not now, "그렇게 빨리는 안돼"라는 Not so fast 그리고 "사실은 안 그래"라는 Not really 등이 유명하다. 특히 No problem은 "예 알겠어요," "괜찮아"라는 뜻으로 감사에 대한 인사 외에도 상대방이 부탁하거나 사과할 때도 쓰인다.

 Let's Talk

A: Well, thanks for the books. 책 빌려줘서 고마워.
B: **No** problem. 뭘 그런걸.

A: Sorry about that. 그거 정말 유감이야.
B: Don't worry! **No** big deal. 걱정 마! 별거 아냐.

A: Lend me some more money. 돈 좀 더 빌려줘.
B: **No** way. You're a pain in the neck. 안돼. 너 진짜 성가신 놈이네.

 기본문장 **달달** 외우기

1 당연하지.   **No** wonder.
2 손해본거 없어.   **No** damage.
3 별일 아냐.   **No** big deal.
4 그렇게 나쁘지 않아.   **Not** so bad.
5 늘[꼭] 그런 건 아냐.   **Not** always[exactly]
6 별로 그렇지 않아.   **Not** very much.
7 내가 알기로는 아니야.   **Not** that I know of.

✓ **One More Step**

No problem. 어, 괜찮아.
감사에 대한 인사 외에도 상대방이 부탁하거나 사과할 때도 쓰인다. 그래서 "Regular unleaded. Please fill it up"(보통 무연휘발유로 가득 채워주세요)라고 할 때 "No problem"이라고 하면 이때는 "예 알겠습니다"라는 의미이고 또 "I'm sorry I can't make it"(미안하지만 못갈 것 같은데)라는 말에 "No problem"하면 "괜찮아"라는 의미가 된다.

> ▶ 한 번 써보면 평생 잊혀지지 않는 **영어패턴 필사!** ◀

1 당연하지.

✎ _____

2 손해본거 없어.

✎ _____

3 별일 아냐.

✎ _____

4 그렇게 나쁘지 않아.

✎ _____

5 늘[꼭] 그런 건 아냐.

✎ _____

6 별로 그렇지 않아.

✎ _____

7 내가 알기로는 아니야.

✎ _____

다이알로그 필사도전! ✎

A

그거 정말 유감이야.

B

걱정 마! 별거 아냐.

Pattern 064 뭐~ 있어?

Any questions?
뭐 질문있어?

✓ **핵심포인트** Any+N~ ▶ 뭐…
　　　　　　　Anything+형용사[to+V] ▶ 뭐…

"뭐 질문 있어요?"라는 문장으로 Any나 Anything으로 시작되는 의문문 형태의 초간단 표현이다. 앞에 Is there가 생략된 것으로 Any 다음에는 명사를 Anything 다음에는 형용사 또는 to+V를 붙이면 된다.

Let's Talk

A: **Take me home right now.** 지금 집으로 데려다 줘.
B: **Anything you say.** 뭐든 말만 해.

A: **Anything to declare?** 신고할 물건이 있습니까?
B: **I'm bringing some Korean food with me.** 한국 음식을 좀 가지고 들어왔는데요.

A: **I'll have a club sandwich with fries.** 감자튀김하고 클럽 샌드위치 먹을게요.
B: **Yes sir. Anything else?** 네. 더 필요한 건 없으세요?

기본문장 달달 외우기

1	다른 질문 있어요?	**Any other questions?**
2	메시지 온 것 있어요?	**Any messages for me?**
3	뭐 다른 것 있어?	**Anything else?**
4	뭐 새로운거 있어?	**Anything new?**
5	(세관) 신고할거 있습니까?	**Anything to declare?**
6	뭐 잘못된거라도 있어?	**Anything wrong?**
7	뭐든지 말만해.	**Anything you say.**

✓ One More Step

1 Anytime 언제든지
　A: Can we still go out for drinks together? 함께 나가서 술 할 수 있을까?
　B: Anytime. Just call me. 언제든지. 전화만 해.

2 Anybody home? 누구 집에 없어요?, 아무도 안 계세요?
　A: Hello? Anybody home? 여보세요? 안 계세요?
　B: Come in! I'm in the kitchen. 들어와요! 부엌에 있어요.

> ▶ 한 번 써보면 평생 잊혀지지 않는 영어패턴 필사! ◀

1 다른 질문 있어요?

✎ _____

2 메시지 온 것 있어요?

✎ _____

3 뭐 다른 것 있어?

✎ _____

4 뭐 새로운거 있어?

✎ _____

5 (세관) 신고할거 있습니까?

✎ _____

6 뭐 잘못된거라도 있어?

✎ _____

7 뭐든지 말만해.

✎ _____

다이알로그 필사도전! ✎

A
신고할 물건이 있습니까?

B
한국 음식을 좀 가지고 들어왔는데요.

Pattern 065 여기 …있어

Here are your tickets
여기 표있습니다

✓ **핵심포인트** Here is[are]+N ▶ 여기 …있어

티켓을 주면서 "여기 티켓있어요"라는 말로 이처럼 Here is[are]~ 은 상대방에게 뭔가를 건네주면서 하는 표현. '여기 …있어'라는 말. 건네주는 물건의 단복수에 따라 is 혹은 are를 쓰면 된다. 또한 Here's to~!라는 표현이 있는데 이는 술자리에서 '…을 위하여!'라고 하거나 뭔가 건네주면서 하는 말이다.

 Let's Talk

A: **Do you have any identification?** 신분 증명할거 뭐 있어요?
B: **Here is my passport and driver's license.** 여기 여권과 운전면허증 있습니다.

A: **Here is your birthday gift.** 여기 생일선물.
B: **You are the best. I love you so much!** 네가 최고야. 널 정말 사랑해!

A: **Here we are, sir. That'll be $5.50.** 다 왔습니다, 손님. 5달러 50센트입니다.
B: **Keep the change.** 거스름돈은 가지세요.

 기본문장 **달달** 외우기

1	네게 좋은 소식있어.	**Here's** good news for you.
2	여기 네게 줄거야.	**Here's** something for you.
3	여기 여권있습니다.	**Here's** your passport.
4	여기 계산서입니다.	**Here's** your bill.
5	우리 기념일 축하하는 반지야.	**Here is** a ring for our anniversary.
6	여기 내 명함요.	**Here's** my business card.
7	당신의 건강을 위하여!	**Here's** to your health!

✓ **One More Step**

Here~로 시작되는 중요표현
Here we are. 자 도착했다, 자 여기 있어.
Here it is. 자 받아.
Here we go. 자 시작해볼까.
Here it comes. 자 받아, 또 시작이군.
　A: Can I have a refund for this? 이거 환불되나요?
　B: Yes. Here you go. 예 됩니다. 여기 있습니다.

> ▶ 한 번 써보면 평생 잊혀지지 않는 영어패턴 필사! ◀

1 너게 좋은 소식있어.

✎ _____

2 여기 네게 줄거야.

✎ _____

3 여기 여권있습니다.

✎ _____

4 여기 계산서입니다.

✎ _____

5 우리 기념일 축하하는 반지야.

✎ _____

6 여기 내 명함요.

✎ _____

7 당신의 건강을 위하여!

✎ _____

다이알로그 필사도전! ✎

A

신분 증명할거 뭐 있어요?

B

여기 여권과 운전면허증 있습니다.

Pattern 066 …가 있어

There's a phone call for you
전화왔어요

✓ **핵심포인트** There is[are]+N ▶ …가 있어
　　　　　　　　 Is there+N? ▶ …가 있어?

전화영어로 상대방에게 "전화가 와 있다"라고 알려주는 표현. There is[are]~ 는 생기본 표현으로 '…가 있다'라는 뜻이다. 다음에 오는 명사의 단복수에 따라 is 혹은 are를 선택하면 된다. 아울러 Is there~? 및 Are there~?의 의문문 형태도 함께 알아둔다. There~ 로 시작하는 관용표현으로는 There you go(자 받아, 거봐 내 말이 맞지, 그래 그렇게 하는거야), There you go again(또 시작이군), 그리고 There it is(자 여기 있어) 등이 있다.

 Let's Talk

A: **You work too hard, Mary.** 메리, 당신 일이 너무 많군요.
B: **Yes, but there is always something to do.** 맞아요, 하지만 할 일이 끊이질 않잖아요.

A: **Is there a problem with the computer?** 컴퓨터에 문제가 있니?
B: **Yeah, the mouse doesn't work properly.** 응, 마우스가 제대로 작동을 안해.

A: **I'm sorry that we argued.** 다투어서 미안해.
B: **There are no hard feelings on my part.** 기분 나쁘게 생각하지마.

 기본문장 **달달** 외우기

1　여기 할 일이 너무 많아.　　　**There is a lot of work to do here.**
2　핸드폰에 좀 문제가 있어.　　　**There is some problem with the cell phone.**
3　확실히 그래.　　　　　　　　**There is no doubt about it.**
4　저 만한게 없지.　　　　　　　**There is nothing like that.**
5　그건 변명의 여지가 없어.　　　**There's no excuse for it.**
6　도중에 눈폭풍이 내릴 것 같아.　**I think there is a snow storm on the way.**
7　(난) 악의는 아냐.　　　　　　**There are no hard feelings (on my part).**

✓ **One More Step**

There you go을 이용한 대화.
　A: Can I borrow five dollars from you? 5달러 빌려줄래?
　B: Sure you can. There you go. 물론이지. 자 여기 있어.

> ▶ 한 번 써보면 평생 잊혀지지 않는 영어패턴 필사! ◀

1 여기 할 일이 너무 많아.

✎ _____

2 핸드폰에 좀 문제가 있어.

✎ _____

3 확실해 그래.

✎ _____

4 저 만한게 없지.

✎ _____

5 그건 변명의 여지가 없어.

✎ _____

6 도중에 눈폭풍이 내릴 것 같아.

✎ _____

7 (난) 악의는 아냐.

✎ _____

다이알로그 필사도전! ✎

A

컴퓨터에 문제가 있니?

B

응, 마우스가 제대로 작동을 안해.

Pattern 067 정말 …해!

What a small world!
세상 참 좁네!

핵심포인트
What+(형용사)+N! ▶ 정말 …해!
How+형용사! ▶ 정말 …해!

"세상 참 좁다"라고 감탄하는 문장. 이처럼 감탄문을 만들어내는 건 What과 How가 있지만 실제 구어체에서는 전자인 What a ~?를 많이 애용한다. 간단히 What a+(형용사)+N!의 형태를 쓰거나 혹은 좀더 길게 말하려면 뒤에 S+V를 붙이면 된다. How 역시 How nice!처럼 How+형용사! 형태로 쓰이며 What a~의 경우와 마찬가지로 뒤에 역시 S+V를 붙일 수도 있다.

 Let's Talk

A: Heather crashed her car and is in the hospital.
헤더가 차사고가 나서 병원에 입원했어.

B: What a shame! 안됐네!

A: After I quit my job, I just plan to play computer games.
회사 그만두고 컴퓨터게임 할려고.

B: What a crazy idea! It's your funeral. 정신나갔구만! 넌 끝장야.

A: What a day! I'm really tired. 정말 짜증나는 날이네! 정말 피곤해.

B: Do you want to take a nap before dinner? 저녁먹기 전에 낮잠 잘래?

 기본문장 **달달** 외우기

1 안됐구나! — **What a shame[pity]!**
2 이런 우연이!/ 세상 참 좁네! — **What a coincidence!/ What a small world!**
3 야 참 좋은 생각이야! — **What a great idea!**
4 정말 놀랍군! — **What a surprise!**
5 참 실망스럽네! — **What a disappointment!**
6 참 다행이야! — **What a relief!**
7 와 좋아라!/ 정말 무례하네! — **How nice!/ How rude!**

✓ One More Step

What a+사람! …같으니라고!
What a loser! 이런 바보 같으니!   What a jerk! 이런 한심한 놈 같으니!

> ▶ 한 번 써보면 평생 잊혀지지 않는 **영어패턴 필사!** ◀

1 안됐구나!

✏️ _____

2 이런 우연이!/ 세상 참 좁네!

✏️ _____

3 야 참 좋은 생각이야!

✏️ _____

4 정말 놀랍군!

✏️ _____

5 참 실망스럽네!

✏️ _____

6 참 다행이야!

✏️ _____

7 와 좋아라!/ 정말 무례하네!

✏️ _____

다이알로그 필사도전! ✏️

A

정말 짜증나는 날이네! 정말 피곤해.

B

저녁먹기 전에 낮잠 잘래?

Pattern English

LEVEL 02

필수패턴으로
영어회화
기반다지기

068~167

Best Way to Improve Your English Speaking Skills!

Pattern 068 …하고 싶어

I'd like to check out now
지금 체크아웃하고 싶은데요

✓ **핵심포인트**   I'd like+N ▶ …로 줘요
　　　　　　　　I'd like to+V ▶ …하고 싶어

I like~는 나의 성향, 취미를 말하며 '…을(하기를) 좋아한다'는 의미인 반면 I'd(would) like~는 내가 '지금 …을 원하거나,' '…을 하고 싶다'는 '지금,' '현재'의 마음을 뜻한다. 당연히 쓰임새는 I'd like가 훨씬 많다. I'd like+N[to+V]~의 형태로 쓰이는데 I'd like+N는 I'd like it medium rare please(반쯤 살짝 익혀주세요)처럼 특히 음식점 등에서 '…로 주세요'라고 할 때 쓰인다. I'd love to~도 I'd like to~와 같은 의미.

 Let's Talk

A: I'd like a round-trip ticket to Chicago. 시카고행 왕복 항공권을 사고 싶은데요.
B: When would you like to depart and return?
　언제 출발해서 언제 돌아오실 생각이십니까?

A: Who do you want to speak to? 어느 분을 바꿔드릴까요?
B: I'd like to speak with Mark. 마크 씨와 통화하고 싶은데요.

A: I'd like to buy this coat. 이 코트를 사고 싶은데요.
B: Will that be cash or charge? 현금요 아니면 신용카드로 하시겠어요?

 기본문장 **달달** 외우기

1　창가 좌석으로 주세요.　　　**I'd like** a window seat.
2　맥주 한잔 더 주세요.　　　　**I'd like** another beer.
3　커피에 우유를 타 주세요.　　**I'd like** my coffee with milk.
4　햄과 계란 요리 주세요.　　　**I'd like** the ham and eggs please.
5　너와 그 얘기하고 싶어.　　　**I'd like to** talk to you about that.
6　건배하자.　　　　　　　　　**I'd like to** propose a toast.
7　너희들 와줘서 고마워.　　　 **I'd like to** thank you guys for coming here.

✓ **One More Step**

I'd like that. 그럼 좋지   I like that 좋아

> ▶ 한 번 써보면 평생 잊혀지지 않는 영어패턴 필사! ◀

1 창가 좌석으로 주세요.

_____

2 맥주 한잔 더 주세요.

_____

3 커피에 우유를 타 주세요.

_____

4 햄과 계란 요리 주세요.

_____

5 너와 그 얘기하고 싶어.

_____

6 건배하자.

_____

7 너희들 와줘서 고마워.

_____

다이알로그 필사도전!

A

시카고행 왕복 항공권을 사고 싶은데요.

B

언제 출발해서 언제 돌아오실 생각이십니까?

Pattern 069 ···할래

I want to ask you something
너한테 뭐 좀 물어볼게

✓ **핵심포인트** I want+N[to+V] ▶ …로 줘요, …할래
I don't want to+V ▶ …하고 싶지 않아

내가 원하는 걸 말한다는 점에서 I'd like~와 같은 의미이지만 I'd like~가 부드러운 표현임에 반해 I want~는 친구 등 친밀한 사이에서 격의없이 말할 때 사용하는 표현. 부정으로 I don't want to~하게 되면 '…하고 싶지 않아'라는 의미가 된다. I want+N의 경우 I want to+V~ 에 비해 별로 쓸 기회가 적은데 I want a baby(애기를 갖고 싶어), I want a marriage(결혼하고 싶어) 그리고 I want a rematch(다시 붙고 싶어) 등의 예를 참고로 한다.

 **Let's Talk**

A: **Come here, I want to show you something!** 이리와, 뭐 좀 보여줄게!
B: **Okay!** 알았어!

A: **I want to live with you too! Let's do that!** 나도 너랑 동거하고 싶어! 그렇게 하자!
B: **But I don't think I can.** 하지만 안될 것 같아.

A: **I want to reconfirm my reservation.** 예약을 재확인하려구요.
B: **What is your flight number?** 비행편 번호가 어떻게 되시죠?

📋 기본문장 **달달** 외우기

1 그 얘기 너하고 하고 싶어.   **I want to talk to you (about that).**
2 뭐 좀 물어볼게.   **I want to ask you something.**
3 도와줘서 고마워요.   **I want to thank you for helping me.**
4 이 게임을 하고 싶어.   **I want to play this game.**
5 무례를 범하고 싶지 않아.   **I don't want to be rude.**
6 너를 잃고 싶지 않아.   **I don't want to lose you.**
7 매일 야근하고 싶지 않아.   **I don't want to work overtime every day.**

✓ **One More Step**

I want+명사 I want to~ 에 비해 별로 쓸 기회가 없다.
I want a baby. 애기를 갖고 싶어.   I want a devorce. 이혼하고 싶어.
I want you back. 네가 돌아오길 바래.   I want a refund. 환불을 원해요.

> ▶ 한 번 써보면 평생 잊혀지지 않는 영어패턴 필사! ◀

1 그 얘기 너하고 하고 싶어.

✎ _____

2 뭐 좀 물어볼게.

✎ _____

3 도와줘서 고마워요.

✎ _____

4 이 게임을 하고 싶어.

✎ _____

5 무례를 범하고 싶지 않아.

✎ _____

6 너를 잃고 싶지 않아.

✎ _____

7 매일 야근하고 싶지 않아.

✎ _____

다이알로그 필사도전! ✎

A

예약을 재확인하려구요.

B

비행편 번호가 어떻게 되시죠?

Pattern 070 네가 …해줘

I'd like you to come to my party
너 내 파티에 와주라

✓ **핵심포인트** I'd like you to+V ▶ 네가 …해줘
I need you to+V ▶ 네가 …해줘

'내'가 아니라 '네'가 파티에 왔으면 좋겠어라는 말로 I'd like[I want]~를 응용한 구문. I'd like you to+V~[I want you to+V~]의 형식으로 내가 하고 싶은 것이 아니라 'you'가 to 이하를 하기를 원한다는 내용의 표현법이다. 즉 상대방에게 '…을 해달라'고 부탁할 때 사용하는 표현이다. 특히 사람을 소개할 때 많이 사용된다. 비슷한 표현으로는 I need you to~ 도 있다.

Let's Talk

A: I'd like you to finish the project as soon as possible.
가능한 빨리 이 프로젝트 끝내 줘.

B: Alright, I'll get right on it. 그래, 바로 시작할게.

A: I'd like you to stay with me tonight. 오늘 밤 안 갔으면 좋겠어.

B: I can stay a little longer but I have to go home at 7.
더 있을 수 있지만 7시엔 집에 가야 돼.

A: Julie, I want you to meet my friend. This is Peter.
줄리야, 인사해, 내 친구 피터야.

B: Hi! Nice to meet you. 안녕! 반가워.

기본문장 달달 외우기

1 내 남자친구하고 인사해.   **I'd like you to meet my boyfriend.**
2 지금 당장 떠나줘.   **I'd like you to leave right now.**
3 걔하고 얘기를 해봐.   **I'd like you to talk with her.**
4 인사해, 내 친구 샘야.   **I want you to meet my friend, Sam.**
5 네가 행복했으면 해.   **I want you to be happy.**
6 서류에 서명을 해줘.   **I need you to sign the document.**
7 내일까지 이걸 끝내줘.   **I need you to finish this by tomorrow.**

✓ **One More Step**

I want you+부사(구) 네가 (부사상태로) 되어라
네(you)가 부사의 상태로 되거라라고 말하는 것. 주로 상대방을 오게 하거나 혹은 내쫓을 때 사용한다.
I want you right here. 당장 이리와.   I want you out. 나가.

> ▶ 한 번 써보면 평생 잊혀지지 않는 영어패턴 필사! ◀

1 내 남자친구하고 인사해.

✎ _____

2 지금 당장 떠나줘.

✎ _____

3 걔하고 얘기를 해봐.

✎ _____

4 인사해, 내 친구 샘야.

✎ _____

5 네가 행복했으면 해.

✎ _____

6 서류에 서명을 해줘.

✎ _____

7 내일까지 이걸 끝내줘.

✎ _____

다이알로그 필사도전! ✎

A

가능한 빨리 이 프로젝트 끝내 줘.

B

그래, 바로 시작할게.

Pattern 071 너 …할래?

Would you like to go to a movie?
영화보러갈래?

✓ **핵심포인트**　Would you like+N? ▶ 너 …할래?
　　　　　　　　Would you like to+V? ▶ 너 …할래?

앞서 배운 I'd like+N[to+V]~의 의문문 형식으로 Would you like to get together?처럼 상대방이 뭘 원하는지, 뭘 하고 싶은지를 물어보는 표현. Would you like+N?의 경우는 I'd like+N의 경우에서처럼 음식관련 상황에서 유용하게 쓰인다. 조금 어렵지만 한 단계 응용된 표현으로 Would you like+N+pp?가 있는데 이는 '…를 pp하게 할까요?'라는 의미로 단순히 명사를 원하는게 아니라 명사를 어떤 상태로 하기를 원하느냐고 물어보는 문장이다.

 Let's Talk

A: **I'd like a pizza.** 피자 주세요.
B: **Would you like a small or a large?** 작은 걸로 드릴까요, 큰 걸로 드릴까요?

A: **Would you like to go to a movie sometime?** 언제 한번 영화볼래요?
B: **Yeah, that'd be great. I'd love it.** 그래요, 그거 좋겠네요. 그럼 좋지요.

A: **Would you like to leave a message?** 메모 남기시겠어요?
B: **That's okay. I'll call again later.** 아뇨, 전화 나중에 다시 할게요.

 기본문장 **달달** 외우기

1　마실 것 좀 줄까요?　　　　**Would you like something to drink?**
2　애피타이저 드실래요?　　　**Would you like an appetizer?**
3　들어오실래요?　　　　　　**Would you like to come in?**
4　커피 드실래요?　　　　　　**Would you like to have coffee?**
5　나랑 점심먹으러 갈래?　　 **Would you like to go out to lunch with me?**
6　언제 나하고 데이트할래?　**Would you like to go out with me sometime?**
7　이 물건들 배달해 드릴까요?　**Would you like these items delivered?**

✓ **One More Step**

Would you like+명사+pp? …를 pp하게 할까요?
단순히 명사를 원하는게 아니라 명사를 어떤 상태로 하기를 원하느냐고 물어보는 문장이다.
A: Would you like these items delivered? 이 물건들을 배달해 드릴까요?
B: Do I have to pay extra for delivery? 배달하는 데 추가요금을 내야 하나요?

> ▶ 한 번 써보면 평생 잊혀지지 않는 영어패턴 필사! ◀

1 마실 것 좀 줄까요?

✎ _____

2 애피타이저 드실래요?

✎ _____

3 들어오실래요?

✎ _____

4 커피 드실래요?

✎ _____

5 나랑 점심먹으러 갈래?

✎ _____

6 언제 나하고 데이트할래?

✎ _____

7 이 물건들 배달해 드릴까요?

✎ _____

다이알로그 필사도전!

A

언제 한번 영화볼래요?

B

그래요, 그거 좋겠네요. 그럼 좋지요.

Pattern 072 …하고 싶어?, …할래?

Do you want to come along?
같이 가고 싶어?, 같이 갈래?

✓ 핵심포인트
Do you want+N? ▶ 너 …할래?
Do you want to+V? ▶ 너 …할래?

Would you like+N[to+V]?와 같지만 친한 사이에 쓸 수 있는 표현. 상대방이 필요한게 무언지 또 무엇을 하고 싶은지 등 상대방의 의향을 물어보거나 혹은 상대방에게 필요한 것을 권유하는 것으로 '…할래?,' '…하고 싶어?'라는 뜻. 특히 Would you like+N?처럼 Do you want+N?는 음식(Do you want soup or salad?) 등을 권할 때 사용된다. 또한 Do you want some?하면 "좀 먹을래?," Do you want some more?하면 "좀 더 먹을래?"라는 뜻.

Let's Talk

A: **Do you want to come with us for drinks?** 우리랑 같이 한잔 하러 갈래?
B: **Why not?** 그러지 뭐.

A: **Do you want to get a cup of coffee?** 커피한잔 할래?
B: **Yeah, okay.** 그래, 좋아.

A: **Do you want to go golfing this weekend?** 이번 주말에 골프갈래?
B: **That's a great idea.** 그거 아주 좋은 생각이야.

기본문장  외우기

1 환불원해요?   **Do you want a refund?**
2 토요일날 데이트할래?   **Do you want a date Saturday?**
3 같이 갈래?   **Do you want to come along?**
4 그거에 대해 얘기하고 싶어? **Do you want to talk about it?**
5 나랑 데이트하고 싶어? **Do you want to go out with me?**
6 거기서 날 만날래?   **Do you want to meet me there?**
7 내게 술 한잔 사줄래?   **Do you want to buy me a drink?**

✓ One More Step

Do you want some? 좀 먹을래?
상대방에게 음식을 더 먹으라고 권할 때 쓰는 표현. 구체적인 음식이름을 말할 때는 Do you want some chicken?라고 하면 된다. 또한 좀 더 먹을래라고 물어볼 땐 Do you want some more?라고 하면 되고 마찬가지로 구체적인 먹을거리를 언급할 때는 Do you want some more beer?라고 뒤에 명사만 하나 더 붙여주면 된다.

> ▶ 한 번 써보면 평생 잊혀지지 않는 영어패턴 필사! ◀

1 환불원해요?

✎ _____

2 토요일날 데이트할래?

✎ _____

3 같이 갈래?

✎ _____

4 그거에 대해 얘기하고 싶어?

✎ _____

5 나랑 데이트하고 싶어?

✎ _____

6 거기서 날 만날래?

✎ _____

7 내게 술 한잔 사줄래?

✎ _____

다이알로그 필사도전! ✎

A

이번 주말에 골프갈래?

B

그거 아주 좋은 생각이야.

Pattern 073 (내가) …해줄까?, 할까?

Do you want me to quit?
나보고 그만두라고요?

✓ **핵심포인트**   Do you want me to+V? ▶ 내가 …해줄까?
　　　　　　　　Would you like me to+V? ▶ 내가 …해줄까?

앞의 Do you want to~를 응용한 표현. want 다음에 me가 있어 좀 복잡한 느낌이 들지만 상대방의 의중을 확인하거나(Do you want me to quit? 그만 두라고요?) 혹은 내가 상대방에 해주고 싶은 걸 제안할 때(Do you want me to teach you?) 쓸 수 있는 표현으로 '…하라고요?,' '내가 …해줄까?'라는 의미. 좀 공손히 말하려면 Would you like me to+V?(내가 …할까요?)라고 하면 된다.

Let's Talk

A: **Do you want me to check again?** 내가 다시 확인해볼까요?
B: **Well yeah, I wish that you would.** 어 그래. 그랬으면 좋겠네.

A: **Do you want me to give you a ride to the airport?** 내가 공항까지 태워다 줄까?
B: **Yes, I would really appreciate it.** 그래주면 정말 고맙지.

A: **Would you like me to help you?** 내가 널 도와줄까?
B: **No, thank you. I know what I'm doing.** 고맙지만 됐어. 내가 알아서 할게.

 기본문장 **달달** 외우기

1　확인 다시 해볼까요?　　　**Do you want me to check again?**
2　내가 가서 그것들 가져올까?　**Do you want me to go get them for you?**
3　내가 너를 가르쳐줄까?　　**Do you want me to teach you?**
4　사무실까지 태워다 줄까?　**Do you want me to give you a ride to the office?**
5　그거 내가 할까요?　　　　**Would you like me to do it?**
6　너랑 같이 가자고?　　　　**Would you like me to go with you?**
7　내가 여기서 나가줄까?　　**Would you like me to get out of here?**

✓ **One More Step**

1　Do you want us to+동사? 우리가 …할까?
　역시 상대방의 의중을 확인하는 문장이지만 me가 아니라 복수로 us가 나와 우리가 …할까라는 의미.
　Do you want us to come back later? 우리가 나중에 다시 올까?

2　What do you want me to~ ? 나보고 뭘 …하라고?
　What do you want me to do? 날 더러 어쩌라고?

> ▶ 한 번 써보면 평생 잊혀지지 않는 영어패턴 필사! ◀

1 확인 다시 해볼까요?

✎ _____

2 내가 가서 그것들 가져올까요?

✎ _____

3 내가 너를 가르쳐줄까?

✎ _____

4 사무실까지 태워다 줄까?

✎ _____

5 그거 내가 할까요?

✎ _____

6 너랑 같이 가자고?

✎ _____

7 내가 여기서 나가줄까?

✎ _____

다이알로그 필사도전! ✎

A

내가 공항까지 태워다 줄까?

B

그래주면 정말 고맙지.

Level 02 필수패턴으로 영어회화 기반다지기

Pattern 074 ···해서 기뻐

I'm glad you like it
그게 맘에 든다니 기뻐

✓ **핵심포인트**
I'm glad S+V[to+V] ▶ ···해서 기뻐
I'm glad to hear[see] S+V ▶ ···들으니[보니] 기뻐

'···하게 되어 기뻐'라는 의미로 I'm glad to~ 혹은 I'm glad (that) S+V의 형태를 사용하면 된다. Glad to meet you에서 보듯 구어체에서는 I'm을 생략하기도 한다. "그렇게 하게 되어 기뻐"는 I'm glad to do that, "네가 좋다니 나도 기뻐"는 I'm glad you like it, "네가 성공해서 기뻐"는 I'm glad you made it이라고 하면 된다. 조금 응용해서 (I'm) Glad to see[hear] S+V(···를 보니[들으니] 좋아, 기뻐)라 해도 된다.

 Let's Talk

A: **Thanks a lot for the great meal!** 근사한 식사 정말 잘 먹었어요!
B: **I'm glad you enjoyed it.** 그러셨다니 저도 기뻐요.

A: **That new software package is great.** 저 새로운 소프트웨어 대단해.
B: **I'm glad you like it.** 네가 좋다니 나도 기뻐.

A: **You're such a generous person.** 참 관대하시네요.
B: **I'm glad you think so.** 그렇게 생각해주니 기쁘네요.

 기본문장 **달달** 외우기

1 널 만나서 기뻐.   **I'm glad to meet you.**
2 그 얘기를 들으니 기쁘네.   **I'm glad to hear that.**
3 네가 그렇게 말해줘서 기뻐.   **I'm glad to hear you say that.**
4 네가 여기 와줘서 고마워.   **I'm glad you came here.**
5 네가 여기 있어 얼마나 기쁜지 몰라.   **I'm so glad you're here.**
6 그렇게 생각한다니 기뻐.   **I'm glad you feel that way.**
7 네가 잘 지낸다니 좋아.   **(I'm) Glad to see you're doing okay.**

✓ **One More Step**

Glad to see[hear] S+V ···하니 좋아, 기뻐
(I'm) Glad to see you're okay. 네가 괜찮다니 기뻐.
(I'm) Glad to see you're doing okay. 네가 잘 지낸다니 좋아.
(I'm) Glad to hear you're all right. 네가 괜찮다니 기뻐.

▶ 한 번 써보면 평생 잊혀지지 않는 영어패턴 필사! ◀

1 널 만나서 기뻐.

✏️ _____

2 그 얘기를 들으니 기쁘네.

✏️ _____

3 네가 그렇게 말해줘서 기뻐.

✏️ _____

4 네가 여기 와줘서 고마워.

✏️ _____

5 네가 여기 있어 얼마나 기쁜지 몰라.

✏️ _____

6 그렇게 생각한다니 기뻐.

✏️ _____

7 네가 잘 지낸다니 좋아.

✏️ _____

다이얼로그 필사도전! ✏️

A _____

근사한 식사 정말 잘 먹었어요!

B _____

그러셨다니 저도 기뻐요.

Level 02 필수패턴으로 영어회화 기반다지기 169

Pattern 075 난 …가 걱정돼

I'm worried about you
난 네가 걱정돼

✓ **핵심포인트** I'm worried about+N ▶ 난 …가 걱정돼
I'm worried (that) S+V ▶ 난 …가 걱정돼

무엇에 관해 걱정이 될 때 사용하는 표현으로 I'm worried하면 "걱정돼"라는 의미이고 걱정의 대상을 말하려면 I'm worried about~를 쓰면 된다. 물론 걱정이 되는 것을 자세히 말하려면 I'm worried that S+V의 구문을 사용해도 된다.

Let's Talk

A: **I'm worried about Dick. He doesn't look good these days.**
딕이 걱정야. 요즘 안좋아 보여.

B: **I heard his wife is asking him to divorce.** 아내가 이혼하자고 그런대.

A: **I'm worried it's too late for us to be there on time.**
제 시간에 도착 못할 것 같아 걱정야.

B: **Take it easy. They're not going to leave without us.**
걱정마. 우리없이 출발하진 않을거야.

A: **I'm worried that my son spends too much time playing too many computer games.** 아들이 컴퓨터게임을 너무 많이 해서 걱정야.

B: **Yes, it could cause problems with his school work.**
맞아, 학교생활에 문제가 생길 수 있어.

기본문장 달달 외우기

1 그게 걱정이 돼.   I'm worried about that.
2 내 경력이 걱정이 돼.   I'm worried about my career.
3 내 명성이 걱정이 돼.   I'm worried about my reputation.
4 큰 실수가 되지 않을까 걱정돼. I'm worried it's going to be a big mistake.
5 늦을까봐 걱정돼.   I'm worried I might be late.
6 너무 늦을까봐 걱정돼.   I'm worried that it's too late.
7 네가 좀 춥지 않을까 걱정돼. I'm worried you might be a little cold.

> ▶ 한 번 써보면 평생 잊혀지지 않는 영어패턴 필사! ◀

1 그게 걱정이 돼.

✏️ _____

2 내 경력이 걱정이 돼.

✏️ _____

3 내 명성이 걱정이 돼.

✏️ _____

4 큰 실수가 되지 않을까 걱정돼.

✏️ _____

5 늦을까봐 걱정돼.

✏️ _____

6 너무 늦을까봐 걱정돼.

✏️ _____

7 네가 좀 춥지 않을까 걱정돼.

✏️ _____

다이알로그 필사도전! ✏️

A

딕이 걱정야. 요즘 안좋아 보여.

B

아내가 이혼하자고 그런대.

Pattern 076 …을 알고 있어

I'm aware of that
난 그것을 알고 있어

✓ **핵심포인트** I'm aware of+N[의문사 S+V] ▶ 난 …을 알고 있어
Are you aware of+N[의문사 S+V]? ▶ …을 알고 있어?

be aware of~는 '…을 알고 있다'라는 의미의 숙어로 I'm aware of that은 "나 그거 알고 있어"라는 말. be aware of 다음에는 명사, 또는 that 절(be aware of that S+V) 그리고 의문사 절(be aware of what/how~)이 올 수 있다. 특히 I'm aware of that은 굳어진 형태로 가장 많이 쓰이며 반대로 "알고 있냐"고 물어볼 땐 You're aware of that?이라고 하면 된다. 또한 '…사실을 잘 알고 있다'고 하려면 be aware of the fact that S+V~를 사용하면 된다.

 Let's Talk

A: **I'm aware of John's poor grades.** 존의 성적이 안 좋다는거 알고 있어.
B: **Should we help him to study harder?** 우리가 공부 더 열심히 하도록 도와줘야 할까?

A: **I heard that there are many problems in that company.**
저 회사 문제가 많다고 들었어.
B: **I'm aware of the problems you are talking about.**
네가 말하는 문제점들을 알고 있어.

A: **Are you aware of what time it is now?** 지금이 몇 시인지 알고 있어?
B: **Yes, I am. I'm sorry that I am late.** 어, 알아. 늦어서 미안해.

 기본문장 **달달** 외우기

1 내가 무슨 신세지고 있는지 알아. **I'm aware of what I owe.**
2 네 문제를 우린 잘 알고 있어. **We're well aware of your problem.**
3 너희 둘 모두 상황을 알고 있었잖아. **You were both aware of the situation.**
4 그것의 내력을 알고 있어? **Are you aware of its history?**
5 짐이 어떻게 지내는지 알아? **Are you aware of what's going on with Jim?**
6 비행시간이 얼마나 되는지 알아? **Are you aware of how long the flight will be?**
7 스미스는 네가 더 나이 많은 걸 잘 알고 있어.
   Smith is well aware of the fact that you're older.

▶ 한 번 써보면 평생 잊혀지지 않는 **영어패턴 필사!** ◀

1 내가 무슨 신세지고 있는지 알아.

✎ _____

2 네 문제를 우린 잘 알고 있어.

✎ _____

3 너희 둘 모두 상황을 알고 있었잖아.

✎ _____

4 그것의 내력을 알고 있어?

✎ _____

5 짐이 어떻게 지내는지 알아?

✎ _____

6 비행시간이 얼마나 되는지 알아?

✎ _____

7 스미스는 네가 더 나이 많은 걸 잘 알고 있어.

✎ _____

다이알로그 필사도전! ✎

A

존의 성적이 안 좋다는거 알고 있어.

B

우리가 공부 더 열심히 하도록 도와줘야 할까?

Pattern 077 …해서 미안해

I'm sorry to hear that
그거 안됐네

✓ **핵심포인트** I'm sorry about[for]+N/(that) S+V
▶ …에 대해 미안해/ …해서 미안해
I'm sorry to+V ▶ …해서 미안해, 유감야

I'm sorry about[for]+N으로 쓸 수도 있지만 뒤에 to+V나 절이 와서 I'm sorry to+V, I'm sorry (that) S+V의 형태로 많이 쓰인다. 기본적으로는 잘못을 사과하는 표현이지만 상대방에게 안 좋은 일이 일어났을 때 위로하는 표현으로 사용되기도 한다. 응용표현으로 미안한 말을 하기에 앞서 하는 I'm sorry to say (that)~(미안한 말이지만 …하다)과 I'm sorry to trouble you, but ~(폐를 끼쳐서 미안합니다만…)을 알아둔다.

 Let's Talk

A: **I just found out that I got transferred.** 제가 전근되었다는 걸 방금 알았어요.
B: **I'm sorry to hear that.** 그렇다니 정말 유감이네요.

A: **Is Bill available?** 빌 있나요?
B: **I'm sorry he just stepped out.** 어쩌죠, 지금 막 나갔는데요.

A: **I'm sorry I didn't get back to you sooner.** 더 빨리 연락 못 줘서 미안해.
B: **That's all right, I have been pretty busy as well.**
괜찮아. 나도 그동안 꽤 바빴는 걸 뭐.

 기본문장 **달달** 외우기

1 그거 미안해. I'm sorry about that.
2 걔가 그렇게 행동해서 미안해. I'm sorry about his behavior.
3 그 얘기를 들으니 안됐네. I'm sorry to hear that.
4 귀찮게 해서 미안해. I'm sorry to bother you.
5 너무 오래 기다리게 해서 미안해. I'm sorry to have kept you waiting for so long.
6 또 늦어서 미안해. I'm sorry I'm late again.
7 미안하지만 못 갈 것 같아. I'm sorry I can't make it.

▶ 한 번 써보면 평생 잊혀지지 않는 영어패턴 필사! ◀

1 그거 미안해.

✎ _____

2 걔가 그렇게 행동해서 미안해.

✎ _____

3 그 얘기를 들으니 안됐네.

✎ _____

4 귀찮게 해서 미안해.

✎ _____

5 너무 오래 기다리게 해서 미안해.

✎ _____

6 또 늦어서 미안해.

✎ _____

7 미안하지만 못 갈 것 같아.

✎ _____

다이알로그 필사도전! ✎

A

더 빨리 연락 못 줘서 미안해.

B

괜찮아. 나도 그동안 꽤 바빴는 걸 뭐.

Pattern 078 …아닌 것 같아, 안됐지만 …인 것 같아

I'm afraid you're wrong
네가 틀린 것 같아

✓ 핵심포인트
I'm afraid of+N[to+V] ▶ …을 두려워, 걱정야
I'm afraid (that) S+V ▶ 안됐지만 …야

I'm afraid of+N[to+V]는 '…를 두려워한다'는 의미지만 보통 I'm afraid (that) S+V의 형태가 압도적으로 많이 사용된다. 그 의미 또한 무서워하는 것이 아니라 상대방과 반대되는 이야기를 하거나 혹은 미안한 이야기를 할 때 '안됐지만 …이다[아니다]'라는 뜻이다. 따라서 I'm afraid you're wrong은 "(안됐지만) 네가 틀린 것 같아"라는 말. 그밖에 빈출표현인 I'm afraid so(안됐지만 그런 것 같아), I'm afraid not(안됐지만 아닌 것 같아)도 함께 알아둔다.

 Let's Talk

A: **Could you please show me another jacket?** 다른 자켓으로 보여주시겠어요?
B: **I'm afraid it's the only one that we have.** 죄송하지만 저희한텐 이게 전부인데요.

A: **I'm afraid I don't know what to say.** 뭐라고 해야 할지 모르겠어요.
B: **I can't figure it out either.** 저도 역시 어떻게 말을 해야할 지 알 수가 없는데요.

A: **He doesn't want to lose face.** 그 친구는 자기 자존심 구겨지는 꼴 못보는데.
B: **I'm afraid it's too late for that now.** 지금 자존심 내세우기에는 너무 늦었다고 봐.

 기본문장 달달 외우기

1 미안하지만 안돼.   **I'm afraid I can't.**
2 미안하지만 그 여자 말이 맞아. **I'm afraid she's right.**
3 안 좋은 소식이 좀 있어.   **I'm afraid I've got some bad news.**
4 뭐라 말해야 할지 모르겠네요.   **I'm afraid I don't know what to say.**
5 우리가 아무것도 할 수 없을 것 같아. **I'm afraid we can't do anything.**
6 우린 이미 계획이 있어.   **I'm afraid we already have plans.**
7 유방암이신 것 같아요.   **I'm afraid you've got breast cancer.**

✓ One More Step

1 I'm afraid so. 안됐지만 그런 것 같네요.
  상대방에 안 좋은 일인 경우에는 직설적으로 Yes라고 말하는 대신 쓴다.

2 I'm afraid not. 안됐지만 아닌 것 같네요.
  반대로 No는 맞는데 역시 상대방에 안 좋은 일인 경우에 말한다.

▶ 한 번 써보면 평생 잊혀지지 않는 영어패턴 필사! ◀

1 미안하지만 안돼.

✎ _____

2 미안하지만 그 여자의 말이 맞는데요.

✎ _____

3 안 좋은 소식이 좀 있어.

✎ _____

4 뭐라 말해야 할지 모르겠네요.

✎ _____

5 우리가 아무것도 할 수 없을 것 같아.

✎ _____

6 우린 이미 계획이 있어.

✎ _____

7 유방암이신 것 같아요.

✎ _____

다이얼로그 필사도전! ✎

A

뭐라고 해야 할지 모르겠어요.

B

저도 역시 어떻게 말을 해야할 지 알 수가 없는데요.

Level 02 필수패턴으로 영어회화 기반다지기

Pattern 079 ···가 확실해, 확실히 ···해

I'm sure of that
그거 확실해

✓ **핵심포인트** I'm sure of[about]+N ▶ ···가 확실해
I'm sure (that) S+V ▶ ···가 확실해

sure는 회화용 단어라 할 정도로 영어회화에서 아주 많이 쓰인다. 그만큼 많이 쓰이는 만큼 3개의 Pattern으로 구분하여 각기 연습해보도록 한다. 먼저 여기서는 내가 확신하고 있는 이야기를 할 때 사용되는 I'm sure of[about]~이나 I'm sure S+V의 형태를 집중적으로 확인해본다. 또한 빈출표현으로 Sure는 "그래"(Yes)라는 의미이고 Sure thing도 또한 "물론"(Of course)이란 말이다.

Let's Talk

A: **I'm sure she wants to live with you.** 걔는 너랑 살고 싶어하는게 확실해.
B: **You're sure? You're absolutely sure?** 정말야? 정말 확실한거야?

A: **Do you know what country makes this product?** 이거 어느 나라 제품예요?
B: **I'm pretty sure it's Japan.** 일본 제품예요.

A: **It looked like you injured your leg.** 다리를 다친 것 같네요.
B: **I'm pretty sure I did. It hurts!** 정말 그랬어요. 아파요!

기본문장 *달달* 외우기

1 그거 확실해. **I'm sure about[of] that.**
2 쟤는 괜찮아질거라고 확신해. **I'm sure she's going to be all right.**
3 난 그걸 확실히 할 수 있어. **I'm sure I can do it.**
4 내가 문을 닫은게 확실해. **I'm sure I locked the door.**
5 그게 필요하지 않을 수도 있을거야. **I'm sure that won't be necessary.**
6 네가 누군가 찾게 될거라 확신해. **I'm sure you'll find someone.**
7 네가 이해할거라고 확신해. **I'm sure you'll understand.**

✓ One More Step

회화에서 자주 쓰이는 sure를 사용한 표현
1 Sure =어, 그래(Yes)   2 (That's) For sure. = Surely. 물론, 확실하지
3 Sure thing. = 물론(Of course)   4 It sure is. 그렇고 말고.

> ▶ 한 번 써보면 평생 잊혀지지 않는 영어패턴 필사! ◀

1 그거 확실해.

✏️ _____

2 쟤는 괜찮아질거라고 확신해.

✏️ _____

3 난 그걸 확실히 할 수 있어.

✏️ _____

4 내가 문을 닫은게 확실해.

✏️ _____

5 그게 필요하지 않을 수도 있을거야.

✏️ _____

6 네가 누군가 찾게 될거라 확신해.

✏️ _____

7 네가 이해할거라고 확신해.

✏️ _____

다이알로그 필사도전! ✏️

A

걔는 너랑 살고 싶어하는게 확실해.

B

정말야? 정말 확실한거야?

Pattern 080 …을 잘 모르겠어

I'm not sure what you mean
네가 무슨 말을 하는지 잘 모르겠어

✓ 핵심포인트
I'm not sure of[about]+N ▶ …를 잘 모르겠어
I'm not sure if[what] S+V/의문사 to+V ▶ …를 모르겠어

"무슨 말인지 모르겠어"라는 말. 이처럼 자신없는 이야기를 할 때나 확신이 없을 때 I'm not sure of[about]~ 혹은 I'm not sure S+V의 형태로 사용하면 된다. 특히 I'm not sure 의문사 to+V 구문과 I'm not sure if[what] S+V 등 의문사절이 오는 구문도 함께 연습해보도록 한다. 또한 대답으로 간단히 I'm not sure하면 "잘 모르겠는데," "글쎄"라는 뜻이고 "아직 잘 모르겠다"고 할 때는 I'm not sure yet이라고 하면 된다.

🗨 Let's Talk

A: **Are you really thinking of going?** 정말 갈 생각이야?
B: **I'm not sure. I haven't decided yet.** 글쎄. 아직 결정하지 않았어.

A: **I'm not sure how to input these numbers.** 이 숫자들을 어떻게 넣는지 모르겠어.
B: **Let me handle it.** 내가 처리할게.

A: **I'm not sure if this computer program will work.**
   이 컴퓨터 프로그램이 작동될지 모르겠어.
B: **Why don't you try it?** 한번 해보지 그래?

 기본문장 달달 외우기

1 확실히 몰라.   **I'm not sure about that.**
2 몰라. 아직 아무것도 몰라.   **I don't know. I'm not sure of anything yet.**
3 어디로 가야할지 모르겠어.   **I'm not sure where to go.**
4 그게 좋은 생각인지 잘 모르겠어. **I'm n ot so sure that's a good idea.**
5 그걸 할 수 있을런지 모르겠어. **I'm not sure if I can do that.**
6 걔가 나하고 결혼할지 모르겠어. **I'm not sure if she's going to marry me.**
7 내가 금욜에 시간되는지 모르겠어. **I'm not sure if I am available Friday.**

✓ One More Step

I'm not sure. 잘 모르겠는데, 글쎄.
A: Are you really thinking of going? 정말 갈 생각이야?
B: I'm not sure. I haven't decided yet. 글쎄. 아직 결정하지 않았어.

> ▶ 한 번 써보면 평생 잊혀지지 않는 **영어패턴 필사!** ◀

1 확실히 몰라.

✏ _____

2 몰라. 아직 아무것도 몰라.

✏ _____

3 어디로 가야할지 모르겠어.

✏ _____

4 그게 좋은 생각인지 잘 모르겠어.

✏ _____

5 그걸 할 수 있을런지 모르겠어.

✏ _____

6 걔가 나하고 결혼할지 모르겠어.

✏ _____

7 내가 금요일에 시간되는지 모르겠어.

✏ _____

다이알로그 필사도전! ✏

A

정말 갈 생각이야?

B

글쎄. 아직 결정하지 않았어.

Pattern 081 정말 …야?

Are you sure you're okay?
정말 너 괜찮은거야?

✓ **핵심포인트**　Are you sure of[about]+N? ▶ …가 정말야? …가 확실해?
　　　　　　　Are you sure S+V? ▶ …가 정말야?

"정말 괜찮아?"라고 묻는 표현으로 sure 이하의 내용이 믿기지 않거나 놀라울 때 정말인지 확인할 때 쓰는 표현이다. Are you sure of[about]~? 혹은 Are you sure S+V?의 형태로 사용하면 된다. 역시 단독으로 Are you sure?(정말야?)라고 많이 쓰이는데 이는 상대방의 말이 믿기지 않거나 놀라운 이야기를 들었을 때 다시 한번 확인하는 표현으로 Are you serious?, Really? 등과 유사한 의미이다.

 Let's Talk

A: **Are you sure you can't do it?** 너 그거 못하는거 확실해?
B: **I can! I choose not to!** 할 수는 있어! 내가 안 하기로 한거야!

A: **Are you sure there is a meeting scheduled for tomorrow?**
　 내일 회의있는게 확실해?
B: **Yeah. It will take place at 10 a.m.** 어. 오전 10시에 있어.

A: **Are you sure that Chelsea stole the necklace?** 첼시가 목걸이를 훔친게 확실해?
B: **Yes, I'm sure. I found it in her bag.** 정말야. 걔 가방에서 그걸 발견했거든.

 기본문장 **달달** 외우기

1　그게 정말 맞아?　　　　　　　　Are you sure about that?
2　정말 네가 그렇게 한거야?　　　　Are you sure you did it?
3　파이를 원하지 않는게 맞아?　　　Are you sure you don't want pie?
4　이걸 원하는게 맞아?　　　　　　Are you sure you want this?
5　네가 마음을 바꾸지 않을게 확실해?　Are you sure you're not going to change your mind?
6　우리가 하루 더 머물러도 괜찮아?　Are you sure it's okay if we stay another day?
7　정말 너 그거 할 수 있어?　　　　Are you sure you'll be able to do it?

> ▶ 한 번 써보면 평생 잊혀지지 않는 영어패턴 필사! ◀

1 그게 정말 맞아?

2 정말 네가 그렇게 한거야?

3 파이를 원하지 않는게 맞아?

4 이걸 원하는게 맞아?

5 네가 마음을 바꾸지 않을게 확실해?

6 우리가 하루 더 머물러도 괜찮아?

7 정말 너 그거 할 수 있어?

다이알로그 필사도전!

A
너 그거 못하는거 확실해?

B
할 수는 있! 내가 안 하기로 한거야!

Pattern 082 …할 준비됐어?

Are you ready to go?
갈 준비됐어?

✓ **핵심포인트** Are you ready for+N[to+V]? ▶ …할 준비됐어?
I'm ready for+N[to+V] ▶ …할 준비됐어

be ready for+N[to+V]~는 '…할 준비가 되어 있다'라는 의미. Are you ready for+N[to+V]~?는 상대방에게 '…할 준비가 되었냐?'고 물어보는 표현이며 또한 준비가 되었다고 말하려면 I'm ready for+N[to+V]~라고 하면 된다. be all set 또한 be ready와 같은 의미로 (I'm) All set은 (I'm) Ready와 같은 말. 또한 Get ready하면 명령문으로 "준비해라"라는 의미이다.

Let's Talk

A: **Are you ready for the test?** 시험 준비됐니?
B: **I guess so. Wish me luck.** 그런 것 같아. 행운을 빌어줘.

A: **Are you ready to start our trip?** 우리 여행 떠날 준비됐어?
B: **I sure am. Let's hit the road.** 물론이지. 출발하자고.

A: **What would you like to eat?** 뭘 드실래요?
B: **We're not ready to order yet.** 아직 결정 못 했어요.

 기본문장 **달달** 외우기

1 우리 회의 준비됐어?   **Are you ready for our meeting?**
2 지금 주문하시겠어요?   **Are you ready to order now?**
3 이거 지금 얘기할래요?   **Are you ready to talk about this?**
4 저거 준비됐어?   **Are you ready for that?**
5 난 준비 안됐어.   **I'm not ready.**
6 지금 갈 준비됐어.   **I'm ready to go now.**
7 그거 할 준비됐어.   **I'm ready to do it.**

✓ **One More Step**

Are you interested in ~ ? …에 관심있어? I'm interested in~ …에 관심있어
Are you interested in American culture? 미국문화에 관심있어?
I'm not interested in playing golf. 골프치는데 관심없어.

▶ 한 번 써보면 평생 잊혀지지 않는 **영어패턴 필사!** ◀

1 우리 회의 준비됐어?

✎ _____

2 지금 주문하시겠어요?

✎ _____

3 이거 지금 얘기할래요?

✎ _____

4 저거 준비됐어?

✎ _____

5 난 준비 안됐어.

✎ _____

6 지금 갈 준비됐어.

✎ _____

7 그거 할 준비됐어.

✎ _____

다이알로그 필사도전!

A

우리 여행 떠날 준비 됐어?

B

물론이지. 출발하자고.

Pattern 083 …이동 중이야(가는 중이야)

I'm on my way
나 가는 중이야

✓ **핵심포인트** be on the[one's] way (to+N[V]) ▶ (…하러) 가는 중야

"지금 가고 있어"라는 의미. on the way는 현재 '길위에 있는'이란 의미로 다른 지점으로 이동 중이란 뜻. on the way (over) here하면 '이쪽으로 오는 도중에,' on the way back하면 '돌아오는 도중에'라는 뜻이 된다. 또한 소유격으로 바꾼 on my way로도 쓰는데 on my way home은 '내가 집에 오는 도중에' on my way to work는 '내가 출근하는 길에' 라는 의미이다. 한편 '여기[저기]로 오는 길에'는 on the[my] way over here[there]이라고 하면 된다.

Let's Talk

A: **When are you leaving?** 언제 출발할거니?
B: **I'm on my way now.** 지금 가고 있는 중이야.

A: **Thanks, I will return soon.** 고마워, 곧 돌아올게.
B: **Bring me a coffee on your way back.** 돌아 오는 길에 커피 좀 사와.

A: **The computer system failed.** 컴퓨터 시스템이 고장났어.
B: **Call a technician right now, I'm on my way.** 당장 기사를 불러. 나도 바로 갈게.

기본문장 *달달* 외우기

1 나 집[체육관]에 가는 길이야.   **I'm on my way home[to the gym].**
2 집에 가는 길에 네 집에 들를게.   **I'll stop by your house on my way home.**
3 가면서 설명해줄게.   **I'll explain on the way.**
4 낼 아침 출근길 8시쯤 들를게.   **On my way to work tomorrow morning, I'm going to stop by around 8.**
5 브라이언집에서 돌아오는 길이었어.   **I was just on my way back from Brian's house.**
6 퇴근해서 집에 오는 길이었어.   **I was on my way home from work.**
7 집에 가는 길에 널 픽업할게.   **I'll pick you up on my way home.**

✓ **One More Step**

on the[my] way over here[there]. 여기[저기]로 오는 길에.
I had a burger on the way over here. 여기 오는 길에 햄버거 먹었어.

> ▶ 한 번 써보면 평생 잊혀지지 않는 **영어패턴 필사!** ◀

1 나 집[체육관]에 가는 길이야.

✎ _____

2 집에 가는 길에 네 집에 들를게.

✎ _____

3 가면서 설명해줄게.

✎ _____

4 낼 아침 출근길 8시쯤 들를게.

✎ _____

5 브라이언 집에서 돌아오는 길이었어.

✎ _____

6 퇴근해서 집에 오는 길이었어.

✎ _____

7 집에 가는 길에 널 픽업할게.

✎ _____

다이알로그 필사도전! ✎

A
언제 출발할거니?

B
지금 가고 있는 중이야.

Pattern 084 혹시 …있어?

Do you have any plans for tonight?
너 오늘밤 무슨 계획있어?

✓ **핵심포인트**
Do you have any+N? ▶ …가 좀 있어?
Do you have anything~ ? ▶ 뭐 …가 있어?

"오늘 밤 뭐 계획있어?"라는 의미로 Level 01에서 배운 Do you have~?의 변형. 특히 상대방이 갖고 있는지 여부가 불확실할 경우에는 명사 앞에 any를 붙여 Do you have any+N~?라고 말하는 표현이다. '혹 …가 좀 있어?'라는 말. 이 유형의 대표격인 Do you have any idea what/how~ ?(…을 알기나 하는거야?)는 Level 03에서 배우기로 한다. 그리고 Do you have anything~?이라고 하면 '뭐 …가 있어?'라는 의미라는 것도 알아둔다.

Let's Talk

A: **Do you have any** messages? 메시지 뭐 온 거 있어?
B: **No one called while you were at lunch.** 점심 식사하실 때 아무 전화도 없었어요.

A: **Happy New Year!** 새해 복많이 받아!
B: **You too! Do you have any** New Year's resolutions?
너도! 새해엔 뭐 결심한거 있어?

A: **Please make yourself comfortable.** 편히 하세요.
B: **Alright. Do you have any** snacks? 그래요. 과자 좀 있어요?

기본문장 달달 외우기

1 저녁 식사 계획 뭐 있어?   **Do you have any plans for dinner?**
2 우리에게 무슨 질문이라도 있어? **Do you have any questions for us?**
3 뭐 문제라도 있어?   **Do you have any problems?**
4 뭐 적이라도 있나요?   **Do you have any enemies?**
5 뭐 취미라도 있나요?   **Do you have any hobbies?**
6 뭐 생각해둔거라도 있어?   **Do you have anything in mind?**
7 뭐 신고할거 있어요?   **Do you have anything to declare?**

✓ **One More Step**

Do you have any idea what/how~ ? …을 알기나 하는거야?
Do you have any idea what you just said? 네가 방금 뭐하고 했는지나 알어?
Do you have any idea what this means to me? 이게 나한테 무슨 의미인지나 알아?

▶ 한 번 써보면 평생 잊혀지지 않는 영어패턴 필사! ◀

1 저녁 식사 계획 뭐 있어?

✏ _____

2 우리에게 무슨 질문이라도 있어?

✏ _____

3 뭐 문제라도 있어?

✏ _____

4 뭐 적이라도 있나요?

✏ _____

5 뭐 취미라도 있나요?

✏ _____

6 뭐 생각해둔거라도 있어?

✏ _____

7 뭐 신고할거 있어요?

✏ _____

다이알로그 필사도전! ✏

A

편히 하세요.

B

그래요. 과자 좀 있어요?

Pattern 085 …하는 것이 어려워

It's hard to believe
그건 믿기 어려워

 핵심포인트   It is hard[difficult] to+V ▶ …가 어려워
It is easy to+V ▶ …가 쉬워

It is+형용사+(for+사람) to+V의 형태 중 가장 많이 쓰이는 것 중의 하나. It is hard (difficult) to+V~나 It is (not) easy to+V의 형태로 어떤 일이 하기 쉽다거나 아니면 어렵다거나 말할 때 많이 애용되는 표현이다. 응용표현으로 It's hard to believe that S+V(…라는게 믿기지 않아), It's hard to tell[say] 의문사 S+V(…을 말하기[구분하기] 어려워) 등이 있다.

 **Let's Talk**

A: **It's difficult to work for uptight bosses.** 깐깐한 사장들과 일하는 건 힘들어.
B: **You can say that again!** 누가 아니래!

A: **Is it hard for college graduates to find a job in Korea?**
한국에선 대졸생이 취직하기 어려워?
B: **Extremely.** 아주 어렵지.

A: **It is easy to see why everyone likes the new guy.**
그 신입사원을 모두 좋아하는 이유는 뻔해.
B: **He's incredibly funny.** 그 친구 정말이지 재미있는 사람이더군.

기본문장 달달 외우기

1 설명하기 어려워.   **It's hard to explain.**
2 결정하기 어려워.   **It's hard to decide.**
3 잊어버리기 힘드네!   **It's hard to forget!**
4 (확실히) 뭐라 말하기가 힘드네요. **It's hard to say (for sure).**
5 난 남자한테 작업하는게 어려워. **It's hard to get men to go out with me.**
6 자기 분수이상으로 소비하는건 쉬워. **It's easy to spend more than you have.**
7 데이트날 떨리기 십상이지.   **It's easy to get nervous on dates.**

▶ 한 번 써보면 평생 잊혀지지 않는 영어패턴 필사! ◀

1 설명하기 어려워.

✎ _____

2 결정하기 어려워.

✎ _____

3 잊어버리기 힘드네!

✎ _____

4 (확실히) 뭐라 말하기가 힘드네요.

✎ _____

5 난 남자한테 작업하는게 어려워.

✎ _____

6 자기 분수이상으로 소비하는건 쉬워.

✎ _____

7 데이트날 떨리기 십상이지.

✎ _____

다이알로그 필사도전! ✎

A

깐깐한 사장과 일하는 건 힘들어.

B

누가 아니래!

Pattern 086 …해도 돼?

Is it okay to come in?
들어가도 돼?

✓ **핵심포인트** Is it okay[all right] to+V? ▶ …해도 돼?
Is it okay[all right] if S+V? ▶ …해도 돼?

"들어가도 돼?"라고 상대방에게 허락을 구하는 문장. 앞의 패턴과 같은 형태 구문으로 It is okay (for+사람) to+V~를 의문문 형태로 바꾼 표현이다. 상대방의 허락을 받기 위한 것으로 '…해도 돼?,' '…해도 괜찮아?'라는 뜻으로 Is it okay to+V[if S+V]~? 형태로 많이 쓰인다. for+사람은 생략되는 경우가 많고 okay 대신에 all right을 써도 된다.

 Let's Talk

A: **Is it okay if I phone after lunch?** 점심시간 후에 전화해도 되니?
B: **No problem. I'll talk to you then.** 상관없어. 그럼 그때 얘기하자.

A: **Is it okay for me to come in now?** 내가 이제 들어가도 돼?
B: **Of course!** 물론!

A: **Is it okay if I go out with your girlfriend?** 네 여자친구하고 외출해도 돼?
B: **What did you say?** 뭐라고?

📋 기본문장 **달달** 외우기

1 너한테 이거 이야기해도 돼? **Is it OK to talk to you about this?**
2 사과주스 마저 다 마셔도 될까? **Is it okay if I finish the apple juice?**
3 네 남동생과 데이트해도 괜찮아? **Is it okay if I go out with your brother?**
4 이 물건 여기에 놔둬도 돼? **Is it okay if I leave this stuff here?**
5 여기에 주차해도 돼? **Is it OK if I park here?**
6 뉴욕에 며칠 더 머물러도 될까? **Is it all right if I stay in New York for a few more days?**
7 하나 더 물어봐도 돼? **Is it all right if I ask you one more question?**

✓ **One More Step**

Is it safe[necessary] to+V ~? …하는 게 안전[필요]해?
Is it safe to walk the street at night? 밤에 거리를 걷는게 안전해?
Is it necessary to go on a strike? 파업을 하는게 필요해?

> ▶ 한 번 써보면 평생 잊혀지지 않는 **영어패턴 필사!** ◀

1 너한테 이거 이야기해도 돼?

✎ _____

2 사과주스 마저 다 마셔도 될까?

✎ _____

3 네 남동생과 데이트해도 괜찮아?

✎ _____

4 이 물건 여기에 놔둬도 돼?

✎ _____

5 여기에 주차해도 돼?

✎ _____

6 뉴욕에 며칠 더 머물러도 될까?

✎ _____

7 하나 더 물어봐도 돼?

✎ _____

다이알로그 필사도전! ✎

A
점심시간 후에 전화해도 되니?

B
상관없어. 그럼 그때 얘기하자.

Pattern 087 …일까?

Is it possible that she's coming back?
걔가 돌아올까?

✓ **핵심포인트**   Is it possible to+V? ▶ …가 가능할까?, …일까?
　　　　　　　　Is it possible (that) S+V? ▶ …가 가능할까?, …일까?

"걔가 돌아올 가능성이 있는지" 물어보는 표현. '…할 가능성이 있느냐?'는 의미로 Is it possible to+V[(that) S+V]~? 형태로 쓴다. 가능할 수도 있다고 말하려면 It is possible to+V[(that) S+V]~라 하고 반대로 불가능하다고 말하려면 impossible을 사용하면 된다. 한편 간단히 That's (im)possible하면 "그럴 수도 있어," "말도 안돼"라는 뜻으로 구어체에서 많이 쓰인다. 좀 부드럽게 쓰려면 I don't think that's possible(그럴 리가 없을 걸)이라고 하면 된다.

 Let's Talk

A: Is it possible for me to become rich by the time I'm thirty?
30살에 부자될 수 있을까?

B: It would be difficult, but you can never tell. 어렵겠지만, 그야 알 수 없는 일이지.

A: It's impossible to find her office. 걔 사무실을 찾을 수 없을 것 같아.

B: Why don't we check this area again? 이 지역을 다시 한번 둘러보자.

A: The USB you sold me is broken. 네가 나한테 판 USB가 망가졌어.

B: That's impossible. It was working great. 말도 안돼. 잘 돌아갔었는데.

 기본문장 **달달** 외우기

1　동시에 2명을 사랑할 수 있어?　　**Is it possible to love two people at the same time?**
2　아직 첫눈에 반하는 걸 믿을 수 있어?　**Is it still possible to believe in love at first sight?**
3　네가 걜 보지 못했을 수도 있어?　　**Is it possible you just didn't see her?**
4　걔가 네 소리를 못 들었을 수도 있어?　**Is it possible he didn't hear you?**
5　내가 암일 수도 있나요?　　　　　**Is it possible that I have cancer?**
6　걔 아파트를 찾는 건 불가능해!　　**It's impossible to find her apartment!**
7　해결책을 찾을 수가 없어.　　　　**It's impossible to find the solution.**

✓ **One More Step**

1　I don't think that's possible. 그럴 리 없을 걸.　2　if that's possible 그게 가능하다면
3　as soon as possible 가능한 한 빨리(ASAP)　4　How is that possible? 어떻게 그럴 수가?

> ▶ 한 번 써보면 평생 잊혀지지 않는 영어패턴 필사! ◀

1 동시에 2명을 사랑할 수가 있어?

✎ _____

2 아직 첫눈에 반하는 걸 믿을 수 있어?

✎ _____

3 네가 걜 보지 못했을 수도 있어?

✎ _____

4 걔가 네 소리를 못 들었을 수도 있어?

✎ _____

5 내가 암일 수도 있나요?

✎ _____

6 걔 아파트를 찾는 건 불가능해!

✎ _____

7 해결책을 찾을 수가 없어.

✎ _____

다이알로그 필사도전! ✎

A
네가 나한테 판 USB가 망가졌어.

B
말도 안돼. 잘 돌아갔었는데.

Level 02 필수패턴으로 영어회화 기반다지기

Pattern 088 …가 처음이야?

Is this your first purchase of a headphone?
헤드폰을 사는게 이번이 처음이야?

✓ **핵심포인트** Is this your first+N? ▶ 처음 …하는거야?
This[It] is (not) the first time S+V ▶ …하는게 처음이야[처음이 아니야]

Is this your first visit to America?(미국방문 처음이야?)로 유명한 Is this your first+N?(처음 …하는거야?)구문. 그 중에서도 Is this your first time+~ing[that S+V]~? 형태로 상대방에게 '…하는 것이 처음이냐?'고 물어보는 표현을 연습해둔다. 한편 '…하는 것이 처음이야[아니야]라고 하려면 This[It] is (not) the first time that S+V~ 라 하고 또한 간단히 This is [not] my first time하면 "난 처음이야[아니야]"라는 뜻이 된다.

Let's Talk

A: **Is this your first time** studying English? 영어공부하는거 처음이야?
B: **No. I have studied it for a long time.** 아니. 오랫동안 해왔어.

A: **Gina seems like a very good skier.** 지나는 스키를 잘 타는 것 같아.
B: **It's not the first time** she skied here. 걔가 여기서 스키타는 게 처음이 아냐.

A: **Have you ever fractured your leg before?** 전에 다리가 부러진 적 있습니까?
B: **No, this is my first time.** 아니요, 이번이 처음이예요.

기본문장 *달달* 외우기

1 해외여행 처음이야?   **Is this your first time** traveling overseas?
2 마이클 처음 보는거야? **Is this the first time** you're seeing Michael?
3 걔한테 그런 느낌 처음이었어. **It was the first time** I felt that way about her.
4 난 여기 오는 건 처음이야. **This is my first time to** come here.
5 네가 그렇게 말한 건 처음였어. **That was the first time** you said that.
6 걔가 내게 말한 건 처음이 아냐. **It's not the first time** he talked to me.
7 내가 나이트클럽에 간 건 처음야. **This is the first time** I have gone to a night club.

> ▶ 한 번 써보면 평생 잊혀지지 않는 영어패턴 필사! ◀

1 해외여행 처음이야?

✏️ _____

2 마이클 처음 보는거야?

✏️ _____

3 걔한테 그런 느낌 처음이었어.

✏️ _____

4 난 여기 오는 건 처음이야.

✏️ _____

5 네가 그렇게 말한 건 처음였어.

✏️ _____

6 걔가 내게 말한 건 처음이 아냐.

✏️ _____

7 내가 나이트클럽에 간 건 처음야.

✏️ _____

다이알로그 필사도전! ✏️

A

영어공부하는거 처음이야?

B

아니. 오랫동안 해왔어.

Pattern 089 …해야 할 때야

It's time to say good-bye
그만 헤어져야 할 때야

✓ 핵심포인트
It's time for+N[to+V] ▶ …할 시간이야
It's time (that) S+V ▶ …할 시간이야

It's time (for+사람) to+V[(that) S+V]~는 '…할 시간이 되었다'라는 의미. 하지만 시간 순서상 '…할 차례가 되었다'는 것이 아니라 의당 벌써 했어야 하는데 좀 늦은 감이 있다라는 뉘앙스를 풍긴다. 늦은 감을 더 강조하려면 time 앞에 high를 붙여 It is high time~이라고 한다. 현재사실과 반대를 말하는 것으로 뒤에 절이 올 땐 It's time you got a job(네가 직장을 가져야 할 때다)처럼 과거형을 쓴다. 물론 It's time for dinner처럼 바로 명사가 올 수도 있다.

Let's Talk

A: **It's time to** leave for the party. 파티에 가야 할 시간이야.
B: I'll meet you down in the lobby. 아래 로비에서 보자.

A: She would rather talk on the phone than talk to me.
갠 직접 말하기보다 전화로 얘기하려해.
B: It seems like **it's time to** break up with her. 헤어질 때가 된 것 같구나.

A: I am going to quit. **It's time** I took my life back!
나 때려칠거야. 내 인생을 되찾아야 할 때야!
B: Good for you, Charles! 잘됐다, 찰스!

기본문장 달달 외우기

1 가야 할 시간야. It's time to go.
2 자러 가야 갈 시간야. It's time to go to bed.
3 나 집에 갈 시간야. It's time for me to go home.
4 네가 선택할 시간야. It's time for you to make a choice.
5 이제 헤어질 시간야. It's time to say good-bye.
6 변화할 때인 것 같아. I think it's time for a change.
7 이거에 대해 얘기해야 될 것 같아. I guess it's time we talked about this.

✓ One More Step

It is high time to do/that~ : …할 때가 되었다
time 앞에 high를 써서 시기가 뒤늦음을 그래서 의당 더 빨리 해야 함을 강조하는 표현.
It's high time we took a vacation and enjoyed ourselves. 휴가를 얻어 즐길 때가 되었다.

▶ 한 번 써보면 평생 잊혀지지 않는 영어패턴 필사! ◀

1 가야 할 시간야.

✎ _____

2 자러 가야 갈 시간야.

✎ _____

3 나 집에 갈 시간야.

✎ _____

4 네가 선택할 시간야.

✎ _____

5 이제 헤어질 시간야.

✎ _____

6 변화할 때인 것 같아.

✎ _____

7 이거에 대해 얘기해야 될 것 같아.

✎ _____

다이알로그 필사도전! ✎

A

나 때려칠거야. 내 인생을 되찾아야 할 때야!

B

잘됐다, 찰스!

Pattern 090 ···하도록 해

You'd better do it right now
지금 당장 그걸 하도록 해

✓ **핵심포인트** You'd better+V ▶ ···해라
　　　　　　　　You'd better not+V ▶ ···하지 마라

You'd better+V는 보통 친구나 아랫사람에게 하는 말로 '···해라,' '···하는게 좋을거야라는 뜻으로 충고내지는 문맥에 따라서는 경고로 쓰이기도 한다. 보통 줄여서 You'd better, I'd better, we'd better로 쓰고 아예 had를 빼고 I(We, You) better+V라고 쓰기도 하고 심지어는 인칭도 빼고 Better+V라 쓰기도 한다. 부정형은 You'd better not do this처럼 better 다음에 not을 붙이면 된다.

Let's Talk

A: **You'd better** hurry up so we can go. 같이 나가려면 서둘러.
B: **Okay, I will.** 알았어, 그럴게.

A: **All right, well, I'd better** take that back. 좋아, 그럼 내가 그거 취소할게.
B: **Wh-what? Why?** 무~어? 왜?

A: **You'd better not** go outside. It's too cold. 나가지마. 너무 추워.
B: **You're right, but I want to see the game.**
　　그렇긴 하지만, 그 경기를 보고 싶단 말야.

 기본문장 **달달** 외우기

1 내일 늦지 않도록 해라.　　　　You'd better be on time tomorrow.
2 적응하도록 해라.　　　　　　　You'd better get used to it.
3 그거 당장 하는게 좋을 걸.　　　You'd better do it now.
4 조심해라.　　　　　　　　　　You'd better be careful.
5 내 헤어드라이어기 쓰지 마라.　 You'd better not use my hair dryer.
6 출발해야겠어.　　　　　　　　I'd better get going.
7 다시 일해야겠어.　　　　　　　I'd better get back to work.

✓ **One More Step**

We'd better+V ···하는 게 좋을 걸
We'd better call the fire department. 소방서에 전화해야 돼.
We'd better go. The movie starts in 20 minutes. 우린 가야 돼. 영화가 20분 후에 시작해.

> ▶ 한 번 써보면 평생 잊혀지지 않는 영어패턴 필사! ◀

1 내일 늦지 않도록 해라.

✎ _____

2 적응하도록 해라.

✎ _____

3 그거 당장 하는게 좋을 걸.

✎ _____

4 조심해라.

✎ _____

5 내 헤어드라이어기 쓰지 마라.

✎ _____

6 출발해야겠어.

✎ _____

7 다시 일해야겠어.

✎ _____

다이알로그 필사도전!

A

나가지마. 너무 추워.

B

그렇긴 하지만, 그 경기를 보고 싶단 말야.

Pattern 091 ···하지 마라

You shouldn't go there
넌 거기에 가면 안돼

✓ **핵심포인트** You shouldn't+V ▶ ···하지 마라
　　　　　　　　You mustn't+V ▶ ···하지 마라

앞서 배운 should와 must의 부정형. You shouldn't+V~, You mustn't+V~하게 되면 상대방에게 충고나 금지할 때 쓰는 표현으로 '···하지 마라,' '···하지 않는게 좋겠어'라는 의미가 된다. 참고로 must는 꼭 해야 하는 것(Dessert is a must), must-not은 꼭 하지 말아야 할 것(Using bad manners is a must-not in class)이라는 의미의 명사로도 쓰인다는 것을 알아둔다.

 Let's Talk

A: **You shouldn't** be so quick to judge! 그렇게 섣불리 판단해선 안돼!
B: I know, but she gave me a bad impression.
　 알아, 하지만 걔가 내게 나쁜 인상을 줬어.

A: I don't want to live with my parents. 부모랑 같이 살기 싫어.
B: **You shouldn't** say things like that 그렇게 말하면 안되지.

A: Do you think I'm too strict? 내가 너무 엄격한 것 같아?
B: Sometimes. **You must not** hit your children. 때론. 애들을 치면 안돼지.

 기본문장 **달달** 외우기

1 넌 여기 오면 안돼.　　　　　　　**You shouldn't** be here.
2 네 어머니한테 그렇게 말하면 안돼. **You shouldn't** talk to your mother like that.
3 날 이런 식으로 대하면 안돼.　　　**You shouldn't** treat me like this.
4 이력서에 거짓말을 해서는 안돼.　　**You shouldn't** lie on your resume.
5 이걸로 널 자책하지마.　　　　　　**You shouldn't** blame yourself for this.
6 그렇게 생각하면 안돼.　　　　　　**You mustn't** think like that.
7 거기 들어가면 안돼.　　　　　　　**You must not** go in there.

✓ **One More Step**

must는 명사로 꼭 해야 하는 것, must not은 해서는 안되는 것
Dessert is a must. 디저트는 꼭 먹어야 돼.

> ▶ 한 번 써보면 평생 잊혀지지 않는 **영어패턴 필사!** ◀

1 넌 여기 오면 안돼.
✎ _____

2 네 어머니한테 그렇게 말하면 안돼.
✎ _____

3 날 이런 식으로 대하면 안돼.
✎ _____

4 이력서에 거짓말을 해서는 안돼.
✎ _____

5 이걸로 널 자책하지마.
✎ _____

6 그렇게 생각하면 안돼.
✎ _____

7 거기 들어가면 안돼.
✎ _____

다이알로그 필사도전! ✎

A

그렇게 섣불리 판단해선 안돼!

B

알아, 하지만 걔가 내게 나쁜 인상을 줬어.

Pattern 092 …하지 않아도 돼

You don't have to do that
넌 그렇게 하지 않아도 돼

 핵심포인트 You don't have to+V ▶ …하지 않아도 돼, …할 필요없어
You don't need to+V ▶ …할 필요없어

You have to~의 부정형으로 You don't have to+V는 '…할 필요가 없어,' '…하지 않아도 돼'라는 의미. need의 부정형을 써서 You don't need to+V로 쓰면 '…할 필요가 없다'라는 같은 의미의 패턴이 된다. 한편 I don't need[have] to+V~하면 '난 …안 해도 돼'라는 뜻. "여기에 머무를 필요가 없어"라고 하려면 I don't need to stay here라고 하면 된다.

 **Let's Talk**

A: **I've got to tell you something.** 얘기할 게 있어.
B: No, no. **You don't have to** explain yourself to me.
아냐. 내게 널 설명할 필요는 없어.

A: **You don't have to** say you're sorry. 미안하단 말은 할 필요 없어요.
B: **Sure I do. It was all my fault.** 어떻게 그래요. 이게 다 제 잘못인데.

A: **Please tell me what happened.** 무슨 일인지 말해봐.
B: **You don't need to** know. 알 필요없어.

기본문장 *달달* 외우기

1 미안하단 말은 할 필요없어.   **You don't have to say you're sorry.**
2 미안해 할 필요없어.   **You don't have to be sorry.**
3 그럴 필요 없어.   **You don't have to do that.**
4 집까지 나하고 함께 걸어갈 필요없어. **You don't have to walk me home.**
5 알 필요없어.   **You don't need to know.**
6 그거에 대해 말할 필요없어.   **You don't need to talk about it.**
7 그거 걱정할 필요없어.   **You don't need to worry about that.**

✓ One More Step

I don't need[have] to~ 난 …안 해도 돼
I don't need to think about it. 그거 생각 안 해도 돼.
I don't have to listen to you. 난 네 말을 안 들어도 돼.

▶ 한 번 써보면 평생 잊혀지지 않는 영어패턴 필사! ◀

1 미안하단 말은 할 필요없어.

2 미안해 할 필요없어.

3 그럴 필요 없어.

4 집까지 나하고 함께 걸어갈 필요없어.

5 알 필요없어.

6 그거에 대해 말할 필요없어.

7 그거 걱정할 필요없어.

다이알로그 필사도전!

A
미안하단 말은 할 필요 없어요.

B
어떻게 그래요. 이게 다 제 잘못인데.

Pattern 093 …을 해야 돼?

Do you have to work tonight?
오늘밤 일을 해야 돼?

✓ **핵심포인트**   Do you have to+V? ▶ …을 해야 돼?
　　　　　　　　Do we have to+V? ▶ 우리가 …을 해야 돼?

"오늘 밤에 일해야 돼?"라고 물어보는 문장의 패턴으로 Do you have to+V~?는 상대방이 어떤 일을 꼭 해야 하는 상황인지를 확인해볼 때 사용하는 표현. 우리말로는 '너 …을 해야 하니?,' '…을 꼭 해야 돼?'라는 의미이다. 반면 Do we have to+V~?하면 '우리가 …을 해야 돼?'라는 의미.

 Let's Talk

A: **I'm so stressed out these days.** 요즘 스트레스를 많이 받고 있어.
B: **Oh? Do you have to work on a big project?** 그래? 중요한 일을 해야 되는거야?

A: **Do you have to work this weekend?** 이번 주말에 일해야 돼?
B: **Yeah. I have to get my project done by next Monday.**
　　어. 내 프로젝트를 담주 월요일까지 마쳐야 돼.

A: **Do you have to go back to work?** 일하러 돌아가야 돼?
B: **It's okay. The boss won't be here until 6 o'clock.**
　　괜찮아. 사장은 6시나 되어야 돌아올거야.

기본문장 달달 외우기

1 오늘밤 일해야 돼?　　　　Do you have to work tonight?
2 지금 가야 돼?　　　　　　Do you have to go now?
3 남아 있어야 돼?　　　　　Do you have to stay?
4 그렇게 해야 돼?　　　　　Do you have to do that?
5 일하러 돌아가야 돼?　　　Do you have to go back to work?
6 여기 있어야 돼?　　　　　Do you have to be here?
7 지금 이 얘기를 해야 돼?　Do we have to talk about this right now?

✓ **One More Step**

Do we have to~? 우리가 …을 해야 돼?
Do we have to do this now? I haven't had my coffee yet.
우리가 지금 이거 해야 돼? 난 아직 커피도 못마셨는데.

> ▶ 한 번 써보면 평생 잊혀지지 않는 영어패턴 필사! ◀

1 오늘밤 일해야 돼?

✎ _____

2 지금 가야 돼?

✎ _____

3 남아 있어야 돼?

✎ _____

4 그렇게 해야 돼?

✎ _____

5 일하러 돌아가야 돼?

✎ _____

6 여기 있어야 돼?

✎ _____

7 지금 이 얘기를 해야 돼?

✎ _____

다이알로그 필사도전! ✎

A

요즘 스트레스를 많이 받고 있어.

B

그래? 중요한 일을 해야 되는 거야?

Pattern 094 (내가) …해야 돼?

Do I have to make a reservation?
내가 예약을 해야 돼?

핵심포인트
Do I have to+V? ▶ 내가 …을 해야 돼?
Should I+V? ▶ 내가 …을 해야 돼?

Do you have to+V~?에서 주어만 바뀐 것. 위 문장은 "예약을 꼭 해야 하나요?"라는 뜻으로 Do I have to+V~?하게 되면 '내가 …을 꼭 해야 하나요?'라고 상대방의 의사를 묻는 표현이다. Do I need to~? 및 Should I ~?도 같은 의미로 쓰인다. 특히 Should I~는 Why와 결합하여 '내가 왜 …을 해야 돼?'라는 의미로 자주 쓰인다. "내가 왜 걔에게 말해야 돼?"는 Why do I have to tell her?, "내가 왜 사과해야 돼?"는 Why do I have to apologize?라고 하면 된다.

Let's Talk

A: **Would you like these items delivered?** 이 물건들을 배달해 드릴까요?
B: **Do I have to pay extra for delivery?** 배달하는데 추가요금을 내야 하나요?

A: **Do I have to complete this report?** 이 보고서 끝내야 돼요?
B: **You should finish what you start.** 시작한 건 끝내야지.

A: **Do I have to stay here any longer?** 더 여기에 있어야 합니까?
B: **No. You are free to go now.** 아뇨. 이제 가셔도 됩니다.

기본문장 달달 외우기

1 내가 선택해야 돼?　　　　　**Do I have to choose?**
2 지금 당장 결정해야 돼?　　　**Do I have to decide right now?**
3 걔가 들를 때까지 기다려야 돼? **Do I have to wait here until he drops by?**
4 택시를 타야 돼?　　　　　　**Should I take a taxi?**
5 내 남친 데려와야 돼?　　　　**Should I bring my boyfriend?**
6 거기 혼자 가야 돼?　　　　　**Should I go there alone?**
7 걔에게 전화해야 돼?　　　　**Should I call her?**

One More Step

1 Do I have to remind you (that) S+V? 내가 …을 기억나게 해줘야 되겠어?
2 Why do I have to~?, Why should I~ ? 내가 왜 …해야 돼?

> ▶ 한 번 써보면 평생 잊혀지지 않는 영어패턴 필사! ◀

1 내가 선택해야 돼?

✎ _____

2 지금 당장 결정해야 돼?

✎ _____

3 걔가 들를 때까지 기다려야 돼?

✎ _____

4 택시를 타야 돼?

✎ _____

5 내 남친 데려와야 돼?

✎ _____

6 거기 혼자 가야 돼?

✎ _____

7 걔에게 전화해야 돼?

✎ _____

다이알로그 필사도전! ✎

A

더 여기에 있어야 합니까?

B

아뇨. 이제 가셔도 됩니다.

Pattern 095 ···해야 돼?

Do you need to go now?
너 지금 가야 돼?

✓ **핵심포인트**　Do you need+N? ▶ ···가 필요해?
　　　　　　　　Do you need to+V? ▶ ···을 해야 돼?

Do you need to+V~?로 상대방에게 '···을 꼭 해야 하냐?'고 물어보는 표현. 앞의 Do you have to+V~?와 같은 맥락의 표현으로 볼 수 있지만 구어체에서 사용빈도가 높은 관계로 별도로 연습해보도록 한다. Do you need+N~?가 되면 '···가 필요하냐?'고 물어보는 표현. 조금 변형하여 Do you need me to+V?하면 '내가 ···해줄까?'라는 뜻으로 "내가 함께 가줄까"라고 하려면 Do you need me to go with you?라 하면 된다.

 Let's Talk

A: **I'm sorry to trouble you, but could you hold the door?**
미안하지만, 문 좀 잡아주실래요?

B: **Sure, do you need a hand?** 그럼요, 도와드릴까요?

A: **Do you need to get up early tomorrow morning?** 내일 아침 일찍 일어나야 돼?

B: **Yeah. Please set the alarm for 6 a.m.** 어. 6시로 알람 좀 해줘.

A: **I need to get to the Delta Inn.** 델타 인으로 가려고 하는데요.

B: **Ok. Do you need to put anything in the trunk?**
알았어요. 뭐 좀 트렁크에 넣어야 되나요?

 기본문장 **달달** 외우기

1　내가[좀] 도와줄까?　　　　**Do you need my[some] help?**
2　뭐 다른거 필요해?　　　　　**Do you need anything else?**
3　시간 더 필요해?　　　　　　**Do you need more time?**
4　하루 쉬어야 돼?　　　　　　**Do you need a day off?**
5　태워다 줄까?　　　　　　　**Do you need a ride?**
6　지금 당장 답변이 필요해요?　**Do you need an answer right now?**
7　쉬어야 돼?　　　　　　　　**Do you need to rest?**

▶ 한 번 써보면 평생 잊혀지지 않는 영어패턴 필사! ◀

1 내가[좀] 도와줄까?

✎ _____

2 뭐 다른거 필요해?

✎ _____

3 시간 더 필요해?

✎ _____

4 하루 쉬어야 돼?

✎ _____

5 태워다 줄까?

✎ _____

6 지금 당장 답변이 필요해요?

✎ _____

7 쉬어야 돼?

✎ _____

다이알로그 필사도전!

A
내일 아침 일찍 일어나야 돼?

B
어. 6시로 알람 좀 해줘.

Pattern 096 …을 알고 있어

I know what I'm doing
내가 알고 하는 일이야

✓ **핵심포인트** I know+what(where, how~) to+V? ▶ …을 알고 있어
I know that/what/where/how~ S+V ▶ …을 알고 있어

내가 이미 알고 있다고 말하려면 I know (that) S+V 혹은 의문사를 이용하여 I know what[why, how] S+V 형태로 쓰면 된다. 또한 I know how to do it처럼 I know 의문사 to+V~형태로 간편히 말해도 아주 훌륭한 문장이 된다. 위의 I know what I'm doing은 상대방이 걱정하거나 불신할 때 내 할 일은 "내가 알아서 잘 하고 있으니" 걱정말라며 던질 수 있는 자신감있는 표현이다.

 Let's Talk

A: **I know how** you feel. My dog died last month.
네 심정 알아. 우리 개도 지난 달에 죽었거든.

B: I didn't think I'd be so upset. 그렇게까지 마음 아플 줄은 생각 못했어.

A: Don't worry. **I know what** I'm doing. 걱정마. 내 일은 내가 알아서 하니까.
B: I hope so. 그러길 바래.

A: I can't wait to get out of here. 여기서 나가고 싶어 죽겠어.
B: **I know what** you mean. 무슨 말인지 알아.

 기본문장 **달달** 외우기

1 어디로 가야 할지 알아.   **I know where** to go.
2 체스 어떻게 하는지 알아.   **I know how** to play chess.
3 그 여자가 실수했다는 걸 알아. **I know** she made a mistake.
4 네 심정 알아.   **I know how** you feel.
5 내가 다 알아서 한다구.   **I know what** I'm doing.
6 네가 어디 사는지 알아.   **I know where** you live.
7 그게 뭔지 알아.   **I know what** it is.

✓ **One More Step**

I know (that). 알아.
I know라고 목적어 없이 말하면 상대방이 말하는 내용 혹은 말하려는 내용을 "나도 알고 있다"라는 말. 좀 더 강조하려면 I know it(that)이라고 하면 된다. 과거로 I knew it하면 내 그럴 줄 알았어라는 의미.

▶ 한 번 써보면 평생 잊혀지지 않는 영어패턴 필사! ◀

1 1. 어디로 가야 할지 알아.

✏️ _____

2 2. 체스 어떻게 하는지 알아.

✏️ _____

3 3. 그 여자가 실수했다는 걸 알아.

✏️ _____

4 4. 네 심정 알아.

✏️ _____

5 5. 내가 다 알아서 한다구.

✏️ _____

6 6. 네가 어디 사는지 알아.

✏️ _____

7 7. 그게 뭔지 알아.

✏️ _____

다이얼로그 필사도전! ✏️

A

여기서 나가고 싶어 죽겠어.

B

무슨 말인지 알아.

Pattern 097 …을 모르겠어

I don't know what you're talking about 네가 무슨 말을 하는지 모르겠어

✓ 핵심포인트
I don't know+what(where, how~) to+V ▶ …을 몰라
I don't know that/what/where/how~ S+V ▶ …을 몰라

I don't know 다음에 S+V의 절을 넣어 '…을 잘 모른다'라고 말하면 된다. 특히 I don't know what[how] S+V 및 '…인지 아닌지 모르겠어'라는 의미의 I don't know if~ 가 많이 쓰인다. 물론 I don't know 의문사 to+V~도 잊지 말 것. 한편 I don't know+N 패턴에는 I don't know why(왜 그런지 몰라), I don't know about that(그거 몰라), 그리고 I don't know anything about that(그거에 대해 전혀 몰라) 등이 있다.

🗨 Let's Talk

A: **I don't know what** I'm going to do. 뭘 해야 할지 모르겠어.
B: Don't worry. You can try again! 걱정마. 다시 한번 해봐!

A: **I don't know if** it's true. 그게 사실인지 모르겠어.
B: But it is! 하지만 그런걸!

A: **I don't know what** to do. 뭘 어떻게 해야 할지 모르겠어.
B: You want my advice? 내가 조언해줄까?

📋 기본문장 *달달* 외우기

1. 이걸 영어로 뭐라고 하는지 모르겠어.   **I don't know how** to say it in English.
2. 어떻게 해야 할지 모르겠어.   **I don't know what** to do.
3. 뭐라 해야 할지 모르겠네요.   **I don't know what** to say.
4. 뭐라 감사해야 할지 모르겠네요.   **I don't know how** to thank you.
5. 뭘 할지 모르겠어.   **I don't know what** I'm going to do.
6. 무슨 말인지 모르겠어.   **I don't know what** you mean.
7. 그게 좋은 생각인지 모르겠어.   **I don't know if** it's such a good idea.

✓ One More Step

I don't know+명사
I don't know why. 왜 그런지 이유를 모르겠어.
I don't know the exact figure. 정확한 숫자는 몰라.

> ▶ 한 번 써보면 평생 잊혀지지 않는 영어패턴 필사! ◀

1 이걸 영어로 뭐라고 하는지 모르겠어.

✎ _____

2 어떻게 해야 할지 모르겠어.

✎ _____

3 뭐라 해야 할지 모르겠네요.

✎ _____

4 뭐라 감사해야 할지 모르겠네요.

✎ _____

5 뭘 해야 할지 모르겠어.

✎ _____

6 무슨 말인지 모르겠어.

✎ _____

7 그게 좋은 생각인지 모르겠어.

✎ _____

다이알로그 필사도전! ✎

A

뭘 해야 할지 모르겠어.

B

걱정마. 다시 한번 해봐!

Pattern 098 …을 알아?

Do you know any good restaurants?
좋은 식당 뭐 아는 곳 있어?

✓ **핵심포인트** Do you know (any)+N? ▶ (혹) …을 알아?
Do you know anything about+N[~ing]?
▶ …에 대해 좀 아는거 있어?

Do you know+N?는 '…에 대해 알고 있는지' 물어보는 표현. 응용해서 Do you know any+N?로 쓰면 '아는 …가 좀 있어?,' 그리고 Do you know anything about+N[~ing]? 가 되면 '…에 대해 뭐 좀 아는거 있어?'라는 뜻이 된다. 참고로 Do you know that?은 상대방에게 어떤 사실을 들어서 알고 있냐고 물어보는 것으로 상대방은 Yes나 No로 대답하지만, Do you know about that?은 어떤 것을 화제로 삼을 때 꺼내는 말이다.

 Let's Talk

A: **Do you know the manager well?** 매니저 잘 알아?
B: **Yes I do. We are on a first name basis.** 어 그래. 친한 사이야.

A: **Do you know any good outlet malls in Chicago?**
시카고에 좋은 아울렛몰 있는거 좀 알아?
B: **Nope. I've never been there.** 아니. 가본 적이 없어.

A: **Do you know anything about playing the violin?**
바이올린 연주하는 법 아는거 있어?
B: **I studied violin for a few years when I was young.**
어렸을 때 몇 년간 바이올린 공부했어.

 기본문장 **달달** 외우기

1 발렌타인데이의 기원을 알아? **Do you know the origin of Valentine's Day?**
2 쇼핑몰로 가는 지름길 알아? **Do you know the shortest way to the mall?**
3 이 근처에 좋은 식당 뭐 알아? **Do you know any good restaurants around here?**
4 그 바이러스에 대해 뭐 좀 아는거 있어? **Do you know anything about the virus?**
5 컴겜에 대해서 뭐 아는거 있어? **Do you know anything about computer games?**
6 그거에 대해 아는거 있어? **Do you know anything about that?**
7 차 수리하는거 아는거 있어? **Do you know anything about repairing a car?**

> ▶ 한 번 써보면 평생 잊혀지지 않는 영어패턴 필사! ◀

1 발렌타인데이의 기원을 알아?

✎ _____

2 쇼핑몰로 가는 지름길 알아?

✎ _____

3 이 근처에 좋은 식당 뭐 알아?

✎ _____

4 그 바이러스에 대해서 뭐 좀 아는거라도 있니?

✎ _____

5 컴겜에 대해서 뭐 아는거 있어?

✎ _____

6 그거에 대해 아는거 있어?

✎ _____

7 차 수리하는거 아는거 있어?

✎ _____

다이알로그 필사도전!

A

바이올린 연주하는 법 아는거 있어?

B

어렸을 때 몇 년간 바이올린 공부했어.

Pattern 099 …을 알아?

Do you know what I'm saying?
내가 하는 말 알아?

✓ **핵심포인트**　Do you know what(where, how…) to+N? ▶ …을 알아?
　　　　　　　Do you know what (where, how+형용사) S+V? ▶ …을 알아?

이번에는 Do you know~ 다음에 절이 오는 구문으로 Do you know~ 다음에는 what, how, where 등이 다양하게 오면서 각종 정보를 구하게 된다. Do you know 의문사 to~ 구문도 함께 연습해둔다. 상대방이 "내 말을 잘 알아들었는지" 물어보는 Do you know what I'm saying?, "누가 걜 좋아하는지 알아?"는 Do you know who likes him?, 그리고 "걔가 지금 어디 있는지 알아?"는 Do you know where he is right now? 등을 기억해둔다.

Let's Talk

A: **Do you know how to get there?** 거기 어떻게 가는지 알아?
B: **No, I don't.** 아니, 몰라.

A: **Do you know what I mean?** 무슨 말인지 알겠어?
B: **Yeah! You're saying you need to take a day off.** 어! 하루 쉬고 싶다는거지.

A: **Do you know what I'm saying?** 무슨 말인지 알겠어?
B: **Sorry, I don't understand.** 미안, 모르겠어.

기본문장 달달 외우기

1　그거 어떻게 고치[사용하]는지 알아?　**Do you know how to fix[use] it?**
2　내 말 알아 들었어?　**Do you know what I mean?**
3　네가 뭘 하고 있는지 알아?　**Do you know what you're doing?**
4　전철역이 어디에 있는지 알아?　**Do you know where the subway station is?**
5　내가 왜 웃고 있는지 알아?　**Do you know why I'm laughing?**
6　누가 그랬는지 알아?　**Do you know who did that?**
7　티켓이 얼마나 되는지 알아?　**Do you know how much a ticket costs?**

✓ One More Step

Do you know how+형용사 S+V~? 얼마나 …인지 알아?
Do you know how old she is? 걔가 몇 살인지 알아?
Do you know how long I've wanted this? 내가 이걸 얼마나 오랫동안 원했는지 알아?
Do you know how much a ticket costs? 티켓이 얼마나 되는지 알아?

> ▶ 한 번 써보면 평생 잊혀지지 않는 영어패턴 필사! ◀

1 그거 어떻게 고치[사용하]는지 알아?

2 내 말 알아 들었어?

3 네가 뭘 하고 있는지 알아?

4 전철역이 어디에 있는지 알아?

5 내가 왜 웃고 있는지 알아?

6 누가 그랬는지 알아?

7 티켓이 얼마나 되는지 알아?

다이알로그 필사도전!

A

무슨 말인지 알겠어?

B

에! 하루 쉬고 싶다는거지.

Pattern 100 …인 것 같아

I think it's a good idea
그거 좋은 생각인 것같아

✓ 핵심포인트   I think S+V ▶ …인 것같아

I think~로 말할 내용을 둘러싸면 '내 생각엔 …인 것 같아'라는 의미로 자신 없는 이야기를 하거나 혹은 자기의 생각을 부드럽게 말할 수 있다. 예를 들어 She's lying이라고 하기 보다는 I think she's lying하면 "쟤 거짓말하는 것 같아"라는 의미가 되어 자신의 생각을 훨씬 부드럽게 전달할 수 있게 된다. 간단히 "나도 그렇게 생각한다"고 할 때는 I think so나 I think so too(나 역시 그런 것 같아)라고 말한다. 반대로 "난 그렇게 생각하지 않는다"는 I don't think so라 하면 된다.

 Let's Talk

A: **What size do you wear?** 사이즈가 어떻게 되세요?
B: **I think I wear a size eight.** 사이즈 8 정도 입어요.

A: **I think it's too expensive.** 너무 비싼 것 같은데요.
B: **There are cheaper ones in the store.** 가게에 더 싼 것들도 있어요.

A: **I think we have a bad connection.** 연결상태가 안 좋은 것 같아요.
B: **Maybe I should call you back.** 다시 전화드려야겠네요.

 기본문장 **달달** 외우기

1 네가 맞는 것 같아.   **I think you're right.**
2 네가 좋아할 것 같아.   **I think you'll like it.**
3 할 수 있을 것 같아.   **I think I can do that.**
4 너무 비싼 것 같은데요.   **I think it's too expensive.**
5 이상한 것 같아.   **I think it's weird.**
6 지금 가는게 나을 것 같아.   **I think I'd better be going now.**
7 내 남편이 어디에 있는지 걔가 아는 것 같아.
   I think she knows where my husband is.

✓ One More Step

I think so. 나도 그런 것 같아.
상대방의 생각에 나도 그런 생각이라고 동의할 때는 간단히 상대방이 한 말을 'so'로 받은 경우. 좀 더 동의하는 정도를 강조하려면 "I think so too(나 역시 그런 것 같아)라고 말한다. 반대로 상대방의 말에 동의하지 않을 때는 "난 그렇게 생각하지 않는다"라고 I don't think so라 하면 된다.

> ▶ 한 번 써보면 평생 잊혀지지 않는 영어패턴 필사! ◀

1 1. 네가 맞는 것 같아.

2 2. 네가 좋아할 것 같아.

3 3. 할 수 있을 것 같아.

4 4. 너무 비싼 것 같은데요.

5 5. 이상한 것 같아.

6 6. 지금 가는게 나을 것 같아.

7 7. 내 남편이 어디에 있는지 걔가 아는 것 같아.

다이알로그 필사도전!

A

사이즈가 어떻게 되세요?

B

사이즈 8 정도 입어요.

Pattern 101 …인 것 같아

I guess you're right
네 말이 맞는 것 같아

✓ **핵심포인트**   I guess S+V ▶ …인 것같아

"네 말이 맞는 것 같아"라는 뜻으로 I guess S+V 또한 I think와 유사한 표현이다. 역시 확신이 없는 이야기를 전달할 때 혹은 전달하는 이야기를 부드럽게 할 때 쓰면 된다. 상대방의 이야기에 가볍게 동조할 때 "아마 그럴 거예요"라고 하는 I guess so 또한 I think so와 더불어 많이 쓰인다.

 Let's Talk

A: **What's got into you?** 너 왜 그래?
B: **I guess I'm just tired of this dumb job.** 이 바보 같은 일에 지쳐서 그런가 봐.

A: **I can't believe you got a hole in one!** 어떻게 홀인원을 쳐냈냐!
B: **I guess it's just beginner's luck.** 그냥 처음하는 사람에게 따르는 운일 뿐이야.

A: **Well, I guess this is goodbye.** 자, 이제 헤어져야겠군요.
B: **I'm going to miss you so much.** 정말 보고 싶을거예요.

기본문장 달달 외우기

1 우리 가야 될 것 같아.   **I guess we should go.**
2 저녁식사 때 봐요.   **I guess I'll see you at dinner.**
3 한번 해 봄직도 한데.   **I guess it's worth a try.**
4 우리에게 기회가 없는 것 같아.   **I guess we don't have a choice.**
5 내가 끝낸 것 같아.   **I guess I'm done.**
6 걔한테 전화해야 될 것 같아.   **I guess I should call her.**
7 지금 좀 더 나아진 것 같아.   **I guess it's a little better now.**

✓ **One More Step**

I think, I suppose, I guess
모두 「자신의 생각이나 의견을 말하고자 할 때」 사용되는데, I think는 「어떤 일이 사실이라고 생각하지만 확신할 수 없는 것이라는 뉘앙스가 담겨있고, I suppose는 이보다 좀 더 강도를 낮추어 「아마도 사실일테지만 정말로 확실치는 않다」고 할 때 그리고 I think 못지않게 흔히 듣고 볼 수 있는 표현인 I guess는 「어떤 일이 사실일 거라고 생각하거나 혹은 어떤 일이 아마도 생겼을 거라고 추측을 할 때」바로 이 I guess로 시작해 말을 하면 된다.

> ▶ 한 번 써보면 평생 잊혀지지 않는 영어패턴 필사! ◀

1 우리 가야 될 것 같아.

✎ _____

2 저녁식사 때 봐요.

✎ _____

3 한번 해 봄직도 한데.

✎ _____

4 우리에게 기회가 없는 것 같아.

✎ _____

5 내가 끝낸 것 같아.

✎ _____

6 걔한테 전화해야 될 것 같아.

✎ _____

7 지금 좀 더 나아진 것 같아.

✎ _____

다이알로그 필사도전!

A

어떻게 홀인원을 쳐냈냐!

B

그냥 처음하는 사람에게 따르는 운일 뿐이야.

Pattern 102 …가 아닌 것같아

I don't think she can do it
걔가 그걸 못할 것같아

✓ **핵심포인트**   I don't think S+V ▶ …가 아닌 것같아

"걔가 하지 못할 것같아"라는 문장으로 I don't think~ 는 자기가 말하려는 내용을 부드럽게 해주는 역할을 해주는데 다만 상대방과 반대되는 의견이나 자기가 말할 내용이 부정적일 경우에 사용하면 된다. 특이한 것은 I think 다음의 절을 부정으로 하기 보다는 주절, 즉 I think~부분을 부정으로 사용하는 것을 더 선호한다는 점이다. 다시 말해서 I think it's not a good idea하면 좀 딱딱하게 느껴지기 때문에 부드럽게 I don't think it's a good idea라고 한다.

Let's Talk

A: **I don't think** I can get through the night. 밤을 무사히 보낼 수 없을 것 같아.
B: **Just take it easy and try to relax.** 걱정하지 말고 긴장을 풀어봐.

A: **I don't think** it's a good idea to leave now. 지금 가는건 좋은 생각이 아닌 것같아.
B: **I know, but I'm very tired and ready to go.**
   알아, 하지만 너무 피곤해서 이젠 가야겠어.

A: **I don't think that** I have the time to finish it. 그 일을 끝낼 시간이 없는 것같아.
B: **Come on, you have the time. Go for it!** 왜 그래, 시간은 얼마든지 있다고. 자, 화이팅!

기본문장 달달 외우기

1 내가 그걸 할 수 없을 것 같아.   **I don't think** I can do this.
2 그거 좋은 생각같지 않아.   **I don't think** that's a good idea.
3 내일 비가 올 것 같지 않아.   **I don't think** it'll rain tomorrow.
4 그럴 리는 없겠지.   **I don't think** it is going to happen.
5 우린 공통점이 없는 것 같아.   **I don't think** we have anything in common.
6 너없이 살 수 없을 것 같아.   **I don't think** I can live without you.
7 우리가 그걸 해야 한다고 생각하지 않아.   **I don't think** we should do that.

✓ One More Step

I don't think that's the problem. 그게 문제가 아닌 것 같아.
I don't think 다음에 절이 올 때는 접속사 that이 보통 생략되는 게 원칙이지만 that을 쓸 수도 있다. 하지만 I don't think that이 왔다고 무조건 that이 접속사라고 생각하면 안된다. I don't think that means anything에서 볼 수 있듯이 접속사 that은 생략된 상태이고 형태가 동일한 지시대명사 that이 동사 mean의 주어역할을 하는 경우이기 때문이다.

> ▶ 한 번 써보면 평생 잊혀지지 않는 영어패턴 필사! ◀

1 내가 그걸 할 수 없을 것 같아.

✎ _____

2 그거 좋은 생각같지 않아.

✎ _____

3 내일 비가 올 것 같지 않아.

✎ _____

4 그럴 리는 없겠지.

✎ _____

5 우린 공통점이 없는 것 같아.

✎ _____

6 너없이 살 수 없을 것 같아.

✎ _____

7 우리가 그걸 해야 한다고 생각하지 않아.

✎ _____

다이알로그 필사도전! ✎

A

지금 가는건 좋은 생각이 아닌 것같아.

B

알아, 하지만 너무 피곤해서 이젠 가야겠어.

Level 02 필수패턴으로 영어회화 기반다지기

Pattern 103 …인 것 같아?

Do you think she likes me?
걔가 나를 좋아하는 것 같아?

✓ **핵심포인트** Do you think S+V? ▶ …인 것 같아?
             Don't you think S+V~? ▶ …한 것 같지 않아?

Do you think S+V?로 상대방이 어떤 생각을 갖고 있는지, 어떻게 생각하고 있는지 등을 물어보면 된다. 간단히 "너도 그렇게 생각하지?"라고 의견을 물어볼 때는 Do you think so?라 하면 된다. 한편 Don't you think S+V~?로도 쓰이는데 '…한 것 같지 않아?'라는 의미. 부정으로 물어보는 것으로 말투에서도 느껴지듯이 자기 생각을 강조해서 전달하거나 혹은 억양에 따라 질책과 책망의 뉘앙스까지도 줄 수 있는 표현이다.

Let's Talk

A: **Do you think** he understands? 그가 이해한다고 생각하니?
B: I'm not sure if he's getting the picture. 그가 이해하고 있는지 잘 모르겠어.

A: **Do you think** you can run faster than me?
네가 나보다 더 빨리 달릴 수 있을 것같니?
B: I don't know, but I think we should race to find out.
몰라, 경주를 해봐야 알 것 같은데.

A: **Do you think** he'll become a lawyer? 쟤가 변호사가 될 것같아?
B: Who can tell? Maybe. 누가 알아? 그럴지도 모르지.

 기본문장 달달 외우기

1 너무 비싸다고 생각해?   **Do you think** it's too expensive?
2 내가 전화해야 될 것같아?   **Do you think** I should call?
3 날 위해 그걸 할 수 있을 것같아? **Do you think** you can do that for me?
4 우리가 거기 가야 된다고 생각해?**Do you think** we should go there?
5 그걸 할 기회가 있을 것같아?   **Do you think** there's a chance to do it?
6 이게 도움이 될 것같아?   **Do you think** this will do any good?
7 이거 좀 넘 지나치다고 생각하지 않아? **Don't you think** this is a little extreme?

✓ **One More Step**

Don't you think 주어+동사~? …한 것 같지 않아?
자기 생각을 강조해서 전달하거나 혹은 억양에 따라 질책과 책망의 뉘앙스까지도 줄 수 있는 표현.
Don't you think this is a little extreme? 이거 좀 너무 지나치다고 생각하지 않아?

> ▶ 한 번 써보면 평생 잊혀지지 않는 **영어패턴 필사!** ◀

1 너무 비싸다고 생각해?

✎ _____

2 내가 전화해야 될 것 같아?

✎ _____

3 날 위해 그걸 할 수 있을 것 같아?

✎ _____

4 우리가 거기 가야 된다고 생각해?

✎ _____

5 그걸 할 기회가 있을 것 같아?

✎ _____

6 이게 도움이 될 것 같아?

✎ _____

7 이거 좀 넘 지나치다고 생각하지 않아?

✎ _____

다이알로그 필사도전! ✎

A

쟤가 변호사가 될 것같아?

B

그럴지도 모르지.

Level 02 필수패턴으로 영어회화 기반다지기

Pattern 104 …가 좋아, …하는게 좋아

I like to play golf
난 골프치는 걸 좋아해

✓ **핵심포인트**   I like+N[to+V/~ing] ▶ …(하는 것)을 좋아해
I don't like+N[to+V/~ing] ▶ …(하는 것)을 좋아하지 않아

앞서 배운 I'd like~와는 달리 I like+N[to+V/~ing]는 지금 하고 싶은 걸 말하는게 아니라 일반적으로 내가 좋아하는 것을 표현할 때 사용하는 구문이다. 반대로 싫어하는 걸 말하려면 I don't like+N[to+V/~ing]의 형태를 사용하면 된다. 간단히 I like that하면 "그거 좋아," "맘에 든다"라는 의미이고 I'd like that하면 상대방의 제안에 대해 "그러면 좋지"라는 뜻이다.

Let's Talk

A: I'll make you a nice martini. 맛있는 마티니 만들어줄게.
B: Actually, I don't like martinis. 실은 마티니 안 좋아하거든.

A: Why don't you slow down a bit? 좀 천천히 가자.
B: I like to drive fast. 난 빨리 달리는 걸 좋아해.

A: Which is better, getting married or being single?
결혼과 싱글 중 어떤 게 좋아?
B: Personally, I like being single. 개인적으로 싱글이 좋아.

기본문장  외우기

1 네가 제일 좋아.   **I like you the best.**
2 네 넥타이가 좋아.   **I like your necktie.**
3 골프치는[산보하는] 걸 좋아해.   **I like to play golf[take walks].**
4 TV에서 좋은 영화 보는 걸 좋아해. **I like watching good movies on TV.**
5 클래식음악 듣는 걸 좋아해.   **I like listening to classical music.**
6 세탁하는 걸 싫어해.   **I don't like doing the washing.**
7 스포츠를 싫어해.   **I don't like sports.**

✓ **One More Step**

1 I like that! 그거 좋은데, 맘에 들어! vs I'd like that. 그러면 좋지.
2 like는 동사뿐만 아니라 전치사로도 많은 회화표현을 만들어낸다.
   Like this? 이렇게 하면 돼?   That's more like it. 그게 더 낫네요.
   I'm like you. 나도 너랑 같은 생각이야. Just like that. 그냥 그렇게, 그렇게 순순히.

▶ 한 번 써보면 평생 잊혀지지 않는 영어패턴 필사! ◀

1 네가 제일 좋아.

✎ _____

2 네 넥타이가 좋아.

✎ _____

3 골프치는[산보하는] 걸 좋아해.

✎ _____

4 TV에서 좋은 영화 보는 걸 좋아해.

✎ _____

5 클래식음악 듣는 걸 좋아해.

✎ _____

6 세탁하는 걸 싫어해.

✎ _____

7 스포츠를 싫어해.

✎ _____

다이알로그 필사도전! ✎

A

결혼과 싱글 중 어떤 게 좋아?

B

개인적으로 싱글이 좋아.

Pattern 105 …를 좋아해?

Do you like singing?
노래부르는 것을 좋아해?

✓ **핵심포인트**   Do you like+N[to+V/~ing]? ▶ …(하는 것)을 좋아해?

이번에는 상대방이 일반적으로 좋아하는 것을 물어보는 것으로 '…(하는 것)을 좋아해?'라는 의미의 Do you like+N[to+V/~ing]?을 연습해보자. "커피마시는거 좋아해?"는 Do you like to drink coffee?, "랩음악 좋아해?"는 Do you like rap music?이라고 하면 된다. 구어체에서는 간단히 You like~ 라 쓰기도 한다. "존, 너 게임하는거 좋아하지?"는 You like to play games, John?, "만화책 좋아하지, 맞지?"는 You like comic books, right?라 하면 된다.

 Let's Talk

A: **Do you like pizza?** 피자 좋아해?
B: **Sort of. I eat it occasionally.** 어느 정도는. 종종 먹어.

A: **Do you like working in education?** 교육쪽에서 일하는게 좋아?
B: **It's challenging work.** 만만치 않은 일야.

A: **Would you like to go out to lunch with me?** 나랑 점심 먹으러 나갈래?
B: **Sure. Do you like to eat at Happy Noodles?** 그래. 해피누들즈에서 먹을래?

 기본문장 **달달** 외우기

1	그게 좋아?	**Do you like it?**
2	저런 음악 좋아해?	**Do you like that kind of music?**
3	한국 음식 좋아해?	**Do you like Korean food?**
4	골프치는거 좋아해?	**Do you like to play golf?**
5	거기서 일하는거 좋아해?	**Do you like working there?**
6	노래부르는거 좋아해?	**Do you like singing?**
7	컴퓨터 게임하는거 좋아해?	**Do you like playing computer games?**

> ▶ 한 번 써보면 평생 잊혀지지 않는 영어패턴 필사! ◀

1 그게 좋아?

✎ _____

2 저런 음악 좋아해?

✎ _____

3 한국 음식 좋아해?

✎ _____

4 골프치는거 좋아해?

✎ _____

5 거기서 일하는거 좋아해?

✎ _____

6 노래부르는거 좋아해?

✎ _____

7 컴퓨터 게임하는거 좋아해?

✎ _____

다이알로그 필사도전! ✎

A

나랑 점심 먹으러 나갈래?

B

그래. 해피누들즈에서 먹을래?

Pattern 106 ···하기를 바래

I hope you get well soon
네가 곧 나아지기를 바래

✓ **핵심포인트**   I hope to+V ▶ ···하기를 바래
I hope S+V ▶ ···하기를 바래

"곧 낫길 바래"라며 자기의 희망사항을 말하는 표현. I hope to+V~ 또는 I hope S+V로 '···하기를 바래'라는 뜻의 패턴. to+V 이하나 S+V에 자신의 희망사항을 말하면 된다. 굳어진 표현으로는 I hope so(나도 그러길 바래), I hope so too(나도 역시 그러길 바래), I hope not(그렇지 않기를 바래), 그리고 "바라건대"의 의미로 Hopefully 등이 있다. 또한 I wish to+V는 formal한 경우에 또한 I wish S+V는 현재사실과 반대되는 경우에 쓰인다.

 Let's Talk

A: **Thank you for inviting me. I really enjoyed it.** 초대해줘 고마워. 정말 즐거웠어.
B: **Glad to hear that. I hope to see you again.** 그렇게 말해줘 고마워. 다시 보길 바래.

A: **Thank you for the gift you sent on my birthday.** 내 생일에 보내준 선물 고마워.
B: **Oh, it was my pleasure. I hope you like it.** 뭘 그런 걸 갖고. 네 맘에 들었으면 좋겠다.

A: **Do you think the job will be finished on time?** 일이 제시간에 끝나리라고 생각해?
B: **I hope so. If it isn't, we'll lose a lot of money.** 그러길 바래. 아님 거액을 잃을거야.

 기본문장 **달달** 외우기

1 우리가 이기기를 바래.   **I hope we will win.**
2 비가 오지 않기를 바래.   **I hope it doesn't rain.**
3 네가 화 안내기를 바래.   **I hope you aren't angry.**
4 네가 그걸 좋아하길 바래.   **I hope you'll like it.**
5 네가 그 영화를 좋아하길 바래.   **I hope you'll enjoy the movie.**
6 네가 다시 오길 바래.   **I hope you'll come again.**
7 너희 모두 즐거운 성탄절 되길 바래.   **We hope you all have a very merry Christmas.**

✓ **One More Step**

I hope vs. I wish
1 I hope S+V(현재, 미래) 충분히 있을 수 있는 일, 즉 일어날 가능성이 있는 일을 바라는 것
I wish S+V(과거/과거완료시제) 거의 일어날 가능성이 없는 일을 바랄 때
2 I hope to~ ..하기를 바래 *I wish to~: 다분히 형식적이고 공식적인 상황에서만

> ▶ 한 번 써보면 평생 잊혀지지 않는 영어패턴 필사! ◀

1 우리가 이기기를 바래.

✎ _____

2 비가 오지 않기를 바래.

✎ _____

3 네가 화 안내기를 바래.

✎ _____

4 네가 그걸 좋아하길 바래.

✎ _____

5 네가 그 영화를 좋아하길 바래.

✎ _____

6 네가 다시 오길 바래.

✎ _____

7 너희 모두 즐거운 성탄절 되길 바래.

✎ _____

다이알로그 필사도전! ✎

A

내 생일에 보내준 선물 고마워.

B

뭘 그런 걸 갖고. 네 맘에 들었으면 좋겠다.

Pattern 107 …하는데 …가 걸려

It takes 5 minutes to get there
거기 가는데 5분 걸려

✓ **핵심포인트** It takes (sb)+시간 to+V ▶ (…가) …하는데 시간이 걸리다
It takes+시간+(for+sb) to+V ▶ (…가) …하는데 시간이 걸리다

'…하는데 시간이 얼마나 걸리는지'를 말할 때는 It takes+시간+to+V~형태로 쓰며 시간이 정확하지 않을 때는 시간 앞에 about[around]를 붙여 about+시간으로 쓰면 된다. 물론 take 다음에는 시간명사 뿐만 아니라 일반명사도 와 '…하는데 …가 필요하다'라는 뜻으로 쓰이기도 한다. 과거를 말할 때는 It took~이라고 하면 된다. 또한 이런 대답을 하게 하는 질문은 How long does it take to+V ~?(…하는데 시간이 얼마나 걸려?)이다.

 Let's Talk

A: **It takes** around 1 hour **for** me **to** get home. I should get going.
집까지 한 시간 걸려. 나 가야 돼.

B: Stay a little longer and hang out with me. 좀 더 남아서 나랑 놀자.

A: What a nice ring! That's so sweet. 와 반지 멋지다! 정말 고마워.

B: Glad you like it. **It took me** a long time **to** find it.
맘에 들어하니 기뻐. 찾는데 시간 많이 걸렸어.

A: We need to get this job done by the end of the month.
이 일은 월말까지 끝내야 돼.

B: But **that will take** at least 2 months **to** do. 하지만 적어도 두 달은 걸리는데요.

 기본문장 *달달* 외우기

1 여기서 거기 가는데 한 시간 걸려. **It takes** an hour **to** get there from here.
2 거기 가는데 약 10분 걸려. **It takes** about ten minutes **to** go there.
3 네가 원하는 파일찾는데 시간이 걸려. **It takes** time **to** find the files you want.
4 그 계획짜는데 시간많이 걸렸어. **It took me** a long time **to** plan it out.
5 그렇게 하는데 용기가 필요해. **It takes** courage **to** do so.
6 밥과 싸울려면 배짱있어야 돼. **It takes** balls **to** fight with Bob.
7 그걸 찾는데 시간 많이 걸렸어. **It took** a long time **for** me **to** find it.

▶ 한 번 써보면 평생 잊혀지지 않는 영어패턴 필사! ◀

1 여기서 거기 가는데 한 시간 걸려.

2 거기 가는데 약 10분 걸려.

3 네가 원하는 파일찾는데 시간이 걸려.

4 그 계획 짜는데 시간 많이 걸렸어.

5 그렇게 하는데 용기가 필요해.

6 밥과 싸울려면 배짱있어야 돼.

7 그걸 찾는데 시간 많이 걸렸어.

다이알로그 필사도전!

A
집까지 한 시간 걸려. 나 가야 돼.

B
좀 더 남아서 나랑 놀자.

Pattern 108 …한 것같아, …처럼 보여

It seems that we got lost
우리가 길을 잃은 것 같아

✓ **핵심포인트** It seems [to me, like] (that) S+V ▶ …한 것같아
It seems like+N ▶ …같아

"길을 잃은 것 같아"라는 의미. 뭔가 잘 모르거나 확신이 없을 때 It seems~를 쓰는데 '…하는 것 같아'라는 의미이다. It seems (that) S+V의 형태로 쓰는데 It seems 다음에 to me나 혹은 like를 삽입해도 된다. 물론 It seems like 다음에 무조건 절이 온다고 생각하면 안 된다. like 다음에는 명사나 부사 등이 다양하게 와서 '…인 것 같아'라는 뜻으로 사용되는데 "어제인 것같아"는 It seems like yesterday, "안 좋은 생각같아"는 It seems like a bad idea라 한다.

 Let's Talk

A: It seems like you guys are having a great time together.
너희들 신나게 보내는 것 같아.

B: Yeah, it's fun. 그래, 재미있어.

A: It seems that I have lost my wallet. 지갑을 잃어버린 듯해요.

B: Are you sure? 정말이에요?

A: It seems that you're really tired from working on this homework.
이 숙제 하는 것 때문에 너 정말 피곤해 보여.

B: Yes. It'll take a while to finish it. 맞아. 끝내려면 시간이 한 참 걸릴거야.

 기본문장 **달달** 외우기

1 걔가 떠난 것같아.   It seems he has left.
2 지갑을 잃어버린 것같아.   It seems that I have lost my wallet.
3 그 고객이 돈낼 능력이 없어 보여.   It seems to me the client can't pay.
4 네가 너를 전혀 통제 못하고 있는 것같아. It seems to me that you can't control yourself at all.
5 이제 너랑 그만 헤어져야 될 것같아. It seems like it's time to break up with you.
6 피터가 요즘 술을 많이 마시는 것같아. It seems like Peter is drinking a lot of alcohol these days.
7 네가 처음에 내말을 못들은 것같아.   It seems like you didn't hear me the first time.

> ▶ 한 번 써보면 평생 잊혀지지 않는 영어패턴 필사! ◀

1 걔가 떠난 것같아.

✎ _____

2 지갑을 잃어버린 것같아.

✎ _____

3 그 고객이 돈낼 능력이 없어 보여.

✎ _____

4 난 네가 너를 전혀 통제 못하고 있는 것같아.

✎ _____

5 이제 너랑 그만 헤어져야 될 것같아.

✎ _____

6 피터가 요즘 술을 많이 마시는 것같아.

✎ _____

7 네가 처음에 내말을 못들은 것같아.

✎ _____

다이알로그 필사도전!

A

이 숙제 하는 것 때문에 너 정말 피곤해 보여.

B

맞아. 끝내려면 시간이 한 참 걸릴거야.

Pattern 109 ···한 것같아, ···처럼 보여

It looks like it's going to rain
비가 올 것같아

✓ **핵심포인트**　It looks like (that) S+V ▶ ···한 것같아
　　　　　　　　It looks like+N ▶ ···같아

It seems (like) that~과 같은 의미로 역시 조심스럽게 말하기 위한 장치. seem like의 경우는 like가 들어가도 되고 안 들어가도 되는 반면 look like에서는 반드시 like가 들어가야 된다. 구어체에서는 'it'을 생략해 Looks like~로 쓰기도 하는데 (It) Sounds like S+V도 같은 의미의 구문. 또한 (It) Looks like+N로도 쓰이는데 It looks like her는 "그 여자 같아," Looks like it는 "그럴 것 같아" 그리고 It looks like fun은 "재미 있는 것같아"라는 뜻.

Let's Talk

A: **It looks like you don't like your meal at all.** 밥이 네 입맛에 전혀 맞지 않나 보구나.
B: **No, it's just that I'm not hungry right now.** 아뇨, 그냥 지금은 별로 배가 안 고파서요.

A: **Well, it looks like summer is finally here!** 야, 드디어 여름이 온 것 같군!
B: **Yeah, this is one of my favorite seasons!** 그래, 내가 제일 좋아하는 계절이지!

A: **Looks like Tom is doing all right with her.** 탐이 그 여자와 잘 지내는 것 같아.
B: **You really think so?** 정말 그렇게 생각해?

 기본문장 **달달** 외우기

1　차가 밀리는 것 같아.　　　　　**It looks like we're stuck with traffic.**
2　밤새 내가 여기 있을 것 같아.　**It looks like I'm going to be here all night.**
3　효과가 있는 것 같군!　　　　　**It looks like it's working!**
4　걔가 내게 거짓말한 것 같아.　　**It looks like she lied to me.**
5　걔는 탐과 헤어질 것 같아.　　　**It looks like she's going to break up with Tom.**
6　걔가 나에 관한 모든 걸 이미 말한 것같군.　**It looks like she already told you all about me.**
7　걔가 방귀를 뀐 것같아.　　　　**It sounds like she farted.**

> ▶ 한 번 써보면 평생 잊혀지지 않는 **영어패턴 필사!** ◀

1 차가 밀리는 것 같아.

✎ _____

2 밤새 내가 여기 있을 것 같아.

✎ _____

3 효과가 있는 것 같군!

✎ _____

4 걔가 내게 거짓말한 것 같아.

✎ _____

5 걔는 탐과 헤어질 것 같아.

✎ _____

6 걔가 나에 관한 모든 걸 이미 말한 것 같군.

✎ _____

7 걔가 방귀를 뀐 것 같아.

✎ _____

다이알로그 필사도전! ✎

A
밥이 네 입맛에 전혀 맞지 않나 보구나.

B
아뇨, 그냥 지금은 별로 배가 안 고파서요

Pattern 110 …하는 것같아

It's like you don't believe me
넌 나를 믿지 않는 것같아

✓ **핵심포인트**
It's like (that)+N/~ing/S+V ▶ …하는 것같아
It's not like (that)+N/~ing/S+V ▶ …하는 것같지 않아

like는 '…와 같은'이라는 의미로 It's like~하면 '…와 같은거네,' '…하는 것같아,' '…하는 것과 같은 셈야' 등의 의미이다. 그래서 위 문장은 "넌 날 안 믿는 것같아"라는 뜻. It seems [looks like]~ 등이 외관상, 주관상 '…한 것처럼 보인다'라는 느낌인데 반해 It's like~는 바로 앞 대화에서 이야 기하고 있는 사물이나 상황을 비유적으로 다시 한번 이야기할 때 쓰는 말이다. native들이 무척 즐겨 사용하는 It's like~ 다음에는 명사, ~ing, 절 등이 다양하게 올 수 있다.

Let's Talk

A: **It's like** something's changed. 뭔가 바뀐 것 같아.
B: What makes you feel that way? 왜 그렇게 생각하는거야?

A: **It's like** he hates me. 걔가 날 싫어하나봐.
B: Do you really think so? 정말 그렇게 생각해?

A: **It's like** it's raining outside. 밖에 비가 오는 것같아
B: I don't want to go for a walk in the rain. 비 맞으며 산책하고 싶지 않아.

기본문장 달달 외우기

1. 태어날 때의 나 같아!   **It's like** me when I was born!
2. 매일매일이 우리 기념일 같아. **It's like** every day is our anniversary.
3. 비가 오는 것 같아!   **It's like** it's raining!
4. 뭔가 바뀐 것 같아.   **It's like** something's changed.
5. 평생 같이 살기로 약속한 것 같지 않아.
   It's not like we agreed to live together forever.
6. 그런거 아냐.   **It's not like** that.
7. 그게 비밀 같은 건 아냐. **It's not like** it's a secret.

✓ One More Step

You don't know[You have no idea] what it's like to~ …하는 것이 어떤 건지 넌 몰라
    You have no idea what it's like to care for somebody.
    다른 누군가를 좋아한다는게 뭔지 너는 몰라.

▶ 한 번 써보면 평생 잊혀지지 않는 영어패턴 필사! ◀

1. 1. 태어날 때의 나 같아!

✎ _____

2. 2. 매일매일이 우리 기념일 같아.

✎ _____

3. 3. 비가 오는 것 같아!

✎ _____

4. 4. 뭔가 바뀐 것 같아.

✎ _____

5. 5. 평생 같이 살기로 약속한 것 같지 않아.

✎ _____

6. 6. 그런거 아냐.

✎ _____

7. 7. 그게 비밀 같은 건 아냐.

✎ _____

다이알로그 필사도전!

A

뭔가 바뀐 것 같아.

B

왜 그렇게 생각하는거야?

Pattern 111 …한 것 같아

I feel like it's my fault
내가 잘못한 것같아

✓ **핵심포인트**　I feel like S+V ▶ …한 것같아
　　　　　　　　I feel like+N ▶ …같아

역시 같은 의미로 '…한 것같아'라는 뜻. 앞의 It seems (like) ~, It looks like ~가 겉보기에 혹은 주변 상황상 '…한 것처럼 보인다'라는 뜻인 반면 I feel like~는 다소 주관적인 표현으로 '내 느낌상 …한 것같다'라는 뜻이다. feel like 또한 바로 명사가 와서 '…같은 느낌이야'라는 의미로 쓰이며 좀 어렵지만 구어체에서 많이 쓰이는 You make me feel like+N(너 땜에 …같은 기분야)를 잘 기억해둔다.

Let's Talk

A: **I kind of feel like it's my fault.** 조금은 내 잘못인 것 같기도 해.
B: **Kind of!** 조금이라고!

A: **I feel like my head is going to explode!** 내 머리가 터질 것같아!
B: **What happened?** 왜 그래?

A: **It just doesn't feel like we're breaking up.** 우리가 헤어지는 것같지 않아.
B: **No, we are. I'm sad.** 아냐 우린 헤어지는거야. 난 슬퍼.

기본문장 달달 외우기

1　난 겨울엔 항상 아픈 것 같아.　**I feel like I always get sick in the winter.**
2　머리가 터질 것 같아!　**I feel like my head is going to explode!**
3　버스에 치인 것 같아.　**I feel like I was just hit by a bus.**
4　절대로 걔를 못 찾을 것 같아.　**I feel like I'm never going to find him.**
5　전에 여기 와본 것 같아.　**I feel like I've been here before.**
6　넌 아마 기회가 없다고 느낄지도 몰라.
　　You probably feel like you don't have a chance.
7　난 뭔가 배우고 있다는 느낌이 전혀 없어.
　　I don't feel like I'm learning anything.

✓ One More Step

1　I feel like+명사 …같은 느낌(기분)야.　　I feel like an idiot. 내가 바보가 된 것같아.
2　make sb feel like~ …을 …처럼 느끼게 하다

▶ 한 번 써보면 평생 잊혀지지 않는 **영어패턴 필사!** ◀

1 난 겨울엔 항상 아픈 것 같아.

✎ _____

2 머리가 터질 것 같아!

✎ _____

3 버스에 치인 것 같아.

✎ _____

4 절대로 걔를 못 찾을 것 같아.

✎ _____

5 전에 여기 와본 것 같아.

✎ _____

6 넌 아마 기회가 없다고 느낄지도 몰라.

✎ _____

7 난 뭔가 배우고 있다는 느낌이 전혀 없어.

✎ _____

다이알로그 필사도전! ✎

A

내 머리가 터질 것같아!

B

왜 그래?

Pattern 112 …하고 싶어

I feel like having a drink
난 술을 마시고 싶어

핵심포인트
I feel like ~ing ▶ …하고 싶어
I don't feel like ~ing ▶ …하고 싶지 않아

"지금 술이 먹고 싶다"는 문장으로 feel like 다음에 동사의 ~ing을 취하면 '…을 하고 싶어'라는 의미가 된다. 뭔가 먹고 싶거나 뭔가 하고 싶다고 말하는 것으로 반대로 '…을 하고 싶지 않다'라고 말하려면 부정형 I don't feel like ~ing을 쓴다. 앞서 살펴본 바와 같이 '…한 것 같아'라는 의미의 feel like 다음에 명사나 절이 오는 구문과는 다른 의미이다. 간단히 "그러고 싶다"고 할 때는 I feel like it, 반대로 "그러고 싶지 않아"는 I don't feel like it라고 하면 된다.

Let's Talk

A: We want to talk to you. 너랑 얘기 좀 하자.
B: I don't feel like talking. 말하기 싫은데.

A: You know what? I don't feel like going to work. 저 말야. 출근하기 싫어.
B: Why? 왜?

A: I don't feel like having sex. 섹스하기 싫어.
B: Then maybe we can watch a movie or something.
그럼 영화보거나 뭐 다른 거 하자.

기본문장 달달 외우기

1	커피 한잔 먹고 싶어.	**I feel like having a cup of coffee.**
2	샤워하고 싶어.	**I feel like taking a shower.**
3	오늘밤 저녁하기 싫어.	**I don't feel like making dinner tonight.**
4	오늘 외출하기 싫어.	**I don't feel like going out today.**
5	오늘 쇼핑하기 싫어.	**I don't feel like shopping today.**
6	아무것도 하기 싫어.	**I don't feel like doing anything.**
7	춤추고 싶지 않아.	**I don't feel like dancing.**

One More Step

1 I feel like it. 하고 싶어. I don't feel like it. 그러고 싶지 않아, 사양할래.
2 Do you feel like ~ing? …하고 싶어?
   Hey Bob, do you feel like going to a party? 밥, 파티에 가고 싶어?

> ▶ 한 번 써보면 평생 잊혀지지 않는 영어패턴 필사! ◀

1 커피 한잔 먹고 싶어.

✎ _____

2 샤워하고 싶어.

✎ _____

3 오늘밤 저녁하기 싫어.

✎ _____

4 오늘 외출하기 싫어.

✎ _____

5 오늘 쇼핑하기 싫어.

✎ _____

6 아무것도 하기 싫어.

✎ _____

7 춤추고 싶지 않아.

✎ _____

다이알로그 필사도전! ✎

A

너랑 얘기 좀 하자.

B

말하기 싫은데.

Pattern 113 …하면 안될까?, …해도 괜찮을까?

Do you mind picking me up tomorrow?
내일 날 픽업하면 안될까?

✓ **핵심포인트**   Do you mind ~ing? ▶ …해도 될까?
　　　　　　　　Do you mind if S+V? ▶ …하면 안될까?

Would(Do) you mind~ing[if S+V]?하면 '…하기를 꺼려하느냐?'라는 것으로 의역하면 '…해도 될까요?'로 상대의 양해를 구하는 표현. 물론 would를 쓰면 do보다 정중해진다. 중요한 건 대답인데 mind 자체가 '…하기를 꺼려하다'라는 부정이기 때문에 답변 또한 부정의문문의 답변에 준한다. 그래서 Yes하면 그렇다(Yes I mind), 즉 꺼려한다는 의미로 부정의 답이 되고, No를 하게 되면 아니 꺼리지 않는다(No, I don't mind)라는 의미로 긍정의 답이 된다.

Let's Talk

A: **Do you mind picking** me up tomorrow? 내일 나 좀 태워 줄 수 있겠니?
B: **Sure, what time?** 물론이지, 몇시에?

A: **Do you mind if I use your bathroom?** 화장실 좀 써도 되겠어?
B: **No, go ahead.** 그래, 그렇게 해.

A: **Do you mind if I sit here for a second?** 여기 잠깐 앉아도 돼?
B: **Yeah, yeah sure! Yeah!** 그럼 그래! 그렇게 해!

기본문장 *달달* 외우기

1 내일 나 좀 태워 줄 수 있어?　**Do you mind picking me up tomorrow?**
2 뒤에 문 좀 닫을래?　　　　　**Do you mind closing the door behind you?**
3 텔레비전 좀 끌래?　　　　　 **Do you mind turning the TV off?**
4 잠시 가방 좀 봐줄래요?　　　**Would you mind watching my bag for a moment?**
5 여기서 담배 펴도 돼?　　　　**Do you mind if I smoke in here?**
6 여기 잠시 앉아도 돼?　　　　**Do you mind if I sit here for a sec?**
7 걔에 대해 몇가지 질문해도 돼? **Do you mind if we ask you some questions about her?**

✓ **One More Step**

Do you mind? 그만해줄래?, 괜찮겠니?
I'd like to go for a walk. Do you mind? 산책하고 싶은데, 괜찮겠어?

▶ 한 번 써보면 평생 잊혀지지 않는 영어패턴 필사! ◀

1. 1. 내일 나 좀 태워 줄 수 있겠니?

_____

2. 2. 뒤에 문 좀 닫을래?

_____

3. 3. 텔레비전 좀 끌래?

_____

4. 4. 잠시 가방 좀 봐줄래요?

_____

5. 5. 여기서 담배 펴도 돼?

_____

6. 6. 여기 잠시 앉아도 돼?

_____

7. 7. 걔에 대해 몇가지 질문해도 돼?

_____

다이알로그 필사도전!

A

화장실 좀 써도 되겠어?

B

그래, 그렇게 해.

Pattern 114 상관없어

It doesn't matter to me
난 그거 상관없어

✓ 핵심포인트
It doesn't matter (to+사람) ▶ (…에게) 상관없어
I don't care about+N ▶ …가 상관없어, 관심없어

상대방이 나의 의견이나 의향을 물을 때 나는 상관없음을 혹은 결정권을 상대방에게 일임할 때 쓰는 표현. to me를 생략하거나 혹은 주어 'It'을 빼고 Doesn't matter라고 쓰기도 한다. I don't care 역시 무관심을 나타내는 표현으로 I don't care about+N하면 '…가 알게 뭐야,' '관심없어'라는 뜻으로 쓰인다. 두 표현 모두 뒤에 의문사+절의 형태가 올 수 있는데 이는 Level 03에 가서 학습하기로 한다.

 Let's Talk

A: When do you want to get together to talk about it? 언제 만나 그 얘기할까?
B: **It doesn't matter to me.** 나는 별로 상관없어.

A: Can I use your computer when you're gone?
너 퇴근하고 나서 네 컴퓨터를 내가 써도 될까?
B: **I don't care.** 그래, 상관없어.

A: You know what? She's gay. 그게 말야, 걔가 레즈비언이래.
B: **Doesn't matter.** 상관없어.

 기본문장 **달달** 외우기

1 난 상관없어.   **It doesn't matter** to me.
2 어쨌든 난 상관없어.   **It doesn't matter** anyway.
3 상관없다고 말하지마.   **Don't tell me** it doesn't matter.
4 상관없어. 나중에 결정하면 돼. **Doesn't matter. I can decide later.**
5 알게 뭐람! 난 안 그만둔다고!   **I don't care! I am not quitting!**
6 난 그거 상관안해!   **I don't care about** that!
7 난 결과에 상관없어.   **I don't care about** the result.

✓ One More Step

matter가 긍정의 동사로 쓰인 경우에 생소하게 느껴진다. 물론 부정형태가 워낙 유명한 탓도 있지만 말이다. matter의 중요하다, 문제가 되다라는 뜻으로 회화에 쓰인다.
When it comes to love, what does age matter? 사랑에 관해서라면 나이가 뭐 중요한건가?

> ▶ 한 번 써보면 평생 잊혀지지 않는 영어패턴 필사! ◀

1 난 상관없어.

✎ _____

2 어쨌든 난 상관없어.

✎ _____

3 상관없다고 말하지마.

✎ _____

4 상관없어. 나중에 결정하면 돼.

✎ _____

5 알게 뭐람! 난 안 그만둔다고!

✎ _____

6 난 그거 상관안해!

✎ _____

7 난 결과에 상관없어.

✎ _____

다이얼로그 필사도전! ✎

A

언제 만나 그 얘기할까?

B

나는 별로 상관없어.

Pattern 115 …가 …하는 것을 돕다

Can you help me get dressed?
내가 옷입는거 도와줄래?

✓ **핵심포인트**   help+사람+V[~ing/with+N] ▶ …가 …하는 걸 도와주다
help+V ▶ …하는데 도움이 되다

help+사람+(to)동사형태의 구문. 미국영어에서는 거의 to을 사용하지 않아 그냥 help+사람+V원형이라고 외워두면 된다. 동사원형 대신 동사의 ~ing형이 올 수도 있고 도와주는 내용을 동사가 아니라 명사로 하려면 help you with homework처럼 with+N를 사용하면 된다. 한편 help+V형태로도 쓰이는데 이는 '…하는데 도움이 되다'라는 뜻. 예로 It'll help solve the traffic problems하면 "교통문제를 해결하는데 도움이 될거야"라는 의미이다.

 Let's Talk

A: A good cover letter will help you get an interview.
커버레터를 잘 쓰면 면접받을 수 있어.

B: Will you help me write one? 커버레터 쓰는 것 좀 도와줄래?

A: Come on, help me move this. 이리와 이거 옮기는 것 좀 도와줘.

B: I'm sorry! I must be off right now. 미안해! 나 지금 바로 나가야 돼.

A: Well, I think I can help you get over her.
글쎄 네가 걔랑 끝내는거 도와줄 수 있을 것 같아.

B: You can? 정말?

 기본문장 **달달** 외우기

1 보고서 쓰는거 좀 도와줄래?   **Will you help me write a report?**
2 그 여자는 많은 사람들이 금연하는 걸 도와줬어.
   She helped many people quit smoking.
3 설거지 마치는거 도와줄게   **I'll help you finish washing the dishes.**
4 네 컴퓨터 고치는거 도와줄게   **I'll help you fix your computer.**
5 내 미술수업 프로젝트 좀 도와줄래?
   Can you help me with my project for art class?
6 내 잔디 깎는거 도와줄래?   **Can you help me mow my lawn?**
7 이 문제 푸는거 도와줄테야?   **Can you please help me fix this problem?**

▶ 한 번 써보면 평생 잊혀지지 않는 영어패턴 필사! ◀

1 보고서 쓰는거 좀 도와줄래?

✎ _____

2 그 여자는 많은 사람들이 금연하는 걸 도와줬어.

✎ _____

3 설거지 마치는거 도와줄게

✎ _____

4 네 컴퓨터 고치는거 도와줄게

✎ _____

5 내 미술수업 프로젝트 좀 도와줄래?

✎ _____

6 내 잔디 깎는거 돌아줄래?

✎ _____

7 이 문제 푸는거 도와줄테야?

✎ _____

다이알로그 필사도전! ✎

A

커버레터를 잘 쓰면 면접받을 수 있어.

B

커버레터 쓰는 것 좀 도와줄래?

Pattern 116 …할게, …하도록 할게

I'll try to be more careful
더 조심하도록 할게

✓ 핵심포인트   I'll try to+V ▶ …하도록 할게

try는 다음에 주로 명사나 to+V가 와서 '(아직 해보지 않은 것) …을 해보다,' '시도하다'라는 뜻이 된다. I'll try to be more careful은 "더 조심하도록 할게"라는 의미로 to+V가 이어진 경우. 특히 명사가 목적어로 올 경우에는 I'll try my best(최선을 다할거야)처럼 '시도하다'라는 의미이지만 'Try kalbi'처럼 음식이 올 경우에는 '먹어보다'라는 의미가 된다. 한편 try 다음에 옷 등이 올 경우에는 try it on처럼 'on'을 붙여야 한다는 것을 기억해둔다.

 Let's Talk

A: **I'm just trying to help you.** 도와줄려는 것뿐예요.
B: **Oh, you are such a kind person.** 오, 친절도 하셔라.

A: **And I am just trying to figure out why.** 그리고 이유가 뭔지 알아내려고 하고 있어.
B: **Any luck?** 알아냈어?

A: **You're causing problems, as always.** 늘 그렇듯 넌 문제를 일으켜.
B: **Don't get me wrong. I'm trying to help you.** 오해마. 그냥 도와주려는거야.

 기본문장 **달달** 외우기

1 잊도록 할게.   **I'll try to forget it.**
2 이거에 집중하려고 하고 있는거야. **I'm just trying to focus on this.**
3 우리는 사람들과 더 잘 어울리도록 해야 돼.
   We should try to be more social with people.
4 절대로 그러려고 하지마.   **Don't ever try to do it.**
5 얘들아, 진정해. 알았어?   **Look guys, try to calm down. OK?**
6 난 그저 널 도와주려는거였어. **I was just trying to help you.**
7 걘 널 더 기분좋게 해주려는거였어.
   She was just trying to make you feel better.

✓ One More Step

Nice try! (비록 목적달성을 하지 못했지만) 잘했어, 잘 한거야
A: It's too bad you lost the contest. Nice try. 네가 지다니 안됐네. 하지만 잘했어.
B: Maybe I'll win next year. 내년엔 이기겠지.

> ▶ 한 번 써보면 평생 잊혀지지 않는 영어패턴 필사! ◀

1 1. 잊도록 할게.

✏️ _____

2 2. 이거에 집중할려고 하고 있는거야.

✏️ _____

3 3. 우리는 사람들과 더 잘 어울리도록 해야 돼.

✏️ _____

4 4. 절대로 그러려고 하지마.

✏️ _____

5 5. 얘들아, 진정해. 알았어?

✏️ _____

6 6. 난 그저 널 도와주려는거였어.

✏️ _____

7 7. 걘 널 더 기분좋게 해주려는거였어.

✏️ _____

다이알로그 필사도전! ✏️

A

도와줄려는 것뿐예요.

B

오, 친절도 하셔라.

Level 02 필수패턴으로 영어회화 기반다지기

Pattern 117 ···알려줘

Please let me know what you think
네 생각이 무언지 내게 알려주라

✓ **핵심포인트**　Let me know 의문사 to+V ▶ ···하는 것을 알려줘
　　　　　　　　Let me know 의문사+S+V ▶ ···을 알려줘

Let me know 의문사(what, when, where, if~) S+V의 구문으로 '···을 내게 알려달라'고 상대방에게 부탁할 때 쓰는 표현. Let me know 다음에는 S+V 대신 의문사 to+V~가 올 수도 있다. 또한 앞에 Please를 붙여 Please let me know~ 라고 하거나 Could[Would] you let me know~?라 부드럽게 물어보면 된다. 단독으로 쓰이는 Please let me know(알려줘), You let me know(네가 알려줘) 등도 알아두자.

 Let's Talk

A: **Let me know if he likes me, okay?** 걔가 날 좋아하는지 알려줘, 알았지?
B: **You got it.** 알았어.

A: **Let me know if you have any questions.** 물어보고 싶은게 있으시면 알려주세요.
B: **I'll keep that in mind.** 그렇게 할게요.

A: **Could you let me know the total cost?** 총 합계가 얼마죠?
B: **I'll bring you the bill.** 계산서를 갖다 드리죠.

📋 기본문장 **달달** 외우기

1 쟤가 그걸 좋아하는지 알려줘, 알았지?　**Let me know if she likes it, okay?**
2 도움이 필요하면 그냥 알려줘.　**Just let me know if you need a hand.**
3 네 생각이 어떤지 알려줘.　　　　**Let me know what you think.**
4 네가 어디 가는지 알려줘.　　　　**Let me know where you go.**
5 그게 어떻게 돼가는지 알려줘.　　**Let me know how it goes.**
6 걔가 언제 여기에 도착하는지 알려줘.　**Let me know when she gets here.**
7 혹 도움이 필요하면 내게 알려줘.　**If you need any help, you let me know.**

✓ **One More Step**

1 Please let me know (as soon as possible) (가능한 한 빨리) 알려줘
　If you hear anything, let me know. 뭐라도 듣게 되면 내게 알려줘.
2 You let me know 네가 알려줘
　If you need any help, you let me know. 도움이 필요하면 내게 알려줘.

> ▶ 한 번 써보면 평생 잊혀지지 않는 영어패턴 필사! ◀

1 쟤가 그걸 좋아하는지 알려줘, 알았지?

✎ _____

2 도움이 필요하면 그냥 알려줘.

✎ _____

3 네 생각이 어떤지 알려줘.

✎ _____

4 네가 어디 가는지 알려줘.

✎ _____

5 그게 어떻게 돼가는지 알려줘.

✎ _____

6 걔가 언제 여기에 도착하는지 알려줘.

✎ _____

7 혹 도움이 필요하면 내게 알려줘.

✎ _____

다이알로그 필사도전!

A

물어보고 싶은 게 있으시면 알려 주세요.

B

그렇게 할게요.

Pattern 118 ···을 알려줄게

I'll let you know when I find it
내가 그걸 찾으면 알려줄게

✓ **핵심포인트** I'll let you know 의문사+S+V ▶ ···을 알려줄게
When[If] S+V, I'll let you know ▶ ···하면 알려줄게

이번에는 반대로 내가 아는 정보를 상대방에게 알려주겠다고 하는 말로 I'll let you know when[If] S+V의 구문. 순서를 바꿔 When[If] S+V, I'll let you know의 형태로도 많이 쓰인다.

 Let's Talk

A: **Will you be attending the trip to Mexico this spring?**
이번 봄에 멕시코 여행갈거야?

B: **I'm not sure. My money is low, but I'll let you know if I can.**
몰라. 돈이 부족해. 하지만 가능하면 알려줄게.

A: **If we hear anything, I will let you know right away.**
무슨 얘기 들으면 바로 알려줄게.

B: **Okay, I will be waiting for your call.** 그래. 네 전화기다리고 있을게.

A: **I will let you know if she's getting better.** 걔가 좀 나아지면 알려줄게.
B: **I hope she gets better soon.** 걔가 빨리 나아지면 좋겠어.

 기본문장 **달달** 외우기

1 걔가 집에 오면 바로 알려줄게. **I'll let you know as soon as he gets home.**
2 내가 그걸 찾으면 알려줄게. **I'll let you know when I find it.**
3 내가 끝마치면 알려줄게.   **I'll let you know when I'm finished.**
4 수술이 끝나면 알려줄게.   **I'll let you know when the surgery is over.**
5 남자애인지 여자애인지 알려줄게. **I'll let you know if it's a boy or a girl.**
6 뭐 새로운 정보를 알게 되면 알려줄게.
   When we get any new information, I'll let you know.
7 우리가 뭐 좀 들으면 내가 바로 알려줄게.
   If we hear anything, I will let you know right away.

> ▶ 한 번 써보면 평생 잊혀지지 않는 영어패턴 필사! ◀

1 걔가 집에 오면 바로 알려줄게.

✎ _____

2 내가 그걸 찾으면 알려줄게.

✎ _____

3 내가 끝마치면 알려줄게.

✎ _____

4 수술이 끝나면 알려줄게.

✎ _____

5 남자애인지 여자애인지 알려줄게.

✎ _____

6 뭐 새로운 정보를 알게 되면 알려줄게.

✎ _____

7 우리가 뭐 좀 들으면 내가 바로 알려줄게.

✎ _____

다이알로그 필사도전! ✎

A

걔가 좀 나아지면 알려줄게.

B

걔가 빨리 나아지면 좋겠어.

Pattern 119 내가 …할게

Let me show you around
내가 구경시켜줄게

✓ **핵심포인트** Let me+V ▶ 내가 …할게

이번에는 let me 다음에 know 외에 다른 다양한 동사들이 오는 경우를 살펴본다. 역시 '내가 …해주겠다'는 뜻으로 상대방에게 '내가 …을 하겠다'고 정중하게 말하거나 혹은 친절을 베풀거나 할 때 사용하면 된다. 위의 Let me show you around(구경시켜줄게)를 위시해서 Let me talk to her(걔에게 말해볼게), Let me say(말하자면) 등을 알아둔다. 그밖에 Let me in(들여보내주다), Let me down(날 실망시키다) 등을 기억해둔다.

 Let's Talk

A: **Let me** show you how to do this. 이거 어떻게 하는지 알려줄게.
B: Yeah! That would be great! 야! 그럼 좋지!

A: Hey, **let me** ask you something. 야, 뭐 좀 물어볼게.
B: Sure. What? 그래. 뭔데?

A: Please **let me** explain why I did that. 내가 왜 그랬는지 설명할게요.
B: I'm listening. Go ahead, but make it short. 어서 말해. 어서 말하는데 짧게 해.

📋 기본문장 **달달** 외우기

1 한마디 하자면.   **Let me** tell you something.
2 뭐 좀 물어볼게.   **Let me** ask you something.
3 추측해보건데.   **Let me** guess.
4 내가 설명할게.   **Let me** explain.
5 내가 그거 할게.   **Let me** do it.
6 내가 다시 해볼게.   **Let me** try again.
7 알려줄게 있어.   **Let me** remind you.

✓ **One More Step**

1 let sb in …을 들여보내주다
   He won't let me in. 걘 날 들여보내주지 않을거야.
2 let sb down …을 실망시키다
   Don't let me down. 날 실망시키지마.

> ▶ 한 번 써보면 평생 잊혀지지 않는 영어패턴 필사! ◀

1 한마디 하자면.

✎ _____

2 뭐 좀 물어볼게.

✎ _____

3 추측해보건데.

✎ _____

4 내가 설명할게.

✎ _____

5 내가 그거 할게.

✎ _____

6 내가 다시 해볼게.

✎ _____

7 알려줄게 있어.

✎ _____

다이알로그 필사도전!

A

이거 어떻게 하는지 알려줄게.

B

야! 그럼 좋지!

Pattern 120 ···할까 생각중야

I'm thinking of going on vacation
휴가갈까 생각중이야

✓ 핵심포인트 I'm thinking of[about]+N[~ing] ▶ ···을 생각하고 있어
I'm thinking (that) S+V ▶ ···을 생각하고 있어, ···할 것 같아

"휴가갈까 생각중야"라는 말로 I'm thinking of[about]+N[~ing] 구문. 현재 지속되는 일이나 가깝게 예정된 나의 일을 말할 때 사용하는 표현이다. 우리말을 할 때도 '~을 계획한다'라는 현재시제보다는 '~을 계획하고 있어,' '~을 계획중이야'라고 현재진행형을 많이 쓰듯 영어의 경우도 현재보다는 현재진행을 쓰는 경우가 더 많다. I'm thinking of[about]~도 그 중 하나. I'm planning to ~ing도 같은 의미로 '···할까 한다'라는 의미.

Let's Talk

A: **I'm thinking of** taking a computer course. 컴퓨터 강좌를 들을 생각이야.
B: That sounds kind of boring. 약간 따분할 것 같은데.

A: What are you going to do with your bonus? 당신 보너스로 뭘 할거예요?
B: **I'm thinking of** going on vacation. 휴가를 떠날까 하는데요.

A: **I'm planning to** buy a new car. 새 차를 사려고 해.
B: What kind are you thinking of getting? 어떤 종류의 차를 생각하고 있는데?

기본문장 달달 외우기

1 곧 그만둘까 생각중야. **I'm thinking of** quitting soon.
2 베티를 초대할까봐. **I'm thinking of** inviting Betty.
3 결혼할까 생각중이야. **I'm thinking about** getting married.
4 오늘밤 걔한테 데이트신청할까 해. **I'm thinking about** asking him out tonight.
5 오늘밤에 걜 식당에 데려갈려고. **I'm thinking about** taking him to a restaurant tonight.
6 걔를 방문해야 될 것 같아. **I'm thinking** I should go visit him.
7 차를 새로 뽑을 생각이야. **I'm planning to** buy a new car.

✓ One More Step

I'm thinking (that) S+V ···을 생각하고 있어, ···할 것 같아
I'm thinking I have to tell him. 걔에게 말해야 될 것 같아.

> ▶ 한 번 써보면 평생 잊혀지지 않는 영어패턴 필사! ◀

1 곧 그만둘까 생각중야.

✎ _____

2 베티를 초대할까봐.

✎ _____

3 결혼할까 생각중이야.

✎ _____

4 오늘밤 걔한테 데이트신청할까 해.

✎ _____

5 오늘밤에 걜 식당에 데려갈려고.

✎ _____

6 걔를 방문해야 될 것 같아.

✎ _____

7 차를 새로 뽑을 생각이야.

✎ _____

다이알로그 필사도전! ✎

A

당신 보너스로 뭘 할거예요?

B

휴가를 떠날까 하는데요.

Pattern 121 ···될거야

That'll be a big help
그거 큰 도움이 될거야

✓ **핵심포인트** That'll+V ▶ ···될거야
That +V ▶ ···야

That will+V의 형태로 '···하게 될거야,' '···일거야'라는 의미. 따라서 That'll be a big help하면 "큰 도움이 될거야"라는 뜻. will 대신 would가 와서 That would+V가 되면 가정의 의미가 포함되어 '(···하면) ···하게 될 걸'이라는 의미가 된다. 배운 김에 하나 더! That+V~ 형태도 있는데 That depends(상황에 따라 달라), That reminds me(그러고 보니 생각나네), That explains it(그러고 보니 이해되네), 그리고 That makes sense(말되네) 정도가 유명하다.

 Let's Talk

A: **I'd like two tickets for today's game.** 오늘 게임 표 2장 주세요.
B: **That will be $34, please.** 34 달러 예요.

A: **How about a cold beer?** 시원한 맥주 한 잔 어때?
B: **That would be great.** 그럼 좋지.

A: **Why don't we go to Paris this summer?** 이번 여름에 파리에 가자.
B: **You mean it? That would be so fun!** 정말야? 굉장히 재미있겠다!

 기본문장 **달달** 외우기

1 그만하면 됐어.   **That'll do.**
2 괜찮을거야.   **That'll be fine.**
3 450 달러일거야.   **That'll be $450.**
4 도움이 될거야.   **That'll help.**
5 (그럼) 멋질거야.   **That'd be nice[cool].**
6 그럼 좋지./멋질거야./완벽할거야. **That'd be great[wonderful, perfect].**
7 토요일이면 좋지.   **Saturday would be fine.**

> ▶ 한 번 써보면 평생 잊혀지지 않는 영어패턴 필사! ◀

1 그만하면 됐어.

✎ _____

2 괜찮을거야.

✎ _____

3 450 달러일거야.

✎ _____

4 도움이 될거야.

✎ _____

5 (그럼) 멋질거야.

✎ _____

6 그럼 좋지. / 멋질거야. / 완벽할거야.

✎ _____

7 토요일이면 좋지.

✎ _____

다이알로그 필사도전!

A

이번 여름에 파리에 가자.

B

정말야? 굉장히 재미있겠다!

Level 02 필수패턴으로 영어회화 기반다지기

Pattern 122 ···안했어

I didn't do it
난 그렇게 하지 않았어

✓ 핵심포인트
I didn't+V ▶ ···안했어
I didn't know[think/catch] 의문사+S+V
▶ ···를 몰랐어[생각못했어, 이해못했어]

영어회화가 초급이냐 아니면 중급이냐를 가르는 척도 중의 하나는 과거를 아직도 현재시제로 말하느냐 과거시제로 말하느냐일 것이다. 그만큼 영어초급자가 과거행동을 과거로 말하기가 쉽지 않다는 이야기이다. 여기서는 과거의 부정을 말하는 구문인 I didn't+V 형태를 살펴보는데 대표적인 구문으로 I didn't know[think/catch] that[의문사] S+V(···을 몰랐어[생각못했어, 이해못했어])을 연습해본다.

 Let's Talk

A: **I didn't do that.** 나 안그랬어.
B: **Me neither.** 나도 안했어.

A: **I'm sorry I didn't get back to you sooner.** 바로 연락주지 못해 미안해.
B: **That's all right.** 괜찮아.

A: **How come you didn't call me last night?** 어젯밤엔 왜 전화를 안 한거니?
B: **I didn't know that I had to call.** 내가 전화해야 되는 건지 몰랐어.

 기본문장 *달달* 외우기

1 고의로 그런 건 아냐.   **I didn't mean it.**
2 모르고 있었지 뭐야.   **I didn't know that.**
3 난 그런[아무] 말하지 않았어. **I didn't say that./ I didn't say anything.**
4 네 남자친구랑 안잤어.   **I didn't sleep with your boyfriend.**
5 난 그걸 생각하지 못했어.   **I didn't think of that.**
6 네가 전화한 걸 몰랐어.   **I didn't know that you called.**
7 네가 말한 걸 이해못했어.   **I didn't catch what you said.**

✓ One More Step

I didn't know[think/catch] that[의문사] S+V ···을 몰랐어[생각못했어, 이해못했어]
I didn't know that you called. 네가 전화한 걸 몰랐어.
I didn't catch what you said. 네가 말한 걸 이해 못했어.

> ▶ 한 번 써보면 평생 잊혀지지 않는 영어패턴 필사! ◀

1 고의로 그런 건 아냐.

✎ _____

2 모르고 있었지 뭐야.

✎ _____

3 난 그런[아무] 말하지 않았어.

✎ _____

4 네 남자친구랑 안 잤어.

✎ _____

5 난 그걸 생각하지 못했어.

✎ _____

6 네가 전화한 걸 몰랐어.

✎ _____

7 네가 말한 걸 이해못했어.

✎ _____

다이알로그 필사도전!

A

어젯밤엔 왜 전화를 안 한거니?

B

내가 전화해야 되는 건지 몰랐어.

Pattern 123 (넌) …하지 않았어

You didn't love me
넌 나를 사랑하지 않았어

✓ **핵심포인트**   You didn't+V ▶ 넌 …하지 않았어
You didn't tell me+S+V ▶ 넌 …라는 걸 말 안했어

이번에도 역시 과거를 말하는 사용법으로 대신 주어가 You가 되는 경우이다. 즉 상대방이 과거에 '…을 하지 않았다'고 말하는 표현이다. You didn't~ 다음에 다양한 동사를 넣어보면 되는 것으로 '넌 …하지 않았어,' '넌 …를 안했구나'라는 의미. You didn't+V?처럼 끝만 올리면 의문문이 되어 '…을 안했단말야?'라는 문장이 되기도 한다. 응용표현으로는 You didn't tell me (that) S+V로 하게 되면 '넌 …라는 걸 말 안했어'라는 뜻이 된다.

Let's Talk

A: **I have to go now. Give me a call sometime.** 가야 돼. 언제 전화 한번 해.
B: **Oh, but you didn't give me your phone number.** 어, 하지만 전화번호를 줘야지.

A: **You didn't answer your cell phone last night.** 지난밤에 너 핸드폰 안 받던데.
B: **I forgot it in my office yesterday.** 어제 사무실에 두고 왔어.

A: **You told me that you didn't like Jill.** 질을 싫어한다고 내게 말했잖아.
B: **I didn't mean to say that.** 그렇게 말하려는게 아니었어.

기본문장 달달 외우기

1 너 해보려고 하지도 않았잖아!   **You didn't even try!**
2 오늘 재미없었나봐.   **You didn't have fun today.**
3 넌 그거에 관해 아무 말도 안했어. **You didn't say anything about that.**
4 내 질문에 답을 안했어.   **You didn't answer my question.**
5 넌 그것에 그렇게 화나 보이지 않았어.**You didn't seem so upset about it.**
6 네 남자친구가 담배핀다는 얘기안했어.
   You didn't tell me your boyfriend smoked.
7 넌 걔에 대해 아무것도 묻지 않았어? **You didn't ask anything about him?**

> ▶ 한 번 써보면 평생 잊혀지지 않는 **영어패턴 필사!** ◀

1 너 해보려고 하지도 않았잖아!

✎ _____

2 오늘 재미없었나봐.

✎ _____

3 넌 그거에 관해 아무 말도 안했어.

✎ _____

4 내 질문에 답을 안했어.

✎ _____

5 넌 그것에 그렇게 화나 보이지 않았어.

✎ _____

6 네 남자친구가 담배핀다는 얘기안했어.

✎ _____

7 넌 걔에 대해 아무것도 묻지 않았어?

✎ _____

다이알로그 필사도전! ✎

A

지난밤에 너 핸드폰 안 받던데.

B

어제 사무실에 두고 왔어.

Pattern 124 …했어?

Did you enjoy your trip?
여행 즐거웠어?

✓ **핵심포인트** Did you+V? ▶ …을 했어?
Did you know[hear] S+V? ▶ …을 알고 있어[들었어]?

상대방에게 과거의 일을 물어보는 것으로 Did you+V~?라고 하면 된다. Did you enjoy your trip?하면 여행 다녀온 사람에게 "여행 즐거웠냐?"고 물어보는 말. 이처럼 안부인사를 묻거나(Did you have a nice weekend?) 혹은 과거사실을 확인할 때(Did you finish the report?) 주로 사용된다. 응용하여 Did you know[hear] that S+V?라고 하면 '…을 알고 있어[들었어]?'라는 의미가 된다.

Let's Talk

A: **Did you** finish that report? 보고서 끝냈어요?
B: **We're still at it.** 아직도 하고 있어요.

A: You look great too. **Did you** get a haircut? 너도 멋져 보인다. 머리깎았어?
B: Yeah. I got one this morning. 어. 오늘 아침에 깎았어.

A: **Did you** ask her to marry you? 걔한테 결혼하자고 했어?
B: I couldn't. I was too nervous. 그렇게 할 수가 없었어. 너무 긴장해서 말야.

1 저거 봤어?   **Did you** see that?
2 그거 알고 있어?/ 그거에 대해 알고 있어?
   Did you know that?/ **Did you know about** that?
3 최근에 뭐 영화본거 있어? **Did you** see any movies recently?
4 멋진 주말 보냈어? **Did you** have a nice weekend?
5 확인할 기회가 있었어? **Did you** have a chance to check it?
6 간밤에 잘 잤어? **Did you** sleep well last night?
7 신디가 지난달에 결혼한 것 알고 있었어?
   Did you know that Cindy got married last month?

▶ 한 번 써보면 평생 잊혀지지 않는 영어패턴 필사! ◀

1 저거 봤어?

✎ _____

2 그거 알고 있어?/ 그거에 대해 알고 있어?

✎ _____

3 최근에 뭐 영화본거 있어?

✎ _____

4 멋진 주말 보냈어?

✎ _____

5 확인할 기회가 있었어?

✎ _____

6 간밤에 잘 잤어?

✎ _____

7 신디가 지난달에 결혼한 것 알고 있었어?

✎ _____

다이알로그 필사도전! ✎

A
보고서 끝냈어요?

B
아직도 하고 있어요.

Pattern 125 …가 즐거웠어

I really enjoyed it
난 정말 그거 즐거웠어

✓ 핵심포인트   I enjoy+N[~ing] ▶ …가 즐거워, …을 즐겨

enjoy하면 목적어로 ~ing을 취하는 대표적인 동사로 알려져 있지만 이건 동사가 목적어로 올 경우에 동명사형태가 된다는 말이지 목적어로 무조건 ~ing만 온다는 것은 아니다. 회화에서는 위 문장(I really enjoyed it 난 정말 즐거웠어)처럼 enjoy+N의 형태도 많이 쓰인다. 또한 명령문 형태로 Enjoy+N[oneself]로도 쓰이는데 Enjoy your meal!(식사 맛있게 해!), Enjoy oneself(즐겁게 지내) 등을 기억해둔다.

Let's Talk

A: **I'm like you. I enjoy traveling.** 나도 너랑 같아. 여행을 즐겨.
B: **Maybe we should vacation together.** 함께 휴가를 가야겠는 걸.

A: **Did you enjoy walking around today?** 오늘 둘러보는거 좋았어?
B: **Yes, but I'd like a guide tomorrow.** 어, 하지만 내일은 가이드가 필요해.

A: **Everyone seems to be enjoying your dish.**
   모두들 네 음식을 맛있게 먹는 것 같아.
B: **Thank you for saying that.** 그렇게 말해줘서 고마워.

📋 기본문장 *달달* 외우기

1. 파티 즐거웠어./ 저녁 즐겁게 먹었어. **I enjoyed the party./I enjoyed the dinner.**
2. 네가 즐겨할거야.   **I think you'll enjoy it.**
3. 걘 즐기는 듯 보여.   **She seems to enjoy it.**
4. 너랑 얘기해서 즐거웠어. **I enjoyed talking with you.**
5. 뉴욕에서 쇼핑을 즐길거야. **I'm going to enjoy shopping in New York.**
6. 무척 즐거웠어.   **I enjoyed myself very much.**
7. 해변에서 즐거웠어.   **I enjoyed myself at the seaside.**

✓ One More Step

1. Enjoy+명사! : 즐겁게 ~하세요.
   Enjoy your stay in Chicago. 시카고에서 즐겁게 보내세요.
2. Enjoy oneself (스스로)즐기다
   Just try to enjoy yourself. 즐겁게 지내도록 해봐.

▶ 한 번 써보면 평생 잊혀지지 않는 영어패턴 필사! ◀

1 파티 즐거웠어./ 저녁 즐겁게 먹었어.

2 네가 즐겨할거야.

3 걔는 즐기는 듯 보여.

4 너랑 얘기해서 즐거웠어.

5 뉴욕에서 쇼핑을 즐길거야.

6 무척 즐거웠어.

7 해변에서 즐거웠어.

다이알로그 필사도전!

A
모두들 네 음식을 맛있게 먹는 것 같아.

B
그렇게 말해줘서 고마워.

Pattern 126 ···했어, ···해봤어, ···해

She has worked here for 3 years
걘 여기서 근무한지 3년 됐어

✓ 핵심포인트   have+pp ▶ ···했어, 해봤어

이해하기도 어려운데 어떻게 써보냐고 반문할 수도 있는 참 골치 아픈 현재완료이다. 현재와 과거 2개를 묶어서 3등분했다고나 할까? 현재가 있고 과거가 있는데 현재완료는 과거부터 현재까지 이어져오는 것을 말할 때 사용한다. 과거는 지금은 상관없는 일을(I was sick for 2 weeks: 2주간 아팠지만 지금은 아픈지 안 아픈지 모른다) 표현하는 반면 현재완료는 과거동작이 현재까지 미치는 일을(I have been sick for 2 weeks: 2주전부터 지금까지 계속 아프다) 나타낸다.

Let's Talk

A: I'm sorry **I've taken** so much of your time. 시간을 너무 많이 뺏어서 죄송해요.
B: That's OK. I'm glad we found the problem. 괜찮아요. 해결책을 찾게 돼 기쁜 걸요.

A: How are things going at your school? 학교에서 어떻게 지내?
B: Never better. My grades **have gone up** this year. 최고야. 성적이 금년에 올랐어.

A: How do you like the steak? 스테이크 맛이 어때?
B: It's the juiciest steak **I have ever eaten**! 이렇게 맛있는 스테이크는 처음이야!

기본문장 달달 외우기

1 쟤랑 헤어지기로 결정했어.   **I've decided to** break up with him.
2 그간 꽤 바빴어.   **I have been** pretty busy.
3 기나긴 하루였어.   **It has been** a long day.
4 (네가) 지겨워.   **I've had** enough (of you).
5 질렸어, 이제 그만.   **I've had** it.
6 오랜 만이야.   **It's been** a while.
7 너무 오래 기다리게 해서 미안.   I'm sorry to **have kept** you waiting for so long.

✓ One More Step

현재완료의 4가지 용법
1 완료 : 계속되다가 방금 끝난 행동(현재완료 + just, now, already, yet)
2 경험 : ···한 적이 있다라고 과거의 경험(twice, ever, never, before, often)
3 계속 : 과거부터 지금까지 계속되는 행동(+ since+시점명사/for+기간명사)
4 결과 : ···해버렸다.

> ▶ **한 번 써보면 평생 잊혀지지 않는 영어패턴 필사!** ◀

1 쟤랑 헤어지기로 결정했어.
✎ _____

2 그간 꽤 바빴어.
✎ _____

3 기나긴 하루였어.
✎ _____

4 (네가) 지겨워.
✎ _____

5 없음
✎ _____

6 오랜 만이야.
✎ _____

7 너무 오래 기다리게 해서 미안.
✎ _____

다이알로그 필사도전! ✎

A

스테이크 맛이 어때?

B

이렇게 맛있는 스테이크는 처음이야!

Pattern 127 …에 가본 적 있어, …에 갔다 왔어

I have been to a beauty salon
미장원에 갔다 왔어

✓ 핵심포인트   I have been+to[in] ▶ …에 가본 적 있어, …에 갔다 왔어, …을 해봤어

'…에 갔다 왔어' 혹은 '…에 가본 적이 있어'라는 말도 현재완료로 해결이 가능하다. 위 문장은 "미장원에 갔다 왔어"라는 뜻. 이처럼 have been in[to]+장소의 형태로 잠깐 갔다 오는 bathroom, station이나 혹은 좀 오래 머무르는 New York 등의 단어가 올 수 있다. 관용표현으로 Where have you been?(어디 갔다 오는거야?), I've been there(가본 적 있어, 정말 그 심정 이해해) 그리고 I've never been there(거기 가본 적이 없어) 정도 암기하고 가자.

Let's Talk

A: **Hello Peter. Where have you been?** 야 피터, 어디 갔었어?
B: **Hi. I have been in the bathroom.** 어, 화장실에.

A: **You've been in love before?** 전에 사랑 해본 적 있어?
B: **Well, just once, with you.** 어, 한번, 너를.

A: **You've been in there for a long time!** 너 거기 너무 오래 있는다!
B: **All right, I'm coming out.** 알았어, 나갈게.

기본문장 달달 외우기

1 걔는 뉴욕에 8년째 살아.   **She's been in New York for 8 years.**
2 2주간 인도에 갔었어.   **I've been in India for two weeks.**
3 걔 아파트에 갔다왔는데 거기 없더라고.
   I've been to his apartment and he wasn't there.
4 전에 여기에 와봤어.   **I've been to this place before.**
5 하루 종일 실험실에 있었어.   **I've been in the lab all day.**
6 18세 이후로 상담치료를 받아왔어.   **I've been in therapy since I was 18.**
7 전에 사랑해본 적 있어?   **You've been in love before?**

✓ One More Step

현재완료 관용표현
I've been there. 1. 무슨 말인지 충분히 알겠어, 정말 그 심정 이해해. 2. 가본 적 있어.
Been there, done that. (전에도 해본 것이어서) 뻔할 뻔자지.

> ▶ 한 번 써보면 평생 잊혀지지 않는 영어패턴 필사! ◀

1 걔는 뉴욕에 8년째 살아.

✎ _____

2 2주간 인도에 갔었어.

✎ _____

3 걔 아파트에 갔다왔는데 거기 없더라고.

✎ _____

4 전에 여기에 와봤어.

✎ _____

5 하루 종일 실험실에 있었어.

✎ _____

6 18세 이후로 상담치료를 받아왔어.

✎ _____

7 전에 사랑해본 적 있어?

✎ _____

다이알로그 필사도전! ✎

A
야 피터, 어디 갔었어?

B
어, 화장실에.

Pattern 128 …한 적이 없어

I have never heard of such a thing
난 그런 얘기 들어본 적이 전혀 없어

✓ **핵심포인트** I haven't+pp~/I have never+pp~ ▶ …해 본 적이 없어
You've never+pp ▶ 넌 …한 적이 없어

이번엔 I have+pp의 부정. 과거부터 지금까지 '…한 적이 없다'라고 말하는 것으로 I have not[haven't]+pp 혹은 I have never+pp의 형태로 말하면 된다. 따라서 I have never heard of such a thing하면 "그런 일은 들어본 적이 없다"는 의미. 또한 "걔를 결코 본 적이 없다"는 I've never seen him in my life, '…할 기회가 정말 없었어'는 I haven't really had a chance to+V~, 그리고 You've never+pp~하게 되면 '넌 …을 해본 적이 없어'라는 의미.

 Let's Talk

A: **How is your father doing these days?** 요즘 네 아버님 어떻게 지내셔?
B: **I'm not sure. I haven't called him in a while.** 잘 몰라. 한동안 전화 못 드렸어.

A: **Are you ready to order your food?** 주문하시겠어요?
B: **No, I haven't decided what to eat yet.** 아뇨, 아직 못 정했는데요.

A: **Hello Lisa. I haven't seen you in a while.** 안녕 리사. 오랜 만이야.
B: **That's right. What have you been doing?** 맞아. 넌 뭐하고 지냈어?

 기본문장 **달달** 외우기

1 아직 결정을 못했어.   **I haven't made up mind(I haven't decided yet).**
2 오랜만이야.   **I haven't seen you in ages[for a long time].**
3 저런거 본 적이 없어.   **I've never seen anything like that.**
4 전에 거기에 가본 적이 없어.   **I've never been there before.**
5 전에 총각파티에 가본 적이 없어. **I've never been to a bachelor party before.**
6 우린 전에 이걸 해본 적이 없어. **We've never done this before.**
7 넌 내 집에서 밤을 지샌 적이 없어. **You've never spent the night at my place.**

> ▶ 한 번 써보면 평생 잊혀지지 않는 영어패턴 필사! ◀

1 아직 결정을 못했어.

✎ _____

2 오랜만이야.

✎ _____

3 저런거 본 적이 없어.

✎ _____

4 전에 거기에 가본 적이 없어.

✎ _____

5 전에 총각파티에 가본 적이 없어.

✎ _____

6 우린 전에 이걸 해본 적이 없어.

✎ _____

7 넌 내 집에서 밤을 지샌 적이 없어.

✎ _____

다이알로그 필사도전! ✎

A

안녕 리사. 오랜 만이야.

B

맞아. 넌 뭐하고 지냈어?

Pattern 129 …한 적이 있어?

Have you seen my camera?
내 카메라 봤어?

✓ **핵심포인트** Have you (ever)+pp~? ▶ …을 해 본 적이 있어?
Have you ever thought about+N[~ing]?
▶ …을 생각해본 적 있어?

상대방에게 '…한 적이 있는지'를 물어보는 패턴. Have you+pp~? 혹은 ever를 삽입하여 Have you ever+pp~?라 한다. 특히 Have you ever tried~?는 '…해본 적이 있는지'를 물어보는 빈출표현. "결혼한 적 있어?"는 Have you ever been married?, "이런 것들 본 적 있어?"는 Have you seen these?, 그리고 "뉴욕에 가 본 적 있어?"는 Have you ever been to New York?이라고 하면 된다.

 Let's Talk

A: **Have you traveled overseas?** 해외여행 해본 적 있어?
B: **I'm afraid not.** 아니 없어.

A: **Have you heard that the factory is closing?**
 너 공장이 문 닫는다는 얘기 들어봤어?
B: **No. I'm really surprised.** 아니. 정말 놀랍군.

A: **I'm getting ready to play soccer.** 축구할 준비됐어.
B: **Have you stretched out your muscles?** 근육 풀었어?

 기본문장 달달 외우기

1 호텔 예약을 해본 적 있어? **Have you made a hotel reservation?**
2 전에 마라톤 뛰어본 적 있어? **Have you run the marathon before?**
3 스시를 먹어본 적 있어? **Have you ever tried sushi?**
4 디즈니랜드에 가본 적 있어? **Have you ever been to Disneyland?**
5 저게 뭐였어? 저런거 본 적 있어? **What was that? Have you ever seen anything like that?**
6 저거 들어본 적 있어? **Have you ever heard of that?**
7 애 갖는걸 생각해본 적 있어? **Have you ever thought about having children?**

▶ 한 번 써보면 평생 잊혀지지 않는 영어패턴 필사! ◀

1 호텔 예약을 해본 적 있어?

✎ _____

2 전에 마라톤 뛰어본 적 있어?

✎ _____

3 스시를 먹어본 적 있어?

✎ _____

4 디즈니랜드에 가본 적 있어?

✎ _____

5 저게 뭐였어? 저런거 본 적 있어?

✎ _____

6 저거 들어본 적 있어?

✎ _____

7 애 갖는걸 생각해본 적 있어?

✎ _____

다이알로그 필사도전!

A
축구할 준비됐어.

B
근육 풀었어?

Pattern 130 …라고 들었어

I heard you were going to get married 너 결혼할거라고 들었어

✓ **핵심포인트**   I('ve) heard about+N ▶ …에 대해 들었어
I('ve) heard S+V ▶ …라던대

다른 사람에게서나 혹은 신문이나 방송 등 제 3의 소스를 통해서 들은 이야기를 할 때 말하는 표현. '…라고 들었어'라는 의미로 주로 화제를 꺼낼 때 사용하는데 I heard 혹은 I've heard~로 시작하면 된다. I've never heard of[from]~는 '…을 들어본 적이 없다,' I('ve) heard about+N는 '…에 관해 듣다,' 그리고 Did you hear that~?나 Have you heard that~?은 '…을 들어본 적이 있어?'라고 물어보는 표현이다.

Let's Talk

A: **How much is the fine if you get caught?** 잡히면 벌금이 얼마야?
B: **I heard that it's 30,000 won.** 3만원으로 들었어.

A: **I heard that he's a real moviegoer.** 그 사람은 정말 영화팬이라고 들었어.
B: **He goes at least three times a week.** 1주일에 적어도 3번은 영화관에 가지.

A: **Did you hear that I got married again?** 내가 다시 결혼한다는 말 들었니?
B: **Oh, that's great news. Way to go!** 이런, 정말 좋은 소식인 걸. 잘됐네!

 기본문장 **달달** 외우기

1 며칠전 밤에 너 약혼식 얘기 들었어.
   I heard about your engagement the other night.
2 입학시험에 떨어졌다며.
   I heard that you failed the entrance exam.
3 몇 주전에 해고됐다며. **I heard you got fired a few weeks ago.**
4 너 결혼할거라고 그러던대. **I heard you were going to get married.**
5 한국에는 새해가 두 번 있다며.
   I heard that there are two New Years in Korea.
6 존이 교통사고 나서 다쳤다며.
   I heard that John was injured in a car accident.
7 어제 걔한테 무슨 일이 일어났는지 들었어.
   I heard what happened to her yesterday.

▶ 한 번 써보면 평생 잊혀지지 않는 영어패턴 필사! ◀

1 며칠전 밤에 너 약혼식 얘기 들었어.

2 입학시험에 떨어졌다며.

3 몇 주전에 해고됐다며.

4 너 결혼할거라고 그러던대.

5 한국에는 새해가 두 번 있다며.

6 존이 교통사고 나서 다쳤다며.

7 어제 걔한테 무슨 일이 일어났는지 들었어.

다이알로그 필사도전!

A
내가 다시 결혼한다는 말 들었니?

B
이런, 정말 좋은 소식인 걸. 잘됐네!

Pattern 131 ···하는게 어때?

Why don't you come with me?
나랑 함께 갈래?

✓ **핵심포인트**
Why don't you+V? ▶ ···하는게 어때?
Why don't I+V? ▶ ···할게요(Let me+V)
Why don't we+V? ▶ ···하자(=Let's+V)

Why don't you+V?는 무늬만 의문문이고 실제로는 상대방에게 뭔가 제안하는 패턴으로 앞서 배운 I want you to+V~과 의미가 비슷하다고 할 수 있다. 또한 변형된 Why don't I+V?는 '···할게요'(Let me+V~), Why don't we+V~?는 '···하자(Let's+V~)라는 의미. 끝으로 Why not?은 제안에 대한 대답으로 "좋아," "안될 이유가 뭐 있겠어?," "왜 안해?," "왜 안되는거야?," 혹은 "그러지 뭐"라는 뜻이다.

 Let's Talk

A: **Why don't you** just call her? 걔한테 전화해보는게 어때?
B: I can't call her, I left a message! I have some pride.
   전화는 못하고 메시지남겨놨어! 나도 자존심이 있다고.

A: Wow, so **why don't you** go talk to him? 야, 그래 재한테 가서 이야기해봐.
B: Oh, yeah. 어, 그래.

A: **Why don't you** ask her to join us? 쟤도 함께 하자고 물어봐.
B: I think I will. 그럴려구.

 기본문장 **달달** 외우기

1 좀 긴장을 풀어봐, 응?   **Why don't you** try to relax, okay?
2 가서 프랭키 만나보는게 어때?   **Why don't you** go see Frankie?
3 무슨 일인지 내게 말해봐.   **Why don't you** tell me what happened?
4 가서 엄마 찾아 얘기해.   **Why don't you** go find the mother and talk to her.
5 나를 도와줘.   **Why don't you** give me a hand?
6 쉬지 그래.   **Why don't you** take a break.
7 이리와 나랑 잠시 얘기하자.   **Why don't you** come over here and talk to me for a second?

> ▶ 한 번 써보면 평생 잊혀지지 않는 영어패턴 필사! ◀

1 좀 긴장을 풀어봐, 응?

✎ _____

2 가서 프랭키 만나보는게 어때?

✎ _____

3 무슨 일인지 내게 말해봐.

✎ _____

4 가서 엄마 찾아 얘기해.

✎ _____

5 나를 도와줘.

✎ _____

6 쉬지 그래.

✎ _____

7 이리와 나랑 잠시 얘기하자.

✎ _____

다이알로그 필사도전!

A

걔한테 전화해보는게 어때?

B

전화는 못하고 메시지남겨놨어! 나도 자존심이 있다고.

Pattern 132 …은 어때?

How about we go to the movies tonight?
오늘밤에 영화보러 가는게 어때?

✓ **핵심포인트** How about+N[~ing]? ▶ …은 어때?
　　　　　　　　How about S+V? ▶ …하는게 어때?

How about~? 패턴은 about 다음에 명사나 ~ing만 오는 것으로 알려져 있는데 실은 아무 말이나 와도 된다. How about over here?(이쪽은 어때?), How about we go to the movies tonight?(오늘 저녁 영화 어때?)처럼 How about~ 다음에는 부사구나 문장 등도 올 수 있다. 상대방의 의향을 묻거나 뭔가 제안할 때 특히 약속시간, 장소를 정할 때 아주 유용하다.

Let's Talk

A: **How about** going out for a drink tonight? 오늘 밤 한잔하러 나갈까?
B: Yes, let's do that. 좋아, 그렇게 하자.

A: **How about** three o'clock? 3시는 어때?
B: Perfect. I'll meet you there. 좋지. 거기서 보자.

A: **How about** I move in with you? 내가 들어가 살면 어때?
B: Well, that would be great 어, 그럼 좋지.

기본문장 달달 외우기

1 디저트 좀 들래요?　　　　　　**How about** some dessert?
2 커피 한 잔 더 들래?　　　　　**How about** another cup of coffee?
3 지금은[내일 저녁은] 어때?　　**How about** now[tomorrow evening]?
4 저녁 먹으러 나갈까?　　　　　**How about** going out for dinner?
5 저녁하면서 이 얘기해보면 어때? **How about** we talk about this over dinner?
6 너 집에 태워다 줄까?　　　　　**How about** I give you a ride home?
7 네 아파트에서 우리 만날까?　　**How about** we meet at your apartment?

✓ **One More Step**

How about ~ ? 관용표현
How about you? 네 생각은 어때?　　How about that? 그건 어때?
How about that! 거 근사한데!, 그거 좋은데! 잘됐군!(느낌표에 주목)

> ▶ 한 번 써보면 평생 잊혀지지 않는 영어패턴 필사! ◀

1 디저트 좀 들래요?

✎ _____

2 커피 한 잔 더 들래?

✎ _____

3 지금은[내일 저녁은] 어때?

✎ _____

4 저녁 먹으러 나갈까?

✎ _____

5 저녁하면서 이 얘기해보면 어때?

✎ _____

6 너 집에 태워다 줄까?

✎ _____

7 네 아파트에서 우리 만날까?

✎ _____

다이알로그 필사도전! ✎

A

오늘 밤 한잔하러 나갈까?

B

좋아, 그렇게 하자.

Level 02 필수패턴으로 영어회화 기반다지기

Pattern 133 어째서 …하는거야?

How come you're late?
어째서 늦은거야?

 핵심포인트 How come S+V? ▶ 어째서 …하는거야?

How about~ 만큼이나 쓰기 좋은 표현. How come~은 한마디로 Why에 해당되는 단어. 다만 why의 경우는 뒤에 주어와 동사를 도치시켜야 하지만 How come~의 경우는 시제가 현재이건 과거이건 뒤에 바로 S+V를 도치없이 그대로 갖다 붙이기만 하면 완벽한 영어문장이 되기때문에 외국어로 영어를 배우는 우리에게는 상당히 user-friendly한 패턴이다.

 Let's Talk

A: **How come you're late?** 어쩌다 이렇게 늦은거야?
B: **I got caught in traffic.** 차가 밀려서.

A: **How come he didn't show up last night?** 걔는 왜 어젯밤 안 왔대?
B: **I'm not sure. Maybe he was ill.** 몰라, 아팠겠지.

A: **Jessica, how come you never told me that?**
제시카, 어째서 내게 말하지 않은거야?
B: **I thought that it wasn't important to you.** 네게 중요하지 않다고 생각했어.

기본문장 달달 외우기

1 어째서 넌 엄마랑 살지 않아? **How come you don't live with your mom?**
2 어째서 내게 말하지 않았어? **How come you didn't tell me?**
3 어떻게 내게 얘기를 안 한거야? **How come you never told me that?**
4 왜 내게 한마디도 안 했던거야? **How come you never said anything to me?**
5 왜 네가 싫어하는 직장에 아직도 다녀?
   How come you're still at a job that you hate?
6 어떻게 우리가 전에 이 얘기를 안한거야?
   How come we never talked like this before?
7 어째서 넌 그렇게 이상하냐? **How come you're so weird?**

> ▶ 한 번 써보면 평생 잊혀지지 않는 영어패턴 필사! ◀

1 어째서 넌 엄마랑 살지 않아?

✎ _____

2 어째서 내게 말하지 않았어?

✎ _____

3 어떻게 내게 얘기를 안 한거야?

✎ _____

4 왜 내게 한마디도 안 했던거야?

✎ _____

5 왜 네가 싫어하는 직장에 아직도 다녀?

✎ _____

6 어떻게 우리가 전에 이 얘기를 안한거야?

✎ _____

7 어째서 넌 그렇게 이상하냐?

✎ _____

다이알로그 필사도전! ✎

A
어쩌다 이렇게 늦은거야?

B
차가 밀려서.

Pattern 134 왜 …하지 않았어?

Why didn't you tell me?
왜 내게 말하지 않았어?

핵심포인트
Why didn't you+V? ▶ 왜 …하지 않았어?
Why did you+V? ▶ 왜 …했어?

"왜 내게 말하지 않았어?"라고 상대방의 과거의 행동에 대한 이유를 물어보는 문장. 이처럼 '왜 …하지 않았냐?'고 물을 때는 Why didn't you+V?를, 그리고 반대로 '왜 …했냐?'고 물어볼 때는 Why did you+V? 형태를 사용하면 된다. 현재형으로 Why do you+V~?하면 '왜 …해?'라는 의미로 Why do you say that?(왜 그런 말을 해?) 정도는 암기해두자.

Let's Talk

A: **Oh my God! Why didn't you tell me?** 맙소사! 왜 내게 말하지 않았어?
B: **We thought you knew!** 우린 네가 아는 줄 알았어!

A: **Why did you break up with Anna?** 왜 애너와 헤어진거야?
B: **She wants to start a family. I'm not ready.**
   걘 가정을 꾸미려고 하는데 난 준비가 안돼서.

A: **I'm not so good at management.** 난 경영에 소질이 없나봐.
B: **Why do you say that?** 왜 그런 말을 해?

기본문장 달달 외우기

1 걔한테 진실을 왜 말하지 않았어?   **Why didn't you just tell her the truth?**
2 왜 그 일을 맡지 않았어?   **Why didn't you take the job?**
3 왜 아무 말도 하지 않았어?   **Why didn't you say anything?**
4 어젯밤에 왜 전화안했어?   **Why didn't you call me last night?**
5 내가 왜 그걸 생각못했을까?   **Why didn't I think of that?**
6 넌 왜 나를 싫어했어?   **Why did you hate me?**
7 왜 그랬어?   **Why did you do that?**

One More Step

Why do you+V~? 왜 …해?
Why do you care so much? 왜 그렇게 신경 써?
Why do you say that? 왜 그런 말을 해?   Why do you think so? 왜 그렇게 생각해?

▶ 한 번 써보면 평생 잊혀지지 않는 영어패턴 필사! ◀

1 걔한테 진실을 왜 말하지 않았어?

✎ _____

2 왜 그 일을 맡지 않았어?

✎ _____

3 왜 아무 말도 하지 않았어?

✎ _____

4 어젯밤에 왜 전화안했어?

✎ _____

5 내가 왜 그걸 생각못했을까?

✎ _____

6 넌 왜 나를 싫어했어?

✎ _____

7 왜 그랬어?

✎ _____

다이알로그 필사도전! ✎

A
왜 애너와 헤어진거야?

B
걘 가정을 꾸미려고 하는데 난 준비가 안돼서.

Pattern 135 왜 …해?

Why are you so angry?
왜 그렇게 화가 났어?

✓ 핵심포인트 Why are you+형용사? ▶ 왜 …해?
Why are you+~ing[pp]? ▶ 왜 …해?

역시 상대방에게 이유를 물어보는 표현으로 Why are you+형용사(~ing/pp)~?의 형태로 쓰인다. 과거로 쓰려면 be동사를 과거형 was나 were로 바꿔주면 된다. "그게 왜 중요해?"라고 하려면 Why is that important?, "왜 우는거야?"라고 하려면 Why are you crying? 그리고 "넌 왜 걔의 집에 있었어?"라고 하려면 Why were you at her house?라고 하면 된다.

 Let's Talk

A: **Why isn't the computer working?** 컴퓨터가 왜 작동이 안되는거야?
B: **I tried to connect to the Internet, but I did it wrong.**
　인터넷 연결하다 잘못했어.

A: **Why are you so angry?** 왜 내게 화나 있는거야?
B: **You let me down. I thought I could trust you.**
　넌 나를 실망시켰어. 널 믿을 수 있다고 생각했는데.

A: **Why are you doing this to me?** 내게 왜 이러는거야?
B: **Because I don't like you.** 널 싫어하니까.

 기본문장 **달달** 외우기

1 너 여기 왜 있는거야?　　　　**Why are you here?**
2 왜 이런 일이 벌어지는거야?　　**Why is this happening?**
3 그게 왜 네게 그렇게 중요해?　　**Why is it so important to you?**
4 그걸 인정하는게 왜 그렇게 힘들어? **Why is it so hard to admit that?**
5 걘 왜 그렇게 불행해?　　　　**Why is he so unhappy?**
6 이 문이 왜 잠겨져 있는거야?　　**Why was this door locked?**
7 네가 우리에게 진실을 말하는게 왜 그렇게 어려웠어?
　Why was it so difficult for you to tell us the truth?

✓ One More Step

1 Why is that? 왜(= How come?)
2 Why is it that S+V? 왜 …야?　　Why is it that you're not coming? 넌 왜 안오는거야?

> ▶ 한 번 써보면 평생 잊혀지지 않는 영어패턴 필사! ◀

1 너 여기 왜 있는거야?

✎ _____

2 왜 이런 일이 벌어지는거야?

✎ _____

3 그게 왜 네게 그렇게 중요해?

✎ _____

4 그걸 인정하는게 왜 그렇게 힘들어?

✎ _____

5 걘 왜 그렇게 불행해?

✎ _____

6 이 문이 왜 잠겨져 있는거야?

✎ _____

7 네가 우리에게 진실을 말하는게 왜 그렇게 어려웠어?

✎ _____

다이알로그 필사도전! ✎

A

왜 내게 화나 있는거야?

B

넌 나를 실망시켰어. 널 믿을 수 있다고 생각했는데.

Pattern 136 …가 뭐야?

What's the problem?
문제가 뭐야?

✓ **핵심포인트** What is[are]+N~? ▶ …가 뭐야?

What is[are]+N~?의 구문으로 명사의 내용이 뭐냐고 물어보는 의문문. 어렸을 때 배운 What is it?에서 it 대신에 자기가 알고 싶은 명사를 붙이면 된다. 과거일 때는 be동사는 was로 바꿔주면 된다. 특히 이 형태로는 What's the matter?(무슨 문제야?), What's the big deal?(별 일 아니네), What's the problem?(무슨 일이야?) 등 회화에서 자주 쓰이는 빈출표현들이 많은데 이런 표현들은 그냥 기계적으로 외워두어야 한다.

 Let's Talk

A: **What's the matter?** 무슨 일이야?
B: Jill and I had a really big fight. 질과 내가 정말 크게 싸웠어.

A: You should be ashamed of cheating on your exam.
컨닝한 걸 수치스러워 해야지.
B: **What's the big deal?** A lot of students do it. 뭘 그런걸 갖고? 학생들 많이 그래.

A: **What's the name of the girl you're dating?** 네가 만나는 여자애 이름이 뭐야?
B: Kristen Lang. 크리스틴 랭.

 기본문장 **달달** 외우기

1 무슨 일이야?, 도대체 왜 그래? **What's the matter with you?**
2 별거 아니네?, 무슨 큰일이라도 있는거야? **What's the big deal?**
3 그만두는 이유가 뭐야? **What's the reason for quitting?**
4 오늘의 스페셜은 뭔가요? **What's the special of the day?**
5 네 제안은 뭐야? **What's your suggestion?**
6 요점이 뭐야? **What's the point?**
7 얼마예요? **What's the price?**

✓ **One More Step**

1 What's it all about? 왜 그래?, 무슨 일이야?
   What's it for? 무슨 이유로? 무엇 때문에? For what? 뭐 때문에? What for? 왜, 뭐 때문에?
2 What was +명사? …가 뭐였지?
   What was that sound? 저게 무슨 소리지? What was her name? 걔 이름이 뭐였지?

> ▶ 한 번 써보면 평생 잊혀지지 않는 영어패턴 필사! ◀

1 무슨 일이야?, 도대체 왜 그래?

✎ _____

2 별거 아니네?, 무슨 큰일이라도 있는거야?

✎ _____

3 그만두는 이유가 뭐야?

✎ _____

4 오늘의 스페셜은 뭔가요?

✎ _____

5 네 제안은 뭐야?

✎ _____

6 요점이 뭐야?

✎ _____

7 얼마예요?

✎ _____

다이알로그 필사도전!

A

컨닝한 걸 수치스러워 해야지.

B

뭘 그런걸 갖고? 학생들 많이 그래.

Pattern 137 …가 어때?

What's the weather like in Korea?
한국의 날씨는 어때?

✓ 핵심포인트
What is[are]+N+like~? ▶ …의 사물의 성격이나 성질이 어때?
What does+N+look like~? ▶ …의 겉모습이 어때?

What is+N+like? 패턴은 How~?하고 같은 의미. 즉 '명사'가 어떠냐고 물어보는 것이다. 종종 What does+N+look like?라는 표현과 비교되는데 What is+N+like?는 사람(사물)의 성격이나 성질이 어떤지 물어보는 것이고 What does+N+look like?는 단순히 외관(appearance)이 어떤 지를 물어보는 것이다. 또한 What are friends for?(친구 좋다는게 뭐야?)로 유명한 What is+N+for?는 '…은 뭐하려고 그래?'라는 의미이다.

Let's Talk

A: **What is** your new house **like**? 새로 이사한 집 어때?
B: It's quite nice, but it needs a lot of work. 꽤 좋긴 한데 손봐야 할게 많아.

A: **What is** Thailand **like**? 태국은 어때?
B: It's really hot, but the people are nice. 무척 더운데 사람들이 좋아.

A: **What was** the show **like** last night? 어젯밤 공연은 어땠어?
B: It was one of our best performances.
우리가 한 공연 중에서 제일 좋았다고 할 수 있지.

 기본문장 *달달* 외우기

1 그 프로그램 어때?   **What is** the program **like**?
2 새로 이사한 집 어때?   **What is** your new house **like**?
3 뉴욕의 여자애들은 어때? **What are** the girls **like** in New York?
4 새로운 매니저 어때?   **What's** the new manager **like**?
5 그거 어떤거야?   **What is** that **like**?
6 네 아내 얘기 한 적이 없어. 어떤 사람야?
   You never talk about your wife. **What's** she **like**?
7 걔 어때? 귀여워?   **What does** he **look like**? Is he cute?

✓ One More Step

What is+명사+for? …은 뭐하려고 그래?
What is he taking TOEFL for? 걘 왜 토플을 보려는거야?

> ▶ 한 번 써보면 평생 잊혀지지 않는 영어패턴 필사! ◀

1 그 프로그램 어때?

✎ _____

2 새로 이사한 집 어때?

✎ _____

3 뉴욕의 여자애들은 어때?

✎ _____

4 새로운 매니저 어때?

✎ _____

5 그거 어떤거야?

✎ _____

6 네 아내 얘기 한 적이 없어. 어떤 사람야?

✎ _____

7 걔 어때? 귀여워?

✎ _____

다이얼로그 필사도전!

A
새로 이사한 집 어때?

B
꽤 좋긴 한데 손봐야 할게 많아.

Level 02 필수패턴으로 영어회화 기반다지기

Pattern 138 …가 무슨 일이야?

What's wrong with you?
너 무슨 일 있어?

✓ 핵심포인트
What is wrong with~? ▶ …가 무슨 일이야?
What's with~? ▶ …가 왜 그래?

상대방이 평소와 좀 다르거나 근심걱정이 있어 보일 때 걱정하면서 던질 수 있는 표현. "무슨 일이야?" 정도의 뉘앙스로 그냥 What's wrong?이라고 해도 된다. with 다음에는 사람, 사물명사가 올 수 있다. 또한 What's wrong with~에서 wrong을 빼고 What's with~?해도 역시 훌륭한 표현이 되는데 이는 뭔가 상대방이 좀 이상할 때 '…는 왜 그래?'라고 물어보는 패턴이다. 그 밖의 인사말로 유명한 What's up?, What's new?도 알아둔다.

 Let's Talk

A: **What's wrong with you? Why are you so angry?**
무슨 일 있었니? 왜 그렇게 화가 났니?

B: **Just get away from me!** 날 좀 내버려둬!

A: **What's wrong buddy?** 이봐 왜 그래?
B: **Someone at work ate my sandwich!** 사무실에서 어떤 사람이 내 샌드위치를 먹었다고!

A: **What is with you tonight?** 오늘 밤 왜 그래?
B: **Nothing.** 아무 일도 아냐.

 기본문장 *달달* 외우기

1 무슨 일이야? 너 괜찮아?　　**What's wrong? Are you okay?**
2 네 차 뭐가 문제야?　　　　　**What's wrong with your car?**
3 그게 뭐가 잘못 된거야?　　　**What's wrong with it?**
4 내가 입고 있는 옷이 뭐 잘못됐어? **What's wrong with what I'm wearing?**
5 얼굴이 왜 그래?　　　　　　　**What's with the face?**
6 걔한테 잘해주는게 뭐 잘못됐어? **What's wrong with being nice to him?**
7 내가 빌을 사랑한다고 걔한데 말하는게 뭐 잘못됐어?
　What's wrong with telling him I love Bill?

✓ One More Step

What's on~ ? …에 뭐가 있어?, …에서 뭐해?
What's on the menu? 메뉴에 뭐가 있어?
What's on the fifth floor? 5층에 뭐가 있어?　What's on TV tonight? 오늘 밤에 TV에서 뭐해?

> ▶ 한 번 써보면 평생 잊혀지지 않는 영어패턴 필사! ◀

1 무슨 일이야? 너 괜찮아?

✎ _____

2 네 차 뭐가 문제야?

✎ _____

3 그게 뭐가 잘못 된거야?

✎ _____

4 내가 입고 있는 옷이 뭐 잘못됐어?

✎ _____

5 얼굴이 왜 그래?

✎ _____

6 걔한테 잘해주는게 뭐 잘못됐어?

✎ _____

7 내가 빌을 사랑한다고 걔한데 말하는게 뭐 잘못됐어?

✎ _____

다이알로그 필사도전! ✎

A

무슨 일 있었니? 왜 그렇게 화가 났니?

B

날 좀 내버려둬!

Pattern 139 너 뭐를 …하는거야?, 뭐가 …하는거야?

What're you talking about?
무슨 말이야?

✓ **핵심포인트**   What're you +~ing? ▶ 너 뭐를 …하는거야?
　　　　　　　　What's+~ing? ▶ 뭐가 …하는거야?

What're you ~ing? 혹은 What's ~ing~?의 형태로 쓰이는 패턴으로 What're you ~ing?(What're you doing?)에서 What은 ~ing의 목적어로 '(너) 뭐를 …하는거야?'라는 의미인 반면 What's ~ing?(What's going on?)은 What이 주어로 '무엇이 …하는거야?'라고 물어보는 것이다. 대표표현인 What're you doing?은 "뭐하냐?"고 물으며 상대방의 일정이나 지금 뭐하고 있는지를 물어보는 문장이다.

Let's Talk

A: What are you talking about? 무슨 말이야?
B: I'm talking about me having a baby. 내가 임신했다는 이야기야.

A: What are you doing this Saturday? 이번 토요일 날 뭐 할거야?
B: I haven't made any plans yet. Why? What's up?
　　아직 별 계획 없는데. 왜? 무슨 일이야?

A: What are you doing after work tonight? 오늘밤 퇴근 후에 뭐 할거야?
B: I don't have any plans. 아무 계획도 없어.

기본문장 달달 외우기

1	무슨 말이야?	What are you talking about?
2	무슨 말을 하려는거야?	What are you trying to say?
3	이번 주말에 뭐 할거야?	What are you doing this weekend?
4	오늘밤 퇴근 후에 뭐 할거야?	What are you doing after work tonight?
5	뭐 찾는거야?	What are you looking for?
6	무슨 일이야?	What's going on?
7	한국은 어때?	What's happening in Korea?

✓ **One More Step**

What are you doing here? 여긴 웬일이야?
What are you doing?에 here를 붙여 What are you doing here?하면 예기치 못한 장소에서 아는 사람을 만났을 경우 던질 수 있는 표현.

> ▶ 한 번 써보면 평생 잊혀지지 않는 영어패턴 필사! ◀

1 무슨 말이야?

✎ _____

2 무슨 말을 하려는거야?

✎ _____

3 이번 주말에 뭐 할거야?

✎ _____

4 오늘밤 퇴근 후에 뭐 할거야?

✎ _____

5 뭐 찾는거야?

✎ _____

6 무슨 일이야?

✎ _____

7 한국은 어때?

✎ _____

다이알로그 필사도전! ✎

A

이번 토요일 날 뭐 할거야?

B

아직 별 계획 없는데. 왜? 무슨 일이야?

Pattern 140 너 뭐를 …할거야?

What're you going to do?
넌 뭐를 할거야?

 핵심포인트   What're you going to+V? ▶ 너 뭐를 …할거야?

be going to do와 의문사 what이 결합하여 만든 형태로 What are you going to 다음에 원하는 동사를 넣으면 된다. 그냥 "뭐할거야?"라고 물어보려면 What are you doing to do?를, "다음에 뭐 할거니?"라고 하려면 What are you going to do next?를 그리고 좀 더 구체적으로 어떤 대상을 어떻게 할거냐고 물어볼 때는 What are you going to do with+N?라고 하면 된다. 한편 What're you going to do?는 문맥에 따라 '어쩔건대?'라는 의미로도 쓰인다.

 **Let's Talk**

A: **What are you going to have?** 뭐 먹을래?
B: **I was thinking of the special.** 스페셜을 먹을까 하는데.

A: **What are you going to do with the offer?** 그 제안을 어떻게 할거야?
B: **I'm pretty sure I'm going to turn it down.** 거절하게 될게 분명해.

A: **What are you going to buy your girlfriend?** 여자친구힌테 뭐 사줄거야?
B: **Nothing.** 아무것도.

기본문장 달달 외우기

1 뭐라고 말할거야?   **What are you going to say?**
2 뭐 먹을래?   **What are you going to have?**
3 걔에게 뭐라고 할거야?   **What are you going to tell her?**
4 그거 어떻게 할거야?   **What are you going to do about that?**
5 그 편지 어떻게 할거야?   **What are you going to do with the letter?**
6 걜 보면 어떻게 할거야?   **What are you going to do when you see her?**
7 우리가 이기면 어떻게 할거야? **What are you going to do if we win?**

✓ One More Step

What're you going to do? 어쩔건대?
What are you going to do?는 단독으로 '어떻게 할거야?,' '어쩔건대?'라는 의미로 많이 쓰인다.
What're you going to do? Sue me? 어쩔건대? 고소라도 할거야?
What're you going to do? Arrest me for telling a lie? 어쩔건대? 거짓말했다고 체포할거야?

> ▶ 한 번 써보면 평생 잊혀지지 않는 영어패턴 필사! ◀

1 뭐라고 말할거야?

✎ _____

2 뭐 먹을래?

✎ _____

3 걔에게 뭐라고 할거야?

✎ _____

4 그거 어떻게 할거야?

✎ _____

5 그 편지 어떻게 할거야?

✎ _____

6 걜 보면 어떻게 할거야?

✎ _____

7 우리가 이기면 어떻게 할거야?

✎ _____

다이알로그 필사도전!

A

뭐 먹을래?

B

스페셜을 먹을까 하는데.

Pattern 141 뭐를 …하니?

What do you do?
뭐하니?, 직업이 뭐예요?

✓ 핵심포인트   What do you+V? ▶ 뭐 …하니?

What do you+V~? 형태로 What do you say~?, What do you think~?, What do you plan~? 등 주옥 같은 영어회화패턴을 만들 수 있다. What do you do?는 종종 "지금 뭐 하냐?"라고 묻는 문장이지만 또한 이는 너는 보통 일반적으로 무엇을 하냐, 즉 "직업이 뭐냐?"라는 질문이 된다. 뒤에 for a living을 붙이기도 한다. 관용표현으로 What do you know?는 "놀랍군," "네가 뭘 안다고!"라는 뜻이며 What do you say?는 "어때?"라는 뜻으로 쓰인다.

Let's Talk

A: **What do you do?** 너 직업이 뭐야?
B: **I can't believe you don't know what I do for a living!**
내 직업도 모른단 말야!

A: **What do you plan to do this weekend?** 이번 주말에 뭐 할거야?
B: **I'm just planning to relax.** 그냥 느긋하게 쉴 생각야.

A: **What do you call that in English?** 저걸 영어로는 뭐라고 하니?
B: **We call it a cellular or a mobile phone.** 셀룰러폰이나 모바일 폰이라고 하지.

기본문장 달달 외우기

1 네 생각은 어때?　　　　　**What do you think?**
2 무슨 말이야?　　　　　　**What do you mean?**
3 뭐가 필요해?　　　　　　**What do you need?**
4 뭘 원해?　　　　　　　　**What do you want?**
5 그 여자에 대해 아는게 뭐야?　**What do you know about her?**
6 날 뭘로 보는거야?　　　　**What do you take me for?**
7 저걸 영어로는 뭐라고 하니?　**What do you call that in English?**

✓ One More Step

1 What do you know? 1. 놀랍군 2. 네가 뭘 안다고!
  What do you know! Sam arrived to work on time! 놀랍군! 샘이 제시간에 출근했네!
2 What do you say? 어때?
  Come with us to the party tomorrow. What do you say? 내일 파티에 우리랑 함께 가자. 어때?

▶ 한 번 써보면 평생 잊혀지지 않는 영어패턴 필사! ◀

1 네 생각은 어때?

✎ _____

2 무슨 말이야?

✎ _____

3 뭐가 필요해?

✎ _____

4 뭘 원해?

✎ _____

5 그 여자에 대해 아는게 뭐야?

✎ _____

6 날 뭘로 보는거야?

✎ _____

7 저걸 영어로는 뭐라고 하니?

✎ _____

다이알로그 필사도전! ✎

A

저걸 영어로는 뭐라고 하니?

B

셀룰러폰이나 모바일 폰이라고 하지.

Pattern 142 …에 대해 어떻게 생각해?

What do you think of that?
저거 어때?, 저거 어떻게 생각해?

 핵심포인트   What do you think of[about]+N[~ing]?
▶ …에 대해 어떻게 생각해?
What do you think S+V ▶ …가 …한다고 생각해?

의견을 묻는 것으로 먼저 물어보고 싶은 내용을 말하고 What do you think (of that)?(어떻게 생각해?)라고 하거나 아니면 What do you think of[about]~ 다음에 물어보는 내용을 명사 혹은 ~ing형태로 말해도 된다. 또한 What do you think S+V?는 '…가 …한다고 생각해?'라는 의미. 특히 What do you think I am?(내가 뭐하는 사람 같아?, 날 뭘로 보는거야?)과 What do you think you're doing?(이게 무슨 짓이야?, 너 정신 나갔냐?)은 꼭 기억해둔다.

 Let's Talk

A: **What do you think about this job?** 이 일은 어떠니?
B: **It has its ups and downs.** 좋을 때도 있고 나쁠 때도 있어.

A: **What do you think of Jane?** 제인을 어떻게 생각해?
B: **She's the best technician in the company.**
그 여자가 회사에서 가장 유능한 기술자잖아.

A: **What do you think of this?** 이건 어때?
B: **Good enough!** 딱 좋아!

기본문장 달달 외우기

1 저거 어떻게 생각해?   **What do you think of that?**
2 웬디를 어떻게 생각해?   **What do you think of Wendy?**
3 내 생각이 어때?   **What do you think about my idea?**
4 우리 새 집 어때?   **What do you think about my new house?**
5 이 드레스 어때?   **What do you think of this dress?**
6 걜 우리 팀에 넣으면 어때? **What do you think of adding him to our team?**
7 내가 밤새는거 어때?   **What do you think about me staying the night?**

> ▶ 한 번 써보면 평생 잊혀지지 않는 **영어패턴 필사!** ◀

1 저거 어떻게 생각해?

✎ _____

2 웬디를 어떻게 생각해?

✎ _____

3 내 생각이 어때?

✎ _____

4 우리 새 집 어때?

✎ _____

5 이 드레스 어때?

✎ _____

6 걔 우리 팀에 넣으면 어때?

✎ _____

7 내가 밤새는거 어때?

✎ _____

다이알로그 필사도전!

A

이 일은 어떠니?

B

좋을 때도 있고 나쁠 때도 있어.

Pattern 143 ···가 무슨 말이야?

What do you mean you quit?
그만 둔다니 그게 무슨 말이야?

✓ 핵심포인트
What do you mean ~? ▶ ···라니 무슨 말이야?
What do you mean S+V? ▶ ···가 무슨 말이야?

상대방이 말한 내용을 재확인할 때 혹은 상대방 말의 진의를 파악하고자 할 때 쓰는 표현. 실제 회화에서는 보통 What do you mean?이라고 간단히 말하거나 What do you mean~ 다음에 S+V의 문장형태, 혹은 아래 예문인 What do you mean, comforted her?처럼 납득이 안가는 어구만 받아서 쓰기도 한다. 한편 What do you mean by that?은 상대방이 말한 내용을 다시 언급하지 않고 그냥 간단히 by that으로 쓴 경우로 "그게 무슨 말이야?"라는 표현이다.

Let's Talk

A: **What do you mean you quit? You can't quit!** 그만 둔다니 그게 무슨 말이야? 안돼!
B: **Why not?** 왜 안돼요?

A: **What do you mean, comforted her?** 걔를 위로했다니, 그게 무슨 말이야?
B: **It's nothing, I just gave her a hug.** 아무것도 아냐, 그냥 한 번 안아줬어.

A: **Biggest doesn't always mean best.** 크다고 항상 제일 좋은 것만은 아냐.
B: **What do you mean?** 그게 무슨 말이야?

기본문장 달달 외우기

1 너무 늦었다니 그게 무슨 말이야? **What do you mean, too late?**
2 '아니'라는게 무슨 말이야? **What do you mean "no"?**
3 확실하지 않다니 무슨 말야? **What do you mean you're not so sure?**
4 런던으로 간다니 그게 무슨 말야? **What do you mean you're going to London?**
5 네가 못온다니 그게 무슨 말야? **What do you mean you're not coming?**
6 날 기억못한다니 그게 무슨 말야? **What do you mean you don't remember me?**
7 잘렸다니 그게 무슨 말야? 무슨 일야? **What do you mean you got fired? What happened?**

> ▶ 한 번 써보면 평생 잊혀지지 않는 **영어패턴 필사!** ◀

1 너무 늦었다니 그게 무슨 말이야?

✎ _____

2 '아니'라는게 무슨 말이야?

✎ _____

3 확실하지 않다니 무슨 말야?

✎ _____

4 런던으로 간다니 그게 무슨 말야?

✎ _____

5 네가 못온다니 그게 무슨 말야?

✎ _____

6 날 기억못한다니 그게 무슨 말야?

✎ _____

7 잘렸다니 그게 무슨 말이야? 무슨 일야?

✎ _____

다이알로그 필사도전! ✎

A

그만 둔다니 그게 무슨 말야? 그만못둬!

B

왜 안돼요?

Pattern 144 뭘 …하고 싶은거야?

What do you want to do?
뭘 하고 싶은거야?

✓ **핵심포인트**
What do you want to+V ~? ▶ 뭘 …하고 싶은거야?
What do you want me to+V? ▶ 내가 뭘 …하기를 바래?

What do you want to+V[for+N]? 형태로 '…을 원하느냐?,' 혹은 "…을 하고 싶어?"라고 묻는 패턴. What do you want to do?는 "뭘하고 싶은데?," "어떻게 할거야?"라는 말이고 What do you want from me?는 "나보고 어쩌라는거야?," 또한 What do you want me to+V?는 상대방에게 '내가 뭘하기를 원하냐?'는 뜻으로 What do you want me to do?는 "날 더러 어쩌라고?," What do you want me to say?는 "날 더러 뭘 말하라고?"라는 의미.

Let's Talk

A: **What do you want to do tonight?** 오늘밤엔 뭐할래?
B: **It makes no difference to me. I am flexible.** 뭘 해도 상관없어. 나는 다 괜찮거든.

A: **What do you want to do about it?** 그 일에 대해 어떻게 하고 싶으니?
B: **Let's just wait and see what happens.** 어떻게 되는지 일단 두고보자.

A: **What do you want to have for lunch?** 점심으로 뭐 먹을래?
B: **How about getting a hot dog?** 핫도그가 어때?

기본문장 달달 외우기

1 뭘 알고 싶어?   What do you want to **know**?
2 무슨 말 하고 싶어?   What do you want to **say**?
3 그거 어떻게 하고 싶어?   What do you want to **do with it**?
4 제일 먼저 뭐하고 싶어?   What do you want to **do first**?
5 무슨 얘기하고 싶은거야?   What do you want to **talk about**?
6 안젤라에 대해 뭘 알고 싶어?   What do you want to **know about Angela**?
7 네 생일 때 뭐 갖고 싶어?   What do you want for **your birthday**?

✓ One More Step

What do you want me to+동사? 내가 뭘 어떻게 하라고? *Level 03에서 다시 설명
Want 다음에 to do의 의미상 주어인 me가 나온 경우로 상대방에게 뭘 원하냐고 물어보는 것이 아니라 내가 뭘 하기를 네가 원하냐고 물어보는 표현이다.
What do you want me to do? 날 더러 어쩌라고?
What do you want me to say? 날 더러 뭘 말하라고?

▶ 한 번 써보면 평생 잊혀지지 않는 영어패턴 필사! ◀

1 뭘 알고 싶어?

✏️ _____

2 무슨 말 하고 싶어?

✏️ _____

3 그거 어떻게 하고 싶어?

✏️ _____

4 제일 먼저 뭐하고 싶어?

✏️ _____

5 무슨 얘기하고 싶은거야?

✏️ _____

6 안젤라에 대해 뭘 알고 싶어?

✏️ _____

7 네 생일 때 뭐 갖고 싶어?

✏️ _____

다이알로그 필사도전! ✏️

A

그 일에 대해 어떻게 하고 싶으니?

B

어떻게 되는지 일단 두고보자.

Pattern 145 ···가 어떻게 된거야?

What happened to her?
걔한테 무슨 일이 있는거야?

✓ 핵심포인트
What happened to+N~? ▶ ···가 어떻게 된거야?
What's+~ing? ▶ 무엇이 ···되는거야?

상대방에게 무슨 일이 일어났는지 물어보는 것으로 What+V?의 형태 중 가장 애용되는 표현. What happened to you?, What happened to your teeth?처럼 궁금한 대상을 전치사 to 다음에 넣으면 된다. 또한 What's+~ing?은 다시한번 설명하자면 '무엇이 ···되는거야?'라는 의미로 What's happening?(무슨 일이야?), What's cooking?(무슨 일이야?), What's eating you?(뭐가 문제야?, 무슨 걱정거리라도 있어?), 그리고 What's going on?(무슨 일이야?) 등의 표현들이 있다.

 Let's Talk

A: **What happened?** 무슨 일야?
B: **Nothing. I'm going to take a shower.** 아무 일도 아냐. 샤워나 해야겠어.
A: **What happened between you and your friend, David?**
너하고 네 친구 데이빗 사이에 무슨 일야?
B: **Well, we got into a fight.** 어 싸웠어.
A: **What happened?** 무슨 일야?
B: **You kissed my girlfriend!** 네가 내 여자친구에게 키스했잖아!

 기본문장 **달달** 외우기

1 걔한테 무슨 일이 있는거야?   **What happened to her?**
2 저녁파티는 어떻게 된거야?   **What happened to the dinner party?**
3 걔한테 키스했고, 그래서 다음에는 어떻게 됐어?
   You kissed her, so what happened after that?
4 데이트 어떻게 된거야?   **What happened to your date?**
5 저녁식사 때 어떻게 된거야?   **What happened at dinner?**
6 간밤에 무슨 일이야?   **What happened last night?**
7 직장에서 무슨 일 있었어?   **What happened at work?**

▶ 한 번 써보면 평생 잊혀지지 않는 영어패턴 필사! ◀

1 걔한테 무슨 일이 있는거야?

✎ _____

2 저녁파티는 어떻게 된거야?

✎ _____

3 걔한테 키스했고, 그래서 다음에는 어떻게 됐어?

✎ _____

4 데이트 어떻게 된거야?

✎ _____

5 저녁식사 때 어떻게 된거야?

✎ _____

6 간밤에 무슨 일이야?

✎ _____

7 직장에서 무슨 일 있었어?

✎ _____

A

너하고 네 친구 데이빗 사이에 무슨 일야?

B

어 싸웠어.

Pattern 146 어떤 ~을 …할거야?

What kind of car are you going to buy? 무슨 종류의 차를 살거야?

✓ **핵심포인트** What kind of+N+are you[do you]~?
▶ 어떤 ~을 …할거야?
What time do you+V? ▶ 언제 …을 해?

What~의 뒤에 명사가 붙은 경우로 What kind of+N ~? 및 What time ~?이 주로 쓰인다. "어떤 종류의 일을 해"라고 물어볼 땐 What kind of work do you do?, "내가 어떤 종류의 사람일거라 생각해?"라고 물어볼 땐 What kind of person do you think I am? 그리고 "영화가 몇 시에 시작해?"는 What time does the movie start?라 하면 된다. What kind의 경우 What kind of information?(어떤 종류의 정보야?)처럼 단독으로 What kind of+N?로도 쓰인다.

 Let's Talk

A: **The thing is I need to find a date.** 중요한 건 데이트 상대를 찾아야 된다는거야.
B: **Well, what kind of guy are you looking for?** 저기 어떤 종류의 상대를 찾는거야?

A: **What kind of ice cream are you having?** 어떤 아이스크림 먹을래?
B: **Well, I'm a real fan of strawberry.** 음, 난 딸기 아이스크림이 정말 좋아.

A: **I'd like to request a wake-up call.** 모닝콜을 부탁하고 싶습니다.
B: **What time do you want the call?** 몇시에 전화해드릴까요?

 기본문장 **달달** 외우기

1 네 아낸 어떤 종류의 음악좋아해? **What kind of music does your wife like?**
2 어떤 종류의 머핀을 원해? **What kind of muffins do you want?**
3 네 엄마는 언제 퇴근하셔? **What time does your mom get back from work?**
4 몇 시에 날 픽업할거야? **What time do you want to pick me up?**
5 탐이 몇 시에 일하기 시작해? **What time does Tom start work?**
6 넌 몇 시에 거기에 도착했어? **What time did you get there?**
7 우리는 몇 시에 떠나야 돼? **What time are we supposed to leave?**

▶ 한 번 써보면 평생 잊혀지지 않는 영어패턴 필사! ◀

1 1. 네 아빤 어떤 종류의 음악좋아해?

✎ _____

2 2. 어떤 종류의 머핀을 원해?

✎ _____

3 3. 네 엄마는 언제 퇴근하셔?

✎ _____

4 4. 몇 시에 날 픽업할거야?

✎ _____

5 5. 탐이 몇 시에 일하기 시작해?

✎ _____

6 6. 넌 몇 시에 거기에 도착했어?

✎ _____

7 7. 우리는 몇 시에 떠나야 돼?

✎ _____

다이알로그 필사도전!

A

중요한 건 데이트 상대를 찾아야 된다는거야.

B

저기 어떤 종류의 상대를 찾는거야?

Pattern 147 뭘 …한거야?

What did you say to her?
걔한테 뭐라고 말했어?

✓ 핵심포인트
What did you+V~? ▶ 뭘 …한거야?
What did you do with[to]+N? ▶ …에게 뭘 어떻게 한거야?

동사 do, say, 그리고 think을 이용한 What did you do ~?, What did you say~? 그리고 What did you think of ~? 등이 자주 쓰인다. 물론 What did you bring?(무얼 가져왔어?), What did you order?(뭘 주문했어?)등 다양한 동사를 넣어도 된다. 많이 쓰이는 What did you do with[to]~ ?는 '…를 어떻게 한거야?'라는 뜻으로 What did you do with it?하면 "그거 어떻게 했어?," What did you do to my dad?하면 "내 아빠한테 어떻게 한거야?"라는 의미.

 Let's Talk

A: **What did you** do last Friday evening? 지난 금요일 저녁에 뭐 했어?
B: I went to the theater with my girlfriend. 여자친구랑 극장에 갔었어.

A: **What did you** say to him? 걔한테 뭐라고 했니?
B: I told him he can take it or leave it. 이걸 받아들이든지 아님 그만 두라고 했어.

A: **What did you** think of the soccer game last night? 어젯밤 축구 경기 어땠어?
B: Oh, I didn't see it. 네, 안 봤는데요.

 기본문장 **달달** 외우기

1 어떻게 한거야?   **What did you** do?
2 닉, 지난밤에 뭐했어?   **What did you** do last night, Nick?
3 뭐라고요?, 뭐라고 했니?   **What did you** say?
4 걔한테 뭐라고 했니?   **What did you** say to him?
5 뭐 샀어?   **What did you** buy?
6 걔에게 뭘 사줬어?   **What did you** get for her?
7 내가 뭘 할거라 생각했어?   **What did you** think I was going to do?

✓ One More Step

What did you do with[to]~ ? …를 어떻게 한거야?
What did you do with the aspirin? 아스피린 어떻게 했어?

▶ 한 번 써보면 평생 잊혀지지 않는 영어패턴 필사! ◀

1 어떻게 한거야?

2 닉, 지난밤에 뭐했어?

3 뭐라고요?, 뭐라고 했니?

4 걔한테 뭐라고 했니?

5 뭐 샀어?

6 걔에게 뭘 사줬어?

7 내가 뭘 할거라 생각했어?

다이알로그 필사도전!

A
어젯밤 축구 경기 어땠어요?

B
네, 안 봤는데요.

Pattern 148 뭘 …해줄까요?

What can I do for you?
뭘 도와드릴까요?

 핵심포인트   What can I+V~? ▶ 뭘 …해줄까?
What can I do to+V? ▶ …하기 위해 내가 뭘 해줄까?

What can I+V~?는 내가 상대방에게 뭔가를 해줄 수 있냐고 물어보는 것으로 아는 사람들끼리 쓸 수도 있지만 특히 주로 서비스업에 종사하는 사람들이 애용하는 표현. 식당주문, 옷고르기 등 손님에게 도움을 주고자 할 때 쓰는 전형적인 표현이다. 관용표현으로 What can I do?는 "내가 (달리) 어쩌겠어?," What can I say?는 "난 할 말이 없네," "나더러 어쩌라는거야," "뭐랄까?," 그리고 What can I tell you?는 "어찌라고?," "뭐라고 해야 하나?"라는 의미이다.

Let's Talk

A: **What can I do for you?** 뭘 도와드릴까요?
B: **Can I have a refund for this?** 이 물건을 환불받을 수 있을까요?

A: **What can I do for you?** 손님, 무엇을 도와드릴까요?
B: **Fill it up with premium.** 고급휘발유로 가득 넣어주세요.

A: **What can I order for you, sir?** 뭘 주문하시겠습니까, 손님?
B: **I think I'll have the smoked salmon, with a side salad and some garlic bread.** 훈제연어로 하겠어요. 사이드샐러드와 마늘빵도 함께 주시구요.

 기본문장 **달달** 외우기

1	뭘 갖다 줄까?	What can I **get you**?
2	뭘 갖다 드릴까요?	What can I **get for you**?
3	뭘 주문하시겠습니까?	What can I **order for you**?
4	무엇을 도와드릴까요?	What can I **help you with**?
5	무엇을 도와드릴까요?	What can I **do for you**?
6	걜 도와주기 위해 어떻게 해야 할까?	What can I do to **help her**?
7	어떻게 하면 네게 보상할 수 있을까?	What can I do to **make it up to you**?

> ▶ 한 번 써보면 평생 잊혀지지 않는 영어패턴 필사! ◀

1 뭘 갖다 줄까?

✎ _____

2 뭘 갖다 드릴까요?

✎ _____

3 뭘 주문하시겠습니까?

✎ _____

4 무엇을 도와드릴까요?

✎ _____

5 무엇을 도와드릴까요?

✎ _____

6 걜 도와주기 위해 어떻게 해야 할까?

✎ _____

7 어떻게 하면 네게 보상할 수 있을까?

✎ _____

다이알로그 필사도전! ✎

A

뭘 도와드릴까요?

B

이 물건을 환불받을 수 있을까요?

Pattern 149 …가 어때?

How's your family?
네 가족은 어때?

핵심포인트
How's+N~? ▶ …가 어때?
How is[are]+주어+~ing? ▶ …가 어떻게 …해?

방식, 방법 등을 물어볼 때 사용되는 how는 특히 상대방과 인사를 나눌 때 애용된다. 먼저 간단한 How be+N?의 형태부터 살펴보는데, 인사성 표현들인 How are you?(잘지내?), How's your life?(요즘 어때?), How was your day?(오늘 어땠어?) 등이 다 이 패턴에서 나온 표현들이다. 한편 How's it going?(어때?)과 How are you doing?(안녕?)으로 유명한 How is[are]+주어+~ing? 또한 주어가 어떠냐고 물어보는 문형이다.

Let's Talk

A: **How was** the movie last night? 어젯밤에 영화는 어땠어?
B: **Not bad, but it was a little too long.** 괜찮았는데, 좀 너무 길었어.

A: So, **how was** the honeymoon? 그래 신혼여행은 어땠어?
B: **It was great! It was great!** 멋졌어요! 멋졌어요!

A: **How's** the new secretary? 새로 온 비서 어때요?
B: **She works the most efficiently of anyone.** 어느 누구보다 일을 효율적으로 잘 해요.

기본문장 달달 외우기

1 가족들은 다 잘 지내죠?   **How's** the[your] family?
2 여름방학 어때?   **How's** your summer vacation?
3 걔 어떻게 지내?   **How's** she doing?
4 그거 어때?   **How's** that?
5 그거 어땠어?   **How was** that?
6 지난밤 데이트 어땠어?   **How was** your date last night?
7 여행[비행, 인터뷰] 어땠어?   **How was** your trip[flight, interview]?

✓ One More Step

How is/are+명사[~ing]? …가 어때?
How's it going? 어때?
How's it going with your new job? 새로운 일은 어떠니?
How are you doing? 안녕?

> ▶ 한 번 써보면 평생 잊혀지지 않는 영어패턴 필사! ◀

1 가족들은 다 잘 지내죠?

✏️ _____

2 여름방학 어때?

✏️ _____

3 걔 어떻게 지내?

✏️ _____

4 그거 어때?

✏️ _____

5 그거 어땠어?

✏️ _____

6 지난밤 데이트 어땠어?

✏️ _____

7 여행[비행, 인터뷰] 어땠어?

✏️ _____

다이알로그 필사도전! ✏️

A
어젯밤에 영화는 어땠어?

B
괜찮았는데, 좀 너무 길었어.

Level 02 필수패턴으로 영어회화 기반다지기

Pattern 150 어떻게 …해?

How do you like the steak?
고기 어떻게 해드릴까요?

✓ **핵심포인트** How do[did] you+V~? ▶ 어떻게 …해?
How do you like+N? ▶ …가 어때?

How do you+V? 패턴중 대표격인 How do you like+N?는 상대방에게 명사가 어떤지 물어보는 말로 그냥 대명사를 써서 How do you like that?이라고도 한다. 또한 과거는 How did you+V~?. 또한 How do[did] you+V? 형태의 관용표현으로는 How do you do that?(어쩜 그렇게 잘하니?, 어떻게 한거야?), How did you do that?(그걸 어떻게 한거야?), How do you like that?(저것 좀 봐, 어때?), 그리고 How did it go?(어떻게 됐어?, 어땠어?) 등이 있다.

Let's Talk

A: **Hey Bob, how do you like your new car?** 이봐 밥, 새로 뽑은 차 어때?
B: **It couldn't be better. It's comfortable and it runs great.**
더 이상 좋을 수 없어. 편하고 잘 나가.

A: **How did you know?** 어떻게 알았어?
B: **John told me, he saw you two kissing.**
존이 이야기해줬는데 너희들이 키스하는 것 봤대.

A: **How did you do on your test?** 시험 잘 봤어?
B: **You're not going to believe it. I got 100%!** 믿기진 않겠지만 나 만점 받았어!

1 새로 산 컴퓨터 어때?   **How do you like your new computer?**
2 내 새 옷은 어때?   **How do you like my new suit?**
3 기분이 어때?   **How do you feel?**
4 그걸 어떻게 알았어?   **How do you know that?**
5 우리 여기 있다는 걸 어떻게 알았어?   **How did you know we were here?**
6 어떻게 저런 여자를 만난거야?   **How did you get a girl like that?**
7 여길 어떻게 그렇게 빨리 왔어? **How did you get here so fast?**

> ▶ 한 번 써보면 평생 잊혀지지 않는 **영어패턴 필사!** ◀

1 새로 산 컴퓨터 어때?

✎ _____

2 내 새 옷은 어때?

✎ _____

3 기분이 어때?

✎ _____

4 그걸 어떻게 알았어?

✎ _____

5 우리 여기 있다는 걸 어떻게 알았어?

✎ _____

6 어떻게 저런 여자를 만난거야?

✎ _____

7 여길 어떻게 그렇게 빨리 왔어?

✎ _____

다이알로그 필사도전! ✎

A
이봐 밥, 새로 뽑은 차 어때?

B
더 이상 좋을 수 없어. 편하고 잘 나가.

Pattern 151 어떻게 준비할까요?, …하는 것은 어때?

How would you like to get together?
만나는게 어때?

✓ **핵심포인트**
How would you like+N~?
▶ …를 어떻게 해드릴까요?, …는 어때요?
How would you like to+V? ▶ 어떻게 …할거야?, …하자

How would you like+N?는 명사를 "어떻게 해드릴까요?" 혹은 "…는 어때요?"라고 상대방 의사를 물어보는 표현으로 식당에서 자주 들을 수 있다. 명사자리에 to 부정사가 와서 How would you like to+V?가 되면 역시 상대방 의사를 물어보는 것으로 How would you like to pay for this?처럼 '어떻게 …할 것이냐?'라고 물어보거나 혹은 How would you like to get together?(만나는게 어때?) 처럼 상대방에게 '…을 하자'고 제안하는 의미가 되기도 한다.

 Let's Talk

A: **How would you like your steak, sir?** 스테이크를 어떻게 해드릴까요?

B: **I would like it well-done, please.** 완전히 익혀주세요.

A: **How would you like to get together? Say next Friday?**
만나는게 어때? 담주 금요일로?

B: **Friday is fine for me.** 나도 금요일이 좋아.

A: **How would you like to pay?** 뭘로 지불하시겠습니까?

B: **Uh, credit card.** 어, 카드로요.

 기본문장 **달달** 외우기

1 스테이크를 어떻게 해드릴까요? **How would you like your steak?**
2 아이스크림 좀 먹을테야? **How would you like some ice cream?**
3 그거 어떻게 계산하시겠습니까? **How would you like to pay for that?**
4 술 한잔하러 잠시 들를래? **How would you like to come by for a drink?**
5 나랑 같이 할래? **How would you like to join me?**
6 한번 만나자. 담주 토요일로 할까? **How would you like to get together? Say next Saturday?**
7 나랑 데이트하는게 어때? **How would you like to go out on a date with me?**

▶ 한 번 써보면 평생 잊혀지지 않는 영어패턴 필사! ◀

1. 1. 스테이크를 어떻게 해드릴까요?

2. 2. 아이스크림 좀 먹을테야?

3. 3. 그거 어떻게 계산하시겠습니까?

4. 4. 술 한잔하러 잠시 들를래?

5. 5. 나랑 같이 할래?

6. 6. 한번 만나자. 담주 토요일로 할까?

7. 7. 나랑 데이트하는게 어때?

다이알로그 필사도전!

A
스테이크를 어떻게 해드릴까요?

B
완전히 익혀주세요.

Pattern 152 어떻게 …할 수가 있어?

How can you say that?
어떻게 그렇게 말할 수 있어?

 핵심포인트   How can[could] you (not)+V~?
▶ 어떻게 …할(하지 않을) 수가 있어?
How can you say (that) S+V? ▶ 어떻게 …라고 말할 수 있어?

"어떻게 그렇게 말할 수 있어?"라는 문장으로 How can(could) you+V?는 상대방의 어처구니 없고 이해할 수 없는 행동에 놀라면서 하는 말로 '어떻게 …할 수가 있냐?'라는 뜻. 반대로 '어떻게 …하지 않을 수 있냐?'라고 물어보려면 How can(could) you not+V?로 하면 된다. 응용한 How can you say (that) S+V?(어떻게 …라고 말할 수 있어?)가 있는데 "어떻게 그게 상관없다고 말할 수 있어?"는 How can you say that it doesn't matter?가 된다.

Let's Talk

A: **How can you be so confident?** 어떻게 그렇게 자신있는거야?
B: **Well, I... I know exactly what I'm going to do!**
글쎄, 난 내가 할 일을 정확히 알고 있거든!

A: **How can you come here?** 어떻게 여길 올 생각을 한거야?
B: **How could you not tell me you worked here?**
어떻게 여기서 일한다는 말을 안할 수 있는거야?

A: **How could you not remember that we slept together?**
우리가 함께 잔 걸 어떻게 모르고 있는거야?
B: **What? When?** 뭐라고? 언제?

 기본문장 **달달** 외우기

1 어떻게 나한테 그럴 수 있어?   **How can you do this to me?**
2 어떻게 그렇게 어린 애랑 데이트할 수 있어?
   How can you date that younger guy?
3 어떻게 그렇게 확신할 수 있어?   **How can you be so sure?**
4 어떻게 그걸 믿을 수 있어?   **How can you believe that?**
5 어떻게 나를 안 믿을 수가 있어?   **How can you not trust me?**
6 어떻게 걜 그렇게 대할 수 있어?   **How could you treat him like that?**
7 어떻게 그럴 수 있어?   **How could you do that?**

> ▶ 한 번 써보면 평생 잊혀지지 않는 영어패턴 필사! ◀

1 어떻게 나한테 그럴 수 있어?

✎ _____

2 어떻게 그렇게 어린 애랑 데이트할 수 있어?

✎ _____

3 어떻게 그렇게 확신할 수 있어?

✎ _____

4 어떻게 그걸 믿을 수 있어?

✎ _____

5 어떻게 나를 안 믿을 수가 있어?

✎ _____

6 어떻게 걜 그렇게 대할 수 있어?

✎ _____

7 어떻게 그럴 수 있어?

✎ _____

다이알로그 필사도전! ✎

A

어떻게 여길 올 생각을 한거야?

B

어떻게 여기서 일한다는 말을 안할 수 있는거야?

Pattern 153 몇 명(개)를 …?

How many kids are you going to have? 애는 몇이나 가질려고?

✓ **핵심포인트** How many (+N)+V+주어? ▶ 몇 명(개)를 …?
How many (+N)+V~? ▶ 몇 명(개)가 …?

How many[much]+N~?는 수나 양이 얼마나 되는지 물어볼 때 쓰는 표현. 그중 How many+N~?는 수를 묻는 것으로 위 문장처럼 뒤에 S+V가 도치되는 경우도 있고 또한 How many people came to the party?처럼 How many+N 자체가 주어로 쓰여 뒤에 바로 본동사가 오는 경우도 있다. 특히 How many times do[did] S+V?(몇 번이나 …해[했니?])를 잘 써보자. 물론 How many have you got?처럼 How many가 단독으로 쓰일 수 있다.

 Let's Talk

A: **How many kids are we going to have?** 우리 애 몇 가질까?
B: **Uh, four. A boy, twin girls and another boy.**
음, 4명. 아들 하나, 쌍둥이 딸 둘 그리고 또 아들.

A: **How many women have you been with?** 지금까지 사귄 여자가 몇 명이예요?
B: **Two.** 두 명.

A: **How many people came to see you off?** 널 배웅하러 몇 사람이 나온거야?
B: **There were about twenty.** 약 20명쯤 나왔더라.

 기본문장 *달달* 외우기

1 지난밤에 술을 몇 잔이나 마셨어?
   How many drinks did you have last night?
2 양재역까지 몇 정거장입니까?
   How many stops are there before Yangjae Station?
3 오늘 칼로리를 얼마나 섭취했어?
   How many calories have you had today?
4 너희들 중 몇이나 프리즌 브레이크를 봤어?
   How many of you watched Prison Break?
5 널 배웅하러 몇 사람이 나온거야?
   How many people came to see you off?
6 몇 개를 원해? **How many do you want?**
7 걔를 몇 번이나 때린거야? **How many times did you hit her?**

> ▶ 한 번 써보면 평생 잊혀지지 않는 영어패턴 필사! ◀

1 지난밤에 술을 몇 잔이나 마셨어?

✎ _____

2 양재역까지 몇 정거장입니까?

✎ _____

3 오늘 칼로리를 얼마나 섭취했어?

✎ _____

4 너희들 중 몇이나 프리즌 브레이크를 봤어?

✎ _____

5 널 배웅하러 몇 사람이 나온거야?

✎ _____

6 몇 개를 원해?

✎ _____

7 걔를 몇 번이나 때린거야?

✎ _____

다이알로그 필사도전!

A

우리 애 몇 가질까?

B

음, 4명. 아들 하나, 딸 둘 그리고 또 아들.

Pattern 154 얼마나 많이…?

How much is it?
그거 얼마예요?

◎ **핵심포인트**   How much is+N? ▶ …가 얼마야?
How much do[did] S+V~? ▶ 얼마나 …해?

How much는 셀 수 없는 양을 묻는 것으로 How many와는 달리 How much 다음에 오는 명사는 주로 How much time, How much money 정도. 대개는 How much가 단독으로 사용된다. 가격을 묻는 How much is+물건?과 How much do+주어+cost/owe/pay ~? 가 대표패턴. 또한 간단히 How much?(얼마나?, 얼마예요?)하거나 How much+N[비교급]? 형태로 How much time?(얼마나 많은 시간을?), How much more?(얼마나 더?) 등의 표현이 자주 쓰인다.

 Let's Talk

A: **How much is the delivery?** 운송비는 얼마죠?
B: **It's free of charge** 무료입니다.

A: **How much do I owe you?** 얼마 내면 되죠?
B: **That will be fifty-five dollars.** 55달러입니다.

A: **How much did it cost you?** 얼마 주고 샀어?
B: **A fortune!** 어마어마하게 줬지!

1	그거 얼마예요?	**How much is it?**
2	이 옷이 얼마예요?	**How much is this dress?**
3	이거 가격이 얼마예요?	**How much does it cost?**
4	이거 얼마죠?	**How much do I owe you?**
5	네 아내를 얼마나 사랑해?	**How much do you love your wife?**
6	얼마나 많이 필요해?	**How much do you need?**
7	얼마나 많은 시간이 필요해?	**How much time do you need?**

◎ **One More Step**

1 How much+명사? 얼마나 …?
   How much? 얼마예요?   How much time? 얼마나 많은 시간을?
2 How much+비교급?
   How much longer? 얼마나 길게?   How much further? 얼마나 더 멀어?

▶ 한 번 써보면 평생 잊혀지지 않는 영어패턴 필사! ◀

1 그거 얼마예요?

2 이 옷이 얼마예요?

3 이거 가격이 얼마예요?

4 이거 얼마죠?

5 네 아내를 얼마나 사랑해?

6 얼마나 많이 필요해?

7 얼마나 많은 시간이 필요해?

다이알로그 필사도전!

A
운송비는 얼마죠?

B
무료입니다.

Pattern 155 얼마나 빨리~ 해?

How soon do you need it?
얼마나 빨리 그게 필요해?

✓ **핵심포인트**   How soon+do[will, can] S+V? ▶ 얼마나 빨리 …해?
　　　　　　　　　How often+do[will, can] S+V? ▶ 얼마나 자주 …해?

얼마나 빨리 필요해요?라는 뜻으로 How+형용사로 시작되는 의문문이다. How often~과 더불어 일상생활 영어회화에서 자주 쓰이는 구문이다. How soon~?은 '얼마나 빨리 …해요?'라는 의미이고 How often~?은 '얼마나 자주 …해요?'라고 물어보는 것. 단독으로 How soon?(얼마나 빨리?), How often?(얼마나 자주?)로도 많이 쓰인다.

Let's Talk

A: **How soon will** you be able to get here? 언제쯤 여기에 도착할 수 있죠?
B: That depends on the traffic conditions. 그거야 교통상황에 달렸죠.

A: **How soon do** you expect her back? 걔가 언제쯤 돌아올까요?
B: She should be back in about 30 minutes. 30분쯤 후엔 돌아올거예요.

A: **How often do** you go to the casino? 도박하러 얼마나 자주 가니?
B: At least three or four times a year. 적어도 일 년에 서너 번 정도.

기본문장 달달 외우기

1 걔가 언제쯤 돌아올까요?　　　**How soon do** you expect him back?
2 그게 얼마나 빨리 배달되나요?　**How soon can** it be delivered?
3 언제쯤 여기에 도착할 수 있죠?　**How soon** will you be able to get here?
4 얼마나 자주 이런 일이 일어나?　**How often does** this happen?
5 얼마나 자주 걔 이야기를 해?　　**How often do** you talk about her?
6 얼마나 자주 걔를 봤어?　　　　**How often did** you see her?
7 걔가 얼마나 자주 이걸 했어?　　**How often did** he do this?

✓ **One More Step**

How soon?(얼마나 빨리?), How often?(얼마나 자주?)은 단독으로도 많이 쓰인다.
A: It will be ready in a minute. 그거 곧 준비될거야.
B: How soon? 얼마나 빨리?

> ▶ 한 번 써보면 평생 잊혀지지 않는 영어패턴 필사! ◀

1 걔가 언제쯤 돌아올까요?

✎ _____

2 그게 얼마나 빨리 배달되나요?

✎ _____

3 언제쯤 여기에 도착할 수 있죠?

✎ _____

4 얼마나 자주 이런 일이 일어나?

✎ _____

5 얼마나 자주 걔 이야기를 해?

✎ _____

6 얼마나 자주 걔를 봤어?

✎ _____

7 걔가 얼마나 자주 이걸 했어?

✎ _____

다이얼로그 필사도전! ✎

A
언제쯤 여기에 도착할 수 있죠?

B
그거야 교통상황에 달렸죠.

Pattern 156 언제 …야?

When's the wedding?
결혼식은 언제야?

✓ 핵심포인트
When's+N? ▶ 언제 …해?
When's the last time S+V? ▶ 언제 마지막으로 …했어?

when은 시간을 나타내는 단어로 동사의 행위가 이루어진 시점을 물어볼 때 사용하는 의문사. 앞의 what에 비하면 그 사용빈도는 상대적으로 낮은 편이다. 먼저 가장 단순한 형태인 When is[was]+N?형태를 알아본다. 응용표현으로는 When is[was] the last time S+V?가 있는데 이는 '언제 마지막으로 …했어?'라는 뜻으로 When's the last time you saw your father?는 "마지막으로 아버지를 본게 언제야"?라는 뜻.

Let's Talk

A: **When's your next flight to London?** 런던행 다음 비행기가 언제 있나요?
B: **There's one leaving in thirty minutes.** 30분 후에 떠나는게 있습니다.

A: **When is it?** 그게 언제죠?
B: **It's on Saturday the 20th at seven in the evening.** 20일 토요일 저녁 7시예요.

A: **When's your birthday?** 생일이 언제야?
B: **February 16th.** 2월 16일.

 기본문장 달달 외우기

1 생일이 언제야?   **When's your birthday?**
2 뉴욕행 다음 비행편이 언제예요?   **When's the next flight to New York?**
3 그게 언제야?   **When is that?**
4 체크인이 언제예요?   **When's the check-in time?**
5 파티가 언제야?   **When's the party?**
6 언제가 좋은 시간야?   **When's a good time?**
7 여행은 언제였어?   **When was the trip?**

✓ One More Step

When is[was] the last time S+V? 언제 마지막으로 …했어?
When's the last time you saw your father? 마지막으로 아버지를 본게 언제야?
When's the last time you saw her? 마지막으로 걜 본 게 언제야?
When was the last time she was here? 걔가 마지막으로 여기 온 게 언제였어?

▶ 한 번 써보면 평생 잊혀지지 않는 **영어패턴 필사!** ◀

1 생일이 언제야?

✎ _____

2 뉴욕행 다음 비행편이 언제예요?

✎ _____

3 그게 언제야?

✎ _____

4 체크인이 언제예요?

✎ _____

5 파티가 언제야?

✎ _____

6 언제가 좋은 시간야?

✎ _____

7 여행은 언제였어?

✎ _____

다이알로그 필사도전! ✎

A

런던행 다음 비행기가 언제 있나요?

B

30분 후에 떠나는게 있습니다.

Pattern 157 언제 …할거야?

When are you coming back?
넌 언제 돌아올거야?

✓ 핵심포인트
When is[are]+주어+~ing? ▶ 언제 …해?
When will you[are you going to]+V? ▶ 언제 …할거야?

when과 현재진행형인 be(is, are) ~ing이 결합한 형태. '언제 …할거냐?'라는 의미로 가까운 미래를 물어본다. 위 문장인 When are you coming back?은 상대방에게 "언제 돌아올거냐?"고 물어보는 것. 주로 When are you going to~?(언제 …할거야?)나 When are you planning to~?(언제 …하려고 해?) 형태의 표현이 자주 쓰이는 구문들. 물론 공인 미래조동사인 will을 써서 When will you+동사~? 형태를 써도 된다.

Let's Talk

A: **So when are you getting married?** 그럼 언제 결혼하는거야?
B: **On May 15th.** 5월 15일에.

A: **When's he getting back?** 걘 언제 돌아오는거야?
B: **In a couple of days.** 이삼일 후에.

A: **When are you going to ask her out?** 쟤한테 언제 데이트 신청할거야?
B: **Tonight, but don't say anything. Okay?** 오늘밤, 하지만 아무 말도 하지마, 알았지?

기본문장 **달달** 외우기

1 언제 결혼할거야? 　　　　　When are you getting married?
2 유럽으로 언제 가는거야? 　　When are you leaving for Europe?
3 걘 언제 집에 와? 　　　　　　When's she getting home?
4 언제 그럴건데? 　　　　　　　When are you going to do it?
5 언제 내게 말할거야? 　　　　When are you going to tell me?
6 언제 이걸 하려고 해? 　　　　When are you planning to do this?
7 언제 우리에게 말하려고 했어? When were you planning to tell us?

✓ One More Step

Say when. 됐으면 그만이라고 말해요.
파티나 술좌석에서 하는 표현으로 상대방에게 술을 따라주면서 혹은 음식을 덜어주면서 얼마나 (따라)줘야 하는지 몰라 언제 멈춰야 하는지를 상대방에게 말하라고 할 때 쓰는 말. 대답은 술이 원하는 만큼 찼을 때 "When," "Stop," 혹은 "That's enough, thank you"라고 하면 된다.

▶ 한 번 써보면 평생 잊혀지지 않는 영어패턴 필사! ◀

1 언제 결혼할거야?

✎ _____

2 유럽으로 언제 가는거야?

✎ _____

3 걘 언제 집에 와?

✎ _____

4 언제 그럴건데?

✎ _____

5 언제 내게 말할거야?

✎ _____

6 언제 이걸 하려고 해?

✎ _____

7 언제 우리에게 말하려고 했어?

✎ _____

다이알로그 필사도전! ✎

A

그럼 언제 결혼하는거야?

B

5월 15일에.

Pattern 158 언제 …해?

When do you want to go?
언제 가고 싶어?

✓ 핵심포인트
When do you want to+V? ▶ 언제 …하고 싶어?
When do you think+S+V? ▶ 네 생각엔 언제 …할거야?

when 다음에 일반동사가 오는 경우로 When do[did] you+V? 형태로 '언제 …을 하는지' 혹은 '언제 …을 했는지'를 물어보는 패턴. When do you want to+V~?(언세 …하고 싶어?) 그리고 When do you think S+V?(네 생각엔 언제 …할(한)거지?) 등이 많이 알려진 표현들.

Let's Talk

A: Okay, so **when do you want to go?** 좋아, 그럼 언제 갈래?
B: What? Oh, I'm sorry, I can't, I'm busy. 뭐? 어 미안. 난 못가, 바빠서.

A: **When do you want me to** start? 내가 언제 시작할까요?
B: Why don't we start right now! 지금 바로 시작합시다!

A: I guess we have to wait until he comes back.
걔가 돌아올 때까지 기다려야 할 것 같아.
B: **When do you think** he'll get back? 언제쯤 돌아올 것 같아?

기본문장 달달 외우기

1 걔를 언제 만나고 싶어?   **When do you want to** meet him?
2 언제 가고 싶어?   **When do you want to** go?
3 걔가 언제 여기 올 것 같아?   **When do you think** she's going to get here?
4 영화가 언제 시작해?   **When does the movie** start?
5 가게가 언제 열어?   **When does the store** open?
6 걔가 언제 여기 와?   **When does she** get here?
7 걔를 언제 만났어?   **When did you** meet her?

✓ One More Step

When did you+동사? 언제 …를 했어?
When did you stop smoking? 언제 담배 끊었어?
When did you get that? 그거 언제 구한거야?

> ▶ 한 번 써보면 평생 잊혀지지 않는 영어패턴 필사! ◀

1 걔를 언제 만나고 싶어?

✎ _____

2 언제 가고 싶어?

✎ _____

3 걔가 언제 여기 올 것 같아?

✎ _____

4 영화가 언제 시작해?

✎ _____

5 가게가 언제 열어?

✎ _____

6 걔가 언제 여기 와?

✎ _____

7 쟤를 언제 만났어?

✎ _____

다이알로그 필사도전! ✎

A

좋아, 그럼 언제 갈래?

B

뭐? 어 미안. 난 못가, 바빠서.

Pattern 159 …가 어디에 있어?

Where's everybody?
다들 어디에 있어?

핵심포인트
Where is[are]+N? ▶ …가 어디에 있어?
Where is[are]+N+from?
▶ …을 어디서 구했어?, …가 어디 출신이야?

Where is[are]+N?는 명사가 어디에 있냐고 소재파악을 묻는 패턴. Where is she?는 "걔가 어디있냐?", Where were you?는 "너 어디 있었냐?" 그리고 Where is it?하면 "그게 어딨어?"라는 말. 뒤에 from을 붙여서 Where is[are]+N+from?하면 '…가 어디서 난거야?'라는 의미로 "이 케익 어디서 샀냐?"고 물어보려면 Where is this cake from?, 그리고 "이렇게 아름다운 구두를 어디서 구했냐?"고 하려면 Where are these beautiful shoes from?이라 하면 된다.

Let's Talk

A: **Where's** Harry? His mom's on the phone. 해리 어딨어? 어머님 전화인데.
B: **He's in the bathroom.** 화장실에 있어.

A: **Where is** everybody? 다들 어딨어?
B: **They're hanging out with Jane.** 제인하고 놀고 있어.

A: Hey. Hey, **where's** the baby? 야, 애기는 어디 있어?
B: **Oh we just put her down for a nap.** 낮잠자라고 눕혔어.

 기본문장 달달 외우기

1 가장 가까운 레스토랑이 어디야? 　Where is the nearest restaurant?
2 탈의실이 어디죠?　　　　　　　　Where is the fitting room?
3 노트북 어디 있니?　　　　　　　　Where's your lap top computer?
4 화장실이 어디야?　　　　　　　　Where's the rest room?
5 가장 가까운 약국이 어디야?　　　　Where's the nearest drug store?
6 네 여권이 어디에 있어?　　　　　　Where's your passport?
7 열쇠 어디에 있어?　　　　　　　　Where are the keys?

✓ One More Step

Where is[are]+S+ from? …가 어디서 난거야?
from은 출처, 기원 등을 의미하는 것으로 주어자리에 사람이 오면 출신지를, 사물이 오면 원산지나 출처를 물어보게 된다.

> ▶ 한 번 써보면 평생 잊혀지지 않는 영어패턴 필사! ◀

1 가장 가까운 레스토랑이 어디야?

✎ _____

2 탈의실이 어디죠?

✎ _____

3 노트북 어디 있니?

✎ _____

4 화장실이 어디야?

✎ _____

5 가장 가까운 약국이 어디야?

✎ _____

6 네 여권이 어디에 있어?

✎ _____

7 열쇠 어디에 있어?

✎ _____

다이얼로그 필사도전! ✎

A
다들 어딨어?

B
제인하고 놀고 있어.

Level 02 필수패턴으로 영어회화 기반다지기

Pattern 160 어디에서 …해?

Where're you going?
너 어디에 가?

✓ **핵심포인트** Where are you+~ing? ▶ 어디에서 …해?
Where are you going to+V? ▶ 어디에서 …할거야?

where하고 진행형 시제인 be+~ing가 합쳐진 경우인데 사용빈도는 동사 go를 이용한 Where are you going?이 압도적이다. 부사구를 붙여서 Where are you going in such a rush?(이렇게 급히 어딜 가는거야?)나 Where are you going this time?(이 시간에 어딜가?)라고 응용해볼 수 있다. 또한 where하고 be going to가 결합하여 Where are you going to+V?하면 '어디에서 …할거야?'라는 의미의 표현이 된다.

 Let's Talk

A: **Where are you going?** 어디가?
B: **Well, I have an appointment to see Dr. Robert Pillman.**
로버트 필만 선생님과 예약되어 있어.

A: **Where are you going?** 어디가?
B: **I've got a birthday party, with some people from work.**
직장사람들하고 생일파티있어.

A: **Where are you traveling to?** 어디로 여행가는거야?
B: **To New York.** 뉴욕으로.

 기본문장 **달달** 외우기

1 나를 어디로 데려가는거야?   **Where are you taking me?**
2 점심먹으러 어디로 데려갈거야?   **Where are you taking me for lunch?**
3 내 차 어디로 가져가는거야?   **Where are you taking my car?**
4 이거 어디서 났어?   **Where are you getting this?**
5 지금 어디로 차를 몰고 가는거야?   **Where are you driving to now?**
6 어디서 전화하는거야?   **Where are you calling from?**
7 부인이랑 어디 가서 저녁먹을거야?   **Where're you going to take your wife to dinner?**

> ▶ 한 번 써보면 평생 잊혀지지 않는 영어패턴 필사! ◀

1 나를 어디로 데려가는거야?

✎ _____

2 점심먹으러 어디로 데려갈거야?

✎ _____

3 내 차 어디로 가져가는거야?

✎ _____

4 이거 어디서 났어?

✎ _____

5 지금 어디로 차를 몰고 가는거야?

✎ _____

6 어디서 전화하는거야?

✎ _____

7 부인이랑 어디 가서 저녁먹을거야?

✎ _____

다이알로그 필사도전! ✎

A

어디가?

B

직장사람들하고 생일파티있어.

Pattern 161 어디서 …해?

Where do you want to go?
어디로 가고 싶어?

핵심포인트 Where do[did] you+V? ▶ 어디서 …하는거야[했어]?
Where do you want to+V? ▶ 어디에서 …을 하고 싶어?

Where do[did] you+V?는 '어디서 …해[했어]?'라는 뜻. 특히 Where do you want to go?처럼 '어디서 …을 하고 싶어?'라는 의미의 Where do you want to+V?가 가장 많이 쓰인다. 또한 Where do you live now?(지금 어디 살아?)나 Where do you work?(지금 어디서 일해?) 등의 표현도 암기하자. 한편 Where do you think S+V?하면 '어디로(에) …한다고 생각해?'로 "걔가 어디에 갔다고 생각해?"라 하려면 Where do you think she went?라 하면 된다.

Let's Talk

A: **Where do you work?** 어디서 일해?
B: **Well, right now I'm in between things.** 저기 지금은 실직상태야.

A: **Hey! Sorry I kept you waiting so long.** 야! 오래 기다리게 해서 미안해.
B: **That's okay. So, where do you want to go?** 괜찮아. 그래 어디 갈래?

A: **Where do you feel the pain most?** 어느 부위가 가장 아파요?
B: **In my abdomen.** 복부요.

기본문장 달달 외우기

1 점심 먹으러 어디 가고 싶어?   **Where do you want to go to lunch?**
2 그거는 어디에 보관해?   **Where do you keep it?**
3 어디서 머리를 깎아?   **Where do you get your hair cut?**
4 어디서 찾았어?   **Where did you find it?**
5 그거 어디서 들었어?   **Where did you hear that?**
6 어디 출신이야?   **Where do you come from?**
7 저 컴퓨터 어디서 구했어?   **Where did you pick up that computer?**

▶ 한 번 써보면 평생 잊혀지지 않는 영어패턴 필사! ◀

1 점심 먹으러 어디 가고 싶어?

✏️ _____

2 그거는 어디에 보관해?

✏️ _____

3 어디서 머리를 깍아?

✏️ _____

4 어디서 찾았어?

✏️ _____

5 그거 어디서 들었어?

✏️ _____

6 어디 출신이야?

✏️ _____

7 저 컴퓨터 어디서 구했어?

✏️ _____

다이알로그 필사도전! ✏️

A

어디서 일해?

B

저기 지금은 실직상태야.

Pattern 162 어디서 …할까?

Where can I meet you?
어디서 만날까?

✓ **핵심포인트** Where can I+V? ▶ 어디서 …할 수 있어?
　　　　　　　　Where should we+V? ▶ 어디에서 …을 해야 돼?

where에 can, should 등이 결합한 Where can I(we) ~?, Where should I(we)~ ? 의 형태. 필수암기 패턴들로는 Where can I reach you if there is an emergency?의 Where can I reach you ~?(…하려면 어디로 연락해야 하죠?), Where can I get tickets to see the show?의 Where can I get something ~?(…을 어디에서 얻을 수 있죠?), 그리고 Where can I go to check my e-mail?의 Where can I go to+V?(…하려면 어디로 가야 하죠?) 등이 있다.

 Let's Talk

A: **When and where can I meet you?** 언제 어디서 만날까?
B: **Let's meet at Burger King on Sunday.** 일요일에 버거킹에서 만나자.

A: **Where can I wash up?** 화장실이 어디죠?
B: **Here, let me show you.** 여기요. 알려줄게요.

A: **Okay, let's get down to business.** 자. 일을 시작합시다.
B: **Where should we begin?** 어디부터 시작해야죠?

 기본문장 **달달** 외우기

1 어디가야 걔를 볼 수 있죠?　　　Where can I find her?
2 어디가서 저녁 사줄까?　　　　　Where can I buy you dinner?
3 어디서 택시 탈 수 있어요?　　　Where can I get a taxi?
4 어디에 내려줄까?　　　　　　　Where can I drop you?
5 어디로 가지?　　　　　　　　　Where should we go?
6 어디부터 시작해야죠?　　　　　Where should we begin?
7 먼저 어디부터 시작해야지?　　　Where should we start first?

▶ 한 번 써보면 평생 잊혀지지 않는 영어패턴 필사! ◀

1 어디가야 걔를 볼 수 있죠?

✎ _____

2 어디가서 저녁 사줄까?

✎ _____

3 어디서 택시 탈 수 있어요?

✎ _____

4 어디에 내려줄까?

✎ _____

5 어디로 가지?

✎ _____

6 어디부터 시작해야죠?

✎ _____

7 먼저 어디부터 시작해야지?

✎ _____

다이알로그 필사도전!

A
언제 어디서 만날까?

B
일요일에 버거킹에서 만나자.

Level 02 필수패턴으로 영어회화 기반다지기

Pattern 163 ···가 누구야?, 누가 ···해?

Who's next?
다음 차례는 누구시죠?

 핵심포인트   Who is+N? ▶ ···가 누구야?
Who is+형용사? ▶ 누가 ···해?

가장 기본적인 Who is[are]+N[형용사]? 패턴. 상대방의 정체(?)를 알아내는 Who are you? 로 대표된다. 서비스창구 등에서 많이 쓰이는 "다음 차례는 누구야?"는 Who's next?, 그리고 전화를 받거나 초인종 벨이 울릴 때 사용하는 표현들인 Who is it?(누구세요?), 방문객이 누군였는지 전화한 사람인 누군인지 물어볼 때 쓰는 Who was it?(누구였어?), 그리고 옆에 모르는 사람이 있을 때 혹은 전화에서 쓰는 Who is this?(이 사람 누구야?, 누구시죠?) 등을 기억해둬 야 한다.

Let's Talk

A: **Who's Randy?** 랜디가 누구야?
B: **You know, that guy she met at the coffeehouse.** 저기, 걔가 카페에서 만난 남자.

A: (knocking on the door) **Who is it?** 누구세요?
B: (outside the door) **It's Peter, open up!** 피터야, 문열어!

A: **Who is this?** 이 사람 누구야?
B: **I'm sorry, Jane, this is Jim Tomson. He's a colleague.**
미안, 제인, 짐 톰슨이라고 내 동료야.

 기본문장 **달달** 외우기

1 갈 준비된 사람?   **Who is ready to go?**
2 누가 시간낼 수 있어?   **Who is available now?**
3 이 친구 누구야?   **Who is this guy?**
4 누가 네 친구야?   **Who's your friend?**
5 릭이 누구야?   **Who's Rick?**
6 네 엄마 옆에 있는 사람 누구야?   **Who's the guy next to your mother?**
7 누가 책임자야?   **Who's in charge?**

One More Step

1 Who is it? (초인종이 울릴 때 혹은 전화왔다고 누가 말해줄 때) 누구세요?, 누군데?
2 Who was it? (상황종료 후 방문객이 누군인지 전화한 사람인 누군지 물어볼 때) 누군데? 누구였어?
3 Who is this? (옆에 모르는 사람이 있을 때 혹은 전화에서) 이 사람 누구야? 누구시죠?

▶ 한 번 써보면 평생 잊혀지지 않는 영어패턴 필사! ◀

1 갈 준비된 사람?

✎ _____

2 누가 시간낼 수 있어?

✎ _____

3 이 친구 누구야?

✎ _____

4 누가 네 친구야?

✎ _____

5 릭이 누구야?

✎ _____

6 네 엄마 옆에 있는 사람 누구야?

✎ _____

7 누가 책임자야?

✎ _____

다이알로그 필사도전!

A

이 사람 누구야?

B

미안, 제인, 짐 톰슨이라고 내 동료야.

Level 02 필수패턴으로 영어회화 기반다지기

Pattern 164 누가 …하는거야?

Who wants to go first?
누가 제일 먼저 갈래?

✓ 핵심포인트
Who+V? ▶ 누가 …해?
Who is going to+V? ▶ 누가 …을 할거야?

Who+V?는 '누가 …을 하고 싶냐?'는 Who wants ~?, '누가 …을 알고 있냐?'고 물어보는 Who knows ~? 등처럼 현재형도 쓰이지만 Who did that?(누가 그랬어?), Who went to the stadium?(누가 경기장에 갔어?), Who told you that?(누가 네게 그걸 말했어?)에서 보듯 who 다음에 과거가 와, '누가 …했냐?'고 물어보기도 한다. 또한 Who cares!(누가 신경이나 쓴데?), Who knows!(누가 알겠어!)의 표현과 Who's going to+V?(누가 …할거야?)도 암기해둔다.

 Let's Talk

A: **Who wants to go first?** 누가 제일 먼저 갈래?
B: **I'll go.** 내가.

A: **Who said that I didn't like you?** 내가 널 좋아하지 않는다고 누가 그래?
B: **Bill did.** 빌이 그랬어.

A: **Who told you that?** 누가 그래?
B: **A person from the head office called me yesterday.**
어제 본사 한 직원이 내게 전화했어.

📋 기본문장 달달 외우기

1 아이스크림 원하는 사람?   **Who wants ice cream?**
2 걔에게 진실을 말해주고 싶은 사람?   **Who wants to tell him the truth?**
3 누가 거기에 가는 방법을 알아?   **Who knows how to get there?**
4 누가 식품점에 갔어?   **Who went to the grocery store?**
5 누가 너에게 이렇게 한거야?   **Who did this to you?**
6 누가 웬디를 파티에 데려갔어?   **Who took Wendy to the party?**
7 누가 이거 낼거야?   **Who's going to pay for this?**

✓ One More Step

Who's going to+동사? 누가 …할거야?
Who's going to go out tonight after work? 오늘밤 퇴근 후에 회식자리에 누가 가?

> ▶ 한 번 써보면 평생 잊혀지지 않는 영어패턴 필사! ◀

1 아이스크림 원하는 사람?

✎ _____

2 걔에게 진실을 말해주고 싶은 사람?

✎ _____

3 누가 거기에 가는 방법을 알아?

✎ _____

4 누가 식품점에 갔어?

✎ _____

5 누가 너에게 이렇게 한거야?

✎ _____

6 누가 웬디를 파티에 데려갔어?

✎ _____

7 누가 이거 낼거야?

✎ _____

다이알로그 필사도전! ✎

A

누가 그래?

B

어제 본사 한 직원이 내게 전화했어.

Pattern 165 누구를 …해?

Who do you work for?
어디서 일해?

✓ **핵심포인트**   Who do[did] you+V? ▶ 누가 …해[했어]?
　　　　　　　　Who do you think (주어)+V? ▶ 누가 …할거라고 생각해?

Who do[did] you+V?의 형태는 '누구를 …할까요?'라는 뜻. Who do you work for?는 누구을 위해 일하냐, 즉 "어디서 일하냐?"라는 문장. 또한 '누가 …할 거라고 생각해?'라는 의미의 Who do you think+V~?/ Who do you think S+V?도 함께 외워둔다. 예로 "담에 누가 결혼할 것 같아?"라고 하려면 Who do you think is going to get married next? 그리고 Who do you think you are?(네가 도대체 뭐가 그리 잘났는데?)도 이 문형에 속한다.

 Let's Talk

A: **Who do you work for?** 어디에서 일하니?
B: **I work for a government agency.** 정부기관에서 일해.

A: **Who do you want to speak to?** 누구랑 통화하시겠어요?
B: **I'd like to talk to Ms. Jackson, please.** 잭슨 씨를 부탁합니다.

A: **Who did you originally want to hook up with?**
　원래는 누구를 엮으려고 했던거야?
B: **I was actually looking for Michael.** 실은 마이클을 찾고 있었어.

 기본문장 *달달* 외우기

1 누굴 좋아해?　　　　　　　Who do you like?
2 누구랑 어울려 놀아?　　　　Who do you hang out with?
3 어느 분을 바꿔 드릴까요?　Who do you want to speak to?
4 파티에 누굴 초대하고 싶어?　Who do you want to invite to the party?
5 누구를 고용하고 싶어?　　　Who do you want to hire?
6 누구랑 점심했어?　　　　　Who did you have lunch with?
7 지난밤에 누구랑 데이트했어?　Who did you go out with last night?

✓ **One More Step**

Who do you think V~? / Who do you think S+V? 누가 …할 거라고 생각해?
Who do you think is going to get divorced next? 다음에 누가 이혼할 것 같아?
Who do you think you're talking to? 너 나한테 그렇게 말하면 재미없어.

> ▶ 한 번 써보면 평생 잊혀지지 않는 영어패턴 필사! ◀

1 누굴 좋아해?

✎ _____

2 누구랑 어울려 놀아?

✎ _____

3 어느 분을 바꿔 드릴까요?

✎ _____

4 파티에 누굴 초대하고 싶어?

✎ _____

5 누구를 고용하고 싶어?

✎ _____

6 누구랑 점심했어?

✎ _____

7 지난밤에 누구랑 데이트했어?

✎ _____

다이알로그 필사도전! ✎

A
어디에서 일하니?

B
정부기관에서 일해.

Pattern 166 어느 것이 …해?

Which do you like better?
어느 것을 더 좋아해?

✓ **핵심포인트**   Which is+N[형용사]? ▶ 어느 것이 …야[해]?
　　　　　　　　Which do you+V? ▶ 어느 것을 …해?

which는 좀 특이한 의문사로 선택이란 개념이 포함되어 있다. 우리말로 '어느 것'이라는 의미로 Which do you like better, A or B?하면 두 개 중 하나를 선택하라고 할 때 사용하는 문장이다. 앞부분을 조금씩 변형하여 Which is better, A or B?, Which one is better, A or B? 등으로 응용할 수 있다.

 Let's Talk

A: Which do you like better, peanut butter or egg whites?
피넛버터와 에그화이트 중에서 어떤 걸 더 좋아하니?

B: Peanut butter! 피넛버터!

A: Which do you prefer to have, Italian or Mexican food?
이태리음식 아님 멕시코음식이 좋아?

B: I could go for some Mexican tonight. 오늘밤은 멕시코음식 좀 먹어보지.

A: How much does it cost? 이건 얼마죠?

B: Which one, the black one or the white one?
어떤 거요? 검은 색이요, 아님 흰 색이요?

 기본문장 **달달** 외우기

1　어떻게 더 나아?　　　　　　Which is better?
2　어떤 걸 좋아해?　　　　　　Which do you like?
3　어떤 걸 더 좋아해?　　　　　Which do you prefer?
4　어떤 걸 추천해?　　　　　　Which do you recommend?
5　누가 네 새로운 남친이야?　　Which one is your new boyfriend?
6　너희들 중 누가 결혼해?　　　Which one of you is getting married?
7　어떻게 내게 더 좋을까?　　　Which one is better for me?

✓ **One More Step**

Which one? 어떤 거?
앞에 언급된 명사를 재반복하지 않고 더 단순하게 말하는 방식으로 어떤 거?라는 의미.

▶ 한 번 써보면 평생 잊혀지지 않는 영어패턴 필사! ◀

1 어떻게 더 나아?

2 어떤 걸 좋아해?

3 어떤 걸 더 좋아해?

4 어떤 걸 추천해?

5 누가 네 새로운 남친이야?

6 너희들 중 누가 결혼해?

7 어떻게 내게 더 좋을까?

다이알로그 필사도전!

A

이건 얼마죠?

B

어떤 거요? 검은 색이요, 아님 흰 색이요?

Pattern 167 어떤 ~가 …해?

Which train goes to New York?
어떤 기차가 뉴욕으로 가죠?

✓ **핵심포인트**   Which+N+is+N[형용사]? ▶ 어느 것이 …야[해]?
　　　　　　　　Which+N+do you+V[are you+~ing]? ▶ 어느 것을 …해?

"뉴욕행 기차가 어떤 열차죠?"라는 뜻으로 Which+N~로 시작되는 의문문. 이처럼 which는 what처럼 뒤에 명사가 붙어 Which+N~ ?의 형태로 문장을 만들 수 있다. Which+N+V~? 형태나 혹은 Which+N+do you[are you] ~ing?로 쓰인다. 또한 간단히 Which+N? 형태로 Which way?(어떤 길?, 어떤 방법?), Which part?(어떤 부분?), 그리고 앞에 언급된 명사를 재반복하지 않고 더 단순하게 말하는 방식인 Which one?(어떤 거?) 등이 자주 쓰인다.

Let's Talk

A: **Which train** should I take to Gangnam? 어떤 전철을 타야 강남갈 수 있나요?
B: It's marked as Line #2. 2호선 타세요.

A: **Which flight** are you going to take? 어떤 비행편을 이용하실거죠?
B: American Airlines flight 327 to New York. 뉴욕행 어메리컨 에어라인 327편이요.

A: **Which way** is the Sears Tower? 시워즈 타워가 어느 쪽예요?
B: It's a mile ahead, on your left hand side. 1마일 전방, 왼편에 있어요.

기본문장 달달 외우기

1 그게[화장실이] 어느 쪽에 있어?　　**Which way** is it[the bathroom]?
2 어느 길이 더 빨라?　　　　　　　　**Which way** is shorter?
3 어느 쪽이 출구인가요?　　　　　　　**Which way** is out?
4 어느 미스터 김과 통화하시겠어요?　　**Which Mr. Kim** do you want to talk to?
5 어떤 코트를 제일 좋아해?　　　　　　**Which coat** do you like best?
6 어떤 녀석을 말하는거야?　　　　　　**Which guy** are you talking about?
7 어떤 비행편을 탈거야?　　　　　　　**Which flight** are you going to take?

✓ One More Step

Which+명사?로 다른 단어의 도움없이도 완벽한 문장으로 구어체에서 많이 쓰인다.
Which movie? 어떤 영화?　　　Which room? 어떤 방?
Which car? 어떤 자동차?　　　　Which book? 어떤 책?

> ▶ 한 번 써보면 평생 잊혀지지 않는 영어패턴 필사! ◀

1 그게[화장실이] 어느 쪽에 있어?

✎ _____

2 어느 길이 더 빨라?

✎ _____

3 어느 쪽이 출구인가요?

✎ _____

4 어느 미스터 김과 통화하시겠어요?

✎ _____

5 어떤 코트를 제일 좋아해?

✎ _____

6 어떤 녀석을 말하는거야?

✎ _____

7 어떤 비행편을 탈거야?

✎ _____

다이알로그 필사도전! ✎

A
어떤 전철을 타야 강남갈 수 있나요?

B
2호선 타세요.

Pattern English

LEVEL 03

응용패턴으로 드뎌 왕초보 탈출하기!

168~242

Best Way to Improve Your
English Speaking Skills!

Pattern 168 …인지 아닌지 알아보다

Let me check the schedule
일정을 확인해볼게

✓ **핵심포인트** Let me check[I'll check]+N ▶ …을 확인해볼게
Let me see[I'll see] if+S+V ▶ …인지 확인해볼게

앞서 배운 let me+V의 구문을 활용한 것으로 단순한 대상을 확인할 때는 Let me check+N 혹은 I'll check+N를 그리고 '…인지 아닌지' 사실여부를 확인할 때는 Let me see if~~ 혹은 I'll see if~의 형태를 사용한다. 좀 더 응용하여 I'm here[I came by] to see if ~(…인지 알아보려고 들렸어)라고 할 수도 있다. 또한 Let me check은 단독으로 "확인해볼게"라는 의미로 많이 쓰인다.

 Let's Talk

A: **I wonder if we could get together on the 15th.** 15일에 만날 수 있을까.
B: **First of all, let me check my schedule.** 먼저, 일정 좀 보고.

A: **Is Paul ready to leave?** 폴은 떠날 준비가 다 됐나요?
B: **I'll check if he's finished working.** 일을 끝냈는지 알아볼게요.

A: **I'm here to see Mr. Black.** 블랙 씨를 만나러 왔어요.
B: **I'll see if he's in.** 계신지 알아볼게요.

 기본문장 **달달** 외우기

1 혈압 좀 재볼게요.
   Let me check your blood pressure.
2 내가 제대로 이해하는지 확인해볼게요.
   Let me just see if I got this straight.
3 약속을 다시 조정할 수 있는지 알아볼게.
   Let me see if I can reschedule the appointment.
4 내가 이걸 이해했는지 정리해볼게.
   Let me see if I understand this.
5 그가 안에 계신지 알아볼게요. **I'll see if he's in.**
6 걔가 돌아오고 싶어하는지 알아볼게. **I'll see if she wants to come back.**
7 나랑 나가서 저녁먹을 수 있는지 확인하러 왔어.
   I came by to see if you could go out to dinner with me.

> ▶ 한 번 써보면 평생 잊혀지지 않는 영어패턴 필사! ◀

1 혈압 좀 재볼게요.

✎ _____

2 내가 제대로 이해하는지 확인해볼게요.

✎ _____

3 약속을 다시 조정할 수 있는지 알아볼게.

✎ _____

4 내가 이걸 이해했는지 정리해볼게.

✎ _____

5 그가 안에 계신지 알아볼게요.

✎ _____

6 걔가 돌아오고 싶어하는지 알아볼게.

✎ _____

7 나랑 나가서 저녁먹을 수 있는지 확인하러 왔어.

✎ _____

다이알로그 필사도전! ✎

A

폴은 떠날 준비가 다 됐나요?

B

일을 끝냈는지 알아볼게요.

Level 03 응용패턴으로 드뎌 왕초보 탈출하기! 359

Pattern 169 …하는데 시간이 얼마나 걸려?

How long does it take to get there?
거기까지 가는데 얼마나 걸려?

✓ **핵심포인트** How long does it take to+V? ▶ …하는데 시간이 얼마나 걸려?
How long have you+pp~? ▶ 얼마나 …했어?

How long~으로 시작하는 표현들을 알아보는데 '…을 하는데 걸리는 시간'을 물어보는 표현인 How long does it take to+V~?가 대표적이다. 다음 난이도를 조금 올려서 How long이 기간을 나타낸다는 점에 착안하여 그 기간동안 이루어진 일을 물어보는 How long have you+ pp~?의 구문, 즉 How long과 현재완료의 결합을 잘 기억해두면 된다. 단독으로 How long? 하면 "얼마나 오래?"라는 뜻이고 How long ago?하면 "얼마나 오래 전에?"라는 의미이다.

 Let's Talk

A: **How long** are you planning to stay in the US? 미국엔 얼마나 머물 계획이세요?
B: I'm planning to stay for three weeks. 3주간요.

A: **How long have you been** working on that project?
그 작업에 매달린지 얼마나 된거야?
B: I have been working on it all day long. 하루종일 하고 있는 중이야.

A: You are really late. 정말 늦게 오는 구만.
B: Oh, dear. **How long have you been** waiting? 어, 자기야. 얼마나 기다린거야?

 기본문장 **달달** 외우기

1 경기장까지 시간이 얼마나 걸리죠? **How long does it take to** get to the stadium?
2 그 일 끝내는데 얼마나 걸렸어? **How long did it take to** finish the job?
3 역에서 회사까지 얼마걸려요? **How long does it take to** get to work from the station?
4 미국엔 얼마나 머물 계획이세요? **How long are you planning to** stay in the US?
5 걔하고 데이트 얼마나 했어? **How long have you been** dating him?
6 여기 얼마나 오래 살았어? **How long have you lived** here?
7 걔가 결혼한지 얼마나 됐어? **How long has he been** married?

> ▶ 한 번 써보면 평생 잊혀지지 않는 영어패턴 필사! ◀

1 경기장까지 시간이 얼마나 걸리죠?

✏ _____

2 그 일 끝내는데 얼마나 걸렸어?

✏ _____

3 역에서 회사까지 얼마걸려요?

✏ _____

4 미국엔 얼마나 머물 계획이세요?

✏ _____

5 걔하고 데이트 얼마나 했어?

✏ _____

6 여기 얼마나 오래 살았어?

✏ _____

7 걔가 결혼한지 얼마나 됐어?

✏ _____

다이알로그 필사도전! ✏

A

미국엔 얼마나 머물 계획이세요?

B

3주간요.

Pattern 170 …했어야 했는데

I should have told you
너에게 말했어야 했는데

✓ **핵심포인트** should+have+pp ▶ …했어야 했는데
　　　　　　　　may[might]+have+pp ▶ …였을지도 몰라

should+have+pp는 '…했어야 했는데'라는 의미로 I should have told you는 네게 말했어야 했는데 말하지 못해 후회한다는 뜻. 그밖의 조동사+have+pp 형태로는 must+have+pp(…이었음에 틀림없다), may[might]+have+pp(…였을지도 모른다) 그리고 과거에 그럴 수도 있었지만 실제로는 그러지 않았다는 could+have+pp(…이었을 수도 있다)가 있다. 그밖에 You shouldn't have(그럴 필요 없는데), (It) Could have been worse(그나마 다행이다)를 기억해둔다.

 Let's Talk

A: You should have seen Kang-In Lee play last night.
어젯밤에 이강인 게임을 봤어야 하는데.

B: I heard he was one of the best athletes for the game.
최고의 선수 중 하나였다고 들었어.

A: You should have been here hours ago. 몇시간 전에 도착했어야 하잖아.

B: Sorry. I got held up at work. 미안. 일에 잡혀서 말야.

A: I'm sorry I'm late again. I got stuck in traffic.
또 늦어서 미안해요. 차가 막혔어요.

B: You could have taken the subway. 지하철 탈 수도 있었잖아.

 기본문장 **달달** 외우기

1 이럴 필요까지는 없는데.　　　**You shouldn't have done this(that).**
2 승낙하지[그렇게 말하지] 말았어야 했는데.
　　I shouldn't have said yes[that]
3 넌 여기에 오지 말았어야 했는데.**You shouldn't have come here.**
4 그거 끔찍했겠구만.　　　　　**It must've been terrible.**
5 너 배고팠겠구만.　　　　　　**You must have been hungry.**
6 너 아마 들어본 적이 있을거야. **You may have heard of it.**
7 누구한테나 일어날 수 있는 일인 걸요.
　　It could have happened to anyone.

> ▶ 한 번 써보면 평생 잊혀지지 않는 영어패턴 필사! ◀

1 이럴 필요까지는 없는데(특히 선물을 받을 때).

✏️ _____

2 승낙하지[그렇게 말하지] 말았어야 했는데.

✏️ _____

3 넌 여기에 오지 말았어야 했는데.

✏️ _____

4 그거 끔찍했겠구만.

✏️ _____

5 너 배고팠겠구만.

✏️ _____

6 너 아마 들어본 적이 있을거야.

✏️ _____

7 누구한테나 일어날 수 있는 일인 걸요.

✏️ _____

다이알로그 필사도전! ✏️

A

몇시간 전에 도착했어야 하잖아.

B

미안. 일에 잡혀서 말야.

Level 03 응용패턴으로 드디어 왕초보 탈출하기!

Pattern 171 …한 줄 알았어

I thought you were a good kisser
난 네가 키스를 잘하는 줄 알았어

✓ **핵심포인트** I thought (that) S+V ▶ …한 줄 알았어

I thought S+V 형태로 쓰면 '…라고 생각했다'라는 의미로 예를 들어 I thought last night was great라고 하면 "지난 밤은 정말 좋았다고 생각해"라는 말이 된다. 하지만 그렇게 생각했지만 실제는 그렇지 않은 경우에도 많이 사용되는데 위 문장은 네가 키스를 잘 하는 줄 알았는데 실제로는 그렇지 않다는 뉘앙스를 갖는다. 참고로 I thought so (too)하면 "(나도) 그렇게 생각했어," "그럴 것 같았어"라는 말이다.

 Let's Talk

A: **I thought that was just a rumor.** 그게 소문인 줄 알았는데.
B: **It was a true story.** 사실이었어.

A: **I thought you were in trouble.** 너희들이 어려움에 처한 줄 알았는데.
B: **Well, we're not.** 어, 아냐.

A: **You should know better than to let him know.**
  너 걔한테 알리면 안되는 줄은 알았을 것 아냐.
B: **I thought that I could trust him.** 믿을 수 있는 사람인 줄 알았는데.

1 네가 알고 있는 줄 알았어.   **I thought you knew it.**
2 난 네가 우리편인 줄 알았어.   **I thought you were on my side.**
3 가서 자라고 말한 것 같은데.   **I thought I told you to go to bed.**
4 네가 새를 기르는 줄 알았어.   **I thought you were bringing birds.**
5 네가 걜 좋아하는 줄 알았어.   **I thought you liked him.**
6 네가 떠나는 줄 알았어.   **I thought you were leaving.**
7 하루 쉬는 줄 알았어.   **I thought you had the day off.**

✓ **One More Step**

I thought so (too). (나도) 그렇게 생각했어, 그럴 것 같았어.
A: Isn't she amazing? She passed the entrance exam. 걔 대단하지 않아. 입학시험에 붙었어.
B: I thought so. She's marvelous. 나도 그렇게 생각해. 대단한 아이야.

▶ 한 번 써보면 평생 잊혀지지 않는 영어패턴 필사! ◀

1 네가 알고 있는 줄 알았어.

✎ _____

2 난 네가 우리편인 줄 알았어.

✎ _____

3 가서 자라고 말한 것 같은데.

✎ _____

4 네가 새를 기르는 줄 알았어.

✎ _____

5 네가 걜 좋아는 줄 알았어.

✎ _____

6 네가 떠나는 줄 알았어.

✎ _____

7 하루 쉬는 줄 알았어.

✎ _____

다이알로그 필사도전! ✎

A

그게 소문인 줄 알았는데.

B

사실이었어.

Pattern 172 …라고 했잖아

You told me Jane was pregnant
제인이 임신했다고 말했잖아

✓ **핵심포인트** You told me (that) S+V ▶ …라고 했잖아
You said (that) S+V ▶ …라고 했잖아

You told me (that) S+V 혹은 You told me to+V~는 '네가 …라고 했잖아'라는 의미. You said S+V 또한 '…라고 했잖아'로 상대방 말을 재확인하거나 따지는 문장이 될 수도 있다. 또한 앞서 배운 I thought S+V와 결합하여 I thought(think) you said S+V라고 하면 '난 네가 …라고 말한 줄 알았지'라는 뜻이 된다. 참고로 You said that은 "네가 그랬잖아"라는 말이고 You said it!은 상대방의 말에 공감하는 것으로 "네 말이 맞아!"라는 뜻.

 Let's Talk

A: Hello! Are you at home? **You told me** you would call.
야, 너 집에 있어? 전화한다고 했잖아?

B: I'm sorry, but I've just been so busy! 미안해, 너무 바빴어!

A: **You said that** you liked me! Did you just change your mind?
나 좋아한다고 했잖아! 맘이 바뀐거야?

B: Kind of. Sorry about that. 좀 그래. 미안해.

A: **You did tell** an awful lot of jokes. 넌 아주 끔찍한 조크를 많이 했어.

B: **I thought you said those jokes were funny.** 네가 재미있다고 말한 걸로 아는데.

1 나 데리고 나가 점심 사준다고 했잖아.
   You told me you were going to take me to lunch.
2 네가 그거 좋다고 했잖아.　　**You told me** you liked it.
3 넌 그거에 대해 얘기하고 싶다고 했잖아.
   You said you wanted to talk about it.
4 그거 괜찮다고 했잖아.　　**You said** it was okay.
5 그거 재미있을거라고 했잖아.　　**You said** it was going to be fun.
6 넌 이게 지겹다고 했잖아.　　**You said** you were sick of this.
7 난 네가 괜찮다고 말한 줄 알았는데. **I thought you said** it was okay.

▶ 한 번 써보면 평생 잊혀지지 않는 영어패턴 필사! ◀

1 나 데리고 나가 점심 사준다고 했잖아.

✎ _____

2 네가 그거 좋다고 했잖아.

✎ _____

3 넌 그거에 대해 얘기하고 싶다고 했잖아.

✎ _____

4 그거 괜찮다고 했잖아.

✎ _____

5 그거 재미있을거라고 했잖아.

✎ _____

6 넌 이게 지겹다고 했잖아.

✎ _____

7 난 네가 괜찮다고 말한 줄 알았는데.

✎ _____

다이알로그 필사도전! ✎

A

야, 너 집에 있어? 전화한다고 했잖아?

B

미안해, 너무 바빴어!

Pattern 173 ~가 …라고 말했어

She said she didn't love him
걘 그를 사랑하지 않는다고 말했어

✅ **핵심포인트** (S)He told me (that) S+V[to+V] ▶ 걔가 …라고 했어
She said (that) S+V ▶ 걔가 …라고 했어

이번에는 다른 사람의 말을 전달하는 방법으로 He(She) said S+V하면 '걔가 …라고 말했어'라고 표현. tell을 써서 He(She) told me that 혹은 He(She) told me to+V라 써서 '걔가 …라고 말했어'라고 해도 된다. 또한 Who said S+V?라고 하면 '누가 …라고 했어?'라는 말로 "내가 거기에 갔다고 누가 그래?"는 Who said I went there?가 된다. 빈출표현으로 Who said that[it]?(누가 그래?), Who told you (that)?(누가 그랬어?) 정도는 기억해두자.

Let's Talk

A: **She said** she'd be back December 26th. 쟤는 12월 26일에 돌아온다고 했어.
B: December 26th, huh. Maybe she's Santa Clause.
   12월 26일, 음, 산타클로스인가보군.

A: **He said** you actually proposed to him. 걘 네가 자기한테 청혼했다고 그러던데.
B: Well I didn't! I didn't propose! 저기 난 안했어. 프로포즈 안했다고!

A: **The boss said** he wants us in at 6:00. 사장님이 내일 아침 6시까지 출근하래요.
B: What for? 뭐 때문에요?

기본문장 **달달** 외우기

1 쟤는 그 남자를 사랑하지 않았다고 했어.   **She said** she didn't love him.
2 걔가 너보고 자기한테 전화하라 했어.   **She told me to** tell you to call her.
3 걔는 나보고 돈을 절약하라고 했어.   **He told me to** save my money.
4 걔는 자기하고 앨런하고 헤어졌다고 했어.   **She told me that** she and Allan had broken up.
5 걔가 그렇다고 했어.   **She said** yes.
6 걔가 네게 안부 전해달래고 했어.   **He said** hello to you.
7 내가 널 좋아하지 않는다고 누가 그랬어?   **Who said that** I didn't like you?

> ▶ 한 번 써보면 평생 잊혀지지 않는 영어패턴 필사! ◀

1 쟤는 그 남자를 사랑하지 않았다고 했어.

2 걔가 너보고 자기한테 전화하라 했어.

3 걔는 나보고 돈을 절약하라고 했어.

4 걔는 자기하고 앨런하고 헤어졌다고 했어.

5 걔가 그렇다고 했어.

6 걔가 네게 안부 전해달래고 했어.

7 내가 널 좋아하지 않는다고 누가 그랬어?

다이알로그 필사도전!

A
걘 네가 자기한테 청혼했다고 그러던데.

B
저기 난 안했어. 프로포즈 안했다고!

Pattern 174 ···라고 말했잖아

I told you to get out of here!
여기서 나가라고 말했잖아!

✓ 핵심포인트
I told you (not) to+V ▶ 내가 ···(하지 말)라고 했잖아
I told you (that) S+V ▶ 내가 ···라고 했잖아

말귀를 못알아듣는 혹은 말을 잘 안듣는 상대에게 '···라고 말했잖아'라고 말하는 패턴. I told you that S+V, 혹은 I told you to+V라 하면 된다. 부정은 I told you not to+V로 '···하지 말라고 했잖아,' 점잖게 말하려면 I thought I told you~(···라고 말한 것 같은데) 혹은 동사를 달리하여 I asked you to+V~라 하면 된다. 그밖에 I told you (so)(내가 그랬잖아), I told you that(내가 그랬잖아), 그리고 I told you before(전에 내가 말했잖아) 등이 있다.

🗨 Let's Talk

A: **What should I do? I got her pregnant.** 어떻게 해야 돼? 걔를 임신시켰어.
B: **I knew it. I told you to use a condom.** 그럴 줄 알았어. 콘돔쓰라고 했잖아.

A: **I can't believe it! I did it! I rode a horse!** 말도 안돼! 내가 해냈어! 내가 말을 탔다고!
B: **See? I told you it was possible.** 거봐? 할 수 있다고 했잖아.

A: **I thought I told you to get out of here.** 나가라고 말했던 것 같은데.
B: **You did, but I don't want to.** 그랬지, 하지만 싫은 걸.

📋 기본문장  외우기

1 날 떠나라고 했잖아. **I told you to leave me.**
2 쟤가 원하는 건 다 주라고 했잖아. **I told you to give her whatever she wants.**
3 그러지 말라고 했잖아! **I told you not to do that!**
4 걔가 사는 곳 정확히 모른다고 했잖아. **I told you that I didn't know exactly where she lived.**
5 걔가 그러지 않았다고 말했잖아. **I told you he didn't do it.**
6 오지 말라고 한 것 같은데. **I thought I told you not to come.**
7 이거 관여하지 말라고 했잖아. **I asked you to stay out of this.**

> ▶ 한 번 써보면 평생 잊혀지지 않는 영어패턴 필사! ◀

1 날 떠나라고 했잖아.

✎ _____

2 쟤가 원하는 건 다 주라고 했잖아.

✎ _____

3 그러지 말라고 했잖아!

✎ _____

4 걔가 사는 곳 정확히 모른다고 했잖아.

✎ _____

5 걔가 그러지 않았다고 말했잖아.

✎ _____

6 오지 말라고 한 것 같은데.

✎ _____

7 이거 관여하지 말라고 했잖아.

✎ _____

다이알로그 필사도전! ✎

A

나가라고 말했던 것 같은데.

B

그랬지, 하지만 싫은 걸.

Pattern 175 …에서 봤어[읽었어]

I saw on the internet that oil prices will rise 유가가 상승할거라고 인터넷에서 봤어

✓ **핵심포인트** I saw on the news[internet] that S+V
▶ (TV) 뉴스[인터넷]에서 …을 봤어

신문이나 뉴스나 인터넷 등 정보매체에서 접한 정보를 전달할 때 사용하는 구문들. 신문에서 '…을 봤다'고 할 때는 I read in the newspaper that S+V, TV뉴스에서 봤다고 할 때는 I saw in the news that S+V 그리고 인터넷에서 접한 소식 역시 I saw[read] on the internet that S+V라고 하면 된다.

 Let's Talk

A: **I read in the newspaper that the economy is bad.**
경제가 안 좋다는 기사를 읽었어.

B: **That's right. Business is bad for everyone.** 맞아. 다들 경기가 안좋아.

A: **Why are you joining a gym?** 왜 체육관에 가입하려고 해?
B: **I saw on the news that exercise builds muscles.** 뉴스에서 운동하면 근육이 생긴대.

A: **I saw on the Internet that the president quit.** 대통령사임을 인터넷에서 봤어.
B: **Who will be our new leader?** 누가 우리의 새로운 지도자가 될까?

 기본문장 **달달** 외우기

1 브래드 피트가 결혼했다는 기사를 읽었어.
   I read in the newspaper that Brad Pitt got married.
2 지진이 중국을 강타했다는 기사를 읽었어.
   I read in the newspaper that an earthquake hit China.
3 곡물가격이 인상될거라는 기사를 읽었어.
   I read in the newspaper that food prices will rise.
4 극의 빙하가 녹고 있다는 뉴스를 봤어.
   I saw on the news that arctic ice is melting.
5 요가가 유행이라는 뉴스를 봤어.
   I saw on the news that yoga is becoming popular.
6 탐 크루즈가 이혼한다고 인터넷에서 봤어.
   I saw on the Internet that Tom Cruise is getting divorced.
7 운동이 요즘 유행이라고 인터넷에서 봤어.
   I saw on the Internet that exercise is becoming popular.

▶ 한 번 써보면 평생 잊혀지지 않는 **영어패턴 필사!** ◀

1 브래드 피트가 결혼했다는 기사를 읽었어.

✎ _____

2 지진이 중국을 강타했다는 기사를 읽었어.

✎ _____

3 곡물가격이 인상될거라는 기사를 읽었어.

✎ _____

4 극의 빙하가 녹고 있다는 뉴스를 봤어.

✎ _____

5 요가가 유행이라는 뉴스를 봤어.

✎ _____

6 탐 크루즈가 이혼한다고 인터넷에서 봤어.

✎ _____

7 운동이 요즘 유행이라고 인터넷에서 봤어.

✎ _____

다이얼로그 필사도전! ✎

A

경제가 안 좋다는 기사를 읽었어.

B

맞아. 다들 경기가 안좋아.

Level 03 응용패턴으로 드뎌 왕초보 탈출하기! 373

Pattern 176 ···해

I felt so embarrassed about it
난 그걸로 무척 당황했어

✓ **핵심포인트**   I'm[feel] embarrassed about+N[to+V] ▶ ···에 당황했어
I'm excited about+N[to+V] ▶ ···에 신나

I am[feel]+형용사[pp]의 구문은 앞서 배운 것이지만 이번엔 I am[feel]+pp의 구문 중에서 좀 난이도가 있는 그러면서도 회화에서 많이 쓰이는 것들을 살펴보자. '당황하다'라는 의미의 I'm embarrassed (about~/to do), '혼란스럽다'라는 의미의 I'm confused, '···에 신난다'라는 의미의 I'm excited about+N/to+V/S+V, '···을 부끄럽게 생각하다'라는 의미의 I'm ashamed of~, 그리고 '···에 좌절하다'라는 의미의 I'm frustrated with~ 등을 연습해본다.

 Let's Talk

A: Have you asked him about it? 걔한데 그거에 대해 물어봤어?
B: He's embarrassed. He doesn't want to talk about it.
   걘 당황해서 얘기하지 않으려 해.

A: You stole the money. I'm ashamed of you. 돈을 훔쳤어. 부끄러운 일이야.
B: I'm sorry Dad. I won't let it happen again. 죄송해요 아빠. 다시는 안 그럴게요.

A: Why did you leave the meeting so suddenly?
   왜 그렇게 급히 회의에서 나간거야?
B: I was frustrated with you! You talk too much!
   너 땜에 진이 빠졌어! 넌 말이 너무 많아!

 기본문장 **달달** 외우기

1 난 좀 당황스러워.   **I'm kind of embarrassed.**
2 넘 당황해서 네게 말할 수 없었어. **I was too embarrassed to tell you.**
3 좀 혼란스러워.   **I'm a little confused.**
4 정말 그거 기대되는데!   **I am pretty excited about it!**
5 걔가 여기 온다는게 넘 기대돼.   **I'm just so excited about having her here.**
6 넌 쇼핑가는거에 들떠있어.   **You're excited about going shopping.**
7 음, 널 본다는거에 무척 신났었어. **Well, I was just so excited to see you.**

> ▶ 한 번 써보면 평생 잊혀지지 않는 영어패턴 필사! ◀

1 난 좀 당황스러워.

✏️ _____

2 넌 당황해서 네게 말할 수 없었어.

✏️ _____

3 좀 혼란스러워.

✏️ _____

4 정말 그거 기대되는데!

✏️ _____

5 걔가 여기 온다는게 넌 기대돼.

✏️ _____

6 넌 쇼핑가는거에 들떠있어.

✏️ _____

7 음, 널 본다는거에 무척 신났었어.

✏️ _____

다이얼로그 필사도전! ✏️

A _____

돈을 훔쳤어. 부끄러운 일이야.

B _____

죄송해요 아빠. 다시는 안 그럴게요.

Pattern 177 …말해[알려]줄래?

Can you tell me why you like her?
네가 왜 걜 좋아하는지 말해줄래?

✓ **핵심포인트** Can you tell me (about)+N? ▶ …(에 대해)를 말해줄래?
Can you tell me 의문사 to+V[의문사 S+V]? ▶ …를 말해줄래?

"왜 걜 좋아하는지 말해줄래?"라는 문장으로 상대방에게 궁금한 점이나 정보를 물어볼 때 쓰는 구문. Can[Could] you tell[show] me 의문사 S+V? 혹은 간단히 Can[Could] you tell[show] me 의문사 to+V?라 해도 된다. 또 더 간단히 Please tell me S+V라 해도 된다. 한편 뒤에 명사가 와서 Can you tell me (about)+N?로도 쓰는데 이때는 '…(에 대해)를 말해줄래?'라는 의미. 그냥 이유만 물어보려면 Can you tell me why?라고 해도 된다.

Let's Talk

A: Excuse me, could you tell me how to get to Gate 3?
실례지만, 3번 게이트 가는 길 좀 알려줄래요?
B: I think if you follow those signs you'll get there.
저 표시들을 따라가면 그리 갈 수 있을거예요.

A: Can you tell me where the toilet is? 화장실이 어딘지 알려줄래요?
B: Wait a minute, let me ask someone for you. 잠시만요, 다른 사람한테 물어보고요.

A: Can you tell me where you're going to stay? 어디 머물건지 말해줄래요?
B: I'll be staying with my cousin. 사촌 집에 머물겁니다.

 기본문장 **달달** 외우기

1 저게 무언지 말해줄래?   **Can you tell me what that is?**
2 무슨 일인지 말해줄래?   **Can you tell me what happened?**
3 네 남편한테 무슨 일이 일어났는지 말해줄래?
   Can you tell me what happened to your husband?
4 거기에 무슨 일인지 말해줄래?
   Can you tell me what's going on in there?
5 폴 스미스의 사무실이 어딘지 말해줄래?
   Can you tell me where Paul Smith's office is?
6 네 감정을 말해줄테야?   **Can you tell me how you feel?**
7 그걸 어떻게 멈추는지 말해줄래? **Can you tell me how to stop it?**

> ▶ 한 번 써보면 평생 잊혀지지 않는 영어패턴 필사! ◀

1 저게 무언지 말해줄래?

✎ _____

2 무슨 일인지 말해줄래?

✎ _____

3 네 남편한테 무슨 일이 일어났는지 말해줄래?

✎ _____

4 거기에 무슨 일인지 말해줄래?

✎ _____

5 폴 스미스의 사무실이 어딘지 말해줄래?

✎ _____

6 네 감정을 말해줄테야?

✎ _____

7 그걸 어떻게 멈추는지 말해줄래?

✎ _____

다이알로그 필사도전! ✎

A

어디 머물건지 말해줄래요?

B

사촌 집에 머물겁니다.

Pattern 178 …을 확인해볼게

Let me make sure I understand
내가 이해했는지 확인해볼게

✓ **핵심포인트**
Let me make sure[I'll make sure]+S+V ▶ …을 확인해볼게
Please make sure[I want you to make sure] S+V
▶ 네가 …을 확실히 해

make sure는 '…을 확인하다,' '확실히 하다'라는 의미로 Let me make sure that S+V는 '…을 확인해볼게,' '…을 확실히 할게'라는 뜻. I'll make sure S+V라 해도 된다. 반대로 상대방에게 '…을 확실히 하라,' '…을 꼭 확인해'라고 할 때는 Please make sure that S+V라 한다. 또한 I want to make sure S+V는 '…을 확실히 하고 싶다,' 그리고 I want you to make sure S+V는 '네가 …을 확실히 해'라는 뜻이 된다.

Let's Talk

A: **I'm leaving my wife.** 나 아내와 헤어져.
B: **Let me make sure I understand. You don't love her?**
확실히 해볼게. 아내를 사랑하지 않는거야?

A: **You're in charge, OK? You make sure nobody leaves!**
네가 책임자지? 아무도 못나가게 해!
B: **Got it!** 알았습니다!

A: **Make sure you don't let her down.** 그 여자를 실망시키지 않도록 해.
B: **Don't worry. I won't.** 걱정마. 안 그럴테니.

기본문장 달달 외우기

1 아무 회의도 없는지 확인해볼게. **Let me make sure that I don't have any meetings.**
2 화욜에 할 일 없는지 확인해볼게. **Let me make sure I'm not doing anything Tuesday.**
3 우리가 다시는 지지 않도록 해. **Make sure we don't lose it again.**
4 걔가 꼭 오도록 해. **Please, make sure she comes.**
5 네가 괜찮은지 확인하고 싶어서. **I want to make sure that you're okay.**
6 그게 완벽한지 확인하려고. **I want to make sure it's perfect.**
7 단지 네가 집에 무사히 왔는지 확인하고 싶었어.
   I just wanted to make sure you got home safe.

> ▶ 한 번 써보면 평생 잊혀지지 않는 영어패턴 필사! ◀

1 아무 회의도 없는지 확인해볼게.

2 화욜에 할 일 없는지 확인해볼게.

3 우리가 다시는 지지 않도록 해.

4 걔가 꼭 오도록 해.

5 네가 괜찮은지 확인하고 싶어서.

6 그게 완벽한지 확인하려고.

7 단지 네가 집에 무사히 왔는지 확인하고 싶었어.

다이알로그 필사도전!

A

그 여자를 실망시키지 않도록 해.

B

걱정마. 안 그럴테니.

Pattern 179 …하지 않을 수 없어

I can't help but think of you
널 생각하지 않을 수 없어

✓ 핵심포인트
I can't help~ing[but+V] ▶ …하지 않을 수 없어
I have no choice but to+V ▶ …하지 않을 수 없어

"널 생각하지 않을 수 없어"라는 말로 나도 어쩔 수 없는 상황임을 말하는 표현. 간단히 I can't help it이라 할 수도 있고 어쩔 수 없이 하게 되는 일을 구체적으로 말하려면 I can't help but+V 혹은 I can't help~ing의 형태를 사용하면 된다. 또한 I have no choice but to+V 를 써도 마찬가지 의미. I can't help~를 이용한 굳어진 표현으로는 I can't[couldn't] help myself(나도 어쩔 수가 없어[없었어])와 You can't help yourself(너도 어쩔 수가 없잖아) 등이 있다.

Let's Talk

A: I can't help playing computer games every day.
매일 컴퓨터 게임을 하지 않을 수 없어.

B: That means you have no time to study. 그 얘긴 곧 공부할 시간이 없다는 얘기구만.

A: You shouldn't spend so much money. 그렇게 돈을 많이 쓰면 안돼.

B: I can't help it. I like shopping. 어쩔 수 없어. 쇼핑하는 것을 좋아한다고.

A: I have no choice but to pay her the money. 걔한테 돈을 갚을 수밖에 없어.

B: It's going to be really expensive. 돈이 정말 많이 들텐데.

기본문장 달달 외우기

1. 조심할 수밖에 없어. — **I can't help being cautious.**
2. 걔한테 미안해할 수밖에 없었어. — **I couldn't help feeling sorry for her.**
3. 리사에 대해 생각하지 않을 수 없어. — **I can't help but to think about Lisa.**
4. 좀 죄의식을 느끼지 않을 수 없어. — **I can't help but feel a little guilty.**
5. 의아해하지 않을 수밖에 없었어. — **I couldn't help but wonder.**
6. 그렇게 할 수밖에 없어. — **I have no choice but to do that.**
7. 그 경찰관은 무력을 쓸 수밖에 없었어. — **The police officer had no choice but to use force.**

> ▶ 한 번 써보면 평생 잊혀지지 않는 **영어패턴 필사!** ◀

1 조심할 수밖에 없어.

✎ _____

2 걔한테 미안해할 수밖에 없었어.

✎ _____

3 리자에 대해 생각하지 않을 수 없어.

✎ _____

4 좀 죄의식을 느끼지 않을 수 없어.

✎ _____

5 의아해하지 않을 수밖에 없었어.

✎ _____

6 그렇게 할 수밖에 없어.

✎ _____

7 그 경찰관은 무력을 쓸 수밖에 없었어.

✎ _____

다이알로그 필사도전!

A

그렇게 돈을 많이 쓰면 안돼.

B

어쩔 수 없어. 쇼핑하는 것을 좋아한다고.

Pattern 180 …을 몹시 하고 싶어

I can't wait to sleep with him
걔와 빨리 자고 싶어

✓ 핵심포인트
I can't wait to+V[for+N] ▶ …을 몹시 하고 싶어
I can't wait for A to+V ▶ A가 …하기를 정말 바래

사랑하는 애인과 정말 함께 자고 싶을 때처럼 뭔가 몹시 하고 싶을 때, 안달이 나 있을 때 사용할 수 있는 표현인 I can't wait to+V[for+N]. '…하기를 기다릴 수 없을 정도로 바로 하고 싶다'는 뜻으로 be eager to+V, be dying to+V와 같은 뜻이다. I can't wait for A to+V하면 'A가 to~하기를 바란다'는 뜻이 된다.

Let's Talk

A: **I can't wait to** see the new play. 새로 시작하는 연극을 빨리 보고 싶어.
B: Same here. I bought tickets last night. 나도 그래. 어젯밤에 표를 샀어.

A: **I can't wait to** see the results of the test. 시험 성적을 알고 싶어 죽겠어.
B: They should be here by Monday. 월요일까지는 알게 될거야.

A: **I'm dying to** go traveling again. 다시 여행가고 싶어서 견딜 수가 없어.
B: When was the last time you went somewhere?
여행을 마지막으로 간게 언제였는데?

기본문장 달달 외우기

1 널 몹시 만나고 싶어.   I can't wait to meet[see] you.
2 너랑 빨리 함께 있고 싶어!   I can't wait to be with you!
3 네게 이걸 빨리 말하고 싶어.   I can't wait to tell you this.
4 크리스마스가 빨리 왔으면 좋겠어.   I can't wait for Christmas.
5 네가 걜 빨리 만났으면 좋겠어.   I can't wait for you to meet her.
6 걔는 영어배울려고 열 올리고 있어.   He's so eager to learn English.
7 난 정말 거기 가고 싶어했어.   I've been dying to go there.

✓ One More Step

1 I can't wait for A A를 몹시 기다리다
   I can't wait for Christmas. 크리스마스가 빨리 왔으면 좋겠어.
2 I can't wait for A to~ A가 …하기를 몹시 바라다
   I can't wait for you to meet her. 네가 걜 빨리 만났으면 좋겠어.

> ▶ 한 번 써보면 평생 잊혀지지 않는 영어패턴 필사! ◀

1 널 몹시 만나고 싶어.

✎ _____

2 너랑 빨리 함께 있고 싶어!

✎ _____

3 네게 이걸 빨리 말하고 싶어.

✎ _____

4 크리스마스가 빨리 왔으면 좋겠어.

✎ _____

5 네가 걜 빨리 만났으면 좋겠어.

✎ _____

6 걔는 영어배울려고 열 올리고 있어.

✎ _____

7 난 정말 거기 가고 싶어했어.

✎ _____

다이알로그 필사도전! ✎

A
새로 시작하는 연극을 빨리 보고 싶어.

B
나도 그래. 어젯밤에 표를 샀어.

Level 03 응용패턴으로 드뎌 왕초보 탈출하기!

Pattern 181 계속해서 …하다

Why do you keep saying that?
왜 계속 그렇게 말하는거야?

 핵심포인트   keep ~ing ▶ 계속해서 …을 하다

keep ~ing는 '계속해서 …하다'라는 표현. 잘 알려진 명령문 형태의 Keep going!(계속해!), Keep talking!(계속 말해봐!), Keep moving!(계속 움직여!) 외에도 People keep saying that(사람들이 계속 그렇게 얘기해), Are you going to keep seeing her?(계속 쟤를 만날 거야?)처럼 일반문장에서도 keep ~ing의 활약은 무궁무진하다. 위 문장 Why do you keep saying that?은 "왜 계속 그렇게 말하는거야?"라는 말.

Let's Talk

A: I'm going to keep asking her until she says yes.
걔가 좋다고 할 때까지 계속 조를거야.

B: Take the hint, she doesn't want to go out with you.
눈치도 없냐, 걘 너랑 데이트하고 싶어하지 않아.

A: How come you keep calling me? I don't want to talk to you.
왜 자꾸 전화해? 너랑 얘기하기 싫어.

B: Maybe one day you will change your mind! 언젠가는 네 마음이 바뀔거야!

A: If you keep drinking like that, you're going to get a potbelly.
계속 그렇게 술을 마셔대다가는 배불뚝이가 되겠어.

B: It's a little too late, I have already got one. 이미 늦은 것 같아. 벌써 그렇게 된 걸.

 기본문장 **달달** 외우기

1 계속 걔 생각만 해. **I keep thinking about her.**
2 우리 계속해서 키스하자. **We should keep kissing.**
3 계속 연습을 해야 돼. **You need to keep practicing.**
4 이 근처에서 널 자주 만나네. **I keep bumping into you around here.**
5 팸과 데이트할려고 계속 시도중야. **I keep trying to get a date with Pam.**
6 아빠, 차가 낡아서 자꾸 고장나. **Dad, my car is old and keeps breaking down.**
7 날 계속 쳐다보는데 뭐 불만있어? **You keep looking at me. Do you have a problem with me?**

▶ 한 번 써보면 평생 잊혀지지 않는 영어패턴 필사! ◀

1 계속 걔 생각만 해.

✎ _____

2 우리 계속해서 키스하자.

✎ _____

3 계속 연습을 해야 돼.

✎ _____

4 이 근처에서 널 자주 만나네.

✎ _____

5 팸과 데이트할려고 계속 시도중야.

✎ _____

6 아빠, 차가 낡아서 자꾸 고장나.

✎ _____

7 날 계속 쳐다보는데 뭐 불만있어?

✎ _____

다이알로그 필사도전!

A
걔가 좋다고 할 때까지 계속 조를거야.

B
눈치도 없냐, 걘 너랑 데이트하고 싶어하지 않아.

Pattern 182 어려워 말고 …해

Feel free to come over to my place
편히 내 집에 들러

✓ **핵심포인트** Feel free to+V ▶ 마음 편히 …해
Don't hesitate to+V ▶ 주저말고 …해

상대방에게 어려워 말고, 부담없이 '맘대로 …하라'고 친절하게 말할 때 사용하는 표현. '주저하지 말고 …해'라는 의미의 Don't hesitate to+V도 함께 학습해본다. 위 문장 Feel free to come over to my place는 "어려워 말고 집에 들러"라는 초대의 문장. 한편 Feel free to~는 꼭 명령문 형태로 쓰이는 것은 아니라 I want you to feel free to+V~(네가 맘편히 …하도록 해)나 You can feel free to+V~(맘놓고 …해)의 형태로도 쓰일 수 있다는 것을 알아둔다.

 Let's Talk

A: **Feel free to stay here as long as you like.** 있고 싶을 때까지 마음놓고 있어요.
B: **It's very kind of you to say so.** 그렇게 말씀해줘서 고마워요.

A: **I want to get this report done before I go home.**
집에 가기 전에 리포트를 끝내고 싶어.
B: **Feel free to ask if you have any questions.** 질문있으면 언제라도 해.

A: **Thank you for your help with this homework.** 이 숙제 도와줘서 고마워.
B: **If there's anything else you need, don't hesitate to ask.**
다른 필요한거 있으면 바로 말해.

 기본문장 *달달* 외우기

1 어려워말고 둘러봐요. **Feel free to have a look around.**
2 언제든 편하게 들러. **Feel free to drop by anytime.**
3 있고 싶을 때까지 마음놓고 있어. **Feel free to stay here as long as you like.**
4 원하는거 뭐든 아무거나 골라. **Feel free to pick out whatever you need.**
5 휴가 때 맘편히 재미있게 보내. **I want you to feel free to have fun while you're on vacation.**
6 필요한거 있으면 주저말고 말해. **If you need anything, don't hesitate to ask.**
7 뭐 궁금한게 있으면 주저말고 전화해. **If you have any questions, please don't hesitate to call me.**

> ▶ 한 번 써보면 평생 잊혀지지 않는 영어패턴 필사! ◀

1 어려워말고 둘러봐요.

✎ _____

2 언제든 편하게 들러.

✎ _____

3 있고 싶을 때까지 마음놓고 있어.

✎ _____

4 원하는거 뭐든 아무거나 골라.

✎ _____

5 휴가 때 맘편히 재미있게 보내.

✎ _____

6 필요한거 있으면 주저말고 말해.

✎ _____

7 뭐 궁금한게 있으면 주저말고 전화해.

✎ _____

다이알로그 필사도전! ✎

A

있고 싶을 때까지 마음놓고 있어요.

B

그렇게 말씀해줘서 고마워요.

Level 03 응용패턴으로 드뎌 왕초보 탈출하기! 387

Pattern 183 ⋯하는 것을 명심해

Don't forget to get me a present
내게 선물 사주는거 잊지마

✓ **핵심포인트** Don't forget to+V ▶ 꼭 ⋯을 해
　　　　　　　Be sure to+V ▶ 반드시 ⋯을 해

상대방에게 '⋯을 잊지 말고 반드시 하라'고 주의 환기시켜줄 때에 쓰는 표현으로 Don't forget to+V라 하면 된다. 비슷한 표현으로는 Be sure to+V(반드시 ⋯해)가 있는데 반대로 '내가 반드시 ⋯할게'라고 말하려면 I will be sure to+V라고 하면 된다. 예로 "내가 반드시 그것을 할게"라고 하려면 I'll be sure to do that하면 된다.

Let's Talk

A: Bye for now! 이제 안녕!
B: See you later. Don't forget to write. 나중에 봐. 편지 쓰는거 잊지마.

A: I have to go. I need to get to work. 나 가야 돼. 일해야 돼.
B: Don't forget to take your lunch with you. 점심 가지고 가는거 잊지마.

A: Take care. And don't forget to e-mail me.
조심해. 그리고 잊지 말고 내게 이메일보내고.
B: I'll do that when I get home! 집에 가서 보낼게!

기본문장 달달 외우기

1 가게에서 우유사오는거 잊지마.　**Don't forget to buy milk at the store.**
2 결혼식에 초대하는거 잊지마.　**Don't forget to invite us to the wedding.**
3 파티에 여친 데려오는거 잊지마.　**Don't forget to bring your girlfriend to the party.**
4 찰리 밥 먹이는거 잊지마.　**Don't forget to feed Charlie.**
5 방청소하는거 잊지마.　**Don't forget to clean your room.**
6 내게 선물 사주는거 잊지마.　**Don't forget to get me a present.**
7 반드시 그것들 다 확인해봐.　**Be sure to check them all.**

✓ **One More Step**

I will be sure to+V 반드시 ⋯할게
I'll be sure to keep an eye on her. 반드시 걔를 지켜볼게.

> ▶ 한 번 써보면 평생 잊혀지지 않는 영어패턴 필사! ◀

1 가게에서 우유사오는거 잊지마.

✎ _____

2 결혼식에 초대하는거 잊지마.

✎ _____

3 파티에 여친 데려오는거 잊지마.

✎ _____

4 찰리 밥 먹이는거 잊지마.

✎ _____

5 방청소하는거 잊지마.

✎ _____

6 내게 선물 사주는거 잊지마.

✎ _____

7 반드시 그것들 다 확인해봐.

✎ _____

다이얼로그 필사도전! ✎

A

조심해. 그리고 잊지 말고 내게 이메일보내고.

B

집에 가서 보낼게!

Pattern 184 ···하는 것을 잊었어

I forgot to tell you about the party
네게 파티 얘기하는 것을 깜빡했어

✓ **핵심포인트**　I forgot to+V ▶ ···하는 것을 잊었어
　　　　　　　I forgot (about)+N[~ing] ▶ ···(한 것)을 잊었어

비단 치매가 아니더라도 바쁜 현대사회에서 깜빡깜박하는 것은 비일비재. forget something 은 뭔가를 잊고 두고 오거나 생각이 안난다, forget that(how~) S+V는 '···을 잊다,' 앞으로 해야 할 걸 잊어버렸을 땐 I forgot to+V, 반대로 과거에 한 것을 잊었다고 할 땐 I forgot about that처럼 forget (about)+N[~ing]을 쓰면 된다. 그밖에 I totally forgot (깜박 잊었어), I almost forgot(거의 잊을 뻔했어), Forget (about) it(됐어, 괜찮아) 등을 알아둔다.

Let's Talk

A: **Why didn't you answer your cell phone?** 왜 너 핸드폰 안 받았어?
B: **I forgot it at home today.** 오늘 집에 두고 왔어.

A: **You're sure you have no money?** 정말 너 돈 없어?
B: **I swear. I forgot to bring my wallet with me.**
맹세해. 지갑을 깜박 잊고 안 갖고 왔어.

A: **Why didn't you prepare a report?** 왜 너 보고서를 준비안한거야?
B: **It's my fault. I forgot to do it.** 내 잘못이야. 내가 잊었어.

 기본문장 **달달** 외우기

1 핸드폰 충전기를 잊고 두고 왔어.　　**I forgot my cell phone charger.**
2 맙소사, 전화하는 걸 잊었어.　　**Oh, my god, I forgot to call you.**
3 사장이 전화했다는 걸 말하는 걸 잊었어.　**I forgot to tell you that the boss called.**
4 유부남이라는 걸 깜박하고 말 못했네.　**I forgot to mention that I am married.**
5 데이트있는 걸 잊었어. 미안해.　　**I forgot about our date. I'm so sorry.**
6 걔가 13살이라는 걸 잊었어.　　**I forgot she's thirteen.**
7 컴겜하는게 얼마나 재미있는지 잊었어.　**I forgot how much fun it is to play computer games.**

▶ 한 번 써보면 평생 잊혀지지 않는 **영어패턴 필사!** ◀

1 핸드폰 충전기를 잊고 두고 왔어.

2 맙소사, 전화하는 걸 잊었어.

3 사장이 전화했다는 걸 말하는 걸 잊었어.

4 유부남이라는 걸 깜박하고 말 못했네.

5 데이트있는 걸 잊었어. 미안해.

6 걔가 13살이라는 걸 잊었어.

7 컴겜하는게 얼마나 재미있는지 잊었어.

다이알로그 필사도전!

A

왜 너 핸드폰 안 받았어?

B

오늘 집에 두고 왔어.

Pattern 185 …두고 왔어

I left the key in the room
열쇠를 방안에 두고 왔어

✓ **핵심포인트**　I left+N ▶ …을 두고 왔어
　　　　　　　　I lost[missed]+N ▶ …을 잃어버렸어[놓쳤어]

"방에 열쇠를 두고 나왔다"는 말. 앞서 언급했지만 영어회화를 하면서 과거시제를 사용하는 것은 그리 쉽지 않다. 여기서는 추가적으로 회화에서 자주 쓰는 과거동사 몇 가지를 알아본다. 뭔가를 두고 왔을 땐 I left~, 뭔가 잃어버렸을 때는 I lost~, 기차나 버스를 놓쳤을 때는 I missed~라고 하면 된다.

Let's Talk

A: **What's the problem here?** 왜 그러시죠?
B: **I left my key inside my room.** 방에 열쇠를 두고 나왔어요.

A: **Mother is angry because you missed the class.**
　네가 수업을 빠져 엄마가 화났어.
B: **Oh no! I wish I was dead.** 아이고 저런! 큰일 났구만.

A: **How have you been? You look great!** 어떻게 지냈어? 근사해 보이는데!
B: **I lost some weight because I've joined a gym to work out.**
　어, 체육관에 가서 운동을 해서 살이 좀 빠졌어.

기본문장 달달 외우기

1 방에 열쇠를 두고 나왔어요.　**I left[forgot] my key inside my room.**
2 호텔가는 길에 택시에 여권을 두고 내렸어.
　I left my passport in the taxi on the way to the hotel.
3 퇴근할 때 책상에 핸드폰을 두고왔어.
　I left my cell phone on the desk when I'm leaving the office.
4 내가 여기 둔 문서는 어떻게 됐어?
　What happened to the documents I left here?
5 여권을 잃어버렸는데. 어떻게 해야죠?
　I lost my passport. What should I do?
6 기차를 놓쳤는데 시카고행 담 열차는 언제죠?
　I missed my train. When is the next train for Chicago?
7 뉴욕행 연결 비행편을 놓쳤어요.　**I missed my connecting flight to NY.**

▶ 한 번 써보면 평생 잊혀지지 않는 영어패턴 필사! ◀

① 방에 열쇠를 두고 나왔어요.

② 호텔가는 길에 택시에 여권을 두고 내렸어.

③ 퇴근할 때 책상에 핸드폰을 두고왔어.

④ 내가 여기 둔 문서는 어떻게 됐어?

⑤ 여권을 잊어버렸는데. 어떻게 해야죠?

⑥ 기차를 놓쳤는데 시카고행 담 열차는 언제죠?

⑦ 뉴욕행 연결 비행편을 놓쳤어요.

다이알로그 필사도전!

A
어떻게 지냈어? 근사해 보이는데!

B
어, 체육관에 가서 운동을 해서 살이 좀 빠졌어.

Pattern 186 ~에게 …을 갖다[사]주다

Can I get you something?
뭐 좀 갖다[사]줄까?

✓ **핵심포인트**
Can I get you+N? ▶ …을 갖다 줄까?
(= I'll get you+N, Let me get you+N)
Can you get me+N? ▶ …을 갖다 줄래?
(= You got to get me+N)

"뭐 좀 가져다줄까?"라고 제의하는 것으로 get sb sth의 패턴. 이 get sb sth을 토대로 해서 Can I get you~, I'll get you~, Let me get you~하면 '너에게 뭔가를 가져다주다,' 반대로 Can you get me~, You got to get me~하면 '내게 뭔가를 가져다달라'는 의미이다. get sb sth은 순서를 바꿔 get sth for sb라 쓸 수 있어, I'll get you sth은 I'll get sth for you라 할 수 있다.

 Let's Talk

A: **Can I get you** another latte? 라떼 한잔 더 줄까?
B: No, no, I'm still working on mine. 아니, 아직 마시고 있는걸.

A: How about we go **get you** a drink? 가서 술 한잔 사줄까?
B: OK, that's so nice. 좋지, 고마워.

A: Go to the store and **get me** something. 가게에 가서 뭐 좀 사다 줘.
B: Would you please be more specific? 좀더 구체적으로 얘기해줄래?

 기본문장 **달달** 외우기

1	맥주 갖다줄게./ 변호사 구해줄게.	**I'll get you** a beer[a lawyer].
2	잠깐만요, 매니저 불러드리죠.	Just a moment and **I'll get you** the manager.
3	일 좀 줘야죠.	You got to **get me** some work.
4	뭔가 마실걸 줄까?	**Can I get you** a drink?
5	머핀 좀 사다줄래?	Could you **get me** a muffin?
6	물 한잔 가져와.	**Get me** a glass of water.
7	메모할 것 좀 줘.	**Get me** something to write on.

▶ 한 번 써보면 평생 잊혀지지 않는 영어패턴 필사! ◀

1 맥주 갖다줄게./ 변호사 구해줄게.

✏️ _____

2 잠깐만요, 매니저 불러드리죠.

✏️ _____

3 일 좀 줘야죠.

✏️ _____

4 뭔가 마실걸 줄까?

✏️ _____

5 5. 머핀 좀 사다줄래?

✏️ _____

6 6. 물 한잔 가져와.

✏️ _____

7 7. 메모할 것 좀 줘.

✏️ _____

다이얼로그 필사도전! ✏️

A
라떼 한잔 더 줄까?

B
아니. 아직 마시고 있는걸.

Level 03 응용패턴으로 드뎌 왕초보 탈출하기!

Pattern 187 ~에게 …을 주다

I'll give you a call
내가 너한테 전화할게

✓ 핵심포인트
give somebody something ▶ ~에게 …을 주다
give something to somebody ▶ ~에게 …을 주다

비록 만능동사 get에게 자리를 내주었지만 '…에게 …을 주다'하면 가장 떠오르는 동사는 give. 전통을 자랑하는 덕에 거의 숙어화된 표현들이 많다. give sb a call은 '…에게 전화하다,' give sb a hand는 '…를 도와주다,' 그리고 give sb a ride는 '…을 태워주다'가 된다. give sb sth에서 순서를 바꾸면 give sth to sb로 된다. 즉 I'll give you a chance는 I'll give a chance to you로 쓸 수 있다는 말.

Let's Talk

A: **I need help setting up the computer.** 컴퓨터를 설치하는데 도움이 필요해서.
B: **I'll give you a hand after lunch.** 점심먹고 도와줄게.

A: **You've got to give me another chance.** 한번 기회를 더 줘야지.
B: **No way!** 말도 안돼!

A: **I won the lottery. They gave me a new car.** 복권 당첨됐어. 새 차 한 대 받았어.
B: **Are you serious? That's great!** 진짜야? 정말 잘됐다!

기본문장 달달 외우기

1 나 좀 도와줄래?   **Could you give me a hand?**
2 한 번만 봐주세요.   **Please give me a break.**
3 걔에게 한번 기회주지.   **I'll give her a chance.**
4 날 괴롭히지마.   **Don't give me a hard time.**
5 언제든(언제 한번) 전화해.   **Give me a call anytime(sometime).**
6 잠깐만. 가서 옷 좀 갈아입을게. **Give me a minute. I'll go change my clothes.**
7 집에까지 태워다줄게.   **Let me give you a ride home.**

✓ One More Step

send me an e-mail, teach her a lesson, show me the money, tell me a lie 등은 간접목적어(사람)가 뒤로 갈 때 전치사 to가 필요하다.
I'll give you a chance. => I'll give a chance to you.

> ▶ 한 번 써보면 평생 잊혀지지 않는 영어패턴 필사! ◀

1 나 좀 도와줄래?

✎ _____

2 한 번만 봐주세요.

✎ _____

3 걔에게 한번 기회주지.

✎ _____

4 날 괴롭히지마.

✎ _____

5 언제든(언제 한번) 전화해.

✎ _____

6 잠깐만. 가서 옷 좀 갈아입을게.

✎ _____

7 집에까지 태워다줄게.

✎ _____

다이알로그 필사도전! ✎

A

한번 기회를 더 줘야지.

B

말도 안돼!

Pattern 188 …하게 만들다, …하게 하다

She really makes me angry
갠 정말 날 열받게 해

✓ 핵심포인트
make somebody+형용사[동사] ▶ …하게 만들다[하다]
You make[made] me (feel)+형용사 ▶ 너 때문에 (기분이) …해

"갠 정말 날 열받게 해"라는 문장으로 make+sb+형용사[pp]의 구문이다. 'A를 …하게 만들다'라는 의미로 특히 기쁘게하다, 화나게하다처럼 감정적인 표현을 할 때 사용된다. 또한 make+사람+V원형의 형태로 사람을 '강제로 …하게 만들다'라는 표현도 많이 쓰이는데 이는 상대방의 말이나 행동 그리고 어떤 상황이 어쩔 수 없이 그렇게 만든다는 말이다. '너로 해서 기분이 …하다'는 You make me feel+형용사의 형태가 자주 쓰인다.

Let's Talk

A: **Living with you would make me happy.** 너랑 살면 행복할텐데.
B: **That isn't going to be possible!** 꿈도 꾸지마!

A: **Don't make me do anything that I'll regret.** 내가 후회할 일은 하게 하지 말아줘.
B: **It will be up to you.** 너하기 나름이지.

A: **I regret the day I met you.** 널 만난 날이 후회된다.
B: **Why are you trying to make me feel bad?** 왜 날 기분나쁘게 만드는거야?

기본문장 달달 외우기

1 네가 있어 행복해./ 너 때문에 짜증난다. **You make me happy[sick].**
2 너희들 모두 자랑스러워. 날 자랑스럽게 해줘.
   I'm proud of you all. You make me proud.
3 뭐가 날 열받게 하는지 알아? **You know what makes me mad[angry]?**
4 그만둬. 웃기지마. **Knock it off. Don't make me laugh.**
5 네가 걔를 울렸어! **You made her cry!**
6 네 덕분에 기분이 한결 낫구나. **You make me feel much better.**
7 그 소리를 들으니 기분이 좋군. **That makes me feel so good.**

✓ One More Step

I'll keep my fingers crossed. 내가 행운을 빌어줄게.
keep+목적어+목적보어형태의 유명한 문장. 그밖에, 기다리게 해서 미안해라는 의미의 I'm sorry to have kept you waiting, 방 좀 깨끗이 하라고 할 때의 Keep your room clean 등이 있다.

> ▶ 한 번 써보면 평생 잊혀지지 않는 영어패턴 필사! ◀

1 네가 있어 행복해. / 너 때문에 짜증난다.

✎ _____

2 너희들 모두 자랑스러워. 날 자랑스럽게 해줘.

✎ _____

3 뭐가 날 열받게 하는지 알아?

✎ _____

4 그만둬. 웃기지마.

✎ _____

5 네가 걔를 울렸어!

✎ _____

6 네 덕분에 기분이 한결 낫구나.

✎ _____

7 그 소리를 들으니 기분이 좋군.

✎ _____

다이알로그 필사도전!

A

널 만난 날이 후회된다.

B

왜 날 기분나쁘게 만드는거야?

Pattern 189 왜 …하는거야?

What makes you think so?
왜 그렇게 생각하는거야?

✓ **핵심포인트** What makes you+V ▶ 왜 …하는거야?
What brings you to+장소 ▶ 무슨 일로 …에 온거야?

What makes you+V~?는 바로 앞에서 배운 make+사람+V를 활용한 표현으로 직역하면 '무엇(What)이 너(you)로 하여금 …하게 만들었나?'로 결국 형식은 What으로 시작하지만 내용은 이유를 묻는 말로 Why do you+V?와 같은 의미. 같은 형식으로 What brings you to+장소?가 있는데 이는 '무엇이 너를 …에 오게 했느냐?,' 즉 '뭐 때문에 여기에 왔느냐?'라는 말. 두 표현 모두 과거형인 What made you+V~?, What brought you+장소?로도 쓰인다.

 Let's Talk

A: **I think that Jill is the most generous.** 질이 가장 인정이 많다고 생각해.
B: **What makes you say that?** 왜 그렇게 말하는거야?

A: **I think he's going to leave this company.** 그 사람이 이 회사를 그만둘 것 같아.
B: **What makes you think so?** 왜 그렇게 생각해?

A: **What brings you to the movies on a Sunday?** 일요일날 웬일로 극장에 다 왔어?
B: **I was bored and wanted to do something.** 지루해서 뭔가 하고 싶었거든.

 기본문장 **달달** 외우기

1 왜 그렇게 말하는거야?   **What makes you say that?**
2 뭐 때문에 마음을 바꾼거야?   **What made you change your mind?**
3 왜 걔가 청혼할거라 생각한거야? **What makes you think he's going to propose?**
4 차이가 있다고 왜 생각하는거야? **What makes you think there's a difference?**
5 무슨 일로 온거야?   **What brings[brought] you here?**
6 무슨 일로 병원에 왔어?   **What brings you to the hospital?**
7 내가 재능없다고 어떻게 그렇게 확신해?
   What makes you so sure I don't have talent?

✓ **One More Step**

1 What make you so sure S+V? …을 어떻게 그렇게 확신해?
2 What comes with~? (메인 음식이나 제품)…과 함께 뭐가 나오죠?

> ▶ 한 번 써보면 평생 잊혀지지 않는 영어패턴 필사! ◀

1 왜 그렇게 말하는거야?

✏️ _____

2 뭐 때문에 마음을 바꾼거야?

✏️ _____

3 3. 왜 걔가 청혼할거라 생각한거야?

✏️ _____

4 차이가 있다고 왜 생각하는거야?

✏️ _____

5 무슨 일로 온거야?

✏️ _____

6 무슨 일로 병원에 왔어?

✏️ _____

7 내가 재능없다고 어떻게 그렇게 확신해?

✏️ _____

다이알로그 필사도전! ✏️

A
그 사람이 이 회사를 그만둘 것 같아.

B
왜 그렇게 생각해?

Level 03 응용패턴으로 드뎌 왕초보 탈출하기!

Pattern 190 ~에게 …을 시키다

I'll have him call you back
그 사람보고 너에게 전화하라고 할게

✓ 핵심포인트
have+사람+V ▶ ~에게 …을 시키다
get+사람+to+V ▶ ~에게 …을 시키다

have는 사역동사로 have+사람+V원형과 have+사물+pp의 형태가 있는데 여기서는 먼저 첫 번째 경우, 즉 '사람'이 '동사원형'을 하도록 시키는 have+사람+V원형의 형태를 알아본다. 다만 get의 경우에는 have와는 달리 원형부정사가 아니라 동사 앞에 to가 나와 get+사람+to+V의 형태가 된다는 것을 유의해야 한다.

Let's Talk

A: **I'll have her call** you back as soon as she gets in.
걔가 들어오는 대로 전화하라고 할게.
B: **Thank you.** 고마워요.

A: **I'll get him to** apologize to you. 걔가 너에게 사과하도록 할게.
B: **You don't have to do that.** 그럴 필요 없는데.

A: What did you do to **get her to** laugh? 어떻게 해서 걔를 웃게 한거야?
B: **Nothing special.** 별로 한게 없는데.

기본문장 달달 외우기

1. 비서보고 그 일을 하라고 했어. **I had my secretary work** on it.
2. 걔보고 내게 전화하라고, 알았지? **Just have him call** me, okay?
3. 문 열어주고 위층으로 올라오게 해. **Buzz him in and have him come** upstairs.
4. 걔한테 점심하고 디저트도 사줘. **You take her to lunch and have her get** dessert.
5. 걔가 너에게 사과하도록 할게. **I'll get him to apologize to you.**
6. 걔가 레포트를 제출하도록 했어. **I got him to turn in the report.**
7. 걔가 웃는 걸 그치도록 해! **You got her to stop crying!**

✓ One More Step

have+사물+~ing : 사물이 …하게 만들었다라는 의미로 사물과 ~ing의 관계는 능동이다.
I had the water running. 내가 물을 틀어놨어.
You had it coming. 네가 자초한거야(오게끔 만들었다).

> ▶ 한 번 써보면 평생 잊혀지지 않는 영어패턴 필사! ◀

1 비서보고 그 일을 하라고 했어.

🖊 _____

2 걔보고 내게 전화하라고, 알았지?

🖊 _____

3 문 열어주고 위층으로 올라오게 해.

🖊 _____

4 걔한테 점심하고 디저트도 사줘.

🖊 _____

5 걔가 너에게 사과하도록 할게.

🖊 _____

6 걔가 레포트를 제출하도록 했어.

🖊 _____

7 걔가 웃는 걸 그치도록 해!

🖊 _____

다이알로그 필사도전! 🖊

A

걔가 너에게 사과하도록 할게.

B

그럴 필요 없는데.

Pattern 191 (누군가에 의해) ~가 …했다

I had my hair cut
나 이발했어

✓ **핵심포인트**　have[get]+N+pp ▶ ~가 …했어

유명한 사역동사 예문. 위 예문처럼 'have+목적어' 다음에 pp가 오면 제 3자가 목적어를 pp하였다라는 말이 된다. 따라서 위 문장은 직역하면 제 3자에 의해 내 머리가 깎임을 당하였다, 즉 "머리를 깎았다"라는 말이 된다. 그럼 I cut my hair라고 하지 왜 이렇게 어렵게 말할까? 우리는 영리해서 "머리깎았어"하면 미용실에서 깎았구나라는 걸 깨닫지만(?) 미국인들은 자기가 아니라 다른 사람이 깎았다는 것을 말하려는 습성때문이다. have 대신 get을 써도 같은 의미.

Let's Talk

A: So what did you do today? 그래 오늘 뭐했어?
B: Oh, I had an appointment to get my hair cut. 어, 머리깎기로 예약이 돼있었어.

A: How can I help you? 어떻게 도와드릴까요?
B: Can I have these delivered to this address?
　이 주소로 이것들을 배달시킬 수 있나요?

A: Please get it done right away. 지금 당장 이것 좀 해줘.
B: Don't worry, you can count on me. 걱정마. 나만 믿어.

 기본문장 달달 외우기

1　컴퓨터를 업그레이드했어.　**I had my computer upgraded.**
2　노트북을 도둑맞았어.　　　**I had my notebook stolen.**
3　너 사랑니 뽑았어?　　　　**Have you had your wisdom teeth pulled out?**
4　한 시간내로 숙제 마쳐라.　**I want you to have your homework done in an hour.**
5　(세차장에서) 세차했어.　　**I got my car washed.**
6　이거 먼저 끝내자고.　　　**Let's get this done first.**
7　넌 금욜까지 이거 끝내야 돼. **You have to get this done by Friday.**

✓ **One More Step**

1　주어+사역동사+목적어+동사원형/~ing [목적어와 동사원형/~ing는 능동의 관계]
　 I have him call you back. = He calls you back.
2　주어+사역동사+목적어+pp [목적어와 pp의 관계는 수동]
　 I had my hair cut. = My hair was cut.

> ▶ 한 번 써보면 평생 잊혀지지 않는 영어패턴 필사! ◀

1 컴퓨터를 업그레이드했어.

✏️ _____

2 노트북을 도둑맞았어.

✏️ _____

3 너 사랑니 뽑았어?

✏️ _____

4 한 시간내로 숙제 마쳐라.

✏️ _____

5 (세차장에서) 세차했어.

✏️ _____

6 이거 먼저 끝내자고.

✏️ _____

7 넌 금욜까지 이거 끝내야 돼.

✏️ _____

다이알로그 필사도전! ✏️

A
지금 당장 이것 좀 해줘.

B
걱정마. 나만 믿어.

Level 03 응용패턴으로 드뎌 왕초보 탈출하기!

Pattern 192 ~가 …하는 것을 보다[느끼다/듣다]

I saw her kissing you
난 그녀가 너에게 키스하는 것을 봤어

✓ **핵심포인트** see[hear, feel~]+N+V[~ing] ▶ ~가 …하는 것을 보다[듣다, 느끼다…]

"걔가 네게 키스하는 걸 봤어"라는 뜻의 문장으로 see+A+V[~ing] 구문이다. 주로 보고, 느끼고, 듣고 등 감각에 관련된 동사들로 see, hear, feel, listen to. watch 등을 지각동사라고 한다. 사역동사와 마찬가지로 목적어 다음에 동사원형, ~ing, pp 등이 모두 다 올 수 있으며 역시 마찬가지로 동사원형 및 ~ing가 올 때는 목적어가 능동적으로 동사를 하는 것이고, pp일 경우에는 목적어가 수동적으로 동사의 행위를 받는 것을 의미한다.

Let's Talk

A: **I heard you and Betty talking.** 너하고 베티하고 이야기하는거 들었어.
B: **Talking about what?** 무슨 이야기를?

A: **I heard Sam talking to his boss.** 샘이 자기 상사에게 이야기하는 걸 들었어.
B: **Did he sound angry?** 걔가 화내는 것 같았어?

A: **Is Ann still dieting?** 앤은 아직도 다이어트해?
B: **No, I saw her eating some cake.** 아니, 걔가 케익 먹는 걸 봤어.

기본문장 달달 외우기

1 오늘 그가 사무실에서 일하는거 봤어. **I saw him working in the office today.**
2 그래, 다들 네가 넘어지는 걸 봤어. **Yeah, everyone saw you fall down.**
3 너와 걔가 그것에 대해 얘기하는거 들었어.
   I heard you and her talking about it.
4 걔가 자기 엄마 얘기하는거 들어본 적 있어?
   Have you ever heard him talk about his mother?
5 난 걔가 뒤에서 소리치는 걸 들었어.
   I heard him yelling from behind.
6 내 애는 괜찮아. 걔가 발로 차는게 느껴져.
   My baby's fine. I can feel her kicking.
7 난 걔가 고통당하는 걸 더 이상 볼 수 없었어.
   I couldn't watch her suffer anymore.

> ▶ 한 번 써보면 평생 잊혀지지 않는 영어패턴 필사! ◀

1 오늘 그가 사무실에서 일하는거 봤어.

✎ _____

2 그래, 다들 네가 넘어지는 걸 봤어.

✎ _____

3 너와 걔가 그것에 대해 얘기하는거 들었어.

✎ _____

4 걔가 자기 엄마 얘기하는거 들어본 적 있어?

✎ _____

5 난 걔가 뒤에서 소리치는 걸 들었어.

✎ _____

6 내 애는 괜찮아. 걔가 발로 차는게 느껴져.

✎ _____

7 난 걔가 고통당하는 걸 더 이상 볼 수 없었어.

✎ _____

다이알로그 필사도전! ✎

A

샘이 자기 상사에게 이야기하는 걸 들었어.

B

걔가 화내는 것 같았어?

Pattern 193 ···하지 않을게

I won't let it happen again
다시는 그러지 않도록 할게요

✅ **핵심포인트** I won't+V ▶ ···하지 않을게
　　　　　　　　 Won't you+V? ▶ ···하지 않을래?

won't는 will not의 축약형으로 I will not+V의 구문 정도는 사실 Level 01 수준이지만 will not의 축약형으로 won't가 많이 쓰이고 있기 때문에 I won't+V 구문을 별도로 익혀보도록 한다. 위 예문인 I won't let it happen again은 잘못하고 나서 "다시는 그러지 않겠다"고 반성하면서 하는 말이고 또한 "회의에 참석할 수 없을거야"는 I won't be able to attend the meeting, "정말이지 한 마디도 하지 않을게"는 I promise I won't say a word라 하면 된다.

 Let's Talk

A: **I can't go there today. How about Monday?** 오늘 거기 못 가. 월요일은 어때?
B: **I won't be at home on Monday, so it's impossible.**
월요일에는 집에 없어서 안돼.

A: **What's the matter with you?** 무슨 일이야?
B: **I won't have any time to meet my girlfriend this weekend.**
이번 주말에 여자친구 만날 시간이 조금도 없을거야.

A: **I am not sure if I want to buy this.** 내가 이걸 사야 할지 모르겠어요.
B: **Don't worry. I won't cheat you.** 걱정마세요. 사기 안쳐요.

1	네 아버지에게 말하지 않을게, 약속해.	**I won't tell your father. I promise.**
2	마음 바꾸지 않을게.	**I won't change my mind.**
3	아무한테도 말하지 않을게.	**I won't tell anyone.**
4	우리에게 쉽지는 않을거야.	**It won't be easy for us.**
5	효과가 없을거야.	**It won't work.**
6	걘 오늘 여기서 널 만날 수 없을거야.	**He won't be able to meet you here today.**
7	들어오지 않을래?	**Won't you come in?**

> ▶ 한 번 써보면 평생 잊혀지지 않는 영어패턴 필사! ◀

1 네 아버지에게 말하지 않을게, 약속해.

✎ _____

2 마음 바꾸지 않을게.

✎ _____

3 아무한테도 말하지 않을게.

✎ _____

4 우리에게 쉽지는 않을거야.

✎ _____

5 효과가 없을거야.

✎ _____

6 걘 오늘 여기서 널 만날 수 없을거야.

✎ _____

7 들어오지 않을래?

✎ _____

다이알로그 필사도전! ✎

A

무슨 일이야?

B

이번 주말에 여자친구 만날 시간이 조금도 없을거야.

Level 03 응용패턴으로 드뎌 왕초보 탈출하기!

Pattern 194 내 말은 말야~

I mean, what about you?
내 말은, 너는 어떠냐고?

✓ **핵심포인트**   I mean, ~ ▶ 내 말은 말야…

서로 의사소통이 잘 안되는 경우가 있다. I mean,은 상대방이 내가 한 말을 못 알아들었을 때 혹은 내가 다시 설명을 해줄 때 쓰는 표현으로 일단 I mean,이라고 한 다음 좀 더 구체적으로 말하면 된다. 그래서 I mean, what about you?이라고 하면 "내 말은 넌 어떠냐는거야"라는 뜻. I mean (that) S+V의 구문도 가능하지만 의문문이나 문장이 아닌 구도 자유롭게 넣을 수 있는 I mean,을 활용해본다. 또한 I mean it(진심야), I mean business(진심야) 등은 필수암기표현.

Let's Talk

A: I mean, let's be honest. 내 말은 우리 솔직해지자고.
B: Yes let's. 그래 그렇게 하자.

A: I mean, I'm getting married next week. 내 말은 말야, 나 다음 주에 결혼한다고.
B: What? 뭐라고?

A: Yeah. I mean, we are having a baby together.
그래, 내 말은 우리가 애기를 가졌다고.
B: Hold on! You got her pregnant? 잠깐! 네가 쟤를 임신시켰어?

##

1 내 말은, 그거 말도 안되지?   **I mean, is that ridiculous?**
2 내 말은 말야, 이거 정말 멋지다고! **I mean, this is so cool!**
3 내 말은, 그건 그냥 키스야, 알아? **I mean, it was just a kiss, right?**
4 어떻게 이런 일이? 내 말은, 너무 불공평해!
   How could this happen? I mean, this is so unfair!
5 내 말은, 걔가 뭘 생각했던 걸까, 날 떠나는거?
   I mean, what was she thinking, leaving me?
6 내 말은, 걘 그냥 친구야.   **I mean, she's just a friend.**
7 내 말은, 우리가 함께 애를 가졌다는거죠.
   I mean, we're having a baby together.

> ▶ 한 번 써보면 평생 잊혀지지 않는 영어패턴 필사! ◀

1 내 말은, 그거 말도 안되지?

✎ _____

2 내 말은 말야, 이거 정말 멋지다고!

✎ _____

3 내 말은, 그건 그냥 키스야, 알아?

✎ _____

4 어떻게 이런 일이? 내 말은, 너무 불공평해!

✎ _____

5 내 말은, 걔가 뭘 생각했던 걸까, 날 떠나는거?

✎ _____

6 내 말은, 걘 그냥 친구야.

✎ _____

7 내 말은, 우리가 함께 애를 가졌다는거죠.

✎ _____

다이알로그 필사도전! ✎

A

내 말은 말야, 나 다음 주에 결혼한다고.

B

뭐라고?

Pattern 195 …란 말야?

You mean like this?
네 말은 이렇게?, 이거처럼 말야?

✓ **핵심포인트** You mean, ~ ▶ …란 말야
Do you mean (that) S+V? ▶ …란 말이야?

"이거처럼 말야?"라는 뜻. You mean~하게 되면 상대방의 말을 이해못했거나 헷갈릴 경우 상대방이 한 말을 확인하고자 할 때 쓰는 패턴이다. I mean, 다음에는 문장이 오지만 이해못하는 부분만 확인하는 경향이 강한 You mean~의 경우에는 '구'의 형태도 많이 온다. You mean~?처럼 끝을 올리면 '…란 말야?,' 반대로 You mean~하며 끝을 내리면 상대방의 말을 확인차원에서 '…란 말이구나'라는 뜻이 된다. 정식으로 Do you mean (that) S+V?라 해도 된다.

 Let's Talk

A: **Did you see that chick that just came in?** 야, 방금 들어온 그 여자애 봤니?
B: **You mean the one with the blond hair?** 금발인 애 말야?

A: **You mean he got fired?** 그 친구가 해고당했단 말이야?
B: **Bingo!** 바로 그 말이지!

A: **You mean you're going to a night club tonight?**
오늘밤에 나이트클럽에 간단말야?
B: **Yes. Isn't it exciting?** 그래, 신나지 않겠어?

 기본문장 **달달** 외우기

1 네 말은, 너와 나랑 말야? — **You mean, you and me?**
2 네 말은, 네가 애기였을 때 말이지. — **You mean, when you were a baby.**
3 네 말은 안 올거라는 말이지? — **You mean you're not going to come over?**
4 그럼 지금 사귀는 사람이 없다는 말야? — **So you mean now you're not seeing anyone?**
5 걔가 아직 네게 전화해서 말 안했단 말야? — **You mean she hasn't called you and told you yet?**
6 네 말은 걔랑 실제 결혼한다는 말야? — **You mean actually marry him?**
7 저녁먹으러 오지 않을거란 말야? — **Do you mean you won't be coming over for dinner?**

> ▶ 한 번 써보면 평생 잊혀지지 않는 **영어패턴 필사!** ◀

1 네 말은, 너와 나랑 말야?

✎ _____

2 네 말은, 네가 애기였을 때 말이지.

✎ _____

3 네 말은 안 올거라는 말이지?

✎ _____

4 그럼 지금 사귀는 사람이 없다는 말야?

✎ _____

5 걔가 아직 네게 전화해서 말안했단 말야?

✎ _____

6 네 말은 걔랑 실제 결혼한다는 말야?

✎ _____

7 저녁먹으러 오지 않을거란 말야?

✎ _____

다이알로그 필사도전! ✎

A
오늘밤에 나이트클럽에 간단말야?

B
그래, 신나지 않겠어?

Level 03 응용패턴으로 드뎌 왕초보 탈출하기!

Pattern 196 …란 말야?

Are you saying that you're not happy? 넌 기쁘지 않다는 말이야?

✓ **핵심포인트** Are you saying (that) S+V? ▶ …란 말야?

믿기지 않은 말을 들었을 때나 놀라운 이야기를 듣고서 반문하거나 혹은 상대방의 말을 확인해 줄 때 쓰는 구문. Are you saying that S+V?라고 하면 되는데 앞의 You mean ~?과 유사한 표현이다. 앞에 what을 붙여 What are you saying?하면 "무슨 말이야?"라는 뜻으로 상대방이 이해할 수 없는 이야기를 했을 때 던지는 말이다.

Let's Talk

A: **Are you saying that it's a bad idea?** 그게 나쁜 생각이란 말야?
B: **That's right.** 맞아.

A: **I guess you're not qualified for this job.** 당신은 이 일에 자격이 안 되는 것 같아요.
B: **Are you saying that you're not going to hire me?**
저를 채용 안 하겠다는 말씀이죠?

A: **Are you saying you lied to your boss?** 사장에게 거짓말했다는 말이지?
B: **That's why I lost my job last week.** 그래서 지난 주에 잘렸어.

기본문장 달달 외우기

1 이게 내 잘못이라고 말하는거야?   **Are you saying this is my fault?**
2 문제가 있다는거야?   **Are you saying there's a problem?**
3 함께 남고 싶다는거야?   **Are you saying you want to stay together?**
4 너 그렇게 하지 않을거라는거야?   **Are you saying you won't do it?**
5 그게 사고였다는거야?   **Are you saying it was an accident?**
6 네가 안 그랬다고 하는거야?   **Are you saying that you didn't?**
7 넌 걔를 손댄 적이 없다는거야?   **Are you saying you never touched her?**

✓ One More Step

What are you saying? 무슨 말이야?
What are you saying? One of us did it? 무슨 말이야? 우리 중 하나가 그렇게 했다고?

> ▶ 한 번 써보면 평생 잊혀지지 않는 영어패턴 필사! ◀

1 1. 이게 내 잘못이라고 말하는거야?

✎ _____

2 2. 문제가 있다는거야?

✎ _____

3 3. 함께 남고 싶다는거야?

✎ _____

4 4. 너 그렇게 하지 않을거라는거야?

✎ _____

5 5. 그게 사고였다는거야?

✎ _____

6 6. 네가 안 그랬다고 하는거야?

✎ _____

7 7. 넌 걔를 손댄 적이 없다는거야?

✎ _____

다이알로그 필사도전!

A

당신은 이 일에 자격이 안 되는 것 같아요.

B

저를 채용 안 하겠다는 말씀이죠?

Pattern 197 …을 생각해본 적이 있어?

Have you ever thought about having children? 아이를 가져볼 생각을 해본 적이 있어?

✓ **핵심포인트** Have you thought about~[(that) S+V]?
▶ …을 생각해 본 적이 있어?

상대방에게 어떤 생각을 해 본 적이 있는 지를 물어보는 구문. Have you thought S+V? 혹은 Have you thought about[of]+N[~ing]?라 한다. 강조하려면 Have you ever thought~?, 또한 그런 생각을 해본 적이 없다고 할 때는 I've never thought about it이라고 하면 된다. 한편 '…하리라곤 전혀 생각못했어'라 하려면 I never thought S+would+V라 하는데 "이런 일이 벌어지리라곤 생각못했어"는 I never thought this would happen이 된다.

 Let's Talk

A: Have you ever thought your husband might be sick.
남편이 아플 수도 있다고 생각해봤어?

B: That's not possible. He's so energetic. 말도 안돼. 얼마나 혈기왕성한데.

A: Have you thought about Ted's opinion? 테드의 의견에 대해 생각해봤어?

B: Not really. I'll follow my own methods on this project.
아니. 이 프로젝트는 내 방식대로 할거야.

A: Would you consider taking viagra if you became impotent?
만약 발기부전이 되면 비아그라를 먹을 생각이 있니?

B: I don't know. I have never really thought about it.
모르겠는데. 생각해본 적 없어.

 기본문장 **달달** 외우기

1 그거 생각해본 적이 있어?   **Have you ever thought of[about] that?**
2 카운셀링 생각해본 적 있어?   **Have you thought about counseling?**
3 스티브에게 말하는거 생각해본 적 있어?
   Have you thought about telling Steve?
4 걔를 위해 거기 갈 생각해본 적 있어?
   Have you ever thought about being there for her?
5 애들을 위해 네 노래를 연주할 생각해본 적 있어?
   Have you ever thought about playing your songs for kids?
6 난 정말 그걸 생각해 본 적이 전혀 없어.   **I've never really thought about it.**
7 우리는 그거에 대해 생각해본 적 없어. **We haven't thought about that stuff.**

> ▶ 한 번 써보면 평생 잊혀지지 않는 **영어패턴 필사!** ◀

1 그거 생각해본 적이 있어?

✎ _____

2 카운셀링 생각해본 적 있어?

✎ _____

3 스티브에게 말하는거 생각해본 적 있어?

✎ _____

4 걔를 위해 거기 갈 생각해본 적 있어?

✎ _____

5 애들을 위해 네 노래를 연주할 생각해본 적 있어?

✎ _____

6 난 정말 그걸 생각해 본 적이 전혀 없어.

✎ _____

7 우리는 그거에 대해 생각해본 적이 없어.

✎ _____

다이알로그 필사도전! ✎

A

남편이 아플 수도 있다고 생각해봤어?

B

말도 안돼. 얼마나 혈기왕성한데.

Pattern 198 …라면 좋을텐데

I wish he was my husband
걔가 내 남편이라면 좋을텐데

✓ **핵심포인트** I wish 주어+과거동사 ▶ …라면 좋을텐데
  I wish 주어+had+pp ▶ …을 했었더라면 좋았을텐데

지금은 딴 여자의 남편이 되어버린 멋진 옛남친을 보면서 "쟤가 내 남편이라면 좋을텐데"라고 하는 표현. I wish 주어+과거동사는 현재와 반대되는 사실을, I wish 주어+had+pp는 과거와 반대되는 사실을 각각 말한다. 실상 우리가 많이 듣게 되고 많이 쓰는 표현은 당연히 I wish 주어+과거동사로 I wish I had+N(내게 …가 있으면 좋겠어), I wish I was~(내가 …라면 좋겠어), 그리고 I wish I could+V(내가 …을 할 수 있다면 좋겠어)란 패턴을 외워둔다.

 Let's Talk

A: **So John, do you have a job yet?** 그래 존, 직장은 이제 구했니?
B: **I wish I did, Grace.** 나도 구했으면 좋겠다, 그레이스.

A: **I've decided to take a holiday and go to Mexico!**
휴가받아서 멕시코에 가기로 했어!
B: **Wild! I wish I was going!** 근사한데! 나도 갔음 좋겠다!

A: **I wish I didn't have to go.** 내가 가지 않아도 되면 좋을텐데.
B: **Then don't. Stay here.** 그럼 가지마. 여기 있어.

 기본문장 **달달** 외우기

1 마이크가 여기 있으면 좋을텐데.   **I wish Mike were here.**
2 미안, 그러고 싶지만 그럴 수가 없네.   **I'm sorry, I wish I could, but I can't do it.**
3 돈이 많았으면 좋겠어.   **I wish I had a lot of money.**
4 여자친구가 있었으면 좋겠어.   **I wish I had a girlfriend.**
5 걔에게 말할 기회가 있었으면 좋겠어.   **I wish I had the chance to tell her.**
6 더 머물 수 있다면 좋을텐데.   **I wish I could stay longer.**
7 널 안 만났더라면 좋았을텐데.   **I wish I had never met you.**

✓ **One More Step**

I wish 주어 + had pp : …했었더라면 좋았을텐데
과거와 반대되는 사실을 가정할 때 사용하는 표현.
I wish my date hadn't shown up. 내 데이트 상대가 나오지 않았더라면 좋았을텐데.

> ▶ 한 번 써보면 평생 잊혀지지 않는 영어패턴 필사! ◀

1 마이크가 여기 있으면 좋을텐데.

✎ _____

2 미안, 그러고 싶지만 그럴 수가 없네.

✎ _____

3 돈이 많았으면 좋겠어.

✎ _____

4 여자친구가 있었으면 좋겠어.

✎ _____

5 걔에게 말할 기회가 있었으면 좋겠어.

✎ _____

6 더 머물 수 있다면 좋을텐데.

✎ _____

7 널 안 만났더라면 좋았을텐데.

✎ _____

다이알로그 필사도전! ✎

A

휴가받아서 멕시코에 가기로 했어!

B

근사한데! 나도 갔음 좋겠다!

Level 03 응용패턴으로 드디어 왕초보 탈출하기! 419

Pattern 199 …한지 …가 됐어

It has been 5 years since we were married
우리 결혼한지 5년이 지났어

✓ **핵심포인트**   It has been+기간 since S+V(과거) ▶ …한지 …가 됐어
It has been+기간명사 ▶ …한 시간이 지났어, …만이야

과거의 어떤 행위를 한지가 얼마나 됐는지 그 기간을 말하는 구문으로 위 예문은 과거에 결혼한 지가 몇 년이 지났는지를 말하고 있다. 현재완료를 써서 It has been+기간 since S+V(과거) 형태로 쓴다. 그냥 It's been+시간명사로 쓰면 '…한 시간이 됐어[지났어]'라는 표현이 된다. 참고로 It has been a long day는 빈출회화표현으로 "힘든 하루였어"라는 의미.

Let's Talk

A: How long have you been waiting for your father?
아버지를 기다린지 얼마나 됐어?

B: It has been 2 hours since I started waiting for him.
기다리기 시작한지 2시간 됐어.

A: It has been 8 hours since the rain started. 비가 내리기 시작한 지 8시간 됐어.
B: I really wish that it would stop. 정말 멈췄으면 좋겠어.

A: It has been a few days since my girlfriend called.
애인이 전화한지 며칠 됐어.
B: Are you having an argument with her? 애인하고 다투었어?

기본문장 달달 외우기

1 우리 저녁 먹은지 3달이 지났네.　　It's been 3 months since we had dinner.
2 우리가 얘기한지가 꽤 됐어.　　It's been a while since we talked.
3 내가 샤워한지가 8일이 지났어.　　It's been eight days since I took a shower.
4 이렇게 느껴본 적 정말 오랜만이야.　　It's been a really long time since I've felt like this.
5 우리가 집을 떠난지 6시간 됐어.　　It has been 6 hours since we left home.
6 2년이 지났어. 난 걔를 잊었어.　　It's been 2 years. I'm over her.
7 내가 신난 것 같아. 오랜 간만이잖아.　　I guess I'm excited. It has been a while.

> ▶ 한 번 써보면 평생 잊혀지지 않는 **영어패턴 필사!** ◀

1 우리 저녁 먹은지 3달이 지났네.

✏️ _____

2 우리가 얘기한지가 꽤 됐어.

✏️ _____

3 내가 샤워한지가 8일이 지났어.

✏️ _____

4 이렇게 느껴본 적 정말 오랜만이야.

✏️ _____

5 우리가 집을 떠난지 6시간 됐어.

✏️ _____

6 2년이 지났어. 난 걔를 잊었어.

✏️ _____

7 내가 신난 것 같아. 오랜 간만이잖아.

✏️ _____

다이알로그 필사도전! ✏️

A

애인이 전화한지 몇 일 됐어.

B

애인하고 다투었어?

Pattern 200 …하지 않아?

Isn't it amazing?
그거 멋지지 않아?

✓ **핵심포인트** Aren't you/Isn't (s)he~? ▶ …하지 않아?
Don't you/Can't you/Won't you~? ▶ …하지 않아?

Aren't you ~?, Isn't s(he)~?, Don't you~? 등 부정으로 시작하는 의문문으로 '…하지 않아?' 라고 물어보는 문장. 우리도 어여쁜 걸이 지나갈 때 "야, 예쁘다"라고도 하지만 "야 이쁘지 않냐?" 라고 자신의 감동(?)을 강조해서 말하듯 영어에서도 말하는 내용을 강조할 때 부정의문문을 애용한다. 필수회화표현인 Don't you think so?(그렇게 생각안돼?), Don't you see?(모르겠어?), Don't you know?(몰랐어?), Don't you remember?(기억안나?) 등은 암기해둔다.

Let's Talk

A: **Aren't you going to give me a kiss?** 내게 키스 할거 아냐?
B: **Okay, I will.** 어, 그래.

A: **Aren't you a little cute to be a doctor?** 의사하기엔 당신 넘 귀엽지 않아요?
B: **Excuse me?** 뭐라고요?

A: **Can't you just let this go?** 그냥 잊어버릴 수 없어?
B: **You're right.** 네 말이 맞아.

기본문장 달달 외우기

1 넌 그게 그립지 않겠어?   **Aren't you going to miss it?**
2 넌 먹지 않을거야?   **Aren't you going to eat?**
3 거기 가야 되는데 떨리지 않아?   **Aren't you nervous about having to go there?**
4 이번 승진이 기쁘지 않아?   **Aren't you happy about this promotion?**
5 미국하고 같은거 아냐?   **Isn't it the same in America?**
6 집에 갈 시간이라고 생각되지 않아?   **Don't you think it's time you went home?**
7 좀 더 기다리면 안되겠어?   **Can't you wait just a little bit longer?**

✓ **One More Step**

Don't you+동사~? 형태의 문장
Don't you know he's a heartbreaker? 걔가 바람둥이인지 몰랐어?

> ▶ 한 번 써보면 평생 잊혀지지 않는 영어패턴 필사! ◀

1 넌 그게 그립지 않겠어?

✎ _____

2 넌 먹지 않을거야?

✎ _____

3 거기 가야 되는데 떨리지 않아?

✎ _____

4 이번 승진이 기쁘지 않아?

✎ _____

5 미국하고 같은거 아냐?

✎ _____

6 집에 갈 시간이라고 생각되지 않아?

✎ _____

7 좀 더 기다리면 안되겠어?

✎ _____

다이알로그 필사도전! ✎

A

그냥 잊어버릴 수 없어?

B

네 말이 맞아.

Pattern 201 그렇지?, 그렇지 않아?

You don't love her, do you?
넌 그녀를 사랑하지 않아, 그지?

✓ 핵심포인트

You do~, don't you? You are~, aren't you? She is~, isn't she? ▶ …하지 않아?
You don't~, do you? You aren't~, are you? She isn't~, is she? ▶ 그렇지?

이번에는 보통 부가의문문이라고 부르는 형태를 알아본다. 자기가 이야기를 해놓고 정말로 궁금해서 한번 더 다그칠 때나 혹은 자기가 물어보는 내용에 어느 정도 확신을 갖고 상대방의 동의를 끌어내고 싶을 때 쓰는 표현법. 우리말로는 '…그렇지?' 혹은 '…그렇지 않아?'에 해당된다. 부가의문문을 만드는 건 아주 간단해서 문장 다음에 조동사+주어?를 붙이면 되는데 다만 문장이 긍정이면 부가의문문은 부정, 문장이 부정이면 부가의문문은 긍정으로 해야 한다.

Let's Talk

A: **Jeff can't drive, can he?** 제프는 운전 못하지, 그렇지?
B: **Yes, he just got his license.** 할 수 있어. 면허를 막 땄거든.

A: **You haven't asked her yet, have you?** 아직 그여자한테 안 물어봤지, 그렇지?
B: **No, not yet. Maybe tonight.** 응, 아직. 오늘밤에 물어볼게.

A: **You know how to ride a bike, don't you?** 너 자전거 탈 줄 알지, 그렇지 않아?
B: **Of course!** 그렇고 말고!

기본문장 달달 외우기

1. 넌 날 별로 좋아하지 않지, 그지? — **You don't like me very much, do you?**
2. 넌 걔 기억하지, 그렇지 않아? — **You remember him, don't you?**
3. 너 이거 좋아하지, 그렇지 않아? — **You love this, don't you?**
4. 넌 지는 걸 못참지, 그지? — **You really can't stand to lose, can you?**
5. 너 스스로 아무것도 못하지, 그지? — **You can't do anything yourself, can you?**
6. 걘 마이크에게 화났어, 그렇지 않아? — **She's upset with Mike, isn't she?**
7. 제프는 운전하지, 그렇지 않아? — **Jeff can drive, can't he?**

✓ One More Step

1. 명령문일 때는 will you?를 붙이고,
   Clam down, will you? 진정해, 응?
2. Let's로 시작하는 문장은 shall we?를 붙이면 된다.
   Let's go out tonight, shall we? 오늘 밤 나가 놀자, 그럴래?

▶ 한 번 써보면 평생 잊혀지지 않는 영어패턴 필사! ◀

1 넌 날 별로 좋아하지 않지, 그지?

✎ _____

2 넌 걔 기억하지, 그렇지 않아?

✎ _____

3 너 이거 좋아하지, 그렇지 않아?

✎ _____

4 넌 지는 걸 못참지, 그지?

✎ _____

5 너 스스로 아무것도 못하지, 그지?

✎ _____

6 걘 마이크에게 화났어, 그렇지 않아?

✎ _____

7 제프는 운전하지, 그렇지 않아?

✎ _____

다이알로그 필사도전! ✎

A
제프는 운전 못하지, 그렇지?

B
할 수 있어. 면허를 막 땄거든.

Pattern 202 몹시 …하고 싶어

I'm looking forward to seeing you soon 곧 다시 만나기를 기대하고 있어

✓ 핵심포인트
look forward to+N[~ing] ▶ …을 몹시 기대하다
I'm looking forward to+N[~ing] ▶ …하기를 정말 기대해

아주 유명한 숙어 look forward to를 이용한 표현. I'm looking forward to~는 '…하기를 몹시 기대하다, 바라다'라는 뜻으로 다음에는 명사나 동사의 ~ing형이 와야 한다. 특히 I'm looking forward to hearing from you soon은 "곧 답장 바랍니다"라는 의미로 편지나 이메일의 결구로 많이 쓰인다.

Let's Talk

A: **I promise to send you a postcard.** 너에게 엽서도 꼭 보낼게.
B: **I look forward to receiving it.** 엽서 받을 날만 기다릴게.

A: **I'm looking forward to our vacation.** 방학이 무척 기다려져.
B: **We should have a great time.** 재미있을거야.

A: **I'm looking forward to getting to know you.** 널 빨리 알게 되고 싶어.
B: **Take it easy. We have a lot of time.** 진정하라고. 우리 시간이 많잖아.

📋 기본문장 달달 외우기

1 그게 몹시 기다려져.   **I'm looking forward to it[this, that].**
2 토요일 밤이 정말 기다려져.   **I'm really looking forward to Saturday night.**
3 곧 만나기를 기대하고 있어.   **I'm looking forward to seeing you soon.**
4 너랑 함께 무척 일하고 싶어.   **I'm looking forward to working with you.**
5 졸업해서 취직하길 기대하고 있어.
    I'm looking forward to graduating and getting a job.
6 저녁 좀 먹기를 정말 기대하고 있어.
    I'm really looking forward to eating some dinner.
7 걜 만나길 정말 기다리고 있었어.
    I was really looking forward to meeting her.

✓ One More Step

진행형으로 쓰이지 않는 look forward to
　In fact, she looked forward to a quiet dinner alone. 사실 걘 혼자 조용한 식사를 기대했었어.
　People look forward to Christmas. 사람들은 크리스마스를 기다려.

> ▶ 한 번 써보면 평생 잊혀지지 않는 영어패턴 필사! ◀

1. 그게 몹시 기다려져.
_____

2. 토요일 밤이 정말 기다려져.
_____

3. 곧 만나기를 기대하고 있어.
_____

4. 너랑 함께 무척 일하고 싶어.
_____

5. 졸업해서 취직하길 기대하고 있어.
_____

6. 저녁 좀 먹기를 정말 기대하고 있어.
_____

7. 걜 만나길 정말 기다리고 있었어.
_____

다이얼로그 필사도전!

A
방학이 무척 기다려져.

B
재미있을거야.

Pattern 203 …하기로 결정했어

I've decided to break up with him
난 걔와 헤어지기로 결정했어

✓ 핵심포인트   I('ve) decided to+V ▶ …하기로 결정했어

이번에는 나의 결심이나 결정을 표현하는 방식. 내가 심사숙고해서 '…하기로 마음을 먹었다'라는 의미로 I('ve) decided to+V 혹은 I('ve) decided that S+V의 형태로 쓰면 된다. "우리가 함께 살기로 했어"는 We decided to live together, "시애틀로 이사가기로 했어"는 I've decided to move to Seattle, "술한잔 하기로 했어"는 We decided to have a drink라 하면 된다. decide와 같은 의미로 회화에서는 make up one's mind도 많이 쓰인다.

Let's Talk

A: **I've decided to take a holiday and go to Paris!** 휴가받아 파리에 가기로 했어!
B: **Wild! I wish I was going!** 근사한데! 나도 갔음 좋겠다!

A: **My wife and I decided to separate.** 아내하고 별거하기로 했어.
B: **It must be tough for you.** 힘들겠구만.

A: **My son decided to attend law school.** 아들이 법대에 가기로 했어.
B: **I guess he wants to be a lawyer.** 변호사가 되려나 보구만.

기본문장 *달달* 외우기

1 아직 못정했는데요.   **I haven't decided yet.**
2 더 머물기로 결정했어.   **I've decided to stay longer.**
3 쟤랑 헤어지기로 결정했어.   **I've decided to break up with her.**
4 너없이 뉴욕에 가기로 했어.   **I've decided to go to New York without you.**
5 우린 애를 갖기로 했어.   **We decided to have a baby.**
6 그레이스는 걔한테 한 번 더 기회를 주기로 했어.
    Grace decided to give him another chance.
7 아직 결정을 못했는데.   **I haven't made up my mind yet.**

✓ One More Step

decide와 같은 의미로 make up one's mind도 쓰인다.
He's already made up his mind. 걘 이미 마음을 결정했어.
I haven't made up my mind yet. 아직 결정을 못했는데.

> ▶ 한 번 써보면 평생 잊혀지지 않는 영어패턴 필사! ◀

1 아직 못정했는데요.

✎ _____

2 더 머물기로 결정했어.

✎ _____

3 쟤랑 헤어지기로 결정했어.

✎ _____

4 너없이 뉴욕에 가기로 했어.

✎ _____

5 우린 애를 갖기로 했어.

✎ _____

6 그레이스는 걔한테 한 번 더 기회를 주기로 했어.

✎ _____

7 아직 결정을 못했는데.

✎ _____

다이알로그 필사도전! ✎

A

휴가받아 파리에 가기로 했어!

B

근사한데! 나도 갔음 좋겠다!

Pattern 204 …할 의도는 아니었어

I didn't mean to do that
그럴려고 그런게 아니었어

✓ 핵심포인트   I didn't mean to+V ▶ …하려는게 아니었어

"그럴려고 그런게 아니었어"라는 뜻으로 오해를 푸는 표현. I didn't mean to~ 다음에 오해부분을 말하거나 간단히 I didn't mean that(내 말은 그게 아냐)이라고 말하면 된다. 또한 "널 기분 나쁘게[모욕, 화나게] 하려는게 아니었어"는 I didn't mean to offend[insult, upset] you라고 하면 된다. 또한 I don't mean to+V는 '(사과하면서)…할 생각은 없어'라는 뜻으로 I don't mean to make things worse하면 "사태를 더 나쁘게 만들려는 것은 아니지만"이라는 의미.

🗨 Let's Talk

A: I didn't mean that. 내 말은 그런 뜻이 아냐.
B: Then you should be more careful when you speak!
그럼 말할 때 좀 더 조심해!

A: You made a mess outside of my house. 너 집 밖을 난장판으로 만들어놨어.
B: I didn't mean to do that. Let me clean it up. 그럴려고 그런 게 아닌데. 내가 치울게.

A: How could you do this to me? 어떻게 내게 그럴 수 있어?
B: I really didn't mean to make you miserable. 널 비참하게 할려고 한 건 아냐.

📋 기본문장 달달 외우기

1 그런 의미가 아니야.   **I didn't mean that.**
2 그렇게 말할려는게 아니었어.   **I didn't mean to say that.**
3 미안! 그럴려고 그런게 아니었어! **I'm sorry! I didn't mean to do that!**
4 미안, 널 겁주려는게 아니었어.   **I'm sorry. I didn't mean to scare you.**
5 방해할려고 한게 아닌데.   **I didn't mean to interrupt.**
6 성가시게 하려는게 아니었어.   **I didn't mean to bother you.**
7 너를 아프게 하려는게 아니었어. **I didn't mean to hurt you.**

✓ One More Step

I don't mean to+V ~ (사과하면서)…할 생각은 없어
I don't mean to cut you off. 말을 끊으려고 했던 건 아니지만.
I don't mean it. 그럴 생각은 아냐.

> ▶ 한 번 써보면 평생 잊혀지지 않는 영어패턴 필사! ◀

1 그런 의미가 아니야.

✎ _____

2 그렇게 말할려는게 아니었어.

✎ _____

3 미안! 그럴려고 그런게 아니었어!

✎ _____

4 미안, 널 겁주려는게 아니었어.

✎ _____

5 방해할려고 한게 아닌데.

✎ _____

6 성가시게 하려는게 아니었어.

✎ _____

7 너를 아프게 하려는게 아니었어.

✎ _____

다이알로그 필사도전! ✎

A

너 집 밖을 난장판으로 만들어놨어.

B

그럴려고 그런게 아닌데. 내가 치울게.

Level 03 응용패턴으로 드뎌 왕초보 탈출하기!

Pattern 205 ···할 여력이 없어

I can't afford to buy this
난 이걸 살 여력이 안돼

✓ **핵심포인트**　I can't afford+N ▶ ···의 여력이 없어
　　　　　　　　I can't afford to+V ▶ ···할 여력이 없어

'···을 구입할 경제적 여력이 되고 안되는' 것을 말할 때는 afford를 써서 I can[can't] afford+N 혹은 I can[can't] afford to+V라고 하면 된다. "그럴 형편이 안돼"는 I can't afford it[that], "그걸 살 여력이 없어"라고 하려면 I can't afford to buy it이라 하면 된다. 하지만 afford는 꼭 돈에 관련되어서 쓰이는 것은 아니어서 예로 "이 환자는 이 정도 혈액을 잃으면 안돼"라고 할 때도 afford를 써서 She can't afford to lose this much blood라 할 수 있다.

 Let's Talk

A: **You really want to buy that ring, right?** 정말 저 반지 사고 싶지, 맞아?
B: **Yeah, but I can't afford it.** 어, 하지만 그럴 형편이 안돼.

A: **I think that hotel is too expensive.** 저 호텔은 너무 비싸.
B: **You can say that again. I can't afford to stay there.**
　　그러게나 말야. 거기서 머물 여유가 안돼.

A: **I can't afford to pay my rent this month.** 이번 달 월세를 낼 돈이 없어.
B: **That's too bad. What're you going to do?** 안됐구만. 어떻게 할 건데?

 기본문장 **달달** 외우기

1　저녁값 낼래? 내가 돈이 없어서.　**Can you pay for dinner? I can't afford it.**
2　변호사를 댈 여력이 없어.　　　　**I can't afford a lawyer.**
3　네게 집을 사줄 여력이 없어.　　　**I can't afford to buy you a house.**
4　우린 더 이상 여기서 살 여력이 없어. **We can't afford to live here anymore.**
5　거기서 먹을 여력이 안돼.　　　　**I can't afford to eat there.**
6　직원을 더 뽑을 여력이 없어.　　　**I can't afford to hire more workers.**
7　예산은 얼마쯤 잡고 계시는데요?　**How much can you afford to spend?**

> ▶ 한 번 써보면 평생 잊혀지지 않는 영어패턴 필사! ◀

1 저녁값 낼래? 내가 돈이 없어서.

✎ _____

2 변호사를 댈 여력이 없어.

✎ _____

3 네게 집을 사줄 여력이 없어.

✎ _____

4 우린 더 이상 여기서 살 여력이 없어.

✎ _____

5 거기서 먹을 여력이 안돼.

✎ _____

6 직원을 더 뽑을 여력이 없어.

✎ _____

7 예산은 얼마쯤 잡고 계시는데요?

✎ _____

다이알로그 필사도전! ✎

A

저 호텔은 너무 비싸.

B

그러게나 말야. 거기서 머물 여유가 안돼.

Level 03 응용패턴으로 드뎌 왕초보 탈출하기!

Pattern 206 ···한 걸 몰랐어

I didn't know you were fired
난 네가 해고된 걸 몰랐어

✓ 핵심포인트
I didn't know (that, what~) S+V ▶ ···한 걸 몰랐어
I didn't know what[how] to+V ▶ ···하는 줄 몰랐어

과거의 일어난 일을 몰랐다고 말할 때 사용하는 표현. I didn't know S+V 형태로 S+V에 자기가 몰랐던 내용을 말하면 된다. 단순히 몰랐을 때나 혹은 좀 의외의 사실로 놀랐을 때 사용하면 된다. S+V 대신 의문사 to+V를 써서 I didn't know what[how] to+V 형태로도 쓸 수 있다. I didn't know what to say는 "무슨 말을 할 줄 몰랐어," I didn't know what else to do는 "다른 무엇을 해야 할 줄 몰랐어"라는 뜻이 된다.

Let's Talk

A: My grandmother died suddenly last month.
할머니가 지난 달에 갑자기 돌아가셨어요.
B: I didn't know that. I'm so sorry for your loss. 몰랐네요. 얼마나 상심이 크세요.

A: Would you please turn the TV off? 텔레비전 좀 꺼줄래?
B: I'm sorry. I didn't know it was bothering you. 미안. 방해되는 줄 몰랐어.

A: I didn't know you were still in love with me. 네가 아직도 날 좋아하는 줄 몰랐어.
B: Don't worry. I will be over you soon. 걱정마. 곧 잊을테니까.

기본문장 달달 외우기

1 너희 둘이 데이트하는지 몰랐어. **I didn't know you two were dating.**
2 그게 큰 비밀인 줄 몰랐어. **I didn't know it was a big secret.**
3 네가 그걸 알고 있는 줄 몰랐어. **I didn't know that you knew that.**
4 도움을 필요로 하는 줄 몰랐어. **I didn't know you needed help.**
5 깜짝 생일파티를 준비할 줄 몰랐어. **I didn't know you planned a surprise birthday party.**
6 그게 무엇인지 몰랐어. **I didn't know what it was.**
7 내가 정확히 뭘 원하는 줄 몰랐어. **I didn't know what exactly I wanted.**

✓ One More Step

1 I didn't know 몰랐어
   I didn't know! How did everyone else know? 난 몰랐어! 다들 어떻게 알았어?
2 I didn't know that! 정말 몰랐네!
   What're you looking at me for? I didn't know that. 뭣 때문에 그렇게 날 쳐다봐? 난 몰랐다니까.

> ▶ 한 번 써보면 평생 잊혀지지 않는 영어패턴 필사! ◀

1 너희 둘이 데이트하는지 몰랐어.

✎ _____

2 그게 큰 비밀인 줄 몰랐어.

✎ _____

3 네가 그걸 알고 있는 줄 몰랐어.

✎ _____

4 도움을 필요로 하는 줄 몰랐어.

✎ _____

5 서프라이즈 생일 파티를 준비할 줄 몰랐어.

✎ _____

6 그게 무엇인지 몰랐어.

✎ _____

7 내가 정확히 뭘 원하는 줄 몰랐어.

✎ _____

다이알로그 필사도전! ✎

A

할머니가 지난 달에 갑자기 돌아가셨어요.

B

몰랐네요. 얼마나 상심이 크세요.

Level 03 응용패턴으로 드뎌 왕초보 탈출하기!

Pattern 207 …라고 안했어

I didn't say you were stupid
네가 멍청하다고 말하지 않았어

✓ 핵심포인트   I didn't say (that) S+V ▶ …라고 안했어

앞의 표현과 형태가 비슷하지만 동사가 know에서 say로 바뀐 경우이다. "나는 그런 말을 한적이 없다"고 억울함을 호소하는 구문. 오해를 풀기 위한 문장으로 I didn't say S+V의 형태로 쓰면 된다. 그냥 간단히 I didn't say anything(아무 말도 안했어)나 I didn't say that(그렇게 말 안했어)라고 말하기도 한다.

Let's Talk

A: I thought you were moving to Chicago. 네가 시카고로 이사하는 줄 알았어.
B: **I didn't say** I was going to move there. 거기로 이사한다는 말 안했어.

A: I borrowed your car today. 오늘 네 차 좀 빌렸어.
B: **I didn't say** you could use it! 차 써도 된다는 말 안했잖아!

A: You think you are more intelligent than me.
  넌 네가 나보다 영리하다고 생각하는 것같아.
B: **I didn't say** I was smarter than you. 너보다 영리하다고 하지 않았어.

기본문장 달달 외우기

1 걔네들이 결혼했다고 말하지 않았어.   **I didn't say** they were married.
2 네가 멍청하다고 말하지 않았어.   **I didn't say** you were stupid.
3 네가 영웅이라고 말하지 않았어.   **I didn't say** you were a hero.
4 네 노래가 좋지 않다고 안했어.   **I didn't say** your songs were not good.
5 내가 할 수 없을거라고 말하지 않았어.   **I didn't say** I couldn't do it.
6 재미있다고 안했어. 이상하다고 말했어.   **I didn't say** it was funny. I said it was weird.
7 내가 그걸 할거라고 말하지 않았어.   **I didn't say** I was going to do it.

✓ One More Step

1 I didn't say anything 아무 말도 안했어
   A: Did you say something? 무슨 말 했어? B: I didn't say anything. 아무 말도 안했어.
2 I didn't say that 그렇게 말 안했어
   A: Am I a suspect? 내가 용의자예요? B: I didn't say that. 그렇게 말 안했어요.

> ▶ 한 번 써보면 평생 잊혀지지 않는 영어패턴 필사! ◀

1. 걔네들이 결혼했다고 말하지 않았어.

2. 네가 멍청하다고 말하지 않았어.

3. 네가 영웅이라고 말하지 않았어.

4. 네 노래가 좋지 않다고 안했어.

5. 내가 할 수 없을거라고 말하지 않았어.

6. 재미있다고 안했어. 이상하다고 말했어.

7. 내가 그걸 할거라고 말하지 않았어.

다이알로그 필사도전!

A
넌 네가 나보다 영리하다고 생각하는 것같아.

B
너보다 영리하다고 하지 않았어.

Pattern 208 그래서 …해

That's why we're here
그래서 우리가 여기 있는거야

✓ **핵심포인트** That's why S+V[결과] ▶ 바로 그래서 …해
That's because S+V[원인] ▶ 그건 …때문이야

혼란스런 That's why~와 That's because~ 표현. 모든 행동에는 원인과 결과가 있게 마련. 이때 결과를 말할 땐 That's why~를, 반대로 원인을 말할 땐 That's because를 이용한다. 예로 음주운전을 해서[원인] 면허증을 빼았겼다[결과]의 경우, That's why~ 다음에 결과인 '면허증 빼았긴 사실'을 써 "That's why he's lost his driver's license"라 하고 반대로 That's because~ 다음엔 원인인 '음주운전을 했다'는 사실을 써 "That's because he drove drunk"이라 하면 된다.

 Let's Talk

A: **That business is really cut-throat.** 그 사업은 정말 치열해.
B: **That's why I decided to quit.** 그래서 내가 그만뒀던거야.

A: **I heard he has an interview this morning.** 그 친구 오늘 아침에 면접이 있다고 들었어.
B: **That's why he's late.** 그래서 그 친구가 늦은거구나.

A: **They certainly speak well of him there.**
거기선 그 남자에 대해 좋게 이야기하는게 분명해.
B: **That's because he did a great job for them.**
그 친구가 거기에서 일을 아주 잘 해줬거든.

 기본문장 **달달** 외우기

1 바로 그래서 오늘밤 가기 싫어. **That's why I don't want to go tonight.**
2 널 싫어해서 내가 떠나는거야. **I hate you and that's why I'm leaving.**
3 바로 그래서 너와 얘기하고 싶었어. **That's why I wanted to talk to you.**
4 바로 그래서 넌 걱정할 필요없어. **That's why you don't have to worry.**
5 네가 그걸 이해못하기 때문야. **That's because you don't understand it.**
6 답이 없기 때문야. **That's because there is no answer.**
7 모든 사람은 다 이기적이어서 그래. **That's because all people are selfish.**

> ▶ 한 번 써보면 평생 잊혀지지 않는 영어패턴 필사! ◀

1 바로 그래서 오늘밤 가기 싫어.

✎ _____

2 널 싫어해서 내가 떠나는거야.

✎ _____

3 바로 그래서 너와 얘기하고 싶었어.

✎ _____

4 바로 그래서 넌 걱정할 필요없어.

✎ _____

5 네가 그걸 이해못하기 때문야.

✎ _____

6 답이 없기 때문야.

✎ _____

7 모든 사람은 다 이기적이어서 그래.

✎ _____

다이알로그 필사도전!

A

거기선 그 남자에 대해 좋게 이야기하는게 분명해.

B

그 친구가 거기에서 일을 아주 잘 해줬거든.

Level 03 응용패턴으로 드뎌 왕초보 탈출하기! 439

Pattern 209 그건 …하는게 아니야

That's not what I want
그건 내가 원하는게 아니야

✓ 핵심포인트

That's what S+V ▶ 그게 바로 …야
That's not what S+V ▶ 그건 …하는게 아니야

That's what~은 '바로 그게 내가 …하는거야'라는 강조패턴. 부정은 That's not S+V. That's not what I want는 "그건 내가 바라는게 아냐," 반대로 "그게 바로 내가 원하는거야"는 That's what I want, 그리고 "그게 바로 내가 한 말야"는 That's what I said, 반대로 "내 말은 그런게 아냐"는 That's not what I said이다. 또한 Is that what you want?(그게 네가 바라는거냐?), Is that what you're thinking?(그게 네 생각야?) 등도 기억해둔다.

Let's Talk

A: **We have to change our bed first.** 먼저 우리 침대를 바꾸어야 해.
B: **That's what I'm saying.** 내 말이 그 말이야.

A: **I heard Jim was shot and killed in his home. Is it true?**
짐이 집에서 총맞아 죽었다며? 정말야?
B: **Yes, that's what I heard.** 그래, 나도 그렇게 들었어.

A: **I saw you today kissing in the hall.** 오늘 복도에서 니네 키스하는거 봤어.
B: **That's what you think.** 그건 그런게 아니야.(네 생각이나 그렇지)

기본문장 달달 외우기

1	내 말이 바로 그거야.	That's what I mean.
2	내 말이 그 말야.	That's what I'm saying.
3	바로 그게 내가 말할려고 한거야.	That's what I was going to say.
4	내 생각이 바로 그거야!	That's what I thought!
5	그게 바로 내가 네게 말하는거야.	That's what I'm telling you.
6	그런 뜻이 아니었어.	That's not what I meant.
7	그건 네가 생각하는 것과 달라.	That's not what you think.

✓ One More Step

Is that what you want? 그게 네가 바라는거냐?
Is that what you're thinking? 그게 네가 생각하는거야?
Have I become a burden? Is that what you're saying? 내가 부담이라고? 그게 네가 말하는거야?

▶ 한 번 써보면 평생 잊혀지지 않는 **영어패턴 필사!** ◀

1 내 말이 바로 그거야.

✎ _____

2 내 말이 그 말야.

✎ _____

3 바로 그게 내가 말할려고 한거야.

✎ _____

4 내 생각이 바로 그거야!

✎ _____

5 그게 바로 내가 네게 말하는거야.

✎ _____

6 그런 뜻이 아니었어.

✎ _____

7 그건 네가 생각하는 것과 달라.

✎ _____

다이알로그 필사도전!

A
먼저 우리 침대를 바꾸어야 해.

B
내 말이 그 말이야.

Pattern 210 이게 …하는거야

This is just what I wanted
이게 내가 원했던거야

✓ **핵심포인트** This is (just) what S+V ▶ 이게 바로 …하는거야
This is not what S+V ▶ 이건 …하는게 아냐

앞 패턴과 같은 것으로 That이 This로 바뀐 경우. '이게 바로 내가 …하는거야'라는 의미. 많이 쓰이는 구문이기에 따라 연습해본다. 부정은 This is not what~이고, 의문문형태인 Is this what S+V?(…하는게 바로 이거야?)도 많이 쓰이는데 Is this what you're looking for?(네가 찾는게 바로 이거야?), Is this what you wanted?(네가 원했던게 바로 이거야?), 그리고 Is this what you were talking about?(네가 말하던게 바로 이거야?) 등이 대표적.

 Let's Talk

A: **This is not what** the teacher wanted. 이건 선생님이 원하셨던게 아니야.
B: We will have to do the homework again. 우린 숙제를 다시 해야될거야.

A: I really like attending concerts. 정말 콘서트에 가는 걸 좋아해.
B: **This is what** we should do next Saturday.
이게 바로 우리가 다음 토요일에 해야 되는거야.

A: Why are you attending our English class? 왜 우리 영어수업을 듣는거예요?
B: **This is what** I am planning to study.
이게 바로 내가 공부하기로 계획하고 있는거여서요.

 기본문장 **달달** 외우기

1 이게 바로 내가 하고 싶은거야.   **This is what** I want to do.
2 이게 바로 내가 말하는거야.   **This is what** I'm talking about.
3 이게 바로 네가 찾던거야.   **This is what** you're looking for.
4 이게 바로 내가 걱정했던거야.   **This is what** I was afraid of.
5 이게 바로 네가 해야 하는거야.   **This is what** you have to do.
6 이게 바로 내가 원했던거야.   **This is what** I wanted.
7 이건 내가 주문한게 아닌데요.   **This is not what** I ordered.

> ▶ 한 번 써보면 평생 잊혀지지 않는 영어패턴 필사! ◀

1 이게 바로 내가 하고 싶은거야.

✎ _____

2 이게 바로 내가 말하는거야.

✎ _____

3 이게 바로 네가 찾던거야.

✎ _____

4 이게 바로 내가 걱정했던거야.

✎ _____

5 이게 바로 네가 해야 하는거야.

✎ _____

6 이게 바로 내가 원했던거야.

✎ _____

7 이건 내가 주문한게 아닌데요.

✎ _____

다이알로그 필사도전! ✎

A

왜 우리 영어수업을 듣는거예요?

B

이게 바로 내가 공부하기로 계획하고 있는거여서요.

Pattern 211 여기가 …하는거야

This is where I live
여기가 내가 사는 곳이야

✓ **핵심포인트** This[That] is where[when,~] S+V ▶ 이게 바로 …하는거야
This[That] is how S+V ▶ 바로 이렇게 …하는거야

This[That] is~ 다음에 what만 오는 것은 아니다. 장소를 언급하거나 시간 그리고 방법 등을 언급할 때는 This[That] is where/when/how S+V처럼 다양하게 말을 해볼 수 있다. That is how it's done는 "저렇게 하는거야," 그리고 That's not how it happened는 "그렇게 해서 그게 일어난게 아냐"라는 뜻. 또한 That's[This is] who S+V하면 '저게[저 사람이] 바로 …야,' '이게[이 사람이] 바로 …야라는 뜻의 문형이 된다.

 Let's Talk

A: **This is where** I eat lunch every day. 여기가 내가 매일 점심을 먹는 곳이야.
B: You must like the food here. 여기 음식을 좋아하나 보구나.

A: I just ran a virus scan on your computer. 방금 네 컴퓨터에 바이러스 스캔돌렸어.
B: **That is how** it's done. I was wondering about that.
저렇게 하는거구나. 궁금했었어.

A: **That is how** a car's engine works. 이렇게 해서 자동차 엔진이 작동하는거야.
B: You lost me. I don't understand mechanical things.
못 알아들었어. 기계적인 것들은 모르겠어.

 기본문장 **달달** 외우기

1 여기가 네가 일하는 곳이야?   **This is where** you work?
2 여기에 네가 그것을 놓은거야?   **This is where** you put it?
3 여기가 우리가 처음 만난 곳이야. **This is where** we first met.
4 그때 다리가 부러진거야.   **That's when** I broke my leg.
5 저렇게는 안돼.   **That's not how** it[this] works.
6 여기서는 그렇게 하는게 아니야. **That's not how** we do things here.
7 저 사람이 바로 루이스하고 말 나누던 사람야. 쟤 알아?
  That's who Louis talked to. You know him?

▶ 한 번 써보면 평생 잊혀지지 않는 영어패턴 필사! ◀

1 여기가 네가 일하는 곳이야?

✎ _____

2 여기에 네가 그것을 놓은거야?

✎ _____

3 여기가 우리가 처음 만난 곳이야.

✎ _____

4 그때 다리가 부러진거야.

✎ _____

5 저렇게는 안돼.

✎ _____

6 여기서는 그렇게 하는게 아니야.

✎ _____

7 저 사람이 바로 루이스하고 말 나누던 사람야. 쟤 알아?

✎ _____

다이알로그 필사도전! ✎

A

여기가 내가 매일 점심을 먹는 곳이야.

B

여기 음식을 좋아하나 보구나.

Pattern 212 그러고 싶지만…

I wish I could, but I can't do it
그러고 싶지만, 그렇게 할 수가 없어

✓ **핵심포인트**   I wish I could, but S+V ▶ 그러고 싶지만 …

상대방의 제안에 정중하게 거절하는 표현으로 '그러고는 싶지만 난 …' 라는 의미로 but 뒤에는 거절할 수 밖에 없는 사정을 말하면 된다. 비슷한 표현으로는 I'd love to, but~ 혹은 I'd like to, but ~ 등이 있다. 상대방이 도와달라고 할 때 거절하는 I wish I could help you, but I can't(도와주고 싶지만 그럴 수가 없어)도 함께 알아둔다.

 Let's Talk

A: **Do you want to go to a movie?** 영화보러 갈거니?
B: **I'd like to, but I'm on call today.** 그러고 싶은데, 난 오늘 비상대기해야 돼.

A: **You look so tired. Why don't you take a few days off?**
   너 너무 피곤해보여. 며칠 좀 쉬지.
B: **I wish I could but I can't. I have a lot of work to do.**
   그러고 싶지만 안돼. 할 일이 너무 많아.

A: **Are you coming to my party?** 내 파티에 올래?
B: **I wish I could come, but I'm busy on Friday.** 가고 싶지만, 금요일날 바빠.

 기본문장 **달달** 외우기

1 그러고 싶지만 안돼, 산책할 계획이야.
   I wish I could, but I've made plans to walk around.
2 그러고 싶지만 안돼. 내가 많이 바빠서.
   I wish I could but I can't. I'm quite[very] busy.
3 그러고 싶지만, 내가 좀 피곤해서. **I'd love to, but I'm a little tired.**
4 그러고 싶지만, 오늘 저녁 집에 일찍 가야 돼.
   I'd love to, but I have to go home early tonight.
5 그러고 싶지만, 정말 늦었어. **I'd love to, but it's really getting late.**
6 그러고 싶지만, 어머니가 아직 여기 계셔. 놔두고 나올 수가 없어.
   I'd love to, but my mom's still here. I can't leave her.
7 그러고 싶지만, 난 지금 바로 가야 돼.
   I'd like to, but I have to go right now.

> ▶ 한 번 써보면 평생 잊혀지지 않는 영어패턴 필사! ◀

1 그러고 싶지만 안돼, 산책할 계획이야.

✎ _____

2 그러고 싶지만 안돼. 내가 많이 바빠서.

✎ _____

3 그러고 싶지만, 내가 좀 피곤해서.

✎ _____

4 그러고 싶지만, 오늘 저녁 집에 일찍 가야 돼.

✎ _____

5 그러고 싶지만, 정말 늦었어.

✎ _____

6 그러고 싶지만, 어머니가 아직 여기 계셔. 놔두고 나올 수가 없어.

✎ _____

7 그러고 싶지만, 난 지금 바로 가야 돼.

✎ _____

다이알로그 필사도전! ✎

A

너 너무 피곤해보여. 며칠 좀 쉬지.

B

그러고 싶지만 안돼. 할 일이 너무 많아.

Pattern 213 미안하지만…

I'm sorry, but I can't help you
미안하지만 너를 도와줄 수가 없어

✓ **핵심포인트** I'm sorry, but I can't+V ▶ 미안하지만 …할 수가 없어

"미안하지만 도와줄 수 없어"라는 말로 상대방의 요청을 정중히 거절할 때 혹은 뭔가 금지할 때 등 상대에게 미안한 이야기를 할 때 꺼내는 표현이다. 전반적으로 미안한 행동이나 부정적인 말을 할 때 I'm sorry, but~이라고 시작하면 된다. 거리에서 native가 갑자기 영어로 말을 걸 때 자신이 없을 경우에는 물끄러미 관상보듯 쳐다만 보지 말고 I'm sorry, but I can't speak English very well 혹은 I'm sorry, but my English isn't very good이라고 말해본다.

Let's Talk

A: **You broke my heart. I'll get even with you!** 내 맘을 찢어놓았어. 갚아주고 말테디!
B: **I'm sorry, but I fell in love with another man.** 미안, 하지만 다른 남자를 사랑해.

A: **I'm sorry, but I don't know what to say.** 미안하지만 뭐라 해야 할지 모르겠어.
B: **Maybe you should apologize to me.** 내게 사과해야지.

A: **I'm sorry, but I got your magazine wet.** 미안해, 네 잡지를 젖게 했어.
B: **No big deal. I was finished reading it anyhow.** 괜찮아. 뭐 다 읽었는데.

기본문장 *달달* 외우기

	한국어	영어
1	미안하지만, 난 그렇게 생각안해.	I'm sorry, but I don't think so.
2	미안하지만, 네가 누구인지 몰라.	I'm sorry, but I don't know who you are.
3	미안하지만, 너희들 믿지 않아.	I'm sorry, but I don't trust you guys.
4	미안하지만, 네 시간을 뺏었네.	I'm sorry, but I've wasted your time.
5	미안하지만, 대답은 노야.	I'm sorry, but the answer is no.
6	미안하지만, 너랑 얘기할 수 없어.	I'm sorry, but I can't talk to you.
7	미안하지만, 그건 사실이야.	I'm sorry, but it's true.

✓ One More Step

I'm sorry, but I can't speak English very well. 미안하지만 영어가 서툴러요.

영어가 안될 때는 "I'm sorry, but I can't speak English very well" 혹은 "I'm sorry, but my English isn't very good"이라 한 다음 "Could you ask someone else?"나 "You'd better check with someone else"라고 하면 된다.

> ▶ 한 번 써보면 평생 잊혀지지 않는 영어패턴 필사! ◀

1 미안하지만, 난 그렇게 생각안해.

✎ _____

2 미안하지만, 네가 누구인지 몰라.

✎ _____

3 미안하지만, 너희들 믿지 않아.

✎ _____

4 미안하지만, 네 시간을 뺐었네.

✎ _____

5 미안하지만, 대답은 노야.

✎ _____

6 미안하지만, 너랑 얘기할 수 없어.

✎ _____

7 미안하지만, 그건 사실이야.

✎ _____

다이알로그 필사도전!

A

내 맘을 찢어놓았어. 갚아주고 말테다!

B

미안, 하지만 다른 남자를 사랑해.

Level 03 응용패턴으로 드뎌 왕초보 탈출하기!

Pattern 214 …할 가능성이 있어

There's a chance he can get better
걔가 나아질 가능성이 있어

✓ **핵심포인트** There's a chance[possibility] S+V ▶ …할 가능성이 있어, …할 수 있어

'…할 가능성이나 기회가 있다'고 말하는 방법으로 There's chance[possibility] S+V의 구문을 애용한다. '…할 가능성이 크다'라고 할 때는 There's good chance S+V라고 하면 된다. 그냥 간단히 There's a chance(가능성이 있어), It's a possibility(그럴 수도 있지)이라고도 많이 쓰인다.

Let's Talk

A: **Why do you like to gamble?** 왜 도박을 좋아해?
B: **There's a chance I will win a lot of money.** 내가 많은 돈을 딸 가능성이 있어.

A: **There's a good chance that it will rain today.** 오늘 비가 올 가능성이 높아.
B: **I think I'd better take an umbrella.** 우산을 가져가야 될 것 같아.

A: **There's a possibility you'll be on TV.** 네가 TV에 나올 가능성이 있어.
B: **Wow! I don't know how to thank you.** 와! 뭐라 감사해야 할지 모르겠어.

기본문장 *달달* 외우기

1 걔가 올 가능성이 커.　　　　　　**There's a good chance he will come.**
2 네가 아플 수도 있어!　　　　　　**There is a chance you will get hurt!**
3 걔가 나아질 가능성이 있어?　　　**There's a chance he can get better?**
4 걔도 널 사랑할 가능성이 있어?　 **There's a chance that he might love you too?**
5 걔가 진실을 말했을 가능성이 많아. **There's a good chance that she was telling the truth.**
6 네가 실패할 가능성이 커.　　　　**There's a good chance you will fail.**
7 이번 여름 내가 여기 없수도 있어. **There's a possibility I'm not going to be here this summer.**

> ▶ 한 번 써보면 평생 잊혀지지 않는 영어패턴 필사! ◀

1 걔가 올 가능성이 커.

✏️ _____

2 네가 아플 수도 있어!

✏️ _____

3 걔가 나아질 가능성이 있어?

✏️ _____

4 걔도 널 사랑할 가능성이 있어?

✏️ _____

5 걔가 진실을 말했을 가능성이 많아.

✏️ _____

6 네가 실패할 가능성이 커.

✏️ _____

7 이번 여름 내가 여기 없을 수도 있어.

✏️ _____

다이알로그 필사도전! ✏️

A
오늘 비가 올 가능성이 높아.

B
우산을 가져가야 될 것 같아.

Level 03 응용패턴으로 드뎌 왕초보 탈출하기! 451

Pattern 215 …하면 후회하게 될거야

You'll be sorry if you're late again
한 번 더 늦으면 후회하게 될거야

✓ **핵심포인트**　You'll be sorry about+~ing ▶ …한거 후회할거야
　　　　　　　　You'll be sorry if S+V ▶ …하면 후회하게 될거야

"또 늦으면 후회하게 될거야"라는 말로 상대방에게 경고나 주의를 줄 때 사용하는 표현. You'll be sorry about~ 혹은 You'll be sorry if S+V의 형태로 쓰이며 about이나 if 이하에 하면 안 되는 행동을 말하면 된다. 여기서 sorry는 '미안하다'라는 뜻이 아니라 '후회하게 될 것'을 뜻한다.

 Let's Talk

A: **I'm not saving any money right now.** 지금 현재 전혀 저축을 하고 있지 않아.
B: **You'll be sorry if you need money in the future.**
앞으로 돈이 필요할 때 후회할거야.

A: **You'll be sorry about breaking my cell phone.**
내 핸드폰 망가트린거 후회하게 될거야.
B: **Come on, I already apologized to you for that.** 이봐, 그 때문에 벌써 사과했잖아.

A: **You'll be sorry if you don't prepare for the test.**
시험준비를 하지 않으면 후회하게 될거야.
B: **Are you saying that I should study?** 내가 공부해야 된다고 말하는거야?

 기본문장 **달달** 외우기

1 네가 저지른 나쁜 짓으로 후회하게 될거야.
You'll be sorry about the bad things you've done.
2 날 놀린 걸 후회하게 될거야.　　**You'll be sorry about teasing me.**
3 그 소문을 퍼트린 걸 후회하게 될거야.
You'll be sorry about spreading that gossip.
4 대학에 가지 않으면 후회하게 될거야.
You'll be sorry if you don't go to university.
5 부모님 말씀 안들으면 후회하게 될거야.
You'll be sorry if you don't obey your parents.
6 저 비싼 차를 사게 되면 후회하게 될거야.
You'll be sorry if you buy that expensive car.
7 나랑 휴가가지 않으면 후회하게 될거야.
You'll be sorry if you don't come on vacation with me.

> ▶ 한 번 써보면 평생 잊혀지지 않는 영어패턴 필사! ◀

1 네가 저지른 나쁜 짓으로 후회하게 될거야.

2 날 놀린 걸 후회하게 될거야.

3 그 소문을 퍼트린 걸 후회하게 될거야.

4 대학에 가지 않으면 후회하게 될거야.

5 부모님말씀 안들으면 후회하게 될거야.

6 저 비싼 차를 사게 되면 후회하게 될거야.

7 나랑 휴가가지 않으면 후회하게 될거야.

다이알로그 필사도전!

A
내 핸드폰 망가트린거 후회하게 될거야.

B
이봐, 그 때문에 벌써 사과했잖아.

Pattern 216 중요한 점은 …이라는거야

The point is you're paying too much
요점은 네가 돈을 너무 많이 내고 있다는거야

✓ **핵심포인트** The point is (that) S+V ▶ 중요한 점은 …이라는거야

"요는 네가 돈을 너무 낸다는거야"라는 뜻의 문장. 뭔가 요점이나 핵심을 상대방에게 말하고자 할 때 사용하는 표현으로 The point is that S+V의 형태를 사용하면 된다. 그냥 간단히 That's the point하면 "요점은 그거야," "중요한 건 그거야," That's not the point하면 "중요한 건 그게 아냐"라는 의미이다. 또한 What's the[your] point?하게 되면 "요점이 뭔가?," "하고 싶은 말이 뭐야?"라는 의미의 문장이다.

Let's Talk

A: **Could you please get to the point?** 요지를 말씀해 주시겠어요?
B: **The point is that we are bankrupt.** 요점은 우리가 파산했다는 겁니다.

A: **Charlie needs to pay me the money he owes.** 찰리는 내게 빚진 돈을 갚아야 돼.
B: **The point is that he won't do that.** 요는 걔가 갚지 않으려고 한다는거지.

A: **The point is that we need to fix this garage.** 중요한 건 창고를 수리해야 한다는거야.
B: **I know, but we don't have enough money.** 알아, 하지만 돈이 충분하지 않아.

 기본문장 **달달** 외우기

1. 요점은 앤디가 걔하고 함께 있길 바래.
   The point is Andy wants to be with her.
2. 요점은 내가 그걸 기꺼이 하고 싶었다는거지.
   The point is I was willing to do it.
3. 요점은 티나와 내가 함께 있어야 된다는거야.
   The point is that Tina and I should be together.
4. 요점은 지금 당장은 난 이게 필요하지 않다는거야.
   The point is I don't need this right now.
5. 요는 네가 제인과 결혼했다는거지.
   The point is that you're married to Jane.
6. 요는 내가 널 정말로 안 믿는다는거야.
   The thing is I don't really believe it.
7. 그게 중요한게 아냐. 중요한 건 내가 불안하다는거야.
   That's not the point. The point is that I don't feel safe.

> ▶ 한 번 써보면 평생 잊혀지지 않는 영어패턴 필사! ◀

1 요점은 앤디가 걔하고 함께 있길 바래.

2 요점은 내가 그걸 기꺼이 하고 싶었다는거지.

3 요점은 티나와 내가 함께 있어야 된다는거야.

4 요점은 지금 당장은 난 이게 필요하지 않다는거야.

5 요는 네가 제인과 결혼했다는거지.

6 요는 내가 널 정말로 안 믿는다는거야.

7 그게 중요한게 아냐. 중요한 건 내가 불안하다는거야.

다이알로그 필사도전!

A
중요한 건 이 창고를 수리해야 한다는 거야.

B
알아, 하지만 돈이 충분하지 않아.

Pattern 217 내가 말하려는 건 …이야

What I'm trying to say is he's rich
내가 말하려는 건 걔가 부자라는거야

✓ 핵심포인트 What I'm trying[What I'd like] to say is S+V ▶ 내 말은…야
What I'm saying is S+V ▶ 내 말은 …이야

내가 말하고자 하는 내용을 강조하거나 혹은 한 마디로 정리하고자 할 때 유용한 패턴. What I'm trying to say is that S+V, 혹은 What I'd like to say is~, What I'm saying is~ 라 한다. 응용표현들로는 That's what I'm trying to say(내가 말하려는 건 그게 아냐), That's what I'm saying(내 말이 바로 그거야), You know what I'm saying?(내 말이 무슨 말인지 알겠어?), 그리고 What are you trying to say?(무슨 말을 하려는거야?) 등이 있다.

 **Let's Talk**

A: What I'm trying to say is we need more workers. 직원이 더 필요하다는거야.
B: Do you want me to hire more experienced people? 경력사원을 더 뽑으라고?

A: What I'm saying is Tom likes you. 내 말은 탐이 널 좋아한다는거야.
B: You can't be serious. I saw him kissing Jane the other day.
농담마. 요전날 걔가 제인과 키스하는 것 봤어.

A: We have to work overtime to finish that project.
그 프로젝트를 끝내려면 야근해야 돼.
B: That's what I'm saying. 내 말이 바로 그거야.

 기본문장 <u>달달</u> 외우기

1 내가 하려는 말은 걔가 부자라는거야.
   What I'm trying to say is that he's rich.
2 내가 하려는 말은 이게 정말 지겹다는거야.
   What I'm trying to say is I've had enough of this.
3 내가 하려는 말은 넌 정말 대단한 친구라는거야.
   What I'm trying to say to you is that you're a really great guy.
4 내가 하려는 말은 걘 정말 안전해보인다는거야.
   What I'm trying to say is he seems really safe.
5 내 말은 내가 잘못 봤다는거야.   **What I'm saying is what I saw was wrong.**
6 내 말은 난 전문가는 아니란 말이야. **What I'm saying is I'm not an expert.**
7 내 말은 케이트가 널 좋아한다는거야. **What I'm saying is Kate likes you.**

> ▶ 한 번 써보면 평생 잊혀지지 않는 영어패턴 필사! ◀

1 내가 하려는 말은 걔가 부자라는거야.

✎ _____

2 내가 하려는 말은 이게 정말 지겹다는거야.

✎ _____

3 내가 하려는 말은 넌 정말 대단한 친구라는거야.

✎ _____

4 내가 하려는 말은 걘 정말 안전해보인다는거야.

✎ _____

5 내 말은 내가 잘못 봤다는거야.

✎ _____

6 내 말은 난 전문가는 아니란 말이야.

✎ _____

7 내 말은 케이트가 널 좋아한다는거야.

✎ _____

다이알로그 필사도전!

A
그 프로젝트를 끝내려면 야근해야 돼.

B
내 말이 바로 그거야.

Pattern 218 내가 필요한 건 …뿐이야

All I need is you
내게 필요한 사람은 너뿐이야

✓ **핵심포인트**　All I need is+N ▶ 내가 필요한 건 …뿐이야
　　　　　　　All I need to+V+is (to)+V ▶ 내가 ~하는 건 …하는 것뿐야

"내가 필요로 하는 건 너뿐이야"라는 말로 내가 필요로 하는 것을 강조하는 표현법. All I need+N 혹은 필요로 하는 것이 행동일 때는 All I need to+V~ 의 형태를 쓰면 된다. 한편 All I'm saying is S+V는 단지 "내 말은 …라는거야"라는 의미. 굳어진 관용표현으로는 That's all I need(내가 필요한 건 그게 다야), That's all I need to know(내가 알고 싶은 건 그게 다야), 그리고 That's all I need to hear(내가 듣고 싶은 건 그게 다야)이다.

Let's Talk

A: All I need is a beautiful girlfriend. 내게 필요한 건 예쁜 여친뿐이야.
B: I don't think that you can find one. 찾기 힘들걸.

A: I heard that you plan to quit your job. 직장 그만 둘거라며.
B: All I need is a better job. 내가 필요한 건 더 나은 직장이야.

A: I heard your dad will send you money if you need it.
네 아빠가 필요하면 돈 보내주신다며.
B: It's true. All I need to do is call my father. 맞아. 아빠에게 전화만 하면 돼.

기본문장 달달 외우기

1. 내게 필요한 건 얘기할 사람이야. **All I need is someone to talk with.**
2. 내게 필요한 건 좋은 친구들이야. **All I need is good friends.**
3. 내가 필요로 하는 건 조금의 시간뿐이야. **All I need is a little time.**
4. 내가 해야 되는 건 이 일을 끝내는 것뿐야. **All I need to do is get this job done.**
5. 내가 해야 되는 건 열심히 일하는거야. **All I need to do is work hard.**
6. 네게 말하고 싶은 건 회의를 언제 시작하냐는 것뿐이야.
　All I need is to tell you when to start the meeting.
7. 내가 알고 싶은 건 네가 날 사랑하냐는 것뿐이야.
　All I need to know is that you love me.

▶ 한 번 써보면 평생 잊혀지지 않는 영어패턴 필사! ◀

1 내게 필요한 건 얘기할 사람이야.

✎ _____

2 내게 필요한 건 좋은 친구들이야.

✎ _____

3 내가 필요로 하는 건 조금의 시간뿐이야.

✎ _____

4 내가 해야 되는 건 이 일을 끝내는 것뿐야.

✎ _____

5 내가 해야 되는 건 열심히 일하는거야.

✎ _____

6 네게 말하고 싶은 건 회의를 언제 시작하냐는 것뿐이야.

✎ _____

7 내가 알고 싶은 건 네가 날 사랑하냐는 것뿐이야.

✎ _____

다이알로그 필사도전! ✎

A

직장 그만 둘거라며.

B

내가 필요한 건 더 나은 직장이야.

Level 03 응용패턴으로 드뎌 왕초보 탈출하기!

Pattern 219 무엇(누가)이 …인지 몰라

I have no idea what you just said
난 네가 방금 무슨 말을 했는지 모르겠어

✓ 핵심포인트
I have no idea 의문사+to+V ▶ …하는 걸 몰라
I have no idea 의문사[that] S+V ▶ …을 몰라

여기서 idea는 '아이디어'가 아니다. have no idea는 숙어로 don't know와 같은 뜻. I have no idea what[who] S+V 혹은 간단히 I have no idea what[who] to do~ 하면 '무엇(누가)이 …인지 모른다'라는 표현이 된다. 단독으로 I have no idea하면 "몰라"라는 뜻으로 No 대용어로 사용된다. 또한 "잘 몰라"라고 할 때는 I'm not sure, "내가 알기로는 잘 모르겠어"는 Not that I know of, "아직 모른다"는 Not yet 등을 암기해둔다.

 Let's Talk

A: **Do you know what I mean?** 내가 말하는 것이 무언지 알겠어?
B: **Actually, I have no idea what you are talking about.**
실은 무슨 말인지 모르겠어.

A: **I had no idea that traffic was this bad in Seoul.**
서울의 교통상황이 이렇게 나쁜 줄 미처 몰랐어.
B: **It's even worse during rush hour.** 러시아워 때는 더 해.

A: **Do you know where she is right now?** 걔가 지금 어디 있는지 알아?
B: **I have no idea.** 몰라.

 기본문장 **달달** 외우기

1 네가 뉴욕 출신이라는 걸 몰랐어.
   I had no idea you were from New York.
2 네가 이렇게나 자부심을 갖고 있는지 몰랐어.
   I had no idea you had this much pride.
3 네가 무슨 말을 하는 건지 모르겠어.
   I have no idea what you're talking about.
4 이게 어떻게 작동하는지 모르겠어.   **I have no idea how this works.**
5 네가 무슨 말을 했는지 모르겠어.   **I have no idea what you just said.**
6 무슨 말을 해야 할지 모르겠어.   **I have no idea what to say.**
7 널 어떻게 도와야 할지 모르겠어.   **I have no idea how to help you.**

> ▶ 한 번 써보면 평생 잊혀지지 않는 **영어패턴 필사!** ◀

1 네가 뉴욕 출신이라는 걸 몰랐어.

_____

2 네가 이렇게나 자부심을 갖고 있는지 몰랐어.

_____

3 네가 무슨 말을 하는 건지 모르겠어.

_____

4 이게 어떻게 작동하는지 모르겠어.

_____

5 네가 무슨 말을 했는지 모르겠어.

_____

6 무슨 말을 해야 할지 모르겠어.

_____

7 널 어떻게 도와야 할지 모르겠어.

_____

다이알로그 필사도전!

A

내가 말하는 것이 무언지 알겠어?

B

실은 무슨 말인지 모르겠어.

Pattern 220 …을 알아?

Do you have any idea what she said?
갸가 뭐라고 했는지 혹 알아?

✓ **핵심포인트** Do you have any idea 의문사 S+V? ▶ …을 알아?
You have no idea 의문사 S+V ▶ 넌 …을 몰라(= You don't know 의문사 S+V)

"갸가 뭐라고 했는지 너는 알고 있니?" 혹은 "그걸 알기나 하니?"라는 뉘앙스의 문장. 즉 단순히 상대방이 뭔가 알고 있는지 모르는지 궁금해서 물어보거나 혹은 '알기나 하냐,' '넌 몰라'라며 면박을 주면서 던질 수 있는 표현이다. Do you have any idea+의문사(what/who…) S+V?의 형태로 쓰면 된다. 단순히 알고 있는 지 여부를 묻는 경우가 아닌 '너 모르지 않냐'라는 의미로 쓰인 경우엔 의미상 결국 You have no idea+의문사 S+V와 일맥상통하게 된다.

Let's Talk

A: **Do you have any idea what** our class schedule will be?
수업일정이 어떻게 되는지 알아?

B: I think we'll have math class this morning. 오늘 아침에 수학이 있어.

A: Here's a necklace for you. 여기 목걸이 당신꺼야.

B: Thank you! **You have no idea what** this means to me.
고마워! 얼마나 고마운지 모를거야.

A: She is so cute! **You have no idea.** 걔 정말 귀여워! 넌 잘 모를거야.

B: No idea? Who do you think brought her here? 몰라? 누가 걜 데려왔는데?

 기본문장 **달달** 외우기

1 이게 무슨 의미인지 알아?   **Do you have any idea what** this means?
2 어젯밤에 데이빗에게 무슨 일이 있었는지 알아?
   Do you have any idea what happened to David last night?
3 저것들이 얼마나 위험한 줄 알기나 해?
   Do you have any idea how dangerous those are?
4 그게 얼마나 아픈지 알기나 해?
   Do you have any idea how much that hurts?
5 내가 얼마나 걔를 그리워하는지 넌 모를거야.
   You have no idea how much I miss her.
6 이게 내게 얼마나 중요한 건지 넌 몰라! **You have no idea what** this means to me!
7 이게 나한테 얼마나 필요한지 넌 몰라. **You have no idea how** much I need this.

▶ 한 번 써보면 평생 잊혀지지 않는 영어패턴 필사! ◀

1 이게 무슨 의미인지 알아?

✎ _____

2 어젯밤에 데이빗에게 무슨 일이 있었는지 알아?

✎ _____

3 저것들이 얼마나 위험한 줄 알기나 해?

✎ _____

4 그게 얼마나 아픈지 알기나 해?

✎ _____

5 내가 얼마나 걔를 그리워하는지 넌 모를거야.

✎ _____

6 이게 내게 얼마나 중요한 건지 넌 몰라!

✎ _____

7 이게 나한테 얼마나 필요한지 넌 몰라.

✎ _____

다이알로그 필사도전!

A
수업일정이 어떻게 되는지 알아?

B
오늘 아침에 수학이 있어.

Level 03 응용패턴으로 드뎌 왕초보 탈출하기! 463

Pattern 221 차라리 …할래

I'd rather take a subway
차라리 지하철을 타겠어

✓ 핵심포인트
I'd rather+V ▶ 차라리 …하겠어
I'd rather A than B ▶ B하기 보다는 A하겠어

"차라리 전철을 탈래"라는 말로 I'd(would) rather+V하면 '…하는게 낫지,' '차라리 …할래'라는 뜻의 표현이다. 반대로 '차라리 …하지 않을래'라고 하려면 I'd rather not+V원형을 쓰면 된다. 또한 비교대상을 넣어 I'd rather A than B(B하기 보다는 차라리 A하겠어)라고 쓰기도 하며 I'd rather S+V(과거)의 형태로 '…하지 않는게 좋겠어'라는 의미로도 쓰인다. 단독으로 I'd rather not하면 "그러지 않는게 낫겠어"라는 뜻.

 Let's Talk

A: I'd rather have fun than make a lot of money.
돈을 많이 벌기 보다는 차라리 재미있는게 나아.

B: But you should know that money can be very important in life.
돈이 인생에서 매우 중요한다는 걸 알아야 돼.

A: I'd rather not tell you everything. 네게 다 말하지 않는게 낫겠어.
B: Stop saying that. You have to be honest with me. 그런 말 마. 내게 솔직히 말해.

A: Hey, can I ask you something? 저기, 뭐 좀 물어봐도 돼?
B: I'd rather you didn't. 안 그러는게 낫겠어.

 기본문장 **달달** 외우기

1 네게 이야기하는게 낫겠어. **I'd rather talk to you.**
2 내가 직접 하는게 낫겠어. **I'd rather do it myself.**
3 집에 가는게 낫겠어. **I'd rather go home.**
4 이게 끝날 때까지 계속 일하겠어. **I'd rather continue working until this is finished.**
5 말 안하는게 낫겠어. **I'd rather not say.**
6 돌아가느니 죽는게 낫겠어. **I'd rather die than go back.**
7 이건 내가 혼자 하는게 낫겠어. **This is something I'd rather do alone.**

> ▶ 한 번 써보면 평생 잊혀지지 않는 영어패턴 필사! ◀

1 네게 이야기하는게 낫겠어.

✏️ _____

2 내가 직접 하는게 낫겠어.

✏️ _____

3 집에 가는게 낫겠어.

✏️ _____

4 이게 끝날 때까지 계속 일하겠어.

✏️ _____

5 말 안하는게 낫겠어.

✏️ _____

6 돌아가느니 죽는게 낫겠어.

✏️ _____

7 이건 내가 혼자 하는게 낫겠어.

✏️ _____

다이얼로그 필사도전! ✏️

A

저기, 뭐 좀 물어봐도 돼?

B

안 그러는게 낫겠어.

Pattern 222   …만큼 …해

I'm coming as quickly as I can
최대한 빨리 갈게

 핵심포인트   as+형용사[부사]+as 명사[절] ▶ …만큼 …해

비교해서 말해보는 법을 알아본다. 먼저 '…만큼 …하다'라는 표현법인 as+형용사[부사]+as 명사[절] 이란 형태를 살펴본다. 두 번째 as 다음에는 비교대상으로 (대)명사나 혹은 S+V의 절이 오기도 한다. 특히 대명사가 올 경우 문법적으로는 주격인 I, he, she가 맞지만 구어에서는 목적격인 me, him, her가 쓰인다는 점을 알아두고 또한 관용적으로 쓰이는 as soon as possible(ASAP)로 대표되는 as+형[부]+as possible, as+형[부]+as one can도 놓치면 안된다.

Let's Talk

A: **Come on, or we're going to be late.** 서둘러, 안그러면 우린 늦는다구.
B: **I'm coming as quickly as I can.** 최대한 빨리 갈게.

A: **I'll try and get there as soon as possible.** 가능한 한 빨리 도착하도록 할게.
B: **You have a lot of angry people waiting.** 많은 사람들이 화가 나 기다리고 있어.

A: **Is it important to fix this computer?** 이 컴퓨터를 고치는게 중요해?
B: **It can't wait. Fix it as quickly as you can.** 급해. 가능한 한 빨리 고치도록 해.

 기본문장 **달달** 외우기

1 다른 사람처럼 빨리 걸으려고 최선을 다하고 있어.
    I'm doing my best to walk as fast as the others.
2 뉴스에 나오는 것처럼 그렇게 위험하지 않은 것 같아.
    I don't think it is as dangerous as it seems on the news.
3 가능한 한 빨리 도착하도록 할게.
    I'll try and get there as soon as possible.
4 최대한 서두르고 있다고.   **I'm going as fast as I can.**
5 빨리 그걸 해서 가능한 한 빨리 끝내자.
    Let's do it quickly and finish as soon as possible.
6 난 내 동생처럼 그렇게 적극적이었던 적이 없어.
    I've never been as aggressive as my brother is.
7 가능한 한 빨리 가져다 드리죠.
    We'll get it to you as fast as we possibly can.

> ▶ 한 번 써보면 평생 잊혀지지 않는 영어패턴 필사! ◀

1 다른 사람처럼 빨리 걸으려고 최선을 다하고 있어.

✏️ _____

2 뉴스에 나오는 것처럼 그렇게 위험하지 않은 것 같아.

✏️ _____

3 가능한 한 빨리 도착하도록 할게.

✏️ _____

4 최대한 서두르고 있다고.

✏️ _____

5 빨리 그걸 해서 가능한 한 빨리 끝내자.

✏️ _____

6 난 내 동생처럼 그렇게 적극적이었던 적이 없어.

✏️ _____

7 가능한 한 빨리 가져다 드리죠.

✏️ _____

다이알로그 필사도전! ✏️

A

서둘러, 안그러면 우린 늦는다구.

B

최대한 빨리 갈게.

Pattern 223 …만큼 …해

She's not as good as you
갠 너만 못해

 핵심포인트　as many[much] as ▶ …만큼 많은
as good[well] as ▶ …만큼 …한

수나 양을 비교하는 as many[much] as나 정도를 비교하는 as good[well] as는 모두 as~as비교구문으로 '…만큼이나(마찬가지로) …하다'라는 뜻. 쓰기엔 좀 쉽지 않지만 잘 눈에 익혔다가 한번 사용해본다. 위 문장은 "갠 너만 못해"라는 뜻이다. 주의할 점은 as good as의 경우는 as good as+N/형용사/pp형태로 'almost'로 또 as well as의 경우도 '…와 마찬가지로'라는 기본의미 외에도 'in addition to'(…뿐만 아니라 …도)라는 뜻으로도 쓰인다는 점이다.

Let's Talk

A: **There are four times as many cats as dogs here.**
여기엔 고양이가 강아지보다 4배 많아.

B: **That's because cats are smarter and live longer.**
그건 고양이가 더 영리하고, 더 오래 살기 때문이야.

A: **I'm willing to pay as much as two thousand dollars for it.**
거기에 2천 달러 정도 낼 의향이 있어.

B: **I'm not sure if he'd sell it for that.** 그 남자가 그 가격에 그걸 팔지는 모르겠네.

A: **Is the tax included on this bill?** 이 계산상에는 세금이 포함된 건가요?

B: **No, you need to pay a service tax as well as a liquor tax.**
아뇨, 주세와 봉사료를 더 지불하셔야 합니다.

 기본문장 **달달** 외우기

1　난 너만큼 중요한 책을 많이 안읽어.　**I don't read as many important books as you do.**
2　네가 원하는 만큼 가져.　**You can have as many as you want.**
3　너만큼이나 이거 싫어해.　**I hate this as much as you.**
4　그거에 2천달러 정도 낼 의향있어.　**I'm willing to pay as much as 2,000 dollars for it.**
5　이건 보기처럼 맛있지 않아.　**This doesn't taste as good as it looks.**
6　갠 거의 죽은 셈이야.　**He is as good as dead.**
7　면접은 바랬던 것만큼 잘 안됐어.　**My interview didn't go as well as I had hoped.**

> ▶ 한 번 써보면 평생 잊혀지지 않는 영어패턴 필사! ◀

1 난 너만큼 중요한 책을 많이 안읽어.

✎ _____

2 네가 원하는 만큼 가져.

✎ _____

3 너만큼이나 이거 싫어해.

✎ _____

4 그거에 2천달러 정도 낼 의향있어.

✎ _____

5 이건 보기처럼 맛있지 않아.

✎ _____

6 걘 거의 죽은 셈이야.

✎ _____

7 면접은 바랬던 것만큼 잘 안됐어.

✎ _____

다이알로그 필사도전! ✎

A

여기엔 고양이가 강아지보다 4배 많아.

B

그건 고양이가 더 영리하고, 더 오래 살기 때문이야.

Level 03 응용패턴으로 드디어 왕초보 탈출하기!

Pattern 224 ···보다 더 나은

She's doing it better than me
걘 나보다 그걸 잘해

✓ **핵심포인트**　~er[more 형용사]+ than~ ▶ ···보다 더 나은
(be) better than ▶ ···보다 더 잘~

'···보다 더 낫다'는 형용사+er+ than~ 혹은 more+형용사+than~의 형태로 쓴다. 물론 비교대상은 than 다음에 명사, 대명사 및 절을 쓰면 된다. 특히 회화에서는 (be) better than ~이 많이 쓰이는데 예를 들어 She is better than me(그녀는 나보다 낫다) 나 She's doing it better than me(그녀는 나보다 그걸 더 잘해) 등이다. 비교급 관용표현으로 know better than to+V(···할 정도로 어리석지 않다), ~than I expected(내 예상보다 더···) 등을 암기해둔다.

Let's Talk

A: Let me ask you something. Was he better than me?
하나 물어보자. 걔가 나보다 나아?

B: I guess so. 그럴 걸.

A: What beverage do you prefer? 어떤 음료를 좋아해?

B: I like tea better than coffee. 커피보다는 차가 좋아.

A: Your lifestyle seems to be healthier than mine.
나보다 생활방식이 더 건전한 것 같아.

B: What makes you think that? 뭣 때문에 그렇게 생각하는데?

 기본문장 **달달** 외우기

1 내가 너보다 낫지 않아.　　　　　I don't think I'm better than you.
2 네가 쟤보다 10배나 예뻐.　　　　You're ten times prettier than she is.
3 뒤늦게 후회하느니 조심해야지.　　(It's) Better safe than sorry.
4 아무것도 안하는 것보단 낫지.　　 Better than nothing.
5 아예 안 오는 것보다야 낫지.　　　Better late than never.
6 걔는 네가 생각하는거 이상야.　　 He's better than you think.
7 네가 생각하는거보다 훨씬 쉬워.　 It's much easier than you think.

✓ **One More Step**

비교급의 관용표현
1 know better than to+동사 ···할 정도로 어리석지 않다
2 Better than that. 그거보다 나아.

> ▶ 한 번 써보면 평생 잊혀지지 않는 영어패턴 필사! ◀

1 내가 너보다 낫지 않아.

✎ _____

2 네가 쟤보다 10배나 예뻐.

✎ _____

3 뒤늦게 후회하느니 조심해야지.

✎ _____

4 아무것도 안하는 것보단 낫지.

✎ _____

5 아예 안 오는 것보다야 낫지.

✎ _____

6 걔는 네가 생각하는거 이상야.

✎ _____

7 네가 생각하는거보다 훨씬 쉬워.

✎ _____

다이알로그 필사도전!

A
어떤 음료를 좋아해?

B
차보다는 커피가 좋아.

Level 03 응용패턴으로 드뎌 왕초보 탈출하기!

Pattern 225 가장 …한

You're the most wonderful girl
네가 가장 멋진 여자야

✓ **핵심포인트**

~the most+형용사+N (in~, of~) ▶ …중에서 가장 …한
~the most+형용사+N I've ever seen[met]
▶ 내가 본 것 중에서 가장 …한

most는 many, much의 최상급이자 2음절이상인 형용사[부사]의 최상급에도 활용된다. the most+형용사+N처럼 말이다. 또한 최상급문장에서 in the world, of the year처럼 제한된 시간[장소]어구가 나오거나 I've ever seen[met] 등과 같은 어구가 나와 최고의 뜻을 받쳐준다. 한편 Couldn't be better!(아주 좋아!)처럼 부정+비교급은 최상급이 된다.

Let's Talk

A: **I'm the richest man in America.** 미국에서 내가 가장 부자야.
B: **Don't make me laugh!** 웃기지 좀 마!

A: **You're the dumbest woman I ever met.** 너같이 멍청한 여자는 처음야.
B: **You can't talk to me like that!** 내게 그런 식으로 말하지마!

A: **Tell me the truth. Is she hotter than me?** 사실대로 말해. 걔가 나보다 더 섹시해?
B: **No way. You're the hottest girl that I've ever seen.**
전혀. 너처럼 섹시한 여잔 못봤어.

기본문장 달달 외우기

1 그게 가장 중요한거야.　　　　That's the most important thing.
2 이 가게에서 제일 비싼 옷이었어. This was the most expensive suit in the store.
3 넌 이 방에서 제일 예뻐.　　　You're the most beautiful woman in the room.
4 내 인생에서 친구가 가장 중요해. My friends are the most important thing in my life.
5 정말 믿기지 않는 일이 벌어졌어. The most unbelievable thing has happened.
6 우리 인생에서 가장 의미있는 날야. This is the most special day of our lives.
7 저건 내가 본 가장 아름다운 노을 중의 하나야.
   That's one of the most beautiful sunsets I've ever seen.

▶ 한 번 써보면 평생 잊혀지지 않는 영어패턴 필사! ◀

1 그게 가장 중요한거야.

✎ _____

2 이 가게에서 제일 비싼 옷이었어.

✎ _____

3 넌 이 방에서 제일 예뻐.

✎ _____

4 내 인생에서 친구가 가장 중요해.

✎ _____

5 정말 믿기지 않는 일이 벌어졌어.

✎ _____

6 우리 인생에서 가장 의미있는 날야.

✎ _____

7 저건 내가 본 가장 아름다운 노을 중의 하나야.

✎ _____

다이알로그 필사도전! ✎

A

너같이 멍청한 여자는 처음야.

B

내게 그런 식으로 말하지마!

Level 03 응용패턴으로 드뎌 왕초보 탈출하기!

Pattern 226 …가 더 좋아

I prefer to be alone
난 혼자있는게 더 좋아

✓ **핵심포인트**
I prefer A (to B) ▶ (B보다) A를 더 좋아해
I prefer V1 (rather than V2) ▶ (V2보다) V1하기를 더 좋아해

내가 뭔가 더 좋아한다고 말할 때 필요한 동사가 바로 prefer이다. 위에서처럼 I prefer to be alone하면 "혼자 있는게 더 좋아"라는 뜻. prefer A (to B)는 'A를 (B보다) 더 좋아하다,' 혹은 prefer to+V1 (rather than+V2) 형태로 '(…하기 보다) …하는 것을 더 좋아하다'라는 의미로 쓰인다. 응용하여 I'd prefer to~하면 '난 …을 더 좋아할거야,' 그리고 Which do you prefer, A or B?하면 'A가 좋아 B가 좋아?'라는 뜻이다.

Let's Talk

A: I think I prefer New York to other cities in America.
미국에서 뉴욕이 다른 도시보다 더 좋아.

B: Really? Is there some special reason for that? 그래? 뭐 특별한 이유라도 있어?

A: Smoking or non-smoking? 흡연석으로 드릴까요, 비흡연석으로 드릴까요?
B: I would prefer non-smoking. 비흡연석으로 주세요.

A: Would you like a glass of wine before dinner? 저녁식사 전에 와인 한잔 들래요?
B: No, thank you. I'd prefer a beer if you have one.
아뇨, 됐어요. 맥주 있으면 한 잔 할게요.

 기본문장 **달달** 외우기

1. 생맥주가 좋아. **I prefer draft beer.**
2. 실외운동보다는 실내운동을 좋아해. **I prefer indoor sports to outdoor sports.**
3. 액션 영화보는게 더 좋아. **I prefer to see action movies.**
4. 출장중엔 스위트룸에 숙박하는 걸 더 좋아해. **I prefer to stay in a suite during business travel.**
5. 어떤 음료를 더 좋아해? **What beverage do you prefer?**
6. 많은 사람들이 고급차를 선호해서 많이 팔려. **Many people prefer luxurious cars, and a lot of them are being sold.**
7. 집에서 쓸데없이 시간보내는 것보다 밖에서 먹고 싶어.
   I prefer eating out in a restaurant to sitting around at home.

> ▶ 한 번 써보면 평생 잊혀지지 않는 영어패턴 필사! ◀

1 생맥주가 좋아.

✏️ _____

2 실외운동보다는 실내운동을 좋아해.

✏️ _____

3 액션 영화보는게 더 좋아.

✏️ _____

4 출장중엔 스위트룸에 숙박하는 걸 더 좋아해.

✏️ _____

5 어떤 음료를 더 좋아해?

✏️ _____

6 많은 사람들이 고급차를 선호해서 많이 팔려.

✏️ _____

7 집에서 쓸데없이 시간보내는 것보다 밖에서 먹고 싶어.

✏️ _____

다이알로그 필사도전! ✏️

A

저녁식사 전에 와인 한잔 들래요?

B

아뇨, 됐어요. 맥주 있으면 한 잔 할게요.

Level 03 응용패턴으로 드뎌 왕초보 탈출하기! 475

Pattern 227 …하게 하지마, …가 …하지 못하게 해

Don't let me drive
내가 운전하지 못하게 해

✓ 핵심포인트   Don't let+N+V ▶ ~가 …하지 못하게 해

"나 운전시키지마"라는 문장. Don't let+목적어+V는 주로 상대방에게 경고나 주의 혹은 경우에 따라서는 충고를 해주는 표현. 우리말식으로 생각하면 좀 낯설은 표현이다. Don't let me~ 면 "날 …시키지마," Don't let it[him]~이면 "~가 …하지 못하도록 해"라고 생각하면 된다. 이 유형으로 가장 유명한 회화문장은 Don't let it happen again(다신 그러지마)이다.

Let's Talk

A: **Emma really drank a lot of beer tonight.** 엠마가 오늘 밤에 정말 술 많이 마셨어.
B: **I know. Don't let her drive her car home.** 알아. 집에 차갖고 못가게 해.

A: **You have to work hard. Don't let me down.** 열심히 일 해야 돼. 날 실망시키지마.
B: **I'll do my best, boss. Believe me.** 사장님, 최선을 다할게요. 믿으세요.

A: **My sister was saying that I'm ugly.** 누나가 내가 못생겼다고 그래.
B: **She's just teasing. Don't let it bother you.** 그냥 놀리는거야. 너무 신경쓰지마.

기본문장 달달 외우기

1	그 때문에 신경쓰지마.	**Don't let it bother you.**
2	걔 때문에 열받지마.	**Don't let him upset you.**
3	걔 술 더 못 마시게 해!	**Don't let her drink anymore!**
4	걔 못가게 해.	**Don't let her go.**
5	걔한테 속지마.	**Don't let him fool you.**
6	저 때문에 있을 필요는 없어요.	**Don't let me keep you.**
7	(싸움) 지면 안 돼.	**Don't let the bastards wear you down.**

✓ One More Step

1 **Don't let it happen again.** 다신 그러지마.
상대방에게 다시는 그 같은 일을 하지 말라고 경고내지는 충고할 때 쓰는 표현. 이때 이 말을 듣는 사람은 다시는 그러지 않겠다며 I won't let it happen again 또는 I'm not going to let it happen again이라고 하면 된다.

2 **Don't let A in/out/down** A를 들여보내/내보내
Don't let her in. 걔 들여보내지마.   **Don't let me down.** 날 실망시키지마.

> ▶ 한 번 써보면 평생 잊혀지지 않는 **영어패턴 필사!** ◀

1 그 때문에 신경쓰지마.

✎ _____

2 걔 때문에 열받지마.

✎ _____

3 걔 술 더 못 마시게 해!

✎ _____

4 걔 못가게 해.

✎ _____

5 걔한테 속지마.

✎ _____

6 저 때문에 있을 필요는 없어요.

✎ _____

7 (싸움) 지면 안 돼.

✎ _____

다이알로그 필사도전! ✎

A

엠마가 오늘 밤에 정말 술 많이 마셨어.

B

알아. 집에 차갖고 못가게 해.

Pattern 228 …을 끝냈어

I'm done with it
난 그걸 끝냈어

✓ 핵심포인트
I'm done with+N ▶ …를 끝냈어
I've finished+N[~ing] ▶ …을 끝내다

be done with하면 '…을 마치다,' '끝내다'라는 표현. 특히 그 뜻이 포괄적이어서 be done with 다음에 음식이 나오면 '다 먹었냐?' 그리고 사람이 나오면 '…와 헤어지다'라는 의미도 된다. 이제부터 I'm done with~와 I('ve) finished+N[~ing]와 Have you finished+N[~ing]?을 살펴보는데 특히 finish 다음에 동사가 올 때는 ~ing가 와야 한다. 참고로 You done?하면 "끝냈어?"라는 말로 Have you finished?나 Are you through?와 같은 말이다.

 Let's Talk

A: I can't understand these directions. I'm done with this!
이 지시사항을 이해 못하겠어. 그만할테야!

B: You can't just give up. Try a little harder. 그냥 포기하면 안돼. 좀 더 열심히 해봐.

A: What time do you think you will show up? 몇 시에 올 수 있을 것 같아?
B: I'll come after I finish working. 일 마치고 갈게.

A: Let me help you finish washing the dishes. 설거지 마치는거 도와줄게.
B: You're so sweet. I'm very tired. 고마워. 정말 피곤해.

 기본문장 **달달** 외우기

1 이제 끝낸 것 같아.   **I think I'm done now.**
2 난 결혼생활 끝냈어.   **I'm done with this marriage.**
3 걔가 그걸 마쳤는지 모르겠어. **I'm not sure if he's done with it yet.**
4 내가 선택을 마쳤어. 이것들이 최종적인거야.
   I'm done with my choices. These are final.
5 방금 그걸 끝냈어.   **I have just finished it.**
6 저기, 집청소 다했어.   **Well, we finished cleaning the house.**
7 시작한 프로젝트 끝냈어? **Have you finished the project you started?**

✓ One More Step

You done? 끝냈어?(= Have you finished?, Are you through?)
  I've been waiting to go out with you. You done? 너랑 나갈려고 기다리고 있어. 다했니?
  Are you through? I want to add a few comments. 다했어? 몇 가지 말을 더하고 싶어.

> ▶ 한 번 써보면 평생 잊혀지지 않는 영어패턴 필사! ◀

1 1. 이제 끝낸 것 같아.

✎ _____

2 2. 난 결혼생활 끝냈어.

✎ _____

3 3. 걔가 그걸 마쳤는지 모르겠어.

✎ _____

4 4. 내가 선택을 마쳤어. 이것들이 최종적인거야.

✎ _____

5 5. 방금 그걸 끝냈어.

✎ _____

6 6. 저기, 집청소 다했어.

✎ _____

7 7. 시작한 프로젝트 끝냈어?

✎ _____

다이얼로그 필사도전! ✎

A

몇 시에 올 수 있을 것 같아?

B

일 마치고 갈게.

Level 03 응용패턴으로 드뎌 왕초보 탈출하기!

Pattern 229 ···해도 상관없어

I don't care if you go home
네가 집에 가도 난 상관안해

✓ **핵심포인트** I don't care 의문사 S+V ▶ ···가 상관없어(= It doesn't matter 의문사 S+V)
You don't care 의문사 S+V ▶ 넌 ···을 상관안하잖아

"난 네가 집에 가도 상관없다"는 말로 It doesn't matter to me에서 학습한 I don't care about~를 응용한 표현. I don't care 의문사 S+V의 형태로 '···해도 난 상관없어,' '개의치 않아'라는 뜻이다. It doesn't matter 의문사 S+V라 해도 유사한 구문이 된다. 참고로 I couldn't care less는 "알게 뭐람"이란 표현. 앞서 배운 부정+비교=최상급 표현의 한 예이다.

Let's Talk

A: **We may not arrive on time.** 우리 늦을지도 몰라.
B: **I don't care if we are a little late for the party.**
파티에 조금 늦는다고 해도 신경안써.

A: **I don't like the way you designed this.** 너 디자인한게 맘에 안들어.
B: **Bite me. I don't care what you think.** 배째. 네 생각은 알바아냐.

A: **I don't care if people recycle things.** 사람들이 재활용하는데 관심없어.
B: **It matters to me. We should try to conserve things.**
내겐 중요해. 환경을 보존하도록 해야 돼.

 기본문장 **달달** 외우기

1 네 생각 관심없어.   **I don't care what you think.**
2 난 걔가 뚱뚱하든 날씬하든 상관안해.   **I don't care if she's fat or thin.**
3 걔가 누구랑 자는지 관심없어.   **I don't care who he sleeps with.**
4 내 생각은 신경도 안 쓰잖아, 나 갈게! **You don't care what I think, so I'm out of here!**
5 넌 걔가 뭘 필요로 하는지 상관없잖아. **You don't care what she needs.**
6 네가 뭐라고 하든 상관없어.   **It doesn't matter what you say.**
7 다른 사람이 어떻게 생각하든 상관없어. **It doesn't matter what other people think.**

▶ 한 번 써보면 평생 잊혀지지 않는 영어패턴 필사! ◀

1 네 생각 관심없어.

✎ _____

2 난 걔가 뚱뚱하든 날씬하든 상관안해.

✎ _____

3 걔가 누구랑 자는지 관심없어.

✎ _____

4 내 생각은 신경도 안 쓰잖아, 나 갈게!

✎ _____

5 넌 걔가 뭘 필요로 하는지 상관없잖아.

✎ _____

6 네가 뭐라고 하든 상관없어.

✎ _____

7 다른 사람이 어떻게 생각하든 상관없어.

✎ _____

다이알로그 필사도전! ✎

A

사람들이 재활용하는데 관심없어.

B

내겐 중요해. 환경을 보존하도록 해야 돼.

Pattern 230 …가 믿기지 않아

It's hard to believe that he's dead
개가 죽었다는게 믿어지지 않아

✓ **핵심포인트**   It's hard to believe (that) S+V ▶ …가 믿기지 않아
　　　　　　　　I find it hard to believe S+V ▶ …가 믿기지 않아

"걔가 죽었다는게 믿어지지 않아"로 놀라운 소식을 접했을 때 하는 말. It's hard to+V에서 동사자리에 believe[imagine]를 넣고 다음에 S+V를 붙이면 된다. It's hard to believe [imagine]~는 I find it hard to believe that S+V라 할 수도 있다. 암기표현은 Is that so hard to believe?(그게 그렇게 믿겨지지 않아?), Hard to believe, isn't it?(믿기 어렵지, 그렇지?), Why is that so hard to believe?(그게 왜 그렇게 믿겨지지 않는거야?) 등이 있다.

 Let's Talk

A: **It's hard to believe Jason left.** 제이슨이 떠났다는게 믿기지 않아.
B: **I wish that he was still here.** 걔가 여기 있었으면 좋을텐데.

A: **My family is going to move overseas.** 우리집 해외로 이민가.
B: **It's hard to believe that you're going to live in another country.**
네가 다른 나라에서 살거라니 믿기지 않아.

A: **I find it hard to believe she had plastic surgery.**
걔가 성형수술을 받았다는게 믿기지 않아.
B: **But she looks much better now.** 하지만 걘 이제 더 나아 보여.

 기본문장 **달달** 외우기

1　날씨가 그렇게 덥다니 믿기지 않아. **It's hard to believe the weather is so hot.**
2　네가 그렇게 좋아 보이는게 믿기지 않아. **It's hard to believe you look so good.**
3　걔가 가버렸다는게 믿겨지지 않아. **It's hard to believe he's gone.**
4　그런 일이 우리에게 일어났다니 믿기지 않아. **It's just hard to believe that happened to us.**
5　그게 6년전 일이라는게 믿기지 않아. **It's hard to believe that was six years ago.**
6　내가 복권에 당첨되다니 믿기지 않아. **I found it hard to believe that I won the lottery.**
7　네 핸폰이 그렇게 비싼거라니 믿기지 않아. **I find it hard to believe your cell phone was so expensive.**

> ▶ 한 번 써보면 평생 잊혀지지 않는 영어패턴 필사! ◀

1 날씨가 그렇게 덥다니 믿기지 않아.

🖉 _____

2 네가 그렇게 좋아 보이는게 믿기지 않아.

🖉 _____

3 걔가 가버렸다는게 믿겨지지 않아.

🖉 _____

4 그런 일이 우리에게 일어났다니 믿기지 않아.

🖉 _____

5 그게 6년전 일이라는게 믿기지 않아.

🖉 _____

6 내가 복권에 당첨되다니 믿기지 않아.

🖉 _____

7 네 핸폰이 그렇게 비싼거라니 믿기지 않아.

🖉 _____

다이알로그 필사도전! 🖉

A

걔가 성형수술을 받았다는게 믿기지 않아.

B

하지만 걘 이제 더 나아 보여.

Pattern 231 …라는게 말이 돼

I can't believe you did that
네가 그랬다는게 말도 안돼

✓ **핵심포인트**   I can't believe (that) S+V ▶ …라는게 말이 돼

I can't[don't] believe (that) S+V는 '…을 믿을 수가 없다'라는 의미. 내용을 부정하는 것이 아니라 놀라며 하는 말. 일상에서는 I don't believe~ 보다는 I can't believe~을 더 많이 쓰는데 can't을 쓰면 말하는 사람의 놀람과 충격이 훨씬 잘 전달되기 때문. 자주 쓰이는 I can't believe this!(말도 안돼!), I don't believe it!(믿을 수 없어, 그럴리가), I don't believe this!(이건 말도 안돼, 뭔가 이상한데), 그리고 I don't believe you!(뻥치지마!)는 암기해둔다.

Let's Talk

A: **I can't believe she slapped me in the face.** 그 여자가 내 뺨을 때렸다는게 말이 돼.
B: **You asked for it!** 맞을 짓 했지 뭘 그래!

A: **I can't believe they didn't give us a raise.** 월급을 안 올려주다니 기가 막혀.
B: **I guess we'll all be on strike tomorrow.** 내일 우리 모두 파업에 들어가야 할 것 같아.

A: **I can't believe it's finally Friday!** 기다리고 기다리던 금요일이 왔구나!
B: **I know what you mean. It's been a long week.**
   왜 그러는지 알겠어. 기나긴 한 주였지.

기본문장 *달달* 외우기

1 이게 사실이라는게 믿기지 않아. **I can't believe it's real.**
2 오늘 정말 무지 덥구만.   **I can't believe how hot it is today.**
3 어떻게 내게 전화 한 번도 안할 수 있어. **I can't believe you never called me.**
4 네가 그랬다니 말도 안돼.   **I can't believe you did that.**
5 걔가 날 해고하다니! 내가 뭘 잘못한거지?
   I can't believe she fired me! Where did I go wrong?
6 걔가 날 그렇게 취급했다니 믿어지지가 않아.
   I can't believe that she treated me that way.
7 이런 일이 또 생기다니 믿을 수가 없어!
   I just can't believe this is happening again!

> ▶ 한 번 써보면 평생 잊혀지지 않는 **영어패턴 필사!** ◀

1 이게 사실이라는게 믿기지 않아.

✎ _____

2 오늘 정말 무지 덥구만.

✎ _____

3 어떻게 내게 전화 한 번도 안할 수 있어.

✎ _____

4 네가 그랬다니 말도 안돼.

✎ _____

5 걔가 날 해고하다니! 내가 뭘 잘못한거지?

✎ _____

6 걔가 날 그렇게 취급했다니 믿어지지가 않아.

✎ _____

7 이런 일이 또 생기다니 믿을 수가 없어!

✎ _____

다이알로그 필사도전! ✎

A

기다리고 기다리던 금요일이 왔구나!

B

왜 그러는지 알겠어. 기나긴 한 주였지.

Pattern 232 …라는게 믿겨져?

Can you believe she was a stripper?
걔가 스트리퍼였다는게 믿겨져?

✓ **핵심포인트**   Can you believe (that) S+V ▶ …라는게 믿겨져?

역시 놀라운 사실이나 말도 안되는 것을 알았을 때 그 놀라움을 표현하는 방법. Can you believe S+V?의 형태로 '…라는게 믿겨지니?'라고 물으면 된다. 간단히 Can you believe this[it]?(믿겨져?)라고 놀람을 표현해도 된다.

Let's Talk

A: **It's snowing, and it's only September.** 눈이 오네, 9월인데.
B: **Can you believe this is already happening?** 벌써 눈이 올 때가 되었나?

A: **Can you believe I asked Jill out last night?**
어젯밤 질에게 데이트신청을 했다면 믿겠어?
B: **Get out of here! There's no way she said yes.** 그럴리가! 걔가 받아들였을 리가 없어.

A: **Can you believe she got pregnant?** 걔가 임신했다는게 믿겨져?
B: **You can't be serious. She's not married yet.** 말도 안돼. 걔 아직 미혼이잖아.

 기본문장 *달달* 외우기

1 벌써 이렇게 됐어?
   Can you believe this is already happening?
2 걔네들이 아직 여기 오지 않은게 믿겨져?
   Can you believe they're still not here?
3 내가 마침내 그걸 했다는게 믿겨져?
   Can you believe I finally did it?
4 아까 말한게 얼마나 비싼 건지 아니?
   Can you believe how much this is going to cost?
5 걔가 단지 한 명의 여자와 섹스를 했다는게 믿겨져?
   Can you believe he's only had sex with one woman?
6 걔가 그걸 모르고 있었다는게 믿겨져?
   Can you believe she didn't know it?
7 풀럼이 맨체스터를 5대 0으로 박살냈다는 것이 믿겨져?
   Can you believe Fulham FC crushed the Manchester United by a score of five to zero?

▶ **한 번 써보면 평생 잊혀지지 않는 영어패턴 필사!** ◀

1 벌써 이렇게 됐어?

✎ _____

2 걔네들이 아직 여기 오지 않은게 믿겨져?

✎ _____

3 내가 마침내 그걸 했다는게 믿겨져?

✎ _____

4 아까 말한게 얼마나 비싼 건지 아니?

✎ _____

5 걔가 단지 한 명의 여자와 섹스를 했다는게 믿겨져?

✎ _____

6 걔가 그걸 모르고 있었다는게 믿겨져?

✎ _____

7 풀럼이 맨체스터를 5대 0으로 박살냈다는 것이 믿겨져?

✎ _____

다이알로그 필사도전! ✎

A

어젯밤 질에게 데이트신청을 했다면 믿겠어?

B

그럴리가! 걔가 받아들였을 리가 없어.

Level 03 응용패턴으로 드뎌 왕초보 탈출하기!

Pattern 233 ···한게 있어

There's something you should know
네가 알아야 되는게 좀 있어

✓ **핵심포인트**   ~명사+ who[that, which]+(주어)+V ▶ ···한

명사 뒤에서 마치 형용사처럼 수식하는 관계대명사의 속성상 문장은 길어질 수밖에 없다. 짧은 대화가 마구 오고 가는 구어체 회화에서 자연 사용빈도수는 상대적으로 떨어지지만 그래도 회화에서 쓰이는 몇 가지 유형들은 알아두어야 한다. 위 예문도 There's something~ 다음에 something에 대한 추가적인 정보를 주기 위해 관계대명사 that(생략가능) you should know가 쓰인 경우이다. 뜻은 "네가 알아야 될게 있어"라는 말.

 Let's Talk

A: **I don't see anything I want in this store.** 이 가게엔 제가 원하는게 없네요.
B: **Have you been to the fifth floor?** 5층에는 가보셨나요?

A: **Hey, did you hear about the girl who died yesterday?**
야, 어제 죽은 그 여자애 얘기 들었어?
B: **Yeah, they were replacing a broken breast implant.**
응, 유방확대용으로 삽입한 물질이 파손돼서 교체하던 중이었지.

A: **Here are the papers you asked for.** 부탁했던 서류 여기 있어요.
B: **Oh, thanks. That was quick!** 아, 고마워요. 빠르네요!

 기본문장 **달달** 외우기

1 네게 할 말이 있어.   **Here's something I need to tell you.**
2 내가 약속한 콘서트 티켓야.   **Here are the tickets to the concert that I promised.**
3 어제 죽은 소녀에 대해 들어봤어?   **Did you hear about the girl who died yesterday?**
4 나보고 함께 클럽할 사람을 좀 찾아달라는거야?
    You want me to find some people who can join the club?
5 넌 알고 있는 유명인이 아무도 없을거야.
    I don't think you know anyone who is famous.
6 널 진정으로 사랑하는 여자가 있잖아.
    You have a woman who really loves you.
7 네가 원했던 숫자들이야.   **Here are the numbers you wanted.**

▶ 한 번 써보면 평생 잊혀지지 않는 영어패턴 필사! ◀

1 네게 할 말이 있어.

2 내가 약속한 콘서트 티켓야.

3 어제 죽은 소녀에 대해 들어봤어?

4 나보고 함께 클럽할 사람을 좀 찾아달라는거야?

5 넌 알고 있는 유명인이 아무도 없을거야.

6 널 진정으로 사랑하는 여자가 있잖아.

7 네가 원했던 숫자들이야.

다이알로그 필사도전!

A
부탁했던 서류 여기 있어요.

B
아, 고마워요. 빠르네요!

Pattern 234 혹 …한게 있어?

Is there anything I can help you with? 내가 뭐 도와줄게 있어?

✓ **핵심포인트** Is there something+형용사[S+V]? ▶ …한게 있어?
Is there anything+형용사[S+V]? ▶ 혹 …한게 있어?

There is~의 의문형으로 특히 Is there~ 다음에 anything[anyone] 및 something이 나오는 경우이다. anything[anyone]이나 something[someone] 다음에는 형용사가 오기도(Is there something wrong?)하며 혹은 앞서 배운 관계대명사가 붙어 뒤에 S+V의 형태가 오기도 한다. Is there anything I can help you?하면 "내가 뭐 도와줄 일 있어?"라고 물어보는 문장. 그밖에 Is there any chance S+V?(…할 가능성이 있나요?) 패턴도 함께 외워두자.

 Let's Talk

A: **Is there anything else?** 더 필요한게 있으십니까?
B: **Yes, could we order some more drinks please?** 네, 음료수를 좀 더 주시겠어요?

A: **Is there anything I can do? Anything?** 내가 뭐 도와줄 것 있어? 뭐 있어?
B: **Yeah, just leave me alone for a while.** 어, 잠시동안 날 좀 내버려 둬.

A: **Is there someone who can speak Korean?** 한국어 하는 사람 있어요?
B: **Wait a minute and I'll get Miss Park.** 잠시만요, 미스 박을 바꿔줄게요.

 기본문장 **달달** 외우기

1 (그거) 뭐 잘못된거 있어? **Is there something wrong (with that)?**
2 신문에 뭐 재미난게 있어? **Is there something interesting in the paper?**
3 네가 필요로 하는게 있어? **Is there something you need?**
4 더 필요한게 있으십니까? **Is there anything else?**
5 뭐 도와줄 것 없어? **Is there anything I can do for you[to help]?**
6 너 기분좋아지게 하는데 내가 뭐 할일 없겠어?
Is there anything I can do to make you feel better?
7 하룻밤 묵을 방을 구할 수 있을까?
Is there any chance that we can get a room for the night?

▶ 한 번 써보면 평생 잊혀지지 않는 영어패턴 필사! ◀

1 (그거) 뭐 잘못된거 있어?

✎ _____

2 신문에 뭐 재미난게 있어?

✎ _____

3 네가 필요로 하는게 있어?

✎ _____

4 더 필요한게 있으십니까?

✎ _____

5 뭐 도와줄 것 없어?

✎ _____

6 너 기분좋아지게 하는데 내가 뭐 할일 없겠어?

✎ _____

7 하룻밤 묵을 방을 구할 수 있을까?

✎ _____

다이알로그 필사도전! ✎

A

내가 뭐 도와줄 것 있어? 뭐 있어?

B

어, 잠시동안 날 좀 내버려 둬.

Level 03 응용패턴으로 드뎌 왕초보 탈출하기! 491

Pattern 235 …일까, …할까

I wonder what's going on
무슨 일인지 모르겠어

✓ **핵심포인트** I wonder 의문사 S+V ▶ …일까
I was wondering if S+V ▶ …해도 될까

I wonder[was wondering] S+V는 정말 몰라서 궁금할 때 쓰는 표현. 따라서 위 문장은 "정말 무슨 일인지 모르겠어"라는 뜻으로 이처럼 궁금한 것을 표현할 땐 I wonder what/how/where/if~ S+V의 형태를 쓴다. 특히 I wonder[was wondering] if S+could[would]~의 경우는 상대방에게 공손하게 부탁하는 문장으로 I'd appreciate it if you would~ 와 같은 의미이다. 참고로 No wonder S+V는 '…할만도 해,' I wonder는 "글쎄"라는 뜻.

Let's Talk

A: **I wonder where she is.** 그녀가 어디 있는거지.
B: **Well, she's probably talking to Richard.** 저기, 리차드하고 이야기하고 있을거야.

A: **I wonder if the boss is still angry with me.**
사장이 아직 내게 화나 있는지 모르겠어.
B: **He seems to be in a good mood today.** 오늘 보니까 기분이 좋은 것 같던데.

A: **I was wondering if I could take tomorrow off.** 내일 쉬어도 돼요.
B: **Well, I guess it would be OK to miss one day of work.**
어, 하루 결근해도 될 것 같아.

기본문장 *달달* 외우기

1 네가 그걸 정말 좋아할지 모르겠어. **I wonder if you really like it.**
2 걔가 왜 나랑 헤어졌는지 모르겠어. **I wonder why she broke up with me.**
3 걔가 돈이 뭐 때문에 필요했는지 모르겠어.
   I wonder what he needed the money for.
4 왜 네가 여기 있는지 생각해봤어. **I was just wondering why you're here.**
5 15일에 만날 수 있을까. **I wonder if we could get together on the 15th.**
6 뭐 좀 물어봐도 될까요. **I was wondering if I could ask you something.**
7 네가 그걸 비밀로 해주면 고맙겠어. **I'd appreciate it if you kept it secret.**

> ▶ 한 번 써보면 평생 잊혀지지 않는 영어패턴 필사! ◀

1 네가 그걸 정말 좋아할지 모르겠어.

✏️ _____

2 걔가 왜 나랑 헤어졌는지 모르겠어.

✏️ _____

3 걔가 돈이 뭐 때문에 필요했는지 모르겠어.

✏️ _____

4 왜 네가 여기 있는지 생각해봤어.

✏️ _____

5 15일에 만날 수 있을까.

✏️ _____

6 뭐 좀 물어봐도 될까요.

✏️ _____

7 네가 그걸 비밀로 해주면 고맙겠어.

✏️ _____

다이알로그 필사도전! ✏️

A

사장이 아직도 내게 화나 있는지 모르겠어.

B

오늘 보니까 기분이 좋은 것 같던데.

Pattern 236 …하러 왔어

I'm here to pick up Jane
제인을 픽업하러 여기 왔어

✓ **핵심포인트** I am[came] here to+V ▶ …하러 왔어
I'm calling[writing] to+V ▶ …하러 전화[편지]하는거야

친구 집에 초인종을 누를 때, 전화를 걸어 용건을 말할 때 혹은 편지를 쓰면서 왜 편지를 쓰는지 이유를 말할 때가 있다. '…하러 왔는데요,' '전화건 용건은 다름아닌…,' '이렇게 편지를 쓰는 건 다름 아니라…' 등등 말이다. 이럴 때 쓸 수 있는 표현들이 I'm here to+V, I'm calling to+V, 그리고 I'm writing to+V 등이다. 반대로 '…하러 여기 온게 아니야'라고 하려면 I didn't come here to+V라고 하면 된다.

 Let's Talk

A: **I'm here to pick up my prescription. It's Michael Richard.**
처방전 받으러 왔어요. 마이클 리차드입니다.

B: **Here it is.** 여기 있습니다.

A: **I'm calling to talk to Mr. Kang in the marketing department.**
마케팅부 강 씨와 통화하려고요.

B: **I'm sorry, but he isn't in the office right now.** 죄송하지만 사무실을 비우셨는데요.

A: **I came here to see Mr. James.** 제임스 씨를 만나러 왔습니다.

B: **He's not in right now, but he should be back any time now.**
지금 안계시지만 금세 돌아와요.

 기본문장 **달달** 외우기

1 널 곤란하게 하려고 여기 온게 아냐.   I'm not here to get you in trouble.
2 미안하다고 말하려고 왔어.   I'm just here to say I am sorry.
3 수잔보러 왔어?   You're here to see Susan?
4 시끄럽다고 항의하러 왔는데요.   I'm here to complain about the noise.
5 네게 뭔가 얘기하려고 여기 왔어.   I came here to tell you something.
6 로라 선생님 예약하려고 전화했는데요.   I'm calling to make an appointment with Dr. Laura.
7 도움 좀 청할려고 전화했어.   I'm calling to ask you for a favor.

> ▶ 한 번 써보면 평생 잊혀지지 않는 영어패턴 필사! ◀

1 널 곤란하게 하려고 여기 온게 아냐.

✎ _____

2 미안하다고 말하려고 왔어.

✎ _____

3 수잔보러 왔어?

✎ _____

4 시끄럽다고 항의하러 왔는데요.

✎ _____

5 네게 뭔가 얘기하려고 여기 왔어.

✎ _____

6 로라 선생님 예약하려고 전화했는데요.

✎ _____

7 도움 좀 청할려고 전화했어.

✎ _____

다이알로그 필사도전! ✎

A

마케팅부 강 씨와 통화하려고요.

B

죄송하지만 사무실을 비우셨는데요.

Level 03 응용패턴으로 드뎌 왕초보 탈출하기! 495

Pattern 237 …하면 안돼

You're not allowed to smoke here
여기서 담배피시면 안됩니다

✓ **핵심포인트** be [not] allowed to+V ▶ …해도 된다[하면 안된다]
be supposed to+V ▶ …하기로 되어 있다

be+supposed/asked/allowed/expected/advised to+V의 패턴. 특히 be allowed to+V하면 '…하는게 허락되다'이고 반대로 be not allowed to+V하면 '…하면 안된다'라는 뜻. You're not allowed to smoke here는 "넌 여기서 담배피면 안돼"라는 말. 또한 be supposed to~는 '…하기로 되어있다,' be asked to~는 '…하라고 요청받다,' be advised to~는 '…하라고 권유받다,' 그리고 be expected to~는 '…하리라 예상되다'라는 의미로 각각 자주 쓰인다.

 Let's Talk

A: How about a drink? 술한잔 할까?

B: I'm not allowed to drink. 나 술마시면 안돼.

A: She turns me on all the time. 선생님을 보면 항상 흥분돼.

B: Stop that! You're not supposed to be attracted to your teacher.
그만둬! 선생님에게 끌리면 안돼지.

A: When is he scheduled to arrive at the airport?
그 사람이 공항에 언제 도착할 예정이니?

B: He's supposed to arrive tomorrow after lunch.
내일 점심 후에 도착하게 되어 있어.

 기본문장 **달달** 외우기

1	제자와 자면 안되는거야.	**You're not allowed to sleep with any of your students.**
2	난 커피마시면 안돼.	**I'm not allowed to have coffee.**
3	난 여기 있으면 안돼.	**I'm not supposed to be here.**
4	오늘밤에 눈이 온대?	**Is it supposed to snow tonight?**
5	내가 어떻게 해야 되지?	**What am I supposed to do?**
6	늘상 우리에게 야근을 시켜.	**We are always being asked to work late.**
7	짐이 오늘 오후에 돌아오는거야?	**Is Jim supposed to be coming back this afternoon?**

> ▶ 한 번 써보면 평생 잊혀지지 않는 **영어패턴 필사!** ◀

1 제자와 자면 안되는거야.

✎ _____

2 난 커피마시면 안돼.

✎ _____

3 난 여기 있으면 안돼.

✎ _____

4 오늘밤에 눈이 온대?

✎ _____

5 내가 어떻게 해야 되지?

✎ _____

6 늘상 우리에게 야근을 시켜.

✎ _____

7 짐이 오늘 오후에 돌아오는거야?

✎ _____

다이알로그 필사도전! ✎

A

그 사람이 공항에 언제 도착할 예정이니?

B

내일 점심 후에 도착하게 되어 있어.

Pattern 238 …하면 …할게

I'll come over at 12 if that's okay
괜찮으면 12시에 들릴게

✓ **핵심포인트** 주어+현재[미래]동사, if 주어+V[should+V] ▶ …하면 …할게
If 주어+현재동사, (then) 명령문 ▶ …하면 …해라

보통 가정법이라고 하면 3가지이다. 첫째는 현재[미래]의 조건이나 불확실한 일을 말하는 것 두 번째는 현재와 반대되는 가정을 그리고 세번째는 과거에 반대되는 일을 말하는 것이다. 여기서 설명하는 첫번째 경우는 실상 가정법이라기 보다는 현재나 미래를 단순히 조건하는 문장으로 보면 된다. 형태는 if 주어+현재동사(혹은 should)~, 주어+현재[미래]동사~이다. 또한 회화에서 자주 쓰이는 조건문인 If 주어+현재동사, (then) 명령문(…하면 …해라)도 함께 알아두자.

 Let's Talk

A: I will buy the new cell phone for you if you really want it.
정말 새로 나온 핸드폰을 갖고 싶으면 사줄게.

B: Really? That's great! You're so generous! 정말? 좋아라! 정말 맘씨 좋네!

A: If it's okay with you, I'll take tomorrow off. 괜찮으면 내일 쉬고 싶은데요.
B: Let me check the schedule. 일정 좀 보고.

A: You'll get a discount if you pay in cash. 현금지불하시면 할인받으실 수 있습니다.
B: I didn't bring any cash. 현금은 하나도 안 가져 왔는 걸요.

 기본문장 **달달** 외우기

1 괜찮다면 내일 사무실에 들를게.
   If it's okay with you, I'll come to your office tomorrow.
2 괜찮다면 월요일 대신 내일 쉬었으면 해.
   If it's okay with you I'll take tomorrow off instead of Monday.
3 가능하면 마크와 통화하고 싶은데요.
   I'd like to speak with Mark, if he is available.
4 현찰로 지불하시면 할인받습니다.
   You'll get a discount if you pay in cash.
5 우리가 함께 일한다면 문제 없을거야.
   We'll be all right if we work together.
6 무슨 일 있으면 전화줄게요. **We'll give a call if anything comes up.**
7 혹 물어볼거 있으면 전화하고. **If you have any questions, give me a call.**

> ▶ 한 번 써보면 평생 잊혀지지 않는 영어패턴 필사! ◀

1 괜찮다면 내일 사무실에 들를게.

✎ _____

2 괜찮다면 월요일 대신 내일 쉬었으면 해.

✎ _____

3 가능하면 마크와 통화하고 싶은데요.

✎ _____

4 현찰로 지불하시면 할인받습니다.

✎ _____

5 우리가 함께 일한다면 문제 없을거야.

✎ _____

6 무슨 일 있으면 전화줄게요.

✎ _____

7 혹 물어볼거 있으면 전화하고.

✎ _____

다이알로그 필사도전! ✎

A
괜찮으면 내일 쉬고 싶은데요.

B
일정 좀 보고.

Pattern 239 …라면 …할텐데

If I were you, I would not go
내가 너라면 난 가지 않을텐데

✓ **핵심포인트** If S+과거동사, S+would[could]+V ▶ ~라면 …할텐데
If S+had+pp, S+would+have+pp ▶ ~였더라면 …했었을텐데

현재와 반대되는 걸 가정할 땐 If 주어+과거, 주어+would[could]+V(…라면 …했을텐데)를 쓴다. If I were you(내가 너라면), If I were in your shoes(내가 네 입장이라면) 등이 대표표현. I wouldn't~ if I were you(내가 너라면 …하지 않을거야), If you were~, would you~?(만일 네가 ~라면 …하겠니?), What would you do if ~(…라면 넌 어떻게 하겠냐?) 등을 암기한다.

 Let's Talk

A: If I were in your shoes, I wouldn't sell just yet.
내가 너의 입장이라면 지금 팔지 않겠어.

B: Do you think the stock will bounce back? 주식이 반등할 것 같니?

A: What would you say to an offer like that? 그런 제안은 어떠니?
B: I would take it if I were you. 내가 너라면 받아들이겠어.

A: If I had his phone number, I would call him. 걔 전화번호를 알면 전화할텐데.
B: Why don't you try to get his number? 전화번호를 알아내지 그래.

 기본문장 **달달** 외우기

1. 내가 너라면, 내일이나 걔에게 말할텐데.
   If I were you, I wouldn't let him know until tomorrow.
2. 너라면 근무시간엔 인터넷을 하지 않겠어.
   I wouldn't surf the Internet during business hours if I were you.
3. 신디 전화번호가 있으면 전화할텐데. **If I had Cindy's number, I would call her.**
4. 저녁식사를 함께 했으면 좋겠네요.
   I'd be pleased if you could join us for dinner.
5. 우리가 휴가를 얻는다면 좋을텐데.
   It would be nice if we could take a vacation.
6. 네가 걔처지라면 어떻게 하겠어?
   What would you do if you were in her situation?
7. 걜 안만났더라면 절대 이런 일 없었을텐데!
   If I had never met him this never would have happened!

> ▶ 한 번 써보면 평생 잊혀지지 않는 영어패턴 필사! ◀

1 내가 너라면, 내일이나 걔에게 말할텐데.

✎ _____

2 너라면 근무시간엔 인터넷을 하지 않겠어.

✎ _____

3 신디 전화번호가 있으면 전화할텐데.

✎ _____

4 저녁식사를 함께 했으면 좋겠네요.

✎ _____

5 우리가 휴가를 얻는다면 좋을텐데.

✎ _____

6 네가 걔처지라면 어떻게 하겠어?

✎ _____

7 걜 안만났더라면 절대 이런 일 없었을텐데!

✎ _____

다이알로그 필사도전! ✎

A

내가 너의 입장이라면 지금 팔지 않겠어.

B

주식이 반등할 것 같니?

Pattern 240 ···하러 가자

Let's go get some ice cream
같이 가서 아이스크림 사먹자

✓ 핵심포인트   go+V ▶ ···하러 가다, 가서 ···하다

구어체 문장에 익숙하지 않은 사람이면 갑자기 go 다음에 나오는 동사원형을 보고 의아해 할 수도 있다. go get, go have, go take, go see 등 웬지 낯설기 때문. 물론 go나 come 다음에 to+V가 올 경우 이때 to는 생략될 수도 있다는 걸 배운 건 사실이지만 실제 이렇게 왕성하게 사용되고 있을 줄이야···. go+V는 '···하러 가다,' come+V는 '···하러 오다'라는 뜻. Let's go get some ice cream하면 "아이스크림 먹으러 가자," 혹은 "가서 아이스크림 먹자"라는 뜻.

Let's Talk

A: Hey, relax, go get a beer. 야, 긴장풀어. 맥주 한 잔 하러가자.
B: I don't want a beer. 맥주 먹고 싶지 않아.

A: I'm going to go get some chicken. Want some? 치킨먹으러 갈건데. 먹을래?
B: No thanks. No chicken. I'll see you later. 아냐, 고마워. 치킨은 됐어. 그럼 잘가고.

A: Let's go get some ice cream. 아이스크림 먹으러 가자.
B: I can't. I have to study. 안돼. 공부해야 돼.

기본문장 달달 외우기

1 가서 목욕 좀 할거야.   **I'm going to go take a bath.**
2 와서 우리랑 같이 영화볼래?   **Do you want to come see a movie with us?**
3 가서 한 잔할래?   **Do you want to go get a drink?**
4 아들과 저녁먹으러 가야 돼.   **I have to go have dinner with my son.**
5 가서 변호사 만나야 돼.   **I've got to go see my lawyer.**
6 가서 재미있게 즐겨.   **You go have fun.**
7 무슨 일인지 가서 봐야겠어.   **I should go see what's going on.**

✓ One More Step

go do~ 가서 ···을 하다
발음상 느낌상 제일 어색하지만 do로 시작하는 숙어(do one's best, do one's laundry)가 올 때나 앞의 문장을 받거나 아니면 막연한 것을 지칭하는(do it/do this) 경우에 go do~의 표현이 나오게 된다.
I'm going to go do the laundry. 세탁하러 가야겠어.
Now you go do your best. 이제 가서 최선을 다해.

▶ 한 번 써보면 평생 잊혀지지 않는 **영어패턴 필사!** ◀

1 가서 목욕 좀 할거야.

✎ _____

2 와서 우리랑 같이 영화볼래?

✎ _____

3 가서 한 잔할래?

✎ _____

4 아들과 저녁먹으러 가야 돼.

✎ _____

5 가서 변호사 만나야 돼.

✎ _____

6 가서 재미있게 즐겨.

✎ _____

7 무슨 일인지 가서 봐야겠어.

✎ _____

다이알로그 필사도전! ✎

A

아이스크림 먹으러 가자.

B

안돼. 공부해야 돼.

Pattern 241 …하는게 어때?

What do you say we take a break?
우리 잠시 쉬는게 어때?

✓ **핵심포인트**   What do you say to+~ing? ▶ …하는게 어때?
What do you say S+V? ▶ …하는게 어때?

"좀 쉬는게 어때"라고 제안하는 표현법으로 What do you say~ 다음에 위 문장처럼 S+V로 혹은 to+N[~ing] 형태로 제안내용을 말하면 된다. What do you say~까지는 [와루유세이]라고 기계적으로 빨리 굴려 말하면서 다음에 자기가 제안하는 내용을 말해보는 연습을 많이 해본다. 또한 상대방에게 말한 제안에 대해 어떠냐고 물어볼 때는 What do you say?(어때?)라 한다.

 Let's Talk

A: **What do you say I take you to dinner tonight?** 오늘 밤 저녁먹으러 갈래?
B: **Oh, I'd like that.** 오, 그럼 좋지.

A: **What do you say to going for a drink tonight?** 오늘밤 한잔 하러 가는거 어때?
B: **Sounds like a good idea!** 그거 좋지!

A: **What do you say we go take a walk?** 가서 산책하는게 어때?
B: **Sorry, I need to get some rest.** 미안, 좀 쉬어야겠어.

 기본문장 **달달** 외우기

1 6시 30분 내집에서 어때?   **What do you say, 6:30, my place?**
2 오늘밤 한잔하러 가는거 어때요?   **What do you say to going for a drink?**
3 오늘밤 저녁먹으러 갈래?   **What do you say I take you to dinner tonight?**
4 이제 그만 끝내고 잠좀 자는게 어때? **What do you say we call it a night and get some sleep?**
5 만나서 술한잔 하면 어때?   **What do you say we get together for a drink?**
6 내가 커피한잔 사면 어때?   **What do you say I buy you a cup of coffee?**
7 5월에 중국가자. 어때?   **Let's go to China in May. What do you say?**

> ▶ 한 번 써보면 평생 잊혀지지 않는 영어패턴 필사! ◀

1 6시 30분 내집에서 어때?

✎ _____

2 오늘밤 한잔하러 가는거 어때요?

✎ _____

3 오늘밤 저녁먹으러 갈래?

✎ _____

4 이제 그만 끝내고 잠좀 자는게 어때?

✎ _____

5 만나서 술한잔 하면 어때?

✎ _____

6 내가 커피한잔 사면 어때?

✎ _____

7 5월에 중국가자. 어때?

✎ _____

다이알로그 필사도전!

A

가서 산책하는게 어때?

B

미안, 좀 쉬어야겠어.

Pattern 242 ···할 수가 없어, ···할 방법이 없어

There's no way I can do that
내가 그걸 할 수 있는 방법이 없어

✓ **핵심포인트**
There's no way to+V ▶ ···할 방법이 없어, ···할 수가 없어
There's no way S+V ▶ ···할 방법이 없어, ···할 수가 없어

가능성이 없거나 불가능하다고 말하는 표현법. There's no way S+V 혹은 There's no way to+V의 형태로 '···할 방법이 없다,' '···할 수 있는 길이 없다'라는 의미. 관용표현으로 "알 길이 없어"는 There's no way to tell, 그리고 상대방의 말에 반대나 부정할 때 No way! 등이 있다. 또한 There's no telling what[how] S+V하면 '(···를) 알 수가 없어,' '몰라'라는 의미로 There's no telling what you think는 "네가 뭘 생각하는 지 알 수가 없어"라는 뜻.

 Let's Talk

A: **I need you to get this done by tomorrow.** 내일까지 이걸 끝내.
B: **What! There's no way I can do that.** 뭐라구요! 그렇게 한다는 건 불가능해요.

A: **Will your parents be angry with your school grades?**
부모님이 네 성적보시고 화내실까?
B: **There's no way to tell.** 알 길이 없어.

A: **You will have to pay me $30,000.** 3만 달러 내셔야 됩니다.
B: **No way. You must be joking.** 말도 안돼. 농담이시겠죠.

 기본문장 **달달** 외우기

1 네가 그 일을 제시간에 끝낼 수가 없어.
   There's no way you can finish the job on time.
2 케이는 이번 주말에 연장 근무를 할 수가 없어.
   There's no way Kay will work overtime this weekend.
3 난 이 음식들을 모두 먹을 길이 없어.
   There's no way I can eat all of this food.
4 걔가 성공할 리가 없어.   **There's no way she's going to make it.**
5 네가 날 설득해서 그걸 하게 할 수 없어.
   There's no way you're going to talk me into this.
6 이 차를 수리할 수가 없어.   **There's no way to repair the car.**
7 누가 남을지 결정할 방법이 없어. **There's no way to decide who's going to stay.**

> ▶ 한 번 써보면 평생 잊혀지지 않는 영어패턴 필사! ◀

1 네가 그 일을 제시간에 끝낼 수가 없어.

✎ _____

2 케이는 이번 주말에 연장 근무를 할 수가 없어.

✎ _____

3 난 이 음식들을 모두 먹을 길이 없어.

✎ _____

4 걔가 성공할 리가 없어.

✎ _____

5 네가 날 설득해서 그걸 하게 할 수 없어.

✎ _____

6 이 차를 수리할 수가 없어.

✎ _____

7 누가 남을지 결정할 방법이 없어.

✎ _____

다이알로그 필사도전! ✎

A

내일까지 이걸 끝내.

B

뭐라구요! 그렇게 한다는 건 불가능해요.

Pattern English

Supplements

Best Way to Improve Your English Speaking Skills!

Supplements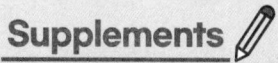

암기용 패턴 총정리

001 **This is great** 이거 …해

This is so exciting! 무척 멋지다!
This is much better 훨씬 나아

002 **That's a good idea** 저거 …해

That's all right. 괜찮아요
That's right. 맞아요

003 **It's very kind of you** 그거 …해

It's up to you. 네게 달려있어
It's not your fault. 네 잘못이 아냐

004 **Is it okay?** 그거 …해?

Is it true? 진짜야?
Is it far from here? 여기서 멀어요?

005 **You are so cute** 넌 …해

You're right. 네 말이 맞아
You're such a kind person 당신은 정말 친절하시군요

006 **Are you available tonight?** 넌 …해?

Are you all right? 괜찮겠어?
Are you serious? 정말야?

007 **You're doing great** 넌 …하고 있어

You're kidding me 농담마
You're talking too much 넌 말이 너무 많아

008 **You look great** 넌 …로 보여

You look tired 너 피곤해보여
You seem a little nervous 너 좀 초조해보여

009 **It sounds good to me** …한 것 같아

That sounds good. 좋죠
That sounds like a good idea. 좋은 생각이야

010　I'm a stranger here too 난 …야

I'm on a diet now 다이어트 하는 중이야
I'm on business 출장 중이야

011　I'm happy with that …에 만족해

I'm sorry about that 그거 미안해
I'm worried about you 네가 걱정돼

012　I feel much better now (기분, 상태) …해

I feel bad 기분이 안좋아
I feel sorry (for you) (네게) 미안해

013　She's amazing 걘 …해

He's upset about me 걘 내게 화났어
She's very unhappy right now 걘 지금 무척 불행해

014　I have a headache 난 …가 있어

I have a question for you 질문이 하나 있는데요
I have a good idea 내게 좋은 생각이 있어

015　I don't have a plan 난 …가 없어

I don't have time (for this) (이런 거 할) 시간이 없어
I don't have any money[cash] (현금) 돈이 하나도 없어

016　I've got a date 난 …가 있어

I've got something for you 네게 줄게 있어
I've got so much to do 할 일이 많아

017　I got a letter from her …을 받았어, …을 샀어

I got it on sale 세일 때 산 거야
I got home after work 퇴근 후에 집에 갔어

018　I got fat this year …하게 됐어

We're going to get married 우린 결혼할거야
Don't get angry with me! 내게 화내지마!

019　You have a good memory (너) …하구나

You have my word 내 약속할게
You have a point 네 말이 맞아

020　Do you have a room for tonight? …가 있어?

Do you have a problem with me? 내게 뭐 불만있어?

Do you have any plans for tonight? 오늘 밤 뭐 계획있어?

021　I can do it …을 할 수 있어

I can see that 알겠어, 알고 있어
I can't take it anymore 더 이상 못 견디겠어

022　You can call me any time …해도 돼

You can call me Sam 쌤이라고 불러
You can count on me 내게 맡겨

023　Can I talk to you for a sec? …을 해줄까?/ …해도 괜찮아?

Can I ask you something? 뭐 좀 물어봐도 돼?
Can I get you something? 뭐 필요한 게 있으신가요?

024　Can you do this for me? …해줄래?

Can you give me another chance? 기회 한번 더 줄래요?
Can you help me? 도와줄래?

025　I'll do my best …할게, …할거야

I will think about it 생각해볼게
I'll give you a ride 태워다 줄게

026　You will be in trouble (넌) …하게 될거야

You'll get used to it 곧 익숙해 질거야
You'll make a lot of money 돈을 많이 벌 거야

027　Will you help me? …해줄래?

Will you marry me? 나하고 결혼해주겠니?
Will you be able to attend? 참석할 수 있어?

028　Would you do me a favor? …해줄래(요)?

Would you get me a Diet Coke? 다이어트 콜라 좀 갖다줄래요?
Would you lend me some money? 돈 좀 빌려줄래요?

029　Shall we go now? …하자

Shall we play golf this weekend? 이번 주말에 골프치자
Shall I get you some newspaper? 신문 좀 갖다줄까요?

030　I have to ask you something (난) …해야겠어

I have to tell you something 말할게 하나 있는데
I had to break up with her 걔랑 헤어져야만 했어

031　I must go now …해야 돼

I must be going 나 가야 돼
You must work hard 열심히 일해야 한다

032　You should take a rest …하는 게 나아(좋아)

You should do that 그렇게 하도록 해
She should be home now 걔는 지금쯤 집에 와 있을거야

033　You have to go there right now …해야 돼

You have to try harder 더 열심히 해야 돼
You have to be careful 조심해야 돼

034　You must be tired …일거야

You must be very proud 무척 자랑스러우시겠어요
You must be Owen 오웬이시죠

035　You might be true …지도 몰라

You may go now 가도 돼
It might be true 사실일 수도 있어

036　May I help you? …해도 될까요?

May I ask you a question? 한가지 여쭤봐도 될까요?
May I see your passport[ticket]? 여권[표]을 보여줄래요?

037　I used to jog everyday …하곤 했었어

We used to work together 우린 함께 일했었죠
I used to go to church 교회에 가곤 했었어

038　I need to talk to you …해야겠어

I need your help 네 도움이 필요해
I need to get some sleep 좀 자야겠어

039　I don't feel well …하지 않아

I don't think so 그렇지 않겠지
I don't remember 기억이 안나

040　Do you accept credit card? …해요?

Do you know that? 그거 알고 있어?
Does she still feel bad? 걘 아직도 기분이 그래?

041　I heard that too …들었어

I took her to a restaurant 걔를 식당에 데려갔어

I made a mistake 내가 실수했어

042 I went **to a party last night** …갔었어

I went to the gas station 주유소에 갔어
I went to Egypt with my dad 아버지와 이집트에 갔었어

043 I'm **working on it** …하고 있어

I'm just looking around 그냥 둘러보는 거예요
I'm working for him 걔 밑에서 일해

044 She's **talking on the phone** 걔가 …하고 있어

You're lying to me 너 내게 거짓말하지
You're not listening 너 내 말 안듣고 있지

045 I'm **going to Japan** (나) …에 가는 중야

I'm going to the store 가게에 갔다올게
I'm going to Florida for a couple weeks 몇 주 정도 플로리다에 가 있을려구

046 I'm going to **miss you** …일거야

I'm going to be a little late 좀 늦을 것 같아
I'm going to take some time off 좀 쉴거야

047 It's going to **be okay** …일거야

It's going to be all right 괜찮을 거야
It's going to work 잘 돌아갈거야

048 I'm **having fun** …하고 있어

I'm talking to you! 내가 하는 말 좀 잘 들어봐!
You're telling me 누가 아니래

049 Let's **keep in touch** …하자

Let's get together sometime 조만간 한번 보자
Let's do that 그렇게 하자

050 Let me **check** …할게

Let me think about it 생각 좀 해볼게
Let me take care of it 내가 처리할게

051 Keep **the change** …해라

Give me a break 좀 봐줘, 그만 좀 해라
Say hello to your parents for me 부모님께 내 안부 전해줘

052 Make yourself at home …해

Make yourself a drink and relax 술한잔 따라 마시며 편히 쉬어
Please help yourself to anything in the fridge 냉장고에 있는 거 맘대로 갖다 들어요

053 Be sure to come back by 7 O'clock …해

Be careful with it 그거 조심해
Be nice 점잖게 굴어

054 Don't do that! …하지마

Don't worry about it 그거 걱정마
Don't be sorry 미안해하지마

055 Go straight 2 blocks …해라

Go for it! 한번 해봐!
Turn right at the intersection[next corner] 교차로[담코너]에서 우회전해요

056 Get out of here! …해

Get back to me 나중에 연락해
Get off at the third stop 3번째 정거장에서 내려

057 Take it easy …해

Take your time 천천히 해
Take my word for it 진짜야

058 Have a nice weekend! 잘 …

Have a nice[good] flight! 비행기 여행이 즐거우시길
Have a nice day at work 직장에서 즐거운 하루 보내요

059 See you soon …보자, 잘 가

See you later 다음에 보자
See you then 그때 봐

060 Thank you for coming …해서 고마워

Thank you for your time 시간내줘서 고마워
Thank you for saying that 그렇게 말해줘서 고마워

061 Excuse me for being late 실례지만…

Excuse me, what did you say? 미안하지만 뭐라고 말했어?
Could you excuse us for a second? 자리 좀 비켜줄래요?

062 Good for you! 잘~

Good job 잘했어

Supplements 515

Good luck with that! 그거 잘 되기를!

063 No problem ~아냐

No big deal 별일 아냐
Not very much 별로 그렇지 않아

064 Any questions? 뭐~

Anything new? 뭐 새로운 거 있어?
Anything wrong? 뭐 잘못 된 거라도 있어?

065 Here are your tickets 여기 …

Here's something for you 여기 네게 줄거야
Here's to your health 당신의 건강을 위하여

066 There's a phone call for you …가 있어

There is no doubt about it 확실해 그래
There's no hard feelings (on my part) 악의는 아냐

067 What a small world! 정말 …해!

What a shame[pity]! 됐구나!
What a coincidence!/ What a small world! 이런 우연이!/ 세상 참 좁네!

068 I'd like to check out now …하고 싶어

I'd like a window seat 창가 좌석으로 주세요
I'd like to talk to you about that 너와 그거에 대해 얘기하고 싶어

069 I want to ask you something …할래

I want to talk to you (about that) (그거에 대해) 너하고 얘기하고 싶어
I don't want to be rude 무례를 범하고 싶지 않아

070 I'd like you to come to my party …해줘

I'd like you to meet my boyfriend 내 남자친구하고 인사해
I want you to be happy 네가 행복했으면 해

071 Would you like to go to a movie? …할래?

Would you like something to drink? 마실 것 좀 줄까요?
Would you like to go out to lunch with me? 나랑 점심먹으러 갈래?

072 Do you want to come along? …할래?

Do you want a date Saturday? 토요일날 데이트할래?
Do you want to talk about it? 그거에 대해 얘기하고 싶어?

073　Do you want me to quit? (내가) …해줄까?

Do you want me to check again? 확인 더 해볼까요?
Would you like me to do it? 그게 내가 할까요?

074　I'm glad you like it …해서 기뻐

I'm glad to hear that 그 얘기를 들으니 기쁘네
I'm glad you feel that way 그렇게 생각한다니 기뻐

075　I'm worried about you …걱정돼

I'm worried about my career 내 경력이 걱정이 돼
I'm worried that it's too late 너무 늦었을까봐 걱정돼

076　I'm aware of that …을 알고 있어

We're well aware of your problem 네 문제를 우린 잘 알고 있어
Are you aware of what's going on with Jim? 짐이 어떻게 지내는지 알아?

077　I'm sorry to hear that …해서 미안해

I'm sorry about that 그거 미안해
I'm sorry I'm late again 또 늦어서 미안해

078　I'm afraid you're wrong …아닌 것 같아, 안됐지만 …인 것같아

I'm afraid I can't 미안하지만 안돼
I'm afraid I've got some bad news 안 좋은 소식이 좀 있어

079　I'm sure of that …가 확실해

I'm sure I can do it 내가 그걸 확실히 할 수 있어
I'm sure she's going to be all right 쟤는 괜찮아 질 거라고 확신해

080　I'm not sure what you mean …을 잘 모르겠어

I'm not sure about that 확실히 몰라
I'm not sure if she's going to marry me 걔가 나하고 결혼할지 모르겠어

081　Are you sure you're okay? 정말 …야?

Are you sure about that? 그게 정말 맞아?
Are you sure you'll be able to do it? 너 정말 그거 할 수 있어?

082　Are you ready to go? …할 준비됐어?

Are you ready for the test? 시험 준비됐니?
Are you ready to order now? 지금 주문하시겠어요?

083　I'm on my way …이동 중야

I'm on my way home[to the gym] 나 집[체육관]에 가는 길이야

I'll pick you up on my way home 집에 가는 길에 픽업할게

084   Do you have any **plans for tonight?** 혹시 …있어?

Do you have any questions for us? 우리에게 무슨 질문이라도 있어?
Do you have anything to declare? 뭐 신고할 거 있어요?

085   It's hard to **believe** …하는 것이 어려워

It's hard to explain 설명하기 어려워
It's hard to say (for sure) (확실히) 뭐라 말하기가 힘드네요

086   Is it okay to **come in?** …해도 돼?

Is it okay if I go out with your sister? 네 여동생과 데이트해도 괜찮아?
Is it all right if I ask you one more question? 하나 더 물어봐도 돼?

087   Is it possible that **she's coming back?** …가 가능할까?

Is it possible that I have a cancer? 내가 암일 수도 있나요?
It's impossible to find the solution 해결책을 찾을 수가 없어

088   Is this your first **purchase of a headphone?** …가 처음이야?

Is this your first time you're seeing Michael? 마이클 처음 보는 거야?
This is my first time to come here 난 여기 오는 건 처음이야

089   It's time to **say good-bye** …해야 할 때야

It's time to go (집에) 가야 할 시간야
It's time for you to make a choice 네가 결정할 시간야

090   You'd better **do it right now** …하도록 해

You'd better do it now 그거 당장 하는 게 좋을 걸
You'd better not to use my hair dryer 내 헤어드라이어기 쓰지 마라

091   You shouldn't **go there** …하지 마라

You shouldn't treat me like this way 날 이런 식으로 대하면 안돼
You mustn't think like that 그렇게 생각하면 안돼

092   You don't have to **do that** …하지 않아도 돼

You don't have to say you're sorry 미안하단 말은 할 필요없어
You don't need to worry about that 그거 걱정할 필요없어

093   Do you have to **work tonight?** …을 해야 돼?

Do you have to go now? 이제 가야 돼?
Do you have to do that? 그렇게 해야 돼?

094　Do I have to make a reservation? (내가) …해야 돼?

Do I have to decide right now? 지금 결정해야 돼?
Should I go there alone? 거기 혼자 가야 돼?

095　Do you need to go now? …해야 돼?

Do you need anything else? 뭐 다른 거 필요해?
Do you need to take a rest? 쉬어야 돼?

096　I know what I'm doing …을 알고 있어

I know how to play chess 체스 어떻게 하는 지 알아
I know how you feel 네 심정 알아

097　I don't know what you're talking about …을 모르겠어

I don't know how to say it in English 이걸 영어로 뭐라고 하는 지 모르겠어
I don't know what you mean 무슨 말인지 모르겠어

098　Do you know any good restaurants? …을 알아?

Do you know the shortest way to the mall? 쇼핑몰로 가는 지름길 알아?
Do you know anything about that? 그거에 대해 아는 거 있어?

099　Do you know what I'm saying? …을 알아?

Do you know how to fix[use] it? 그거 어떻게 고치[사용하]는지 알아?
Do you know what I mean? 내 말 알아 들었어?

100　I think it's a good idea …인 것 같아

I think you're right 네가 맞는 것 같아
I think I'd better be going now 지금 가는 게 나을 것 같아

101　I guess you're right …인 것 같아

I guess we should go 우리 가야 될 것 같아
I guess I should call her 걔한테 전화해야 될 것 같아

102　I don't think she can do it …가 아닌 것 같아

I don't think that's a good idea 그게 좋은 생각같지 않아
I don't think we should do that 우리가 그걸 해야 한다고 생각지 않아

103　Do you think she likes me? …인 것 같아?

Do you think we should go there? 우리가 거기 가야 된다고 생각해?
Do you think I should call? 내가 전화해야 될 것 같아?

104　I like to play golf …하는 게 좋아

I like watching good movies on TV TV에서 좋은 영화 보는 걸 좋아해

I don't like doing the washing 세탁하는 걸 싫어해

105 Do you like **singing**? …가 좋아?

Do you like that kind of music? 저런 음악 좋아해?
Do you like playing computer games? 컴퓨터 게임 하는 거 좋아해?

106 I hope **you get well soon** …하기를 바래

I hope to see you again 다시 보길 바래
I hope you'll like it 네가 그걸 좋아하길 바래

107 It takes **5 minutes to get there** …하는데 …가 걸려

It takes an hour from here to get there 여기서 거기 가는데 한 시간 걸려
It takes courage to do so 그렇게 하는데 용기가 필요해

108 It seems that **we got lost** …한 것 같아

It seems that I have lost my wallet 지갑을 잃어버린 것 같아
It seems like it's time to break up with 이제 그만 만나야 될 것 같아

109 It looks like **it's going to rain** …한 것 같아

It looks like we're stuck with traffic 차가 밀리는 것 같아
It looks like she lied to me 걔가 내게 거짓말한 것 같아

110 It's like **you don't believe me** …하는 것 같아

It's like it's raining! 비가 오는 것 같아
It's not like that 그런 거 아냐

111 I feel like **it's my fault** …한 것 같아

I feel like I've been here before 전에 여기 와본 것 같아
I feel like my head is going to explode! 머리가 터질 것 같아

112 I feel like **having a drink** …하고 싶어

I feel like taking a shower 샤워 하고 싶어
I don't feel like going out today 오늘 외출하기 싫어

113 Do you mind **picking me up tomorrow?** …해도 괜찮을까?

Do you mind turning the TV off? 텔레비전 좀 끌래?
Do you mind if I sit here for a sec? 여기 잠시 앉아도 돼?

114 It doesn't matter **to me** 상관없어

It doesn't matter anyway 어쨌든 난 상관없어
I don't care about that! 난 상관안해

115 Can you help me get dressed? …가 …하는 것을 돕다

I'll help you fix your computer 네 컴퓨터 고치는 거 도와줄게
Can you help me with my homework? 숙제 좀 도와줄래?

116 I'll try to be more careful …하도록 할게

I'm just trying to help you 도와줄려는 것뿐예요
Don't ever try to do it 절대로 그러지마

117 Please let me know what you think …알려줘

Let me know if you have any questions 물어 보고 싶은 게 있으시면 알려 주세요
If you need any help, you let me know 도움이 필요하면 내게 알려줘

118 I'll let you know when I find it …을 알려줄게

I'll let you know as soon as he gets home 걔가 집에 오면 바로 알려줄게
When we get any new information, I'll let you know 뭐 새로운 정보를 알게 되면 알려줄게

119 Let me show you around …할게

Let me ask you something 뭐 좀 물어볼게
Let me explain 내가 설명할게

120 I'm thinking of going on vacation …할까 생각중야

I'm thinking of taking a computer course 컴퓨터 강좌를 들을 생각이야
I'm thinking I should go visit him 걔를 방문해야 될 것 같아

121 That'll be a big help …될거야

That'll do 그만하면 됐어
That'd be great[wonderful, perfect] 그럼 좋지/ 멋질거야/ 완벽할거야

122 I didn't do it …안했어

I didn't mean it 고의로 그런 건 아냐
I didn't say that 난 그런 말 하지 않았어

123 You didn't love me (넌) …하지 않았어

You didn't answer my question 내 질문에 답을 안했어
You didn't even try! 너 해보려고 하지도 않았잖아!

124 Did you enjoy your trip? …했어?

Did you have a nice weekend? 멋진 주말 보냈어?
Did you know that? 그거 알고 있어?

125 I really enjoyed it …가 즐거웠어

I enjoyed talking with you 너랑 얘기해서 즐거웠어

I enjoyed myself at the seaside 해변에서 즐거웠어

126　She has worked here for 3 years …했어, …해봤어

It has been a long day 기나긴 하루였어
I have been pretty busy 꽤 바빴어

127　I have been to a beauty salon …에 가본 적 있어

I've been in India for two weeks 2주간 인도에 갔었어
I've been to this place before 전에 여기에 와봤어

128　I have never heard of such a thing …한 적이 없어

I haven't made up my mind 아직 결정을 못했어
I haven't seen you in ages 오랜만이야

129　Have you seen my camera? …본[들은] 적이 있어?

Have you ever heard of that? 저거 들어본 적 있어?
Have you run the marathon before? 전에 마라톤 뛰어본 적 있어?

130　I heard you were going to get married …라고 들었어

I heard you got fired a few weeks ago 몇 주전에 해고됐다며
I heard about your engagement the other night 지난 밤에 너 약혼식 얘기 들었어

131　Why don't you come with me? …하는 게 어때?

Why don't you try to relax, okay? 좀 긴장을 풀어봐, 응?
Why don't you tell me what happened? 무슨 일인지 내게 말해봐

132　How about we go to the movies tonight? …은 어때?

How about another cup of coffee? 커피 한 잔 더 들래?
How about I give you a ride home? 집에 태워다 줄까?

133　How come you're late? 어째서 …하는 거야?

How come you're late? 어쩌다 이렇게 늦은 거야?
How come you didn't tell me? 어째서 내게 말하지 않았어?

134　Why didn't you tell me? 왜 …하지 않았어?

Why didn't call me last night? 어젯밤에 왜 전화안했어?
Why do you say that? 왜 그런 말을 해요?

135　Why are you so angry? 왜 …해?

Why are you doing this to me? 내게 왜 이러는 거야?
Why is it so important to you? 그게 왜 네게 그렇게 중요해?

136 What's the problem? …가 뭐야?

What's the matter with you? 무슨 일이야? 도대체 왜 그래?
What's the big deal? 별거 아니네?, 무슨 큰일이라도 있는 거야?

137 What's the weather like in Korea? …가 어때?

What is the program like? 그 프로그램 어때?
What are the girls like in New York? 뉴욕의 여자애들은 어때?

138 What's wrong with you? …가 무슨 일이야?

What's wrong with your car? 네 차 뭐가 문제야?
What's wrong with being nice to him? 걔한테 잘해주는 게 뭐 잘못됐어?

139 What're you talking about? 너 뭐를 …하는 거야?

What are you trying to say? 무슨 말을 하려는 거야?
What are you looking for? 뭐 찾는 거야?

140 What're you going to do? 너 뭐를 …할거야?

What are you going to have? 뭐 먹을래?
What are you going to do with the letter? 그 편지 어떻게 할거야?

141 What do you do? …을 하니?

What do you plan to do this weekend? 이번 주말에 뭐 할거야?
What do you mean? 무슨 말이야?

142 What do you think of that? …에 대해 어떻게 생각해?

What do you think of Wendy? 웬디를 어떻게 생각해?
What do you think about my idea? 내 생각이 어때?

143 What do you mean you quit? …가 무슨 말이야?

What do you mean you're not so sure? 확실하지 않다니 무슨 말이야?
What do you mean you're not coming? 네가 못온다니 그게 무슨 말이야?

144 What do you want to do? 뭘 …하고 싶은 거야?

What do you want to know? 뭘 알고 싶어?
What do you want for your birthday? 생일 때 뭐 갖고 싶어?

145 What happened to her? …가 어떻게 된거야?

What happened to the dinner party? 저녁파티는 어떻게 된거야?
What happened to your date? 데이트 어떻게 된거야?

146 What kind of car are you going to buy? 어떤 …을 할거야?

What kind of muffins do you want? 어떤 종류의 머핀을 원해?

What time do you want to pick me up? 몇 시에 날 픽업할거야?

147 What did you say to her? 뭘 …한거야?

What did you say? 뭐라고요?
What did you get for her? 걔에게 뭘 사줬어?

148 What can I do for you? 뭘 …해줄까요?

What can I get for you? 뭘 갖다 드릴까요?
What can I do to help her? 걜 도와주기 위해 어떻게 해야 할까?

149 How's your family? …가 어때?

How's the[your] family? 가족들은 다 잘 지내죠?
How was the movie last night? 어젯밤에 영화는 어땠어?

150 How do you like the steak? 어떻게 …해?

How do you like your new computer? 새로 산 컴퓨터 어때?
How do you know that? 그걸 어떻게 알았어?

151 How would you like to get together? …하는 것은 어때?

How would you like your steak? 스테이크를 어떻게 해드릴까요?
How would you like to go out on a date with me? 나랑 데이트 할래?

152 How can you say that? 어떻게 …할 수가 있어?

How can you do this to me? 어떻게 나한테 그럴 수 있어?
How can you not trust me? 어떻게 나를 안 믿을 수가 있어?

153 How many kids are you going to have? 몇 명(개)을 …?

How many women have you been with? 지금까지 사귄 여자가 몇 명이예요?
How many drinks did you have last night? 지난 밤에 술을 몇 잔이나 마셨어?

154 How much is it? 얼마나 …?

How much do I owe you? 얼마 내면 되죠?
How much time do you need? 얼마나 많은 시간이 필요해?

155 How soon do you need it? 얼마나 빨리~ 해요?

How soon do you expect her back? 걔가 언제쯤 돌아올까요?
How often did you see her? 얼마나 자주 걔를 봤어?

156 When's the wedding? 언제 …야?

When's your next flight to London? 런던행 다음 비행기가 언제 있나요?
When's the check-in time? 체크인이 언제예요?

157 **When are you coming back?** 언제 …할거야?

When are you leaving for Europe? 유럽으로 언제 가는 거야?
When are you going to do it? 언제 그럴건데?

158 **When do you want to go?** 언제 …하는 거야?

When does the movie start? 영화가 언제 시작해?
When did you meet her? 쟤를 언제 만났어?

159 **Where's everybody?** …가 어디에 있어?

Where is the nearest restaurant? 가장 가까운 레스토랑이 어디야?
Where's the rest room? 화장실이 어디야?

160 **Where're you going?** 어디 …해?

Where are you taking me? 나를 어디로 데려가는 거야?
Where're you going to take your wife to dinner? 부인이랑 어디 가서 저녁먹을거야?

161 **Where do you want to go?** 어디서 …하는 거야?

Where do you work? 어디서 일해?
Where did you hear that? 그거 어디서 들었어?

162 **Where can I meet you?** 어디서 …할까?

Where can I get a taxi? 어디서 택시 탈 수 있어요?
Where can I buy you dinner? 어디가서 저녁 사줄까?

163 **Who's next?** 누가 …해?

Who is available now? 누가 시간낼 수 있어?
Who's the guy next your mother? 네 엄마 옆에 있는 사람 누구야?

164 **Who wants to go first?** 누가 …하는 거야?

Who knows how to get there? 누가 거기에 가는 방법을 알아?
Who's going to pay for this? 누가 이거 낼거야?

165 **Who do you work for?** 누구를 …해?

Who do you want to speak to? 어느 분을 바꿔 드릴까요?
Who did you have lunch with? 누구랑 점심했어?

166 **Which do you like better?** 어느 것이 더 …해?

Which is better? 어떤 게 더 나아?
Which do you recommend? 어떤 걸 추천해?

167 **Which train goes to New York?** 어떤 …가 …해?

Which way is it[the bathroom]? 그건[화장실이] 어느 쪽에 있어?

Which Mr. Kim do you want to talk to? 어느 미스터 김과 통화하시겠어요?

168 Let me check **the schedule** …인지 아닌지 알아보다

Let me see if I can reschedule the appointment 약속을 다시 조정할 수 있는 지 알아볼게
I'll check if he's finished working. 일을 끝냈는지 알아볼게요

169 How long does it take to **get there**? …하는데 시간이 얼마나 걸려?

How long does it take to finish the job? 일을 끝마치는데 얼마나 걸려?
How long have you been dating him? 걔하고 데이트 얼마나 했어?

170 I should have told **you** …했어야 했는데

I shouldn't have said yes[that] 승낙하지[그렇게 말하지] 말았어야 하는데
You shouldn't have done this(that) 이렇게 할 필요까지는 없는데(특히 선물을 받을 때)

171 I thought **you were a good kisser** …한 줄 알았어

I thought you knew it 네가 알고 있는지 알았어
I thought you liked him 네가 걜 좋아는 줄 알았어

172 You told me **Jane was pregnant** …라고 했잖아

You told me you liked it 네가 좋다고 했잖아
You said it was going to be fun 재미있을 거라고 했잖아

173 She said **she didn't love him** ~가 …라고 말했어

She said she didn't love him 쟤는 걔를 사랑하지 않았다고 했어
She told me to tell you to call her 걔가 너보고 자기한테 전화하라고 했어

174 I told you to **get out of here** …라고 말했잖아

I told you not to do that! 그러지 말라고 했잖아!
I told you it was possible 할 수 있다고 했잖아

175 I saw on the internet **Tom is getting divorced** …에서 봤어[읽었어]

I read in the newspaper that an earthquake hit China 지진이 중국을 강타했다는 기사를 읽었어
I saw on the news that yoga is becoming popular 요가가 유행이라는 뉴스를 봤어

176 I felt so embarrassed **about it** 난 …해

I am pretty excited about it! 정말 기대되는데!
I'm ashamed of you 부끄러운 일이야

177 Can you tell me **why you like her?** …말해[알려]줄래?

Can you tell me what that is? 저게 무언지 말해줄래?
Can you tell me how to stop it? 그걸 어떻게 멈추는 지 말해줄래?

178 Let me make sure that there's no meeting tomorrow …을 확인해볼게

Let me make sure that I don't have any meetings 회의도 없는지 확인해볼게
Please, make sure she comes 걔가 꼭 오도록 해

179 I can't help but think of you …하지 않을 수 없어

I can't help playing computer games everyday 매일 컴퓨터 게임을 하지 않을 수 없어
I have no choice but to do that 그러지 않을 수 없어

180 I can't wait to sleep with her …을 몹시 하고 싶어

I can't wait to tell you this 네게 이걸 빨리 말하고 싶어
He's so eager to learn English 걔는 영어배울려고 열 올리고 있어

181 Why do you keep saying that? 계속해서 …하다

You need to keep practicing 계속 연습을 해야 한다
I keep thinking about her 계속 걔 생각만 해

182 Feel free to come over to my place 어려워 말고 …해

Feel free to stay here as long as you like 계시고 싶을 때까지 마음놓고 머무세요
Feel free to drop by anytime 언제든 편하게 들러

183 Don't forget to get me a present …하는 것을 명심해

Don't forget to buy milk at the store 가게에서 우유사오는거 잊지마
Don't forget to get me a present 내게 선물 사주는 거 잊지마

184 I forgot to tell you about the party …하는 것을 잊었어

I forgot my cell phone charger 핸드폰 충전기를 잊고 두고 왔어
I forgot about our date, I'm so sorry 데이트하는 걸 잊었어. 미안해

185 I left the key in the room …두고 나왔어

I lost my passport. What should I do? 여권을 잊어버렸는데. 어떻게 해야죠?
I missed my connecting flight to NY 뉴욕행 연결 비행편을 놓쳤어요

186 Can I get you something? ~에게 …을 갖다(사) 주다

Just a moment and I'll get you the manager 잠깐만요, 매니저불러드리죠
Will you get me a ride home? 집까지 태워다 줄래?

187 I'll give you a call …에게 …을 주다

Could you give me a hand? 좀 도와줄래?
Don't give me a hard time 날 괴롭히지 마

188 She really makes me angry …하게 하다

You make me happy[sick] 네가 있어 행복해/ 너 때문에 짜증난다

You make me feel much better 네 덕분에 기분이 한결 낫구나

189 What makes you think so? 왜 …하는 거야?

What makes you say that? 왜 그렇게 말하는 거야?
What brings you to the hospital? 무슨 일로 병원에 왔어?

190 I'll have him call you back …에게 …을 시키다

I had my secretary work on it 비서보고 그 일을 하라고 했어
I'll get him to apologize to you 걔가 너에게 사과하도록 할게

191 I had my hair cut (누군가에 의해) …가 …했다

I had my computer upgraded 컴퓨터를 업그레이드 했어
I got my car washed 세차했어

192 I saw her kissing you …가 ~하는 것을 보다

I saw him working in the office today 오늘 그가 사무실에서 일하는 거 봤어
I heard you and her talking about it 너와 걔가 그것에 대해 얘기하는 거 들었어

193 I won't let it happen again …하지 않을게

I won't change my mind 마음 바꾸지 않을게
It won't work 효과가 없을거야

194 I mean, what about you? 내 말은 말야~

I mean, this is so cool! 내 말은 말야 이거 멋지다고!
I mean, she's just a friend 내 말은 걘 그냥 친구야

195 You mean like this? …란 말야?

You mean you're not going to come over? 못 온다는 말이지?
You mean, when you were a baby 네 말은 네가 애기였을 때 말이지

196 Are you saying that you're not happy? …란 말야?

Are you saying this is my fault? 이게 내 잘못이라고 말하는 거야?
Are you saying it was an accident? 그게 사고였다는 거야?

197 Have you ever thought about having children? …을 생각해본 적이 있어?

Have you ever thought of[about] that? 그거 생각해본 적이 있어?
I've never really thought about it 정말 그걸 생각해 본 적이 전혀 없어

198 I wish she was my wife …라면 좋을 텐데

I wish I had a girlfriend 여자친구가 있었으면 좋겠어
I wish I could stay longer 더 남아 있으면 좋을 텐데

199 It has been 5 years since **we were married** …한지 …가 됐어

It's been 3 months since we had dinner 우리 저녁 먹은지 3달이 지났네
It has been 6 hours since we left home 우리가 집을 떠난지 6시간 됐어

200 Isn't it **amazing**? …하지 않아?

Aren't you going to miss it? 그게 그립지 않겠어?
Isn't it the same in America? 미국하고 같은 거 아냐?

201 You don't love her, **do you**? 그렇지?, 그렇지 않아?

You remember him, don't you? 걔 기억하지, 그렇지 않아?
She's upset with Mike, isn't she? 걘 마이크에게 화났어, 그렇지 않아?

202 I'm looking forward to **seeing you soon** 몹시 …하고 싶어

I'm looking forward to it[this, that] 그게 몹시 기다려져
I'm looking forward to working with you 너랑 함께 무척 일하고 싶어

203 I've decided to **break up with him** …하기로 결정했어

I haven't decided yet 아뇨, 아직 못정했는데요
I've decided to go to New York without you 너없이 뉴욕에 가기로 했어

204 I didn't mean to **do that** …할 의도는 아니었어

I didn't mean that 그런 의미가 아냐
I didn't mean to interrupt 방해할려고 한 게 아닌데

205 I can't afford to **buy this** …할 여력이 없어

I can't afford a lawyer 변호사를 댈 여력이 없어
I can't afford to hire more workers 직원을 더 뽑을 여력이 없어

206 I didn't know **you were fired** …한 걸 몰랐어

I didn't know it was a big secret 그게 큰 비밀인 줄 몰랐어
I didn't know you needed help 도움을 필요로 하는 줄 몰랐어

207 I didn't say **you were stupid** …라고 안했어

I didn't say they were married 걔네들이 결혼했다고 말하지 않았어
I didn't say I was going to do it 내가 그걸 할거라고 말하지 않았어

208 That's why **we're here** 그래서 …해

I hate you and that's why I'm leaving 널 싫어해서 내가 떠나는 거야
That's because all people are selfish 모든 사람은 다 이기적이어서 그래

209 That's not what **I want** 내가 …하는 거야

That's what I mean 내 말이 그 말야

That's not what you think 그건 네 생각이고

210 This is just what I wanted 이게 …하는 거야

This is what I'm talking about 이게 바로 내가 말하는 거야
This is not what I ordered 이건 내가 주문한게 아닌데요

211 This is where I live 이게 …하는 거야

This is where you work? 여기가 네가 일하는 곳이야?
That's not how it[this] works 저렇게는 안돼

212 I wish I could, but I can't do it 그러고 싶지만…

I wish I could but I can't. I'm quite[very] busy 그러고 싶지만 안돼. 많이 바빠서
I'd love to, but I'm a little tired 그러고 싶지만 안돼. 좀 피곤해서

213 I'm sorry, but I can't help you 미안하지만 …할 수가 없어

I'm sorry, but I don't think so 미안하지만 난 그렇게 생각안해
I'm sorry, but it's true 미안하지만 사실이야

214 There's a chance he can get better …할 수 있어

There's a good chance he will come 올 가능성이 커
There's a good chance you will fail 실패할 가능성이 커

215 You'll be sorry if you're late again …하면 후회하게 될거야

You'll be sorry about spreading that gossip 그 소문을 퍼트린 걸 후회하게 될거야
You'll be sorry if you don't obey your parents 부모님 말씀 안들으면 후회하게 될거야

216 The point is you're paying too much 중요한 점은 …이라는 거야

The point is I was willing to do it 요점은 내가 그걸 기꺼이 하고 싶었다는 거지
The point is I don't need this right now 요점은 지금 당장은 그게 필요하지 않다는 거야

217 What I'm trying to say is he's rich 내가 말하려는 건 …이야

What I'm trying to say is that he's rich 내가 하려는 말은 걔가 부자라는 거야
What I'm saying is Tom likes you. 내 말은 탐이 널 좋아한다는 거야

218 All I need is you 내가 필요한 건 …뿐이야

All I need is a beautiful girlfriend. 내게 필요한 건 예쁜 여친뿐이야.
All I need to do is work hard 내가 해야 되는 건 열심히 일하는 거야

219 I have no idea what you just said 무엇(누가)이 …인지 몰라

I have no idea what you are talking about 무슨 말인지 모르겠어.
I have no idea how to help you 널 어떻게 도와야 할 지 모르겠어

220 **Do you have any idea what she said?** …을 알아?

Do you have any idea what this means? 이게 무슨 의미인지 알아?
You have no idea how much I miss her 얼마나 걜 그리워하는지 넌 모를거야

221 **I'd rather take a subway** 차라리 …할래

I'd rather go home 집에 가는 게 낫겠어
I'd rather die than go back 돌아가느니 죽는 게 낫겠어

222 **I'm coming as quickly as I can** …만큼 …해

I'm doing my best to walk as fast as the others 다른 사람처럼 빨리 걸으려고 최선을 다하고 있어
I'll try and get there as soon as possible 가능한 한 빨리 도착하도록 할게

223 **She's not as good as you** …만큼 …하다

You can have as many as you want 네가 원하는 만큼 가져[먹어]
This doesn't taste as good as it looks 보기처럼 맛있지 않아

224 **She's doing it better than me** …보다 더 …해

You're ten times prettier than she is 네가 쟤보다 10배나 예뻐
He's better than you think 걔는 네가 생각하는 거 이상야

225 **You're the most wonderful girl** 가장 …한

That's the most important thing 그게 가장 중요한 거야
My friends are the most important thing in my life 내 인생에서 친구가 가장 중요해

226 **I prefer to be alone** …가 더 좋아

I prefer indoor sports to outdoor sports 실외운동보다는 실내운동을 좋아해
I prefer to see action movies 액션 영화보는 게 더 좋아

227 **Don't let me drive** …하게 하지마

Don't let it bother you 그 땜에 신경쓰지마
Don't let her go 걔 못가게 해

228 **I'm done with it** …을 끝냈어

I'm done with my choices. These are final 내가 선택을 마쳤어. 이것들이 최종적인거야
Well, we finished cleaning the house 저기, 집청소 다했어

229 **I don't care if you go home** …해도 상관없어

I don't care if she's fat or thin 난 걔가 뚱뚱하든 날씬하든 상관안해
It doesn't matter what other people think 다른 사람이 어떻게 생각하든 상관없어

230 **It's hard to believe that he's dead** …을 믿기지가 않아

It's hard to believe that was six years ago 그게 6년전 일이라는게 믿기지 않아

Supplements

It's just hard to believe that happened to us 그런 일이 우리에게 일어났다니 믿기지 않아

231 I can't believe you did that …라는 게 말이 돼

I can't believe it's real 이게 사실이라는게 믿기지 않아
I can't believe you did that 네가 그랬다니 말도 안돼

232 Can you believe she was a stripper? …라는 게 믿겨져?

Can you believe they're still not here? 걔네들이 아직 여기 오지 않은게 믿겨져?
Can you believe she didn't know it? 걔가 그걸 모르고 있었다는 게 믿겨져?

233 There's something you should know …한 게 있어

Here's something I got to tell you 네게 할 말이 있어.
Did you hear about the girl who died yesterday? 어제 죽은 소녀에 대해 들어봤어?

234 Is there anything I can help you? …해줄 게 있어?

Is there something interesting in the paper? 신문에 뭐 재미난 게 있어?
Is there anything I can do for you[to help]? 뭐 도와줄 것 없어?

235 I wonder what's going on …일까, …할까

I wonder if you really like it 네가 그걸 정말 좋아할 지 모르겠어
I was wondering if I could ask you something 혹 뭐 좀 물어봐도 될까요.

236 I'm here to pick up Jane …하러 왔어요

I'm just here to say I am sorry 미안하다고 말하려고 왔어
I'm calling to ask you for a favor 도움 좀 청할려고 전화했어

237 You're not allowed to smoke here …하면 안돼

I'm not supposed to be here 여기 있으면 안돼
I'm not allowed to have coffee 난 커피마시면 안돼

238 I'll come here at 12 if that's okay …하면 …할게

I'd like to speak with Mark, if he is available 마크와 가능하면 통화하고 싶은데요
If you have any questions, give me a call 혹 물어볼 거 있으면 전화하고

239 If I were you, I would not go …라면 …할 텐데

If I had Cindy's number, I would call her 신디 전화번호가 있으면 전화할텐데
What would you do if you were in her situation? 네가 걔처지라면 어떻게 하겠어?

240 Let's go get some ice cream …하러 가자

Do you want to come see a movie with us? 와서 우리랑 같이 영화볼래?
I got to go see my lawyer 가서 변호사 만나야 돼

241 What do you say **we take a break?** …하는 게 어때?

What do you say to going for a drink tonight? 오늘밤 한잔 하러 가는 거 어때요?
What do you say I buy you a cup of coffee? 내가 커피한잔 사면 어때?

242 There's no way **I can do that** …할 수가 없어

There's no way I can eat all of this food 난 이 음식들을 모두 먹을 길이 없어
There's no way to repair the car 이 차를 수리할 수가 없어